文化 ＋ 科技
品牌研究报告

（第一辑）

张吕　禹建湘　主编

WENHUA
+
KEJI

PINPAI
YANJIU
BAOGAO

中南大学出版社
www.csupress.com.cn

《文化+科技品牌研究报告》指导单位

湖南省文化和旅游厅产业发展处

长沙市文联

编委会

◎ **编委会主任**

黄　平

◎ **编委会副主任**

余克泉　朱元双　刘　杰　杨　俊　刘世忠
刘建伟

◎ **编委会委员**

何作利　范明献　郑自立　任　云　梁　媛
王　凯　曾　嘉　陈应征　罗　璐　尹彦征

◎ **主　编**

张　吕　禹建湘

《文化+科技品牌研究报告》撰写名单

（排名不分先后）

张　吕	禹建湘	张琅琪	刘培文	曾　铮
刘孟为	雷　斓	颜术寻	谢佳妤	张潇月
蒋佳琦	付慧青	袁　萌	王彦力	陈雅佳
伍欧豪	杨馨然	傅　开	张浩翔	赵小虎
余清溪	崔明阳	戴晓丹	虞　琴	王清爽
姜朝莹	刘　念	韩思齐	夏瑞婷	周思言

　　党的二十大报告指出，要繁荣发展文化事业和文化产业。国家"十四五"规划和2035年远景目标纲要明确提出，要实施文化产业数字化战略，加快发展新型文化企业、文化业态、文化消费模式，壮大数字创意、网络视听、数字出版、数字娱乐、线上演播等产业。要求以推动文化产业高质量发展为主题，以文化创意、科技创新、产业融合催生新发展动能，提升产业链现代化水平和创新链效能，促进满足人民文化需求和增强人民精神力量相统一，为建设社会主义文化强国奠定坚实基础。习近平总书记在考察马栏山视频文创产业园时强调，要坚持"文化和科技融合"。文化与科技相互需求、互动共进，科技创新是文化产业发展的关键支撑。

　　我们根据"文化+科技"融合企业/品牌的规模实力、营业收入和税收贡献、对行业发展的引领、对地区经济的影响力，以及在产业融合、新业态培育、商业模式创新等方面的表现，秉承"经济体量、年度业绩、业界声誉、社会影响、品牌价值"的总原则，经传媒举荐、团队调研、专家评审、网络投票、公示反馈等环节，遴选年度产业杰出品牌，编撰《文化+科技品牌研究报告》，计划每年出版一部。

　　编撰本书，将有力助推科技创新成果投入文化产业数字化转型升级，提升文化科技创新能力，讲好中国故事，传递中国声音，推动文化产业高质量发展。当前文化和科技融合已成为提升文化软实力和科技硬实力的重要途径，科技创新已融合渗透到文化创作生产、传播流通、消费和管理的各个层面和关键环节，成为推动文化生产方式变革和支撑文化繁荣发展的强劲动力和重要引擎。习近平总书记强调，文化自信是"更基本、更深沉、更持久的力量"，编著本书正是在这一思想的指导下，旨在深入探索科技与文化融合的新路径，体现了对文化发展规律的深刻把握和科技赋能创新的积极作用。

《文化+科技品牌研究报告》将有力推动文化自信与科技创新的双向驱动，通过深入研究科技发展如何影响文化以及文化因素如何促进科技创新，从而在科技与文化融合的新路径上不断探索前进。一方面，报告将充分研究如何利用科技赋能，促进文化的传承与保护，推动传统文化展现形式的变革与创新，延伸传统文化产业链，赋予优秀传统文化更多时代活力，展现其时代价值。另一方面，报告将研究如何在习近平文化思想的精神指引下，使文化资源和思想成为科技创新的灵感源泉，形成科技与文化的良性互动。编撰本书不仅是对习近平文化思想的深刻理解，更是将其转化为具体行动的生动实践，以及在新时代背景下科技与文化深度融合的有力尝试，将进一步推动文化自信和科技创新的协同发展，为中国特色社会主义文化建设注入新的活力。编撰本书是文化与科技融合的关键环节，为进一步探索科技对文化的促进作用及文化对科技创新的影响，提供理论支撑和实践指导，促进文化产业的数字化、智能化转型。编撰《文化+科技品牌研究报告》是科技与文化融合的实验场，报告的编撰将为中南大学和长沙文创艺术职院培养一批了解科技、文化的复合型人才。编撰的《文化+科技品牌研究报告》，为科技、文化融合提供引领标杆，报告遴选的品牌将充分发挥标杆引领作用，成为文化和科技深度融合的领头雁、重点发展方向的试验田。

(张吕　禹建湘　执笔)

目 录 Contents

1 文旅融合品牌

华强方特：
从创意乐园到文化科技，"领航"文旅产业新蓝海

在文旅产业这片波涛汹涌的海洋中，华强方特文化科技集团股份有限公司宛如一艘闪耀着科技与文化光芒的巨型方舟，乘风破浪，不仅在国内市场独占鳌头，更在国际舞台上绽放华彩。它以独特的"文化+科技"融合模式，为文旅产业开辟出一条充满想象力与创新力的航道，引领着行业驶向充满无限可能的未来。

一、从创意萌芽到行业巨擘的逆袭之路

华强方特，绝不仅仅是主题公园的建造者，更是文旅产业的开拓者与革新者。自创立之初，便将"文化+科技"奉为圭臬，立志通过科技之力，重塑文化旅游体验，打造出兼具文化深度、科技前沿与娱乐趣味的全新文旅产品。这种别具一格的融合模式，助力其在竞争激烈的文旅市场中脱颖而出，于全球主题公园领域迅速站稳脚跟，实现了从默默无闻到行业翘楚的华丽转身。

（一）技术积淀：厚积薄发的创新基石

作为国内主题公园行业的先锋，主题公园业务始终是华强方特的核心板块。多年来，华强方特在文化创意与科技创新领域持续发力，通过自主研发与合作创新双轮驱动，在数字创意领域积累了深厚的底蕴。早在多年前，华强方特便极具前瞻性地布局数字创意产业，为主题公园的建设运营及相关产业的蓬勃发展，筑牢了坚实的技术根基。华强方特巧妙融合文化、艺术与科技，打造出"方特欢乐世界""方特梦幻王国"等一系列拥有自主知识产权的主题公园项目。在主题公园建设过程中，充分运用 AR（增强现实）、VR（虚拟现实）、全息投影等前沿技术，结合天马行空的创意设计，构建出一个个如梦似幻的主题乐

园。同时，不断引入智能导览、虚拟现实体验等创新技术，极大地提升了游客的参与度与互动性，使主题公园成为集文化、娱乐、科技于一体的综合性旅游胜地。这些技术成果不仅在主题公园中大放异彩，还广泛渗透至影视制作、动漫游戏等领域，为华强方特的文化旅游产业全方位赋能。

（二）品牌崛起：震惊世界的行业奇迹

经过多年的精耕细作，华强方特在国内外文旅市场均具有举足轻重的地位。在国内，其主题公园如璀璨繁星，遍布多个省市，成为各地文旅产业的重要支柱。据不完全统计，仅在 2022—2024 年期间，华强方特国内主题公园累计接待游客量就突破 1.8 亿人次，成为国内游客出行的热门选择之一。在国际市场上，华强方特同样表现卓越。截至 2024 年底，已在东南亚、中东、非洲等地区成功建设并运营多个主题公园项目，将中国的文化与科技传播到世界的各个角落。这些海外项目不仅吸引了大量当地游客，还辐射到周边国家，有效提升了中国文化在国际上的影响力。

华强方特主题公园

（三）创新加速：引领行业的变革浪潮

自 2019 年起，华强方特在文旅领域的布局全面提速，逐步构建起主题公园体验、创意内容输出、文化旅游综合服务等于一体的业务格局。随着数字化技术的迅猛发展，华强方特在文旅体验模式上不断推陈出新，引领行业迈向新的高度。2019 年，华强方特率先在主题公园中引入"智能文旅云平台"，借助强大的云计算能力与大数据分析技术，实现了园区运营的智能化管理与游客服务的个性化定制。游客通过手机端即可实时获取园区内各游乐项目的排队时长、演出时间等信息，合理规划游玩路线，极大提升了游玩效率与体验感。这一创新举措在国内文旅数字化转型进程中起到了示范引领作用。

华强方特坚持文化科技融合发展，深化创新引领驱动，以讲好中国故事为己任，国际范围传播中国文化，创新打造"创、研、产、销"一体化产业链，实现文化科技产业规模化、多元化、国际化发展。同时，华强方特持续加大内容创作投入，推出了一系列原创文旅演艺节目、主题动漫作品以及文化纪录片。如大型实景演艺《孟姜女》利用程控运动物体矩阵技术，结合真人特技表演、建筑投影和光影特技，让观众感受到凄美的爱情故事。原创动漫《熊出没》讲述熊大、熊二与光头强在森林里发生的一系列故事，展现爱护大自然的主题。这些作品不仅丰富了华强方特的文化内涵，也吸引了更多不同年龄段的游客，使其成为集文化传承、娱乐体验与知识科普于一体的综合性文旅平台。

2022 年，华强方特运用 5G、8K 超高清显示以及智能交互技术，创新性地将全球各地的特色文旅资源汇聚一堂，推出以"全球文旅"为主题的沉浸式体验项目。游客无须出国，就能通过沉浸式体验设备领略到巴黎埃菲尔铁塔的浪漫、埃及金字塔的神秘以及非洲大草原的壮美。同时，通过智能数据分析，华强方特为每位游客提供个性化的文旅推荐，契合不同游客的兴趣与需求。经过多年的不懈努力与创新发展，华强方特持续拓展文旅业务版图，不仅在国内各大城市布局多个主题公园及文旅综合体项目，还将业务延伸至海外多个国家和地区。如今，华强方特已成为 CBA（中国男子篮球职业联赛）、中超联赛等国内重大体育赛事的官方文旅合作伙伴，为赛事打造专属的文旅体验活动，实现了体育与文旅产业的跨界融合。

当下，华强方特立志打造全球领先的文旅品牌，不仅全力打造具有国际影响力的主题公园，提供沉浸式的游玩体验，还不断丰富文旅产品矩阵，全年策划超 50 个主题活动，举办数千场特色演艺，推出多条特色文旅线路。凭借强大的内容创作能力与科技创新能力，华强方特已然从传统的主题公园运营商，蝶变为一个涵盖文化创意、科技研发、旅游运营、教育服务等多领域的综合性文旅生态平台，在推动文旅产业发展、传播中华优秀文化等方面发挥着重要作用。

二、文化创意"点燃"文旅新热潮

在推动科技赋能文旅产业的进程中，华强方特凭借卓越的数字化内容打造能力，在内容创作、IP 资源掌控、游客体验升级以及商业模式构建等方面收获了累累硕果，不仅在文旅市场竞争中拔得头筹，还成功吸引了庞大且忠诚度高的游客群体，实现了经济效益与社会效益的双丰收。

(一)创意引擎：文化驱动的创新风暴

华强方特在内容产品打造上，始终秉持"文化引领创新"的理念，致力于通过创新和多元化的内容形式提升市场竞争力。深入挖掘中华优秀传统文化精髓，结合现代科技与创意设计，打造出一系列具有自主知识产权和文化特色的文旅产品。在原创内容制作方面，华强方特成绩斐然。其精心打造了一系列原创动漫作品、大型实景演艺以及主题文化活动。其中，原创动漫《熊出没》凭借精彩的剧情、可爱的角色形象以及积极向上的价值观，不仅在国内家喻户晓，还成功走向国际市场，在全球范围内收获了大量粉丝。大型实景演艺《孟姜女》，通过精湛的舞台表演、震撼的特效呈现以及感人至深的故事演绎，为观众带来了一场场触动心灵的视听盛宴。此外，华强方特还定期举办各类主题文化活动，如"方特国潮节""奇幻动漫节"等，将传统文化与现代潮流元素有机结合，吸引了众多游客积极参与，进一步丰富了平台的文化内涵与提升了游客的娱乐体验。在内容呈现形式上，华强方特大力推动新兴技术的应用与创新。借助 5G、AI(人工智能)、VR、AR 以及全息投影等前沿技术，为游客打造前所未有的沉浸式文旅体验。在主题公园中，游客可以通过佩戴 VR 设备，身临其境地感受远古恐龙时代的神秘氛围，或是穿梭于未来科幻世界的奇妙景观；利用 AR 技术，游客可以与虚拟的历史人物进行互动交流，深入了解历史文化知识；而全息投影技术则将舞台表演提升到了一个全新的高度，为观众呈现出如梦如幻的视觉效果。同时，华强方特还通过与智能硬件设备的深度融合，如智能手环、智能导览设备等，实现了游客游玩过程中的个性化服务与智能互动，进一步提升了游客的参与感与满意度。

(二)IP 核心力：掌控优质资源的财富密码

优质的 IP(知识产权)资源是华强方特在文旅产业竞争中的核心资产。通过精准的 IP 资源布局与深度的开发运营，华强方特成功构建起了独特的竞争优势，并通过创新的运营模式不断挖掘和提升 IP 资源的附加价值。华强方特通过自主创作、版权购买以及合作开发等多种方式，全面布局国内外优质 IP 资源。在国内，深入挖掘中华优秀传统文化宝库，将《山海经》《封神演义》等经典文化 IP 进行创新性改编与开发，打造出一系列具有中国特色的主题游乐项目、动漫影视作品以及文创产品。在国际上，积极与迪士尼、梦工厂等国际知名 IP 持有方展开合作，引入《冰雪奇缘》《神偷奶爸》等热门国际 IP，打造国际化的主题体验区。通过这种全方位的 IP 资源布局，华强方特成功吸引了来自全球各地的游客，极大地提升了品牌的国际影响力。以《熊出没》这一自主原创的优质 IP 为例，华强方特不仅推出了一系列相关的动漫影视作品，还围绕该 IP 打造了主题游乐项目、亲子互动活动以及丰富多样的文创产品。在主题公园中，以"熊出没"为主题的游乐区域深受小朋友和家长的喜爱，各种互动体验项目让游客仿佛置身于动漫世界之中；在文创产品方面，从玩具、文具到服装、饰品，"熊出没"系列文创产品涵盖了多个品类，满足了不同消费者的需求，进一步提升了 IP 的商业价值与市场影响力。

此外，华强方特还通过举办各类主题活动、授权合作以及线上线下互动等方式，不断拓展 IP 资源的应用场景与提升其商业价值。例如，与知名品牌合作推出联名款产品，举办"熊出没"主题的巡回展览，开展线上互动游戏等，通过这些创

《熊出没》中经典角色熊大、熊二与光头强

新举措，不仅提升了游客对 IP 的黏性与忠诚度，还为华强方特带来了可观的经济效益与良好的社会效益。

(三) 沉浸式体验：打造多维互动的梦幻之旅

华强方特始终将游客体验置于首位，通过持续的技术创新、内容优化以及服务升级，全方位提升游客的参与感、沉浸感与满意度，打造出一个充满活力与魅力的文旅互动生态系统，吸引了大量忠实粉丝。在游玩体验设施方面，华强方特致力于为游客提供多场景、多维度的游乐选择。主题公园内不仅拥有各种刺激好玩的游乐设施，如过山车、大摆锤等，还打造了众多沉浸式体验项目，如室内虚拟现实过山车、飞行影院等。同时，园区还配备了完善的休闲设施，提供多样的服务，如舒适的休息区、多样化的餐饮选择以及便捷的购物场所，确保游客在游玩过程中能够享受到全方位的优质服务。借助大数据和 AI 技术，华强方特能够深入分析游客的游玩历史、兴趣偏好以及行为习惯等信息，为游客提供个性化的游玩推荐与服务。例如，通过手机 App，游客可以提前了解园区内各个项目的排队情况、演出时间等信息，并根据自己的喜好生成个性化的游玩路线；在游玩过程中，系统还会根据游客的实时位置和兴趣点，推送相关的互动活动、优惠信息等，提升游客的参与度与满意度。

此外，华强方特还积极打造线上线下互动的社交平台，鼓励游客在游玩前后分享自己的感受。通过线上社区、社交媒体等渠道，游客可以与其他游客进行互动交流，分享游玩攻略，展示自己的精彩瞬间，形成一个活跃的文旅社交生态圈。同时，华强方特还会根据游客的反馈和建议，不断优化和改进产品与服务，进一步提升游客的忠诚度与口碑。

(四)效益双赢：可持续发展的商业蓝图

近年来，华强方特在经济效益方面取得了显著成就，通过门票收入、二次消费、IP 授权以及文旅地产等多元化收入来源，构建起了一个良性循环的复合式一体化商业模式，为公司的持续发展提供了坚实的经济基础。门票收入是华强方特主要的收入来源之一。华强方特凭借其丰富多样的主题公园项目、高品质的游玩体验以及强大的品牌影响力，吸引了大量游客前来购票入园。同时，华强方特还通过推出多样化的门票套餐，如日票、年票、家庭套票等，满足不同游客群体的需求，进一步提高了门票收入的稳定性与可持续性。在园区内，华强方特通过精心打造的二次消费场景，如特色餐饮、主题购物、娱乐互动等，实现了对游客消费的深度挖掘。园区内的餐厅提供了丰富多样的美食选择，从地方特色小吃到国际美食，满足了不同游客的口味需求；主题商店则销售各种独具特色的文创产品，如动漫周边、纪念品、玩具等，这些产品不仅具有纪念价值，还能够让游客将华强方特的美好回忆带回家。此外，园区内还设置了各种付费娱乐项目，如密室逃脱、VR 体验等，进一步增加了游客的消费选择与消费金额。IP 授权业务也是华强方特重要的收入增长点之一。通过将旗下优质的 IP 资源授权给国内外众多企业，开发出涵盖玩具、文具、服装、食品等多个领域的授权产品，华强方特不仅扩大了品牌的市场影响力，还获得了可观的授权收入。同时，华强方特还积极与其他行业的领先品牌开展跨界合作，通过联合营销、品牌联名等方式，实现了资源共享、优势互补，进一步提升了品牌的商业价值与市场竞争力。在文旅地产领域，华强方特结合主题公园的建设运营，打造了一系列文旅地产项目，如主题酒店、度假公寓、商业步行街等。

这些项目不仅为游客提供了便捷的住宿、餐饮、购物等服务，还与主题公园形成了良好的互动与协同效应，提升了游客的整体游玩体验。同时，文旅地产项目的开发与运营也为华强方特带来了稳定的资产增值与租金收入，进一步完善了公司的商业模式与盈利结构。

三、创新驱动品牌"飞升"与"升温"

华强方特始终将品牌建设与用户体验的提升视为重中之重，通过持续创新与服务优化，推动品牌实现质的飞跃，在市场中热度持续攀升。其强大的技术研发实力、深厚的文化底蕴以及独特的创意设计，为品牌的持续发展与市场竞争力的增强提供了强有力的支撑。

(一)创新生态圈：构建跨界融合的创新宇宙

华强方特在推动文旅产业发展的征程中，着力构建创新驱动的文旅生态圈。通过整合上下游资源、强化跨界合作以及创新技术应用等一系列举措，不断推动文旅产业的创新发展与转型升级。在资源整合方面，华强方特积极与国内外知名企业和机构携手合作，共同打造文旅产业链上下游协同发展的模式。例如，通过与旅游运营商、酒店集团等企业的合作，实现了文旅产品的整合营销与渠道拓展；通过与影视制作、动漫游戏等企业的合作，推动了文旅产品的多元化开发与传播。在跨界合作方面，华强方特注重与不同领域的品牌和企业展开合作，共同打造独具魅力与竞争力的文旅产品。例如，通过与时尚品牌、科技企业的合作，推出了系列主题服饰、科技互动体验项目等。时尚品牌的融入，让华强方特的文旅产品更贴合年轻人的审美潮流；与科技企业的携手，则为文旅项目注入了更多前沿科技元素，如 AR、VR、AI 等，使游客在领略传统文化魅力的同时，也能感受到现代科技的震撼。创新技术应用是华强方特构建创新驱动文旅生态圈的关键环节。公司不断加大研发投入，利用数字技术、虚拟现实技术等前沿科技，打造出一系列具有自主知识产权的文旅产品。例如，开发了一系列以中国传统文化为背景的虚拟现实游戏，游客通过佩戴 VR 设备，可身临其境地参与到历史故事之中，这种沉浸式体验极大地提升了游客的参与感与满意度。此外，华强方特还运用大数据分析技术，深入挖掘游客的行为习惯与偏好，从而提供更具个性化的服务与产品推荐，进一步提升用户体验。

（二）文化附加值：深挖品牌的内涵宝藏

华强方特深知文化内涵对于品牌长远发展的关键意义，因此在品牌建设与产品创新过程中，始终将深化文化内涵置于首位。公司深入挖掘中国传统文化资源，结合现代审美与技术手段，创造出既具传统韵味又不失时代感的文旅产品。在主题公园的设计上，华强方特巧妙地将中国神话传说、历史故事等元素融入其中，通过精美的雕塑、生动的表演和互动体验项目，让游客在游玩过程中深切感受到中国文化的博大精深。同时，华强方特还注重与国际文化的交流与融合，推出了一系列以世界文化遗产为主题的项目，如古埃及文明、古罗马竞技场等，这些项目不仅拓宽了游客的视野，也展现了华强方特品牌的国际化视野与包容性。为进一步提升品牌附加值，华强方特还积极与艺术家、文化学者等合作，共同策划举办各类文化展览、学术研讨会等活动。这些活动不仅丰富了华强方特品牌的文化内涵，还为其赢得了更高的社会关注度与美誉度。

（三）口碑传播链：极致体验的品牌赞歌

用户体验是品牌建设的核心，华强方特对此深信不疑，并在服务优化和产品创新方面持续发力，力求为游客打造极致的游玩体验。公司极为注重细节管理，从园区环境的整洁维护、设施设备的安全保障到员工服务态度的热情周到，都力求做到尽善尽美。同时，华强方特还通过问卷调查、社交媒体反馈等多种方式，积极收集游客的意见和建议，及时对服务进行调整和改进。在产品创新方面，华强方特不断推陈出新，根据市场需求和游客反馈，持续升级和完善现有项目，同时积极开发新的文旅产品。例如，针对亲子游市场，华强方特推出了一系列寓教于乐的亲子互动项目，像亲子乐园、科普教育基地等。这些项目不仅满足了家长和孩子的游玩需求，还极大地促进了家庭成员之间的情感交流。

优质的用户体验带来了良好的口碑。许多游客在游玩后，都会自发地通过社交媒体、旅游论坛等渠道分享自己的游玩经历。这些正面的评价如星星之火，迅速蔓延，进一步提升了华强方特品牌的知名度和美誉度。同时，口碑传播也吸引了更多的游客前来体验，形成了一个良性循环，让华强方特的品牌影响力不断扩大。

(四)数字传播网：拓宽品牌的无限疆域

在数字化时代的浪潮下，华强方特紧紧跟随潮流，充分利用互联网和新媒体平台进行品牌传播与营销。公司搭建了完善的官方网站、社交媒体账号体系，通过发布最新的项目信息、精彩的活动预告、感人的游客故事等丰富内容，与粉丝保持着密切的互动。同时，华强方特还积极与知名网红、旅游博主等合作，借助他们强大的影响力来扩大品牌的传播范围。在数字化营销方面，华强方特还充分运用大数据和人工智能技术，对目标受众进行精准画像和营销推送。通过对海量游客数据的深入分析，公司能够精准了解不同游客群体的兴趣爱好、消费习惯等，从而为他们量身定制更加个性化的产品和服务。这种精准营销的方式，不仅大大提高了营销效率，还显著提升了游客的满意度和忠诚度，让华强方特的品牌在数字世界中熠熠生辉。

(五)责任担当旗：可持续发展的领航旗帜

作为行业的领军企业，华强方特深知自身肩负的社会责任重大。公司在追求经济效益的同时，始终将环境保护和社会公益放在重要位置。在主题公园的建设和运营过程中，华强方特始终坚持绿色低碳、环保的理念，采用先进的节能技术和环保材料，最大限度地降低对环境的影响。同时，公司还积极投身各类社会公益活动，如教育支持、扶贫帮困等，为社会的和谐发展贡献力量。在可持续发展方面，华强方特注重与地方政府和社区紧密合作，共同推动文旅产业的健康、可持续发展。公司积极参与地方政府的旅游规划和发展战略制定，凭借自身的技术优势和经验积累，为当地提供技术支持、人才培训等，助力提升当地旅游接待能力和服务质量。同时，华强方特还高度重视与社区居民的沟通和合作，通过举办丰富多彩的社区活动、提供大量就业机会等方式，增进与当地社区的互动和融合，实现企业与地方的共同发展。

四、文旅交响：华强方特奏响融合发展乐章

华强方特的成功实践，犹如一部生动的教材，清晰地揭示出文旅产业的未来发展方向——一个文化与科技深度融合、各行业协同共进的生态系统。展望未来，文旅产业应积

极借鉴华强方特的宝贵经验，全面推动产业的升级与创新发展。

（一）数字化转型浪潮：科技赋能文旅新征程

随着科技的迅猛发展，文旅产业正站在数字化转型的关键节点上。华强方特充分利用大数据、人工智能、VR、AR 等前沿技术，生动地展现出科技赋能文旅的巨大潜力。在主题公园运营中，通过大数据精准分析游客行为偏好、兴趣点以及消费习惯，实现精细化管理；合理安排游乐项目开放时间，优化园区人流引导，确保游客游玩的高效与舒适；利用人工智能打造智能客服，实现实时响应，快速解答游客疑问，全方位提升游客体验。以 VR、AR 技术为核心的沉浸式体验项目更是成为亮点。例如，在"飞越极限"项目中，借助巨型球幕和先进 VR 技术，让游客在短时间内领略世界各地的壮美风光，感受震撼的视觉与感官体验。文旅行业的其他企业应积极借鉴华强方特的经验，加大数字化技术投入，深入探索科技与文旅深度融合的有效路径，提供更多新颖独特的文旅产品和服务，以满足游客多样化的需求。通过科技与传统文旅行业的深度融合，实现景区管理的智能化、游客服务的个性化、旅游体验的多样化，推动文旅产业向更高水平迈进。

（二）内容创意升华：文化价值驱动发展

文旅产业的核心魅力，在于其丰富深厚的文化内涵与独具匠心的创意表达。华强方特深入挖掘中华优秀传统文化精髓，将中国神话、历史故事等元素巧妙融入主题公园项目。如在"方特东方神画"乐园中，以"牛郎织女"为蓝本打造的项目，通过高科技光影技术和逼真场景还原，让游客仿佛穿越时空，亲身感受传统文化的独特魅力，极大地激发了游客对中国传统文化的探索欲望。华强方特还积极拓展文创领域，推出了一系列精彩的动漫、影视及各类周边产品。通过与文化娱乐领域的跨界合作，进一步扩大品牌影响力。文旅行业应高度重视文化内涵的挖掘和创意内容的开发，通过多元化的方式充分展现文化魅力，提升品牌附加值与市场竞争力。打造具有鲜明地域特色和深厚文化底蕴的文旅产品，结合现代科技手段和创新创意设计，为游客提供深度、沉浸式文化体验，促进文化的传承与创新，推动文旅产业的高质量发展。

（三）消费升级引擎：激发文旅市场新活力

随着人们生活水平的提高和消费观念的转变，文旅消费市场正经历着深刻变革，消费者愈发追求个性化、沉浸式、高品质的旅游体验。华强方特敏锐地捕捉到这一趋势，凭借先进科技打造出众多沉浸式体验项目，如利用全息投影技术打造的梦幻演艺秀，让观众仿佛置身于奇幻世界之中。在主题公园建设中，注重细节和场景营造，从游客踏入园区的那一刻起，便为其营造出充满奇幻色彩的氛围，全方位的感官体验让游客流连忘返。同时，推出多样化的套票、年卡等产品，满足不同消费者的需求，有效提高了游客黏性和复游率。华强方特还积极拓展线上线下融合的消费模式，线上提供详细的项目信息、便捷的预订服务和丰富的互动活动，线下不断完善餐饮、购物等配套设施，为游客提供一站式消费体验。文旅行业应紧跟这一趋势，持续创新消费模式，不断提升产品和服务质量，充分激发消费者的消费热情，为扩大内需、推动经济增长贡献力量。通过开发高端文旅产品、特色主题旅游线路、个性化定制服务等，满足不同层次消费者的需求，推动文旅消费结构的优化升级。

(四) 跨行业协同矩阵：整合资源共绘蓝图

在竞争激烈的市场环境里，跨行业合作与产业链整合已成为文旅产业高质量发展的关键举措。华强方特积极与科技企业合作研发先进游乐技术和设备，与影视制作、动漫等文化创意领域的企业携手开发影视、动漫作品，与地方政府、旅游景区合作参与文旅小镇、度假区建设。通过跨行业合作，华强方特成功实现了产业链的纵向延伸和横向拓展，形成了从文化创意研发、主题公园建设运营到文创产品销售、旅游服务提供的完整产业链条。这种模式不仅提高了企业的抗风险能力，更为文旅产业的发展提供了强大支撑。文旅行业应积极借鉴华强方特的合作模式，加强跨行业的沟通与协作，充分整合各方资源，共同推动文旅产业的繁荣发展，形成互利共赢的局面。与金融机构合作解决资金难题，与教育机构合作开展研学旅行，与环保企业合作打造绿色景区等，促进文旅产业与其他行业的深度融合，构建更加完善、充满活力的文旅产业生态体系。

（张琅琪　戴晓丹　虞琴　执笔）

2　竞技手游品牌

《王者荣耀》：
从数字文化到经济浪潮，"领航"游戏产业新蓝海

《王者荣耀》是由腾讯游戏开发并运营的一款多人在线战术竞技（MOBA）类手机游戏（简称"手游"），自 2015 年上线以来，凭借其独特的游戏机制、丰富的英雄角色以及深度的文化融合，迅速崭露头角，成为全球最受欢迎的手游之一。作为数字文化产业的重要组成部分，《王者荣耀》不仅在游戏领域取得了显著的商业成功，还在推动文化传播、推动科技融合和产业升级等方面进行了积极的探索与创新。其成功实践为数字文化经济的发展提供了宝贵的经验，并在全球数字文化产业中树立了创新与融合的标杆。

一、从微末到辉煌的"蜕变之旅"

在《王者荣耀》从初期的简单概念发展到如今的成功实践的过程中，能够清晰地看到其在数字文化和科技创新的推动下，逐渐形成了强大的产业生态。这一进程不仅体现了游戏产业技术与文化的双重融合，也标志着数字文化经济逐步与全球产业体系接轨。从近三五年的数据表现来看，这些技术与文化上的创新为《王者荣耀》带来了显著的商业成果。根据腾讯官方财报，《王者荣耀》2020—2022 年蝉联全球手游收入榜首，截至 2021 年累计收入突破 100 亿美元，成为第一个达到这一成就的移动游戏，日活跃用户数长期保持亿级规模。这一成绩不仅巩固了其在全球手游市场的领先地位，也证明了技术和文化双驱动战略的高效性。《王者荣耀》的发展经验不仅为国内外的数字文化产业带来了深刻的启示，也为其他行业的数字化转型、文化创新提供了宝贵的借鉴。进一步深入探讨《王者荣耀》的成功之道，不仅能为游戏产业的发展提供理论支持，也有助于我们在更广阔的文化产业领域中，理解数字化与文化深度融合所带来的变革。

(一)深耕细作的数字文化根基：技术革新与文化融合

《王者荣耀》作为一款兼具技术与文化双重内涵的现象级手游，自 2015 年上线以来，逐步构建起以技术为支撑、文化为核心的数字文化根基。尤其是在近三五年间，游戏在技术革新和文化融合两方面都取得了显著成就。技术层面，游戏持续优化基础架构和玩家体验，采用升级后的 Unity 3D 引擎和光线追踪(ray tracing) 技术，提升游戏画质和光影表现力。在移动端技术限制下，通过服务器端渲染(SSR) 和客户端渲染(CSR) 相结合的模式，进一步降低对设备性能的要求，让更多玩家能够享受到稳定流畅的游戏体验。

人工智能技术在近年得到了更广泛的应用。例如，《王者荣耀》团队利用 AI 深度学习玩家的行为数据，不断改进匹配算法，有效提高了匹配的精准度，同时进一步提升了游戏公平性。与此同时，语音 AI 助手的引入增强了玩家的互动性，为新手玩家提供了更友好的指导。大数据分析技术也成为用户行为研究的重要手段，推动个性化推荐系统的发展，增强了用户黏性。

文化层面，《王者荣耀》继续深耕中国传统文化内容，通过英雄设计、皮肤创作和活动策划等手段将文化内涵转化为游戏特色。在英雄角色方面，推出了一系列基于中国经典文化原型的角色，例如，2021 年上线的"敦煌"系列皮肤深度融合中国传统文化，展现了中华文明的丰富多样性；杨戬"天秀·启明"皮肤创新性地将东方神话与未来科技相结合，形成了传统与现代相融合的独特风格。此外，在周年庆、春节等特殊节点，通过推出主题活动，将文化符号植入玩家互动中，使文化传播更具沉浸感与仪式感。

《王者荣耀》杨玉环"遇见飞天"皮肤

(二)王者之路的崛起与辉煌：玩法细节与竞技体系

作为一款多人在线战术竞技游戏，《王者荣耀》的成功在于其玩法细节的不断优化与竞技生态体系的全面建设。近几年，游戏进一步精细化操作体验，推出了动态天气系统、昼夜交替机制，以及高互动性的野怪行为模式，使玩家在战斗中能够体验更加丰富的环境变化和策略博弈。此外，游戏通过英雄技能平衡性调整和装备机制优化，不断完善竞技的公平性。例如，2022年游戏团队根据玩家反馈引入了全新的装备系统，增强玩家的自主选择权，从而提升游戏策略的深度。

在电竞领域，《王者荣耀》构建了涵盖职业联赛（KPL）、城市赛、青训联赛在内的多层次赛事体系，并积极推进国际化发展。尤其是2021年王者荣耀世界冠军杯（Honor of Kings World Champion Cup）成功举办，不仅吸引了全球顶尖战队参与，还通过直播和短视频平台的多渠道推广，吸引了超过1亿观众观看赛事。2023年，KPL职业联赛总决赛更是成为电竞行业的年度盛事，单场赛事观看量突破5000万次。

电竞生态的壮大也带来了商业模式的创新。腾讯通过赛事版权授权、品牌赞助、直播广告等多元化收入来源，使赛事成为稳定盈利的增长点。同时，赛事的成功举办还推动了电竞行业的规范化发展，从选手培训、裁判制度到赛事规则，形成了一套完整的标准化体系，为全球电竞发展提供了重要借鉴。

（三）加速游戏产业的变革步伐：技术创新与商业模式探索

近年来，《王者荣耀》通过技术创新和商业模式的不断探索，推动了游戏产业的深刻变革，为全球数字文化产业提供了重要范例。在技术层面，充分利用增强现实（AR）和虚拟现实（VR）技术，增强玩家的沉浸感。例如，2021年周年庆期间推出的AR互动皮肤，使玩家能够通过手机摄像头与虚拟英雄进行动态交互，进一步拉近了虚拟与现实的距离。这一创新不仅增强了玩家的游戏体验，也为AR技术在移动游戏中的应用开辟了新的方向。此外，AI与云计算技术的深度融合更是重塑了游戏的运营模式。通过云端资源调度和分布式计算，《王者荣耀》实现了全球范围内低延迟的实时对战，显著优化了跨区域玩家的体验。这种技术布局不仅满足了国际市场的需求，也为提升全球数字文化经济的连通性提供了新思路。

在商业模式上，《王者荣耀》不仅依赖传统的内购模式，还积极拓展多元化收入来源。通过与奢侈品牌路易威登（Louis Vuitton）的合作，将高端时尚元素融入数字内容，吸引了大量追求品质与个性化的用户；与敦煌研究院联合推出的"敦煌"系列文创皮肤，则通过将传统文化与游戏内容相结合，丰富了游戏的文化内涵，同时提升了用户对中华文化的认同感。这种跨界合作进一步彰显了《王者荣耀》在文化与商业领域的创新能力。此外，2022年与知名影视及动漫IP的联合推广活动吸引了大批不同兴趣圈层的用户，为游戏的用户结构注入了更多元的活力，展现出其在多领域融合中的深厚潜力。

电竞赛事的迅速发展为《王者荣耀》带来了巨大的商业和社会价值。通过建立职业联赛（KPL）体系，推动了电竞行业的专业化和规模化发展，吸引了大批观众和粉丝，并通过赛事赞助、转播权销售等多渠道实现了收入增长。2023 年《王者荣耀》世界冠军杯总决赛全渠道内容观看量超 7 亿，成为电竞领域的里程碑事件。通过与国际品牌联合冠名，赛事不仅扩大了品牌影响力，也为电竞经济注入了新动力，进一步巩固了《王者荣耀》在全球电竞领域的领先地位。

过去几年，《王者荣耀》以技术创新驱动用户体验的升级，同时通过多元化商业模式强化行业影响力，不仅完成了自身品牌的全面进化，也为整个游戏行业提供了技术革新与商业创新的成功范例。在 AI 驱动的战术分析系统应用、云计算的全球化部署，以及文化与商业联动的成熟经验方面，《王者荣耀》的探索已被广泛借鉴。这种技术与商业模式相辅相成的策略，不仅推动了数字文化产业的全面融合发展，也彰显了数字经济时代中国游戏品牌的全球竞争力。

二、数字文化内容"深耕"游戏世界

近年来，《王者荣耀》以文化创新为核心驱动力，通过将中国传统文化与现代游戏叙事深度结合，成功塑造了独具特色的文化符号，不断丰富游戏内涵。特别是通过深度挖掘与现代转化，《王者荣耀》在全球范围内实现了文化内容与游戏形式的双重突破，成功打造了以中国文化为根基的数字文化品牌。这种创新模式不仅提升了游戏的文化价值和用户黏性，还以全新的方式向全球玩家传递了中国传统文化的独特魅力，彰显了文化创新在数字文化经济中的重要作用。

(一)文化融合创新：重塑游戏内涵

2024 年以来，《王者荣耀》在角色设计、故事架构和玩法创新上更加注重传统文化的当代化表达，展现出文化与科技融合的深度探索的成果。例如，2024 年 12 月《王者荣耀》S38 赛季推出的新英雄——苍，以中国古代狼图腾文化为创作灵感，通过将草原狼在古代文化中的象征意义与现代科技美学相结合，设计出一个既富有历史韵味又符合未来审美的角色形象。英雄技能更是巧妙融入狼群协作的象征意象，使玩家在使用英雄时能够感受到传统文化的深层意蕴。这种基于文化叙事的设计不仅提升了游戏的审美层次，也让玩家对中华传统文化的理解更加具象化和现代化。

经典角色如李白、貂蝉等，也通过不断的皮肤迭代和主题活动被赋予新的文化意义。例如，《王者荣耀》近年来为李白推出的皮肤系列，从唐代文人墨客的形象延伸到浪漫主义的未来武士风格，将古典文化中的诗意与现代玩家的潮流审美需求无缝对接；为貂蝉设计的新皮肤，融合了舞蹈艺术与星空主题，为传统历史角色赋予了全新的想象空间。这些角色的多维度塑造，不仅提升了游戏的文化包容性，也使角色叙事更贴近年轻玩家的情感共鸣。

《王者荣耀》角色

在年度节日和纪念活动中，《王者荣耀》进一步强化了文化主题的表现力，通过节日活动和定制玩法将传统文化融入游戏世界。例如，每年的春节、中秋等传统佳节期间，游戏团队都会推出带有节庆主题的皮肤、任务和剧情活动，为玩家打造独特的节日体验。2023 年春节期间推出的"瑞兔迎春"系列活动以十二生肖文化为核心，结合新春故事线和互动玩法，吸引了大量玩家参与，并通过皮肤赠送、限时任务和主题活动大幅提升了玩家的节日沉浸感。该活动在中国玩家群体中引发热烈反响的同时，也通过国际服版本让生肖文化得以在全球传播，成功推动了中国传统文化的国际化。

此外，《王者荣耀》还与各地文化机构和艺术团体展开合作，将历史文化和地域特色融入游戏场景和角色设计中。例如，与敦煌研究院合作推出的"敦煌"系列皮肤，通过高度还原壁画元素和现代动画技术的结合，让玩家感受到千年艺术瑰宝的魅力；与故宫博物院的联动更是将宫廷文化带入游戏，通过互动任务和视觉创新，展现了皇家文化的庄重与细腻。这种跨界合作使得游戏不仅成为娱乐媒介，更成为文化传播的平台。

(二) 独家文化 IP：打造核心竞争力

《王者荣耀》通过打造独特的文化 IP，持续深挖中国传统文化资源，不仅增强了游戏的文化辨识度，还构建了强大的品牌核心竞争力。特别是通过与文化遗产和艺术机构的跨界合作，成功将经典文化元素与现代游戏设计融合，形成了独树一帜的文化特色。例如，"敦煌"系列皮肤便是与敦煌研究院联合创作的成果，角色的皮肤设计从敦煌壁画中汲取灵感，通过精细的纹理描绘、动感的光影效果和细致入微的服饰设计，完美还原了敦煌文化的视觉韵味。该系列皮肤不仅展现了敦煌艺术的宏伟气势，也通过互动性强的游戏方式，让玩家在娱乐中深刻体会到中国古代艺术的深厚底蕴，获得了玩家与文化爱好者的高度认可。

在此基础上，《王者荣耀》不断推进 IP 战略的深化，围绕核心文化符号展开多维度的内容开发，以此延伸游戏的文化边界并增强玩家的沉浸感。例如，针对"三国"这一经典文化主题，《王者荣耀》不仅继续推出以三国名将为原型的英雄角色，还通过跨媒体发展，基于英雄的背景故事创作了动画短片和衍生小说，这些内容不仅让玩家对游戏产生更深的兴趣，也提升了游戏的文化影响力，使其跨越了传统的游戏体验，成为多元文化产品的集合体。同时，《王者荣耀》也对现有 IP 不断进行优化升级，提升了玩家的文化认同感。例如，在 2024 年对"杨戬"这一角色的皮肤进行重新设计时，开发团队结合科技与神话元素，为这一传统形象注入了现代感与文化深度，不仅忠实于神话传说的精髓，还融入了未来主义的视觉风格，使角色形象焕然一新，受到了玩家群体的广泛好评。通过持续创新，《王者荣耀》不仅提升了自身的文化影响力，也形成了强大的市场竞争力，成为全球市场中不可忽视的数字文化品牌。

(三)沉浸式体验：科技赋能游戏世界

随着技术的迅猛发展，《王者荣耀》在沉浸式体验方面的创新已经成为其核心竞争力之一。近年来，《王者荣耀》不断探索如何利用先进的技术提供更加沉浸式的体验，尤其是增强现实（AR）和虚拟现实（VR）技术的引入，为玩家带来了前所未有的互动体验。2024 年，《王者荣耀》成功将 AR 技术融入游戏内容，推出了 AR 互动功能，使玩家能够通过手机或平板与虚拟角色进行互动，如"合影"或"共舞"。这一功能特别是在 2024 年周年庆活动中得到了广泛应用，玩家能够通过 AR 场景投射"穿越"至游戏中的经典战斗地图，与英雄角色零距离互动，体验身临其境般的游戏乐趣。这种技术的应用不仅提升了玩家的参与感和互动感，还将虚拟与现实的界限模糊，让游戏更加贴近玩家的生活与情感，获得了极高的市场反响。

此外，《王者荣耀》在虚拟现实(VR)领域也展开了前瞻性的探索。虽然目前还没有推出完整的 VR 版本，但在 2023 年 ChinaJoy 展会上，《王者荣耀》首次展示了基于 VR 技术的沉浸式战斗场景。通过这一技术，玩家得以完全沉浸在虚拟战场中，以角色的视角亲身体验，感受战斗的紧张刺激，进行情感代入。这一体验的推出，不仅为 VR 技术的普及奠定了基础，也为未来可能推出的全景式 VR 游戏模式提供了试水的平台。随着 VR 硬件设备的逐步普及，《王者荣耀》有望在不久的将来推出更加完善的全景沉浸模式，为玩家创造出一个更加真实且富有沉浸感的虚拟空间，从而进一步提升游戏的市场吸引力和玩家黏性，巩固其在全球游戏市场的领导地位。

(四)多元盈利模式：构建商业生态闭环

《王者荣耀》通过不断优化内购体系，并拓展多元化的跨界合作，成功构建了一个完整的商业生态闭环，推动了其盈利模式的多元化和可持续发展。通过将精心设计的虚拟商品和富有文化内涵的主题活动相结合，强化了玩家对付费内容的认同并促使其消费。例如，2024 年推出的限量皮肤"桑启·呜野蒿"不仅具有独特的游戏特效，还附带了富有深度的背景故事，赋予其更高的文化价值。这种虚拟商品不仅在视觉和功能上吸引玩家，更通过情感和文化的联结，提升了玩家的收藏和购买欲望。游戏通过分阶段销售、限时优惠等营销策略，激发了玩家的购买热情，并在短时间内实现了可观的营收。

在跨界合作方面，《王者荣耀》与多个知名品牌的联动进一步拓宽了其盈利渠道，打造了"游戏+品牌"的双赢局面。例如，2024 年与高端时尚品牌"范琦"联合推出的"守护之心"系列皮肤，巧妙融合时尚设计元素和游戏特色，成为市场上的热销单品。这种跨界合作不仅提升了《王者荣耀》的品牌形象，也吸引了更多高端玩家，增强其市场影响力。通过与各行各业的顶级品牌合作，《王者荣耀》成功打破了单一的游戏盈利模式，推动了更广泛的商业合作和收入来源。

电竞赛事也成为《王者荣耀》商业生态的重要组成部分，为游戏带来了丰厚的经济回报。2023 年 KPL 总决赛吸引了全球超过 6000 万观众，赛事相关的赞助、门票销售以及周边商品的交易创造了可观的收入。同时，《王者荣耀》通过与短视频平台和直播平台的合作，进一步加大了赛事的推广力度，使赛事成为一个集品牌效应、观众互动和商业变现于一体的重要平台。这种赛事带来的商业效益，进一步提升了《王者荣耀》的全球知名度和市场价值，使其建立了更加多元和稳固的商业模式。通过这些综合性举措，《王者荣耀》成功打造了一个多元化的商业生态闭环，推动其在全球数字文化经济中占据领导地位。

三、科技与文化"共舞"，品牌"破圈"前行

《王者荣耀》作为数字文化领域的先锋，通过持续的科技创新，不断推动游戏生态建设，成功打造了一个高度智能化的游戏平台。在这一过程中，《王者荣耀》不仅在玩法设计上注重用户体验，还能够通过大数据的运用，实时跟踪玩家的互动行为，精确分析其偏好与需求，进而优化游戏内容和服务，提升用户留存率与满意度。同时，人工智能技术的应用使得游戏中的 NPC（非玩家角色）能够自主学习与适应玩家的游戏策略，创造出更加智能和富有挑战性的对战环境。此外，《王者荣耀》通过技术创新推动了虚拟物品的市场化，构建了一个数字经济生态，通过游戏内购买、虚拟物品交易等手段，提高了数字文化产业的经济效益。因此，借助这些先进技术，《王者荣耀》不仅突破了传统游戏的范式，还为全球数字文化的多元化发展提供了新的思路和实践范式，成为全球数字文化领域一个重要的创新标杆。

（一）科技引领：构建智能游戏平台

《王者荣耀》充分利用大数据技术，精准分析和预测玩家行为，以实现个性化推荐和内

容优化。通过采集海量玩家的行为数据，《王者荣耀》能够实时调整内容策略，优化玩家体验。例如，基于玩家的对战历史、技能偏好和社交网络，系统可以智能推荐适合其水平和风格的英雄角色及战术组合，从而提升游戏的吸引力和强化沉浸感。在 S37 赛季，《王者荣耀》通过大数据推荐系统有效提高了新手玩家的留存率和参与感，数据显示，新手玩家的次日留存率较前一赛季增长了 12%，进一步证明了数据驱动的决策对用户黏性的积极影响。

此外，人工智能技术在游戏中的应用不仅提高了匹配系统的效率，也大幅度提升了游戏的公平性和竞技性。《王者荣耀》借助 AI 算法优化了匹配机制，不仅缩短了等待时间，还通过精准匹配确保玩家对战时能够遇到实力相当的对手，这大大强化了游戏的竞技体验。2023 年的一项用户调查显示，优化后的匹配系统在对局满意度调查中得到了 85% 以上的好评，这一结果体现了 AI 在提升游戏公平性和玩家体验中的巨大作用。与此同时，人工智能还在游戏场景生成和角色行为设计中发挥着重要作用。2024 年推出的新英雄"苍"便是一个典型例子，其技能特效的动态调整是通过 AI 生成模型设计的，这种技术的应用使得角色的表现更具视觉冲击力和动态互动感。通过这些科技手段，《王者荣耀》不仅在提升游戏体验方面实现了智能化升级，还为数字文化内容创作提供了创新的技术路径，进一步推动了游戏行业科技与文化的深度融合。

(二) 文化互动：打造用户生态共同体

在技术驱动的数字文化生态中，《王者荣耀》通过深度挖掘传统文化的内涵并与玩家进行积极的文化互动，成功构建了一个充满活力的用户生态共同体。这一共同体不仅增强了玩家对游戏的文化认同，还为研究文化传播与用户行为之间的关系提供了新的视角。游戏本身作为文化载体，深刻融合了中国传统文化，并在内容设计上注重文化的传承与创新。举例来说，《王者荣耀》与敦煌研究院合作推出的"敦煌"系列皮肤，将敦煌壁画中的艺术元素通过数字化手段呈现，并通过游戏角色的故事叙述将传统文化与现代叙事相结合。这一系列皮肤上线后，短短 48 小时内销售额突破 1 亿元人民币，成为文化和商业融合的经典案例。通过这种合作，《王者荣耀》不仅为玩家提供了独特的文化体验，还通过数字化技术实现了传统文化内容的再创作与广泛传播，展现了数字技术在文化传播中的独特作用。

除了在内容层面的创新，《王者荣耀》还通过线上与线下的联动活动进一步加深了文化互动体验，增强了玩家与游戏的情感连接。2024 年的"英雄盛典"主题活动便是一次典型的跨界文化盛会。活动不仅在线上开展了丰富多彩的文化问答和角色扮演挑战，还通过线下跨城市巡展展示与游戏角色相关的数字艺术作品和实物模型。线上活动通过参与性和互动性激发了玩家的兴趣，而线下展览则通过亲身体验让玩家更深入地了解和感受游戏的文化内涵。参与这些文化互动活动的玩家不仅提升了对游戏角色的认同感和忠诚度，也在社区中形成了更强的归属感和互动氛围。研究表明，参与此类活动的玩家相较于普通玩家，表现出更高的黏性和活跃度，这也为数字文化内容的传播与生态构建提供了强有力的支持。通过这类多维度的文化互动，《王者荣耀》不仅提升了游戏本身的文化价值，还通过建立更加紧密的玩家关系，推动了一个活跃且多元的数字文化生态系统的形成。

(三) 品牌塑造：提升全球影响力

《王者荣耀》通过精准的品牌塑造和全球化布局，不仅提升了其在国内市场的影响力，也为中国数字文化的国际化发展提供了一个具有示范意义的参考案例。《王者荣耀》在品牌建设中不断迭代优化内容，并通过生态系统的持续提升，确保了游戏的高质量和深度的玩家体验。例如，2024 年推出的"时光之钥"系列活动，包括时光种子和时光耀时活动，玩家参与其中。这一活动不仅让玩家在参与过程中感受到个人体验的价值，强化了他们与游戏之间的情感联系，还提升了他们对游戏品牌的忠诚度。通过这种个性化的内容设计，让品牌形象与玩家的情感深度融合，进一步推动了品牌的粉丝效应。此外，《王者荣耀》还在维护游戏生态的公平性和可持续性上投入了大量资源，利用先进的技术手段有效打击作弊行为，并通过优化经济系统，提升玩家的整体体验感，使玩家能在公平公正的环境中享受游戏带来的乐趣。

在全球化战略方面，《王者荣耀》秉承本地化运营的核心策略，根据不同地区的文化差异调整游戏内容和形式，以满足全球玩家的需求。例如，在 2023 年，《王者荣耀》东南亚版《Arena of Valor》推出以本地民俗为灵感的系列活动，在泰国，游戏中的女英雄"艾瑞"推出"白象"皮肤，迅速获得了当地玩家的好评。该活动不仅使游戏与当地文化紧密结合，提升了玩家的认同感，也为《王者荣耀》的国际化布局奠定了基础。同时，游戏团队还通过参与国际知名的游戏展会如 Gamescom，展示了其在数字文化内容创作方面的高水准，并借此机会举办了全球玩家互动活动，进一步扩大了品牌的国际影响力。通过这些策略，《王者荣耀》不仅加深了与国际玩家的文化互动，也有效地提升了其在国际市场的知名度和品牌影响力。

《王者荣耀》通过将先进的科技与中国传统文化相结合，实现了从本土游戏产品向全球数字文化品牌的转型。这一转型不仅为数字文化研究提供了技术应用、文化互动和品牌建设的多维样本，也进一步拓展了数字文化全球化的路径和前景。通过不断优化本地化内容、加强全球互动、提升品牌影响力，《王者荣耀》逐步将中国数字文化推向世界舞台，成为全球范围内数字文化传播的一个重要载体。

四、数字化转型与智能化发展：《王者荣耀》引领游戏产业新时代

《王者荣耀》在数字文化领域的成功，展现了科技创新与文化融合的强大驱动力，推动了游戏产业和数字文化经济的深度转型。在过去的几年里，《王者荣耀》通过大数据、人工

智能等先进技术的引入，不仅优化了用户体验，还不断推动游戏内容的创新与文化的传播。通过智能化的运营与数据分析，实现了个性化推荐和玩家行为的精准引导，从而大幅提升了玩家的参与感与忠诚度。此外，《王者荣耀》积极与传统文化结合，尤其是在皮肤设计和文化活动中的创新，成功地将中华文化推向了全球，既深化了游戏的文化价值，也促进了文化的传播与经济效益的提升。跨界合作与虚拟产品的创新消费模式，进一步推动了数字文化产业与传统产业的融合，形成了良性互动的产业生态。通过这些举措，《王者荣耀》不仅为数字文化经济提供了实践范式，也展示了数字化转型的无限潜力与可能性，标志着中国数字文化经济在全球化背景下的崛起。

（一）智能化推动游戏产业数字化转型

《王者荣耀》作为数字化转型的先锋，通过技术创新推动了游戏产业与科技的深度融合，为数字文化经济的高质量发展树立了重要的行业标杆。《王者荣耀》在大数据、人工智能（AI）与云计算等技术的支持下，推动了产业的智能化升级，进而实现了游戏运营与内容创新的双轮驱动。

首先，《王者荣耀》利用大数据技术实现了精准的运营管理，并深度挖掘玩家需求与市场趋势。通过收集和分析海量玩家行为数据，游戏团队能够实时优化运营策略。例如，系统根据玩家的游戏历史、技能偏好与社交行为，智能推荐个性化的英雄角色和相关活动。这种基于数据的决策机制，不仅显著提升了用户体验，还有效提高了运营效率，成为游戏产业数字化转型的重要实践案例。数据显示，通过数据驱动的推荐系统，《王者荣耀》在提升玩家活跃度与留存率方面取得了显著成效，为整个行业提供了可借鉴的运营模式。

其次，人工智能和云计算的深度应用推动了《王者荣耀》的智能化发展。AI 技术在优化匹配机制、提高竞技公平性方面发挥了关键作用。通过 AI 算法精准匹配与玩家实力相当的对手，不仅缩短了匹配时间，还增强了竞技体验的公平性与挑战性。此外，云计算技术的应用使《王者荣耀》能够在全球范围内实现高并发情况下的稳定运行，确保了游戏的流畅体验和数据处理能力。通过大规模的数据存储与实时计算，云计算技术为《王者荣耀》提供了强大的支持，确保游戏在全球玩家同时在线时仍能稳定运行。

此外，《王者荣耀》通过定期更新游戏内容、推出创新设计的英雄角色与高互动性的玩法，保持了游戏生态的持续活力。此种技术与内容创新相结合的模式不仅推动了传统游戏产业的数字化、智能化转型，还为全球游戏产业的未来发展提供了可行的数字化路径与实践样本。

（二）文化价值的提升与经济效应的放大

《王者荣耀》通过深度融合传统文化元素，既提升了其文化价值，又提高了游戏的经济效益，成为数字文化经济中"内容经济"的典范。《王者荣耀》通过与传统文化的结合，不仅在国内市场激发了广泛的文化认同，也为全球文化传播提供了新的视角与方式。

首先，《王者荣耀》积极发掘中华文化的深厚底蕴，并通过与各类文化机构的合作，将传统文化巧妙地转化为现代数字内容。比如，与金沙遗址博物馆合作推出文创皮肤系列，通过将古蜀文明的符号和艺术融入游戏角色设计，展现了古老文化在数字时代的独特魅力。这不仅为玩家提供了新颖的视觉体验，还通过数字平台有效传播了中华文化，使得现代玩家能够更好地理解并参与其中。相关研究表明，这种文化元素的成功融入大幅提升了玩家的文化认同感，进而提高了其对游戏付费内容的接受度，成为"文化+经济"结合的成功范例。

其次，《王者荣耀》通过强大的社区文化建设进一步放大了其经济效应。《王者荣耀》通过举办各类电竞赛事、玩家见面会和线上互动活动，打造了一个紧密连接的玩家社区。这样的运营模式不仅提升了玩家的忠诚度和社区归属感，还促进了游戏内容的传播与消费。例如，2024 年"荣耀世界冠军杯"总决赛吸引了超过 1 亿人次线上观看，赛事相关的周边商品销售和品牌赞助收入，占到了总收益的 30% 以上。这种文化与经济的双重效应，体现了《王者荣耀》在数字文化产业中的巨大潜力，也为数字文化研究中的内容经济提供了一个值得借鉴的成功案例。

(三) 消费激励与产业结构优化

《王者荣耀》通过创新消费模式与电竞产业布局，有效激发了玩家的消费潜力，并推动了整个产业结构的升级与优化，成为数字文化经济中重要的驱动力之一。

首先，游戏内购系统的精细化管理不断刺激玩家的消费欲望。通过推出限时销售的稀有皮肤和定期举办主题活动等方式，《王者荣耀》创造了多元化的消费场景。例如"星河彼岸"系列皮肤的限量发售，在上线 72 小时内便突破了 2 亿元人民币的销售额。这种通过稀缺性和时效性激发的消费模式，不仅显著提升了游戏的盈利能力，也为数字消费领域开辟了新的创新路径，展示了虚拟产品如何通过数字化手段与玩家的情感共鸣进行有效结合。

其次，《王者荣耀》在电竞产业的布局，进一步推动了游戏产业链的延伸与升级。通过建立职业联赛体系和引入主客场制等创新举措，《王者荣耀》将电竞产业推向了全新的发展阶段。2024 年，王者荣耀职业联赛 (KPL) 启动了城市联赛计划，与各地商圈深度合作，吸引了大量观众线下参与赛事，并促进了周边消费及城市经济的发展。这一联动模式不仅推动了电竞经济的繁荣，也促进了数字文化与实体经济的融合，为相关产业发展提供了新的思路与模式。

(四) 跨领域合作生态的构建与数字文化传播模式的创新

《王者荣耀》通过积极推动跨领域合作，构建了一个多维度的数字文化传播生态，为文化与经济的协同发展提供了创新路径，充分展示了数字文化经济的潜力。

首先，《王者荣耀》与文化遗产保护部门、博物馆等机构的合作，推动了传统文化的数字化转化与再生。例如，《王者荣耀》与敦煌研究院合作推出了"敦煌"系列皮肤，通过数字化手段重现敦煌艺术的独特魅力，不仅展示了传统文化的艺术价值，也为数字文化的创新性传播提供了全新的范式。此类跨领域合作模式不仅增强了文化遗产的现代传播力，也拓宽了数字文化内容的社会影响力，促使传统文化在全球数字生态中焕发新生。

其次，《王者荣耀》通过与多个行业的品牌联动，进一步扩大了其文化和经济影响力。例如与知名快消品牌的跨界合作，通过形象授权与联合推广，将游戏角色融入实体消费场景，吸引了大量年轻用户群体。这种跨界合作不仅为游戏产业创造了全新的收入来源，还推动了多行业协作与资源整合，促进了数字文化产业与实体经济的深度融合，形成了一个良性互动的产业生态。

通过推动数字化转型、提升文化价值与经济效益、激发消费潜力及构建跨领域合作生态，《王者荣耀》为全球数字文化经济的创新与发展提供了宝贵经验。其在跨界合作与数字文化传播方面的成功实践，不仅为数字文化产业的持续发展奠定了坚实基础，也标志着中国数字文化经济在全球化背景下迈向了更加创新与融合的新时代。

（刘培文　执笔）

3 角色扮演游戏品牌

"大话西游":
陪伴是数字世界中的情感绿洲

"大话西游"是网易公司开发的角色扮演游戏(RPG),于 2002 年 8 月 15 日正式运营,一上线就凭借其古香古色的游戏画风、感人至深的剧情任务、丰富的内涵和良好的游戏性风靡全国,陪伴了无数玩家的青春岁月,成为他们生活中的情感绿洲。在 20 多年的发展历程中,"大话西游"深深扎根于中国传统文化,不断地创新游戏的玩法、定义游戏的娱乐方式和拓展文化的传播边界,最终打造出了属于自己的文化品牌,实现了对传统文化的创造性转化和创新性发展,奠定了其在游戏市场中的独特地位。

一、"大话西游":从数字到心灵,文化品牌的起航

作为一款经典的角色扮演游戏,"大话西游"承载着无数玩家的童年回忆,至今已成为一种文化符号。回顾游戏"大话西游"二十多年的发展历程,可以看到它善于从传统文化中汲取灵感,并在数字化时代对传统文化进行创造性转化与创新性发展,最后逐渐形成自己的文化品牌。

(一)源起西游,文化再造:游戏背后的历史密码

20 世纪 90 年代末期,网络游戏如雨后春笋般在全球范围内涌现,暴雪娱乐、EA(艺电公司)等国外互联网公司都推出了多款成功的在线游戏,奠定了其在游戏行业的领先地位。从当时的情况来看,传统的单机游戏已经开始走下坡路,而网络游戏则越来越受到欢迎。

在这一时代背景下,中国的游戏行业开始寻找自己的发展道路。受到周星驰电影"大话西游"的启发,网易游戏制作团队开始将中国传统文化与现代人的审美经验相结合,创造适合本土玩家的游戏体验。虽然游戏灵感来源于现代电影,但"大话西游"游戏的精神

内核深深根植于中国传统文化。例如，游戏中的御前科举活动不仅模拟了唐朝科举制度的表面形式，还准确地反映了科举文化的深层内核。从表面上看，"大话西游"的科举活动只是在考查玩家的知识，但是，从更深层面上看，它还反映了中国传统文化中平等竞争的理念。在古代，科举制度的出现打破了出身对命运的决定性影响，

"大话西游"游戏页面

打破了贵族阶层对做官渠道的垄断，为寒门子弟提供了阶层流动的机会和空间。尽管这种流动性有限，但它至少让普通人有了通过努力改变命运的机会。在游戏"大话西游"中，科举活动同样体现了这一理念。无论玩家的装备属性、角色属性和宠物属性如何，只要文化实力过硬，就能成功过关。当然，玩家还可以打败考官的侍卫，但这种靠武力取胜的机会有限，最终能通过全部关卡的一定是靠脑力的玩家。通过不同等级的科举考试可以获得不同的称谓，如"文举人""文贡士"和"文状元"，获得这些称谓的玩家会很自豪地将其当作主称谓(在屏幕上能显示出来)，向其他玩家展示自己的聪明才智，玩家对科举称谓的青睐也证明了科举文化的价值观对现代中国社会的巨大影响。由此可见，"大话西游"从一开始就没有将自己局限为一个网络游戏，而是一个传统文化的传播者。

尽管汲取了不少传统文化元素，但"大话西游"并没有满足于仅对传统文化的再现，而是对其进行了创造性转化和创新性发展。比如，在场景和音乐设计上，"大话西游"不仅展示了中国传统文化的魅力，而且还借鉴了西方文化的可取之处，使得"大话西游"在视觉效果和情感表达上都很有吸引力。在场景造型设计方面，"大话西游"中的长安城以唐朝的都城长安为原型，展现了贞观年间长安的繁华和壮丽。玩家在游戏中可以看到长安内古老的皇宫、楼阁和寺庙，这些设计元素都来源于中国传统建筑风格，充满了浓厚的历史感。同时，一些充满自然景观的场景采用了中国山水画的风格，形成了一个典雅、富有诗意的虚拟画境。虽然"大话西游"对核心场景的设计以中国传统风格为主，但它并没有局限于此，而是在场景的光影效果、色彩搭配和空间感方面融入了许多西方艺术风格。例如在长安城皇宫的设计上，"大话西游"还加入了西方建筑的崇高感和宏伟感，增强了整体宫殿建筑的视觉冲击力。此外，"大话西游"的场景音乐在情感表达上也做到了中西文化的结合。中国传统音乐往往用优美的乐器和轻柔的旋律，在情感上注重"和"与"静"的表达，而西方音乐则更倾向于激情和节奏感，相比之下，后者更容易让玩家进入紧张的状态。比如在擂台比武或捉拿通缉犯的时候，背景音乐采用了快节奏的交响乐，在强烈的打击乐和管弦乐

的配合下，战场氛围感直接拉满。但是，在一些宁静、祥和或浪漫的场景里，"大话西游"往往采用轻柔的旋律和优美的乐器，传达温和、轻柔的意境。例如，天宫场景的背景音乐就采用了古筝和琵琶等乐器的悠扬旋律，营造出了仙境所特有的那种逍遥自在的氛围。

（二）回合之间，亲密无间：战斗与故事的奇幻融合

除了经典的西游题材和深厚的文化根基，"大话西游"还凭借其特色的玩法设计，在竞争激烈的游戏行业中脱颖而出，形成了自己的特色，吸引了大量玩家。

"大话西游"的第一大亮点是回合制战斗系统。回合制战斗强调的是策略式对抗，由于每个角色在回合制战斗中承担不同的任务，再加上每个玩家释放技能的机会有限，所以玩家们需要根据敌人的弱点、队友的优势和战斗中的临时变化，灵活地调整战术。这不仅要求玩家有熟练的操作技巧，还要求他们具备灵活多变的战略头脑和团队合作能力。在对抗实力强劲的对手时，玩家之间的沟通与配合非常重要，甚至直接决定了战斗的胜负。这样的机制无形中加深了玩家之间的感情，使"大话西游"不仅是一款网络游戏，还是一个需要大家一起合作的社交平台。

"大话西游"另一个吸引人的地方是任务系统。"大话西游"的任务系统十分丰富，除了"每日必刷"的师门任务以外，游戏中在每个传统节日还有特殊任务，比如"大话西游"在元宵节的时候为玩家准备了元宵活动，活动中奖励的元宵不仅可以转让给其他玩家换取游戏币，还可以用来提升召唤兽的资质。当然，最具代表性的任务还是剧情任务。玩家不仅能通过剧情任务获得经验、装备和技能点数，还能了解每个剧情任务背后的一段有趣或感人的故事。比如，剧情任务第五章的主题是"恩怨前尘"，主要讲述了孙悟空和白晶晶前世的爱情故事以及他们今世的仇恨，玩家在做任务的过程中，可以感受到孙悟空和白晶晶的爱情故事和他们之间的恩怨情仇。

除了核心的战斗和任务玩法外，"大话西游"还加入了其他休闲娱乐系统，使得游戏内容进一步丰富。比如，游戏里的钓鱼活动不仅能让玩家获得稀有道具，还为玩家提供了一个社交场所，许多玩家通过钓鱼结识了新的朋友，分享各自的游戏体验与人生趣事。此外，丰富的装扮和饰品系统不仅能进一步升级角色的外观，还为玩家提供了自我展示的机会。

（三）经典之巅，革新之路：游戏的涅槃历程与未来篇章

2001年，"大话西游"系列最初的版本《大话西游1》正式上线，但由于技术上的限制和运营经验的不足，该版本并没有获得良好的市场反响。

在《大话西游1》的基础上，网易在2002年推出了续作《大话西游2》，后者精美的场景设计和人物建模迅速吸引了大量玩家。作为前作的升级版本，《大话西游2》包含了《大话西游1》所没有的特色系统。此外，两个版本的故事剧情也有所调整，《大话西游2》引入了

新的背景资料片，丰富了游戏世界的设定。至于角色的转生系统，《大话西游2》与《大话西游1》之间也存在差异，使得玩家的升级过程更加多样化。除了上述差异之外，《大话西游1》与《大话西游2》在游戏界面和操作体验方面也有所区别。《大话西游2》在画面和用户界面设计上进行了优化，提升了玩家的游戏体验。同时，《大话西游2》还增加了许多新的玩法模式，如跨服竞技、社交互动等，为玩家提供了更加丰富多样的游戏内容。

2007年，网易推出了《大话西游3》。《大话西游3》的推出标志着网易继续在"大话西游"系列深耕。它加入了更多的3D元素和复杂的系统，游戏的画面效果得到了大幅提升，战斗场面、角色动作、技能效果更加绚丽。同时，游戏的世界观得到了大幅扩展，增加了更多的剧情线和副本内容。尽管如此，很多老玩家仍认为《大话西游3》缺少了《大话西游2》原本的那种简洁与纯粹感，不如经典版那样原汁原味。虽然在画面和玩法上做了创新，但游戏的核心玩法缺乏深度，未能突破传统回合制战斗理念的束缚。因此，《大话西游3》在市场上的表现平淡。

2015年，随着移动互联网的进一步发展，网易推出了专供移动端运行的《大话西游手游》。这一版本在保留经典玩法的基础上，优化了游戏界面和操作体验，更适合移动设备的触控操作。《大话西游手游》不仅继承了游戏的经典玩法，而且还加入了实时对战系统、跨服竞技等各种休闲玩法。此外，《大话西游手游》能让玩家在PC端和移动端之间相互切换，使玩家在任何设备上都能轻松体验游戏带来的乐趣。移动端和PC端的融合，不仅丰富了玩家的体验，也提高了玩家的活跃度和用户黏性。这些改动适应了移动智能手机时代的潮流，打破了传统端游的局限，让"大话西游"焕发了新的活力，一经推出就吸引了大量老玩家回归。

从2020年开始，"大话西游"进入了持续更新的阶段，推出了更多新的玩法和活动。比如，游戏开始尝试结合人工智能技术，允许玩家生成自己的大话头像。此外，"大话西游"也探索了电竞化，推出了更多竞技赛事和跨服活动，增强了游戏的竞争性和可玩性。在内容更新方面，游戏不断加入新资料片，增加了更多的剧情任务和角色设定，扩充了游戏的世界观。通过这些更新，网易进一步巩固了"大话西游"作为经典IP的地位。

二、岁月如歌，辉煌依旧——"大话西游"的行业地位

从最初娱乐至上的网络游戏到如今耳熟能详的文化品牌，"大话西游"早已成为一种文化现象，深深地影响了国内的网络游戏生态环境。作为一款火了20多年的游戏，"大话西游"几乎一枝独秀的行业地位不仅体现在其坚实的玩家基础和独特的文化品牌影响力上，还体现在其强大的品牌盈利能力上。

（一）玩家市场的深耕与拓展：坚实的玩家基础

20多年来，"大话西游"就像一座稳固的灯塔，持续吸引着玩家的目光，取得了很好的

成绩。

从玩家数量来看，"大话西游"近年来一直保持着较大的规模。在"大话西游"2017全品牌前瞻发布会上，网易副总裁王怡说："《大话西游2》端游全球玩家超2亿，在线人数、活跃人数等数据持续走高；《大话西游手游》注册用户超2000万，牢牢占据各大榜单的前列。"大话西游"对网易来说有着非凡的意义。"[①]这些数字说明了游戏能够吸引各种类型的玩家。无论是刚接触游戏的新手，还是已经玩了多年的老玩家，都能在"大话西游"中找到自己喜欢的内容。

从不同玩家群体来看，"大话西游"对各个年龄段和地区的玩家都有广泛的影响力。对于年轻玩家群体(20～30岁)来说，"大话西游"既是一款怀旧的经典游戏，也承载着他们美好的回忆。对于他们来说，"大话西游"就是他们的成人礼，是他们提前完成自我社会化的虚拟空间。在这个空间中，他们第一次学会与他人并肩作战，第一次与异性角色进入亲密关系，甚至第一次拥有自己的孩子。这段经历是刻骨铭心的，对于他们性格和习惯的养成有着终身的影响。中年玩家群体(30～40岁)大多是"大话西游"曾经的"核心玩家"，他们在游戏刚开服的时候便是其中的积极分子，其间也许因为工作和家庭原因而一度告别"大话西游"，但后续会因为怀旧或好友的邀请重新回归。

在地区层面，东部地区(如北上广深)的玩家通常更注重游戏的技术性和挑战性，他们是高手排行榜上的常客，是帮派战争中的主力部队，是参加跨服对战的主要群体。不仅如此，他们还具有较强的社交影响力，往往决定着所在服务器的舆论风向。中西部地区(如川、陕和两湖)玩家群体的面相更加多样，既有年轻人，也有许多上班族，他们往往将"大话西游"视为娱乐消遣的一种方式，游戏心态主打一个知足常乐，随遇而安，不与顶尖高手争锋。二线及以下城市和乡村地区的玩家则更多地将"大话西游"视为一种重要的社交工具，注重游戏带来的情感陪伴。值得注意的是，虽然"大话西游"主要面向中国大陆玩家，但随着中国不断走向世界舞台的中心，它在海外的华人社区中也有较大的影响。尤其对于东南亚、北美等地区的华人玩家来说，当他们对祖国的思念挥之不去之时，"大话西游"成了他们最好的心灵慰藉。

再看玩家的活跃度和留存率，游戏的日均活跃玩家数量很高，最近一年每天有超过一百万的玩家登录游戏。以新注册玩家为例，在注册后的一个月内，有超过六成的玩家继续活跃在游戏中。这主要是因为游戏内容丰富，玩法不断更新。例如，游戏中的日常任务每天都会带给玩家不同的挑战和奖励，让玩家始终有事情做，始终有目标去追求。这种吸引力像磁石一样紧紧抓住了玩家的心，使他们成为"大话西游"的忠实粉丝，帮助"大话西游"在市场中保持领先地位。

---

① 14年沉淀，坐拥2亿玩家，解构"大话西游"品牌经营之道//[EB/OL]. (2016-12-20)[2024-12-11]. https：www.jiemian.com/article/1024973.html.

（二）文化传播与文化融合：独特的文化品牌影响力

在文化传播方面，"大话西游"同样发挥着巨大的品牌影响力。和其他回合制游戏一样，"大话西游"仍在不断更新游戏内的角色系统，但与其他游戏不同的是，"大话西游"上线新种族的方式颇具文化色彩。比如，在2019年上线新种族龙族之前，"大话西游"就以"龙"作为《国风话江湖》第二季的主题，目的是为新种族的到来造势。《国风话江湖》第二季一经开播，播放量在48小时内就突破2000万次，微博话题的阅读量更是超过了4700万次。① 之所以能够达到这样惊人的传播效果，是因为"大话西游"运用了创新思维，突破了以往的传播方式的局限。例如，《国风话江湖》从人物历史、传奇故事、地理异志等不同角度展现了"龙"的文化内涵；并且随着集数的增加，对其文化内涵的阐述也逐渐深入。不仅如此，节目组还邀请来了明星专家于赓哲教授担任节目讲解员。一时间，新种族"龙"成为玩家们津津乐道的话题。这样一来，"大话西游"不仅吸引了玩家的目光，还将文化传播的种子撒向了更广泛的非玩家群体，达到了很好的传播效果。

在文化融合方面，"大话西游"甚至得到了国际音乐大奖的认可，展现出超凡的文化品牌影响力。2022年，《大话西游手游》的原声带斩获了2022年全球音乐奖（Global Music Awards）最佳游戏音乐铜奖。能够在这样的奖项中获得肯定，证明了官方对音乐品质的重视。此次获奖的原声带来自《大话西游手游》的副本"踏雪寻龙"的场景音乐，由于场景设计本身有着浓厚的羌族风格，创作团队在录制场景音乐时，除了使用民族乐器进行演奏之外，还用西北羌族的羌语进行吟唱，搭配上改编自《吊古战场文》的《山有曷·踏雪寻龙》歌词，音乐整体呈现出四面楚歌、庄严肃穆的感觉。这种民族和国风元素的完美融合，正是"大话西游"这个文化品牌长盛不衰的重要原因。

（三）商业运营与市场价值：强大的品牌盈利能力

在商业运营方面，在2002年刚面世时，"大话西游"凭借每小时0.4元的收费在游戏领域探索出了一条属于自己的盈利模式。此外，"大话西游"内的付费项目也是运营收入的重要来源，比如道具购买和角色增值服务。游戏内的道具、锦衣每次推出都会受到玩家的热烈欢迎。除了道具销售，角色增值服务也是主要收入来源之一。例如，玩家可以付费解锁特殊角色的技能和外观。这种付费方式不仅满足了玩家的个性化需求，也为游戏带来了可观的收入。从2002年至2016年这14年间，仅"大话西游"一个游戏就为网易带来了200多亿元的收入。② 尽管手游时代的到来冲淡了端游的市场，但"大话西游"依旧展现出

---

① 推个新种族都这么有文化 国风是大话刻在骨子里的基因！［EB/OL］.［2019-07-23］［2024-12-11］. https://www.163.com/dy/article/EKOQ49JK0526DPBA.html.

② 网游曾经有多赚钱？一款"大话西游"收入200多亿！［EB/OL］.［2019-02-19］［2024-12-11］. https://www.163.com/dy/article/E8CQEI7B05390H81.html.

了强大的盈利能力。2024 年 11 月 14 日，网易游戏在港股收盘之后公布了 2024 年第三季度的财报，尽管整体收入略有下降，但值得注意的是，旗下经典的"大话西游"系列依然表现亮眼，尤其是在老玩家的支持与新角色的加入下，形成了良性的用户增长。[①]

从市场价值来看，"大话西游"的品牌价值在行业中处于领先地位，进而吸引了很多合作伙伴。网易联合知名品牌双飞燕集团旗下的"血手幽灵"，推出了定制版的游戏周边产品，如鼠标和键盘等。这些合作不仅拓展了游戏的版权收入，而且提高了"大话西游"品牌的知名度。同时，这种品牌影响力还推动了其他相关产业的发展。例如，游戏改编的电影虽然还在筹备中，但已经吸引了许多影视公司的投资。此外，文旅产业也受益于"大话西游"的品牌影响力。比如，"大话西游"在与洛阳文旅签署合作之后，将洛阳的特色传统文化数字化，让更多人在线上就能感受到洛阳传统文化的魅力，这不仅丰富了"大话西游"中本已让人应接不暇的虚拟美景，还能带动洛阳在餐饮、住宿、娱乐、休闲等方面的线下消费。总之，"大话西游"还将继续以 IP 授权合作的方式，给更多传统行业注入一剂强心针。

三、创新与情感共舞——"大话西游"核心竞争力的成长密码

"大话西游"之所以能够在游戏产业激烈的竞争中脱颖而出，是因为它始终能在游戏内容的创新与玩家的情感需求之间找到完美的平衡点。从深耕情感连接到打造"数字客厅"，再到为玩家提供创作空间的开放平台，"大话西游"以"创新"为指南，努力调制出契合玩家情感需求的游戏内容，最终在数字世界中实现了创新与情感的共舞。

（一）深耕情感连接，强化虚拟体验

玩家与"大话西游"的情感联系开始于新角色的创建。在"大话西游"中，角色不仅是一个虚拟形象，而且是玩家在游戏中的另一个"自我"。玩家对角色的感情，像对待真实生命一样，这种情感主要源自对角色创建时的期待。在"大话西游"中，玩家可以选择不同的种族，如人族、仙族、魔族等，每个种族都有不同的外貌、属性和技能，不同的种族代表了一条特殊的发展道路。此外，玩家还需要考虑到角色的性别，不同的性别意味着玩家在另一个世界所幻想的一种生活体验，如有的男性玩家会因为好奇心理去选择女性角色，因为这代表了玩家在现实世界未能实现的欲望。不仅如此，玩家还需要为角色取名字。这里的取名不同于玩家本身的名字，后者属于玩家父母对子女的期望或寄托，而前者则集中体现了玩家个人的审美情趣。在这个私人化定制的过程中，玩家与角色建立了一种情感上的联系，因为玩家会把自己的一部分投射到角色上。这时，角色不再是一个虚拟的形象，它是

---

① 网易游戏再创佳绩：经典与创新共舞，期待新品引爆市场［EB/OL］.（2024-11-15）［2024-12-11］. https://www.sohu.com/a/827025155_121798711.

真实的，因此当它在游戏中受到不公正的对待时（如被其他玩家嘲讽），玩家会很自然地关心和维护它。

另外，角色的背景故事也会引导玩家的情感。每个种族背后都有一段引人入胜的故事，这些故事叙述了他们的起源、文化以及在游戏世界中的地位。例如，人族大多富有情感和智慧，仙族往往天生神力，而魔族则拥有神秘的力量。这些特质往往对应着现实人类的情感，因而容易让玩家产生共鸣。随着游戏角色不断升级，角色能力逐渐提高，玩家会感到兴奋和自豪，因为每次角色的提升都像是玩家自己的成长，就好像自己在现实生活中也一天天在进步。

"大话西游"角色设定

最重要的一点是，角色会一直与玩家并肩作战。虽然玩家会和召唤兽、队友等一起打怪升级，但他们终究不是角色，无法受到玩家操控，久而久之会离玩家而去。然而，无论玩家在游戏中进行到哪一步，角色始终伴随在玩家左右。这种陪伴让玩家与角色的情感日渐深厚。游戏提供了沉浸式的体验，玩家容易被代入虚拟世界。

(二)打造"数字化客厅"，锁住情感温度

在传统的娱乐方式下，人与人之间的互动通常发生在现实的客厅或聚会场所。而在数字世界里，"数字化客厅"成为人们在虚拟空间中进行情感交流的重要场所。由于打怪升级是回合制战斗的主旋律，因此，战斗窗口也成了"大话西游"玩家的数字化客厅。

"大话西游"的战斗系统主要是回合制，而回合制对玩家的操作做了次数规定，玩家之间需要进行战术上的配合。在长期的组队战斗中，玩家会渐渐熟悉队友的技能和角色定位，比如玩家需要知道输出型角色负责造成伤害，而辅助型角色则负责为输出型角色提供

辅助。这种分工合作要求玩家们相互理解、信任，输出型角色放心地把自己的安全交给辅助型角色，而辅助型角色也会把握时机为队友加血、加伤害或加防御。这种分工让玩家们在战斗中逐渐建立对彼此的信任，也成为生活中的伙伴。不论是最初的低级副本，还是更高难度的团队挑战，队友们齐心协力，患难与共，不退缩。当团队成功打败一个强大的BOSS时，玩家们会在聊天频道里欢呼庆祝，分享那来之不易的喜悦与成就感，这种共同的情感体验让他们的关系更加紧密。对于一些比较"宅"的玩家来说，在"数字化客厅"结识新的战斗伙伴，在战斗的空隙聊聊天、开开玩笑，能获得情感上的陪伴，现实生活中的孤独感也能得到缓解。所以说，"数字化客厅"不仅有社交功能，它还是一个深层次的情感寄托空间。在这里，玩家们体验到的不仅是游戏的乐趣，还有被理解和陪伴的感觉。这种陪伴感，正是数字世界中难以得到的"温度"，也是"大话西游"在运营20多年后依然保持活力的原因。

(三) 培养玩家社区，赋能情感创造

在"大话西游"中，每个角色背后都有自己的独特故事和背景。例如，这只出现在雪地里的大白熊就曾引发了玩家们的无尽猜想，它究竟在等待谁？这一悬念不仅吸引着玩家们的目光，也促使他们以这一游戏角色为契机表达自己对"大话西游"的独特情感。"大话西游"这一文化品牌之所以能形成强大的共鸣，是因为它对玩家情感创造力的高度赋能。通过社区互动，玩家可以在游戏中表达自己的情感、分享自己的故事。这使得"大话西游"不仅仅是一个"娱乐至死"的游戏，更是一个专注于情感表达的平台。

"大话西游"中的大白熊

"大白熊"这一元素的出现，便是这种互动机制的体现。在一些节日期间，"大话西游"通过互动环节鼓励玩家在评论区分享他们与大白熊的故事或对节日活动的感受。这个环节不仅仅是一个简单的猜谜游戏，更是促使玩家之间建立情感联系、激发情感共鸣的契机。此外，在"大话西游"游戏社区里，玩家不仅能分享自己的感受，还能分享同人故事、插画、视频等艺术作品。例如，至尊宝不仅是推动"大话西游"剧情发展的一个重要的非玩家角色(NPC)，还是一个吸引着无数玩家进行二次创作的文化符号，既充满了悲剧色彩，又颇具人格魅力。他的一句经典台词"我不是孙悟空，我是至尊宝"体现了悲剧主体对命运的抗争，这样的价值追求契合了强调自由的时代精神，成为许多玩家创作的灵感源泉。玩家根据自己的审美经验和思想情感，创作了以至尊宝和紫霞仙子为主题的插画。这幅颇具情感冲突的插画不仅在游戏社区中引发了大量的讨论和分享，更吸引了游戏开发者的注意。

通过游戏社区这种形式，玩家们不仅能回味"大话西游"带来的愉快体验，还能与其他玩家进行多样化的情感交流。这种互动为玩家提供了情感的表达空间，同时也让游戏社区成了一个更加温暖、亲密的社交平台。

四、情感的力量，经济的涟漪——"大话西游"对行业与社会的深远影响

在"大话西游"成功背后，是文化品牌给玩家带去的记忆、共鸣与陪伴。由此可见，在数字技术如此发达的今天，情感仍是促成文化品牌形成的重要驱动力。不论"大话西游"的内容创新如何丰富，玩家议论最多的仍然是逝去的青春；不论未来"大话西游"如何寻求与玩家的情感共鸣，开发者仍需触摸到玩家内心深处的集体无意识；不论未来"大话西游"给予玩家多么逼真的虚拟体验，玩家追求的仍然是具备现实意义的情感价值。

(一)创新的内容，逝去的青春

随着游戏内部系统的不断完善，玩家间的互动不再围绕着打怪升级展开，他们通过在论坛、社交平台上的情感交流和经验分享，形成了庞大的社群文化。许多老玩家在分享自己的游戏经历时，会提到最初接触游戏时的那份单纯与青涩。尽管时光在不断流逝，但那份对"大话西游"的热爱始终没有改变。每个老玩家的青春都与这款游戏紧密相连，对于他们来说，"大话西游"不仅仅是一款游戏，更是一种情感的象征，承载着他们对青春、对友谊、对成长的记忆。

例如，每当"大话西游"更新新的版本或推出新内容时，官网论坛上都热闹非凡，有的玩家在猜测新宠物的技能，还有的在猜测新角色的门派属性。然而，只有老玩家在怀旧中回忆过去的点滴，感叹当时的懵懂与激情。正如一位老玩家所说："从大话的端游到现在的手游，我已经陆陆续续玩了近20年，20年的岁月更替，唯一不变的是大话西游对我的陪伴。最早学生时代开始接触大话，那时对我而言，大话只是一款哥哥们都喜欢的游戏而

已，但随着对大话的了解与尝试，我也像哥哥们一样被它深深吸引。"①这种真情实感的流露，正是老玩家对"大话西游"品牌内涵热爱的体现。在这个竞争激烈、快速变化的游戏市场里，"大话西游"之所以能够一直吸引老玩家回归，除了游戏内容的不断充实，更因为那经典的玩法与设计，后者充满了时光的印记，勾起玩家们年轻时候的那些懵懂、青涩的回忆，而游戏内容的每一次更新都给了他们一次次回归"大话西游"和重新审视自我过往经历的机会。

(二)情感共鸣，文化沉淀

从玩家角度来看，游戏"大话西游"之所以能够长盛不衰，是因为他们对《西游记》这个经典故事有着情感上的共鸣，这种共鸣归根结底来自铭刻于玩家内心深处的文化认同。因此，中国人喜欢《西游记》，不仅是因为其颇具魔幻现实主义的故事情节和有血有肉的人物形象，更是因为孙悟空、唐僧、猪八戒、沙僧等经典人物已经成为文化符号，深深根植于中国人的集体意识中，代表着不同的性格、道德取向和精神追求。

不仅如此，这些文化符号已经超越了意识形态壁垒，引起了不同文化背景的人的共鸣。荣格认为，集体无意识是人类共同的心理结构，是人类共同心理的"原始遗产"。因此，虽然这些文化符号带有一些地域性和民族性的色彩，但它们所蕴含的核心价值观念和情感体验，可以触动不同文化背景的玩家。比如，孙悟空作为"叛逆者"的形象，代表对权威的蔑视和对自由的追求，而这正是后现代主义所青睐的价值观，这就是为什么即便到了数字化时代，西游题材的游戏还是能占据相当一部分市场份额，除了"大话西游"之外，还有以《黑神话：悟空》为代表的视频游戏，这款游戏不仅在中国取得了巨大的成功，还成功地打入了对游戏画质、操作和世界观有着苛刻要求的海外市场。它的成功并非偶然，因为后现代玩家不再只看重游戏的娱乐性，更关注游戏是否能引发个人的情感共鸣。《黑神话：悟空》中的孙悟空不仅保留了经典的英雄形象，还通过对其内心挣扎和矛盾的描绘，展现了这个角色一定程度上的反英雄特质，即英雄不再是完美无缺的，而是有弱点、有冲突、有欲望的。

(三)虚拟的游戏，现实的情感

虽然"大话西游"构建的数字世界是虚拟的，但它给玩家的陪伴感却是真实而深刻的。网易公司的CEO丁磊曾在2017年给"大话西游"玩家的亲笔信中写道："陪伴是最长情的告白。"②的确，这种陪伴超越了屏幕，融入了玩家的情感世界，让原本冷冰冰的数字空间

---

① 大话西游 200 城玩家故事：幸福是把热爱当成终身事业[EB/OL].(2022-05-07)[2024-12-11]. https://ol. 3dmgame. com/news/202205/34351. html.

② 丁磊亲笔致信大话玩家：陪伴是最长情的告白[EB/OL].(2017-08-15)[2024-12-11]. https://www.163. com/ent/ article/CRSGHPEL00318PFH. html.

变成了温暖的情感绿洲。例如，有玩家曾说："我接触大话的时间不算太长，从2013年到现在大约只有六年的时间，但这六年里，我真正体验到了一个老玩家的滋味。从最开始的一个人，到拥有了一群非常好的兄弟；从自己的暂时离开又回归，到队友的离开和回归，感受过日夜相处的快乐，也体会过离别的伤感，但好在，我们又要聚在一起了。"①

　　详细来说，该玩家在2015年因为工作的原因离开《大话西游2》有大半年的时间，再次返回后是空号，在该玩家为空号配装备、买宝宝等过程中，他在游戏里的好兄弟为他提供了各种各样的帮助，达到了随叫随到、有求必应的程度。这段经历让玩家非常感动。后来，游戏里的两个兄弟因为各种现实原因暂时离开了游戏，尽管该玩家对此感到非常伤心，但也只能说服自己接受既定的事实——天下没有不散的筵席。然而，当游戏里的新种族出现时，该玩家重新联系了之前两位离开的兄弟，两人异口同声表示愿意尽快回归"大话西游"，这让该玩家非常激动。他感叹道："以前经常看到大话中的兄弟情义，本以为这是一件离自己很遥远的事，没想到真的身处其中时，才感觉兄弟这个词其实一直都在。如今我们也可以自豪地说自己是老玩家，也可以分享这些曾经的事给大家看，我们还会一直玩下去，因为我们坚信，天下就有不散的筵席！"②

　　这一例子表明，一个文化品牌要想长期火下去，就必须越过娱乐的范畴，与玩家的情感需求紧密相连。游戏的娱乐价值并不是不重要，相反，游戏的娱乐价值是游戏能够被称为游戏的关键所在，是游戏一开始能够吸引玩家的第一要义。但是，玩家本身并不是寄居在虚拟世界里的游戏角色，不论玩家在游戏的虚拟世界中待多久，他们最终还是要回到现实世界之中，履行现实世界赋予他们的责任与义务。往往这个时候，游戏的情感价值渐渐超越了娱乐价值，开始成为维系玩家情感的纽带。在这一点上，"大话西游"不仅仅是文化传承的标杆，更是一位对玩家忠诚的情感陪伴者。

（曾铮　执笔）

---

① 大话西游2：五年兄弟再聚首，天下就是有不散的筵席！［EB/OL］.［2019-06-24］［2024-12-11］. http://xy2. yzz. cn/story/201906/1574544_all. shtml.

② 大话西游2：五年兄弟再聚首，天下就是有不散的筵席！［EB/OL］.［2019-06-24］［2024-12-11］. http://xy2. yzz. cn/story/201906/1574544_all. shtml.

4 游戏科学品牌

《黑神话：悟空》：
文化与科技交融的璀璨之星

　　《黑神话：悟空》作为一款以中国传统文化作品《西游记》为背景的动作角色扮演游戏，自发布以来在全球范围内引起了强烈反响，在文化传播与科技应用方面表现卓越。

　　从销量成绩来看，其上线后迅速登顶 Steam、WeGame 等多个平台的销量榜首，在 Steam 平台上的同时在线玩家人数更是突破 120 万，超越了《CS2》《DOTA2》等知名网游，甚至超过了《艾尔登法环》《博德之门 3》等国际大作的最高在线纪录。据统计机构 VG Insights 披露，该游戏在 Steam 上的销量已突破 2200 万份，收入超 11 亿美元，全平台销量超 450 万份，销售额超 15 亿元人民币，创造了预售以来单周最快销售纪录，展现出了极高的商业价值。

　　在奖项方面，《黑神话：悟空》也收获颇丰。2024 年度游戏大奖（TGA）公布的提名名单中，它获得包括年度最佳游戏、最佳游戏指导、最佳动作游戏以及最佳艺术指导在内的 4 项提名，成为首款入围 TGA 年度最佳游戏提名的国产游戏，实现了国产游戏史无前例的突破。

　　在文化影响力上，它荣登 2024 数字文化最具影响力 IP 榜单，获得中国外文出版发行事业局当代中国与世界研究院的相关报告认可。它不仅将中国传统神话故事与现代游戏玩法完美融合，展现了中国游戏开发团队的创新能力和技术实力，还凭借孙悟空这个世界级的文化符号，跨越国界，引发全球玩家的情感共鸣，让世界领略到了中国文化的魅力，成为文化与科技融合的杰出代表，彰显出其作为文化科技品牌的独特魅力与价值。

一、《黑神话：悟空》品牌传奇：追溯过往，洞见当下

（一）游戏科学公司介绍：品牌高光聚焦

　　游戏科学（Game Science）成立于 2014 年 6 月 13 日，中文全称为深圳市游科互动科技

有限公司,总部位于中国广东省深圳市南山区,是一家专注于开发高质量电子游戏的公司,主要通过官方网站和微博等社交媒体平台与玩家及公众互动。

其创立初衷是通过创新和技术为玩家提供最佳游戏体验,公司秉持"只做打动自己的游戏"这一理念,致力于打造能真正打动玩家的作品。公司的核心团队成员,如冯骥、杨奇等创始人,都曾是腾讯的资深游戏开发者。

在发展历程方面,游戏科学早期推出过《百将行》和《战争艺术:赤潮》等游戏。《百将行》依托三国时代背景对英雄人物和历史事件进行重新创造,将动作游戏核心融入经典卡牌体系,带来了独特玩法;《战争艺术:赤潮》则是全球首款跨平台实时团队竞技游戏,2017 年上线后获得应用商店(App Store)全球 154 个国家和地区的推荐。这些作品为公司积累了宝贵的游戏开发经验。而《黑神话:悟空》无疑是游戏科学的标志性作品,这款游戏以中国古典小说《西游记》为故事背景,采用现代技术重新演绎经典故事,展现出了国产3A 游戏的高水准,也使得游戏科学在国内外游戏行业中获得了极高的关注和认可,公司地位与影响力显著提升。从投资关系来看,腾讯控股是游戏科学的投资者之一,持有其股份,这反映出游戏科学在行业内的潜力和价值。

(二)悟空传奇开启:《黑神话:悟空》创世记与征途

《黑神话:悟空》的诞生要追溯到其核心团队成员此前在腾讯参与制作《斗战神》的经历,该游戏虽起初被寄予厚望,但后续因各种原因未能达到预期效果,主创团队成员冯骥、杨奇等人选择离职创业。

《黑神话:悟空》游戏封面

创业初期,游戏科学先尝试通过做手游来积攒资金,先后推出了《百将行》和《战争艺术:赤潮》。在积累了一定经验与资金后,团队决心回归初心,做高品质单机游戏。在题材选择上,经过对仙侠、武侠和其他中国神话题材的探讨,最终因大家对西游题材想法最多、情绪高涨，从而确定以西游为主题开发单机游戏，也就是后来的《黑神话：悟空》。

2020 年 8 月 20 日，《黑神话：悟空》首度曝光，其发布的首个时长 13 分钟的预告片引发了游戏圈的轰动，播放量在哔哩哔哩上超过 5700 万，吸引了无数玩家的期待以及众多业内人士的关注，甚至每年的 8 月 20 日都被国内玩家称作游戏界的"春晚"。当时的游戏科学还是一家成立仅 4 年、整体团队不过百人的中小游戏公司，且此前并无大型单机游戏开发经验，但他们凭借对这款游戏的热情与执着持续推进开发工作。

在开发过程中，团队也遇到了诸多困难，例如游戏最早的黑风山关卡制作难度超出想象，而且早期还面临人才短缺的问题，发布预告片也是为了招揽更多高手加入。历经多年打磨，《黑神话：悟空》终于在 2024 年 8 月 20 日全球同步上线，正式与广大玩家见面。

（三）品牌当下风华：全景洞察

《黑神话：悟空》上线后，在各大主流游戏平台均有发行，涵盖了 PlayStation 5、Steam、Epic Games Store、WeGame 等，这使得全球范围内大量玩家都有机会体验到这款游戏。

从玩家覆盖范围来看，据相关统计，Steam 渠道上中国内地玩家的占比高达 88%，不过该游戏在其他国家和地区也收获了众多玩家的喜爱，像英语区域、繁体中文区域以及俄语、葡萄牙语、法语、德语、西班牙语等语言区域，都有玩家参与游戏并给出评价，整体好评率颇高，在 Steam 上的评价分级为"好评如潮"，该游戏目前已收获了海量的玩家评价，其中绝大多数为好评。

在市场占有率方面，《黑神话：悟空》上线发售便迅速登顶 Steam、WeGame 等多个平台的销量榜首，首日全球销量超 450 万份，总销售额超过 15 亿元，3 天后销量超 1000 万份，全平台在线峰值达 300 万人，展现出强大的市场竞争力。

在玩家群体中，玩家对其游戏画面、可玩性等方面赞不绝口，称赞其画质达到电影级，玩法上兼具传统西游元素与现代动作游戏的趣味，甚至众多游戏玩家专门请假第一时间体验游戏，还有人为追求高画质升级电脑硬件。同时，该游戏在国内也引发了多方联名热潮，像瑞幸咖啡等品牌与其推出联名产品，这些产品一经推出便被抢购一空。在社区活跃度方面，无论是游戏官方社区，还是各大游戏论坛，关于《黑神话：悟空》的讨论热度一直居高不下，玩家们积极分享游戏体验、交流攻略技巧等，足见其当下在游戏行业中的强大影响力。

▶ 二、近三年"文化+科技"荣耀征途：《黑神话：悟空》成绩单

（一）市场凯旋：傲人销售与营收成绩

《黑神话：悟空》自上线以来，在销售成绩方面表现极为亮眼，展现出了强大的市场号

召力。据国外数据分析公司 VG Insights 的数据，该游戏在 Steam 平台上的销量成绩斐然，在上线发售刚满整月时，其销量就已经达到了 2000 万份，总收入超过 9.61 亿美元(约合人民币超 67.9 亿元)。而到了 2024 年 10 月 16 日，其 Steam 平台销量更是增至 2130 万份，总收入超过 10 亿美元(约合人民币逾 71 亿元)。

并且，《黑神话：悟空》的发行平台除了 Steam 外，还涵盖 WeGame、PlayStation、Epic Games Store 等多个平台。其全平台在线峰值达 300 万人，上线首日总销售额便超过 15 亿元人民币，3 天后销量超 1000 万份。机构曾预测，该游戏的全年销量有望达到 3000 万~4000 万份(对应流水 100 亿~140 亿元)，这样的销售数据无疑在国产 3A 游戏领域创造了新的纪录，彰显了其极高的商业价值。

(二)荣誉勋章：斩获业界重磅奖项

在荣誉与奖项方面，《黑神话：悟空》同样收获颇丰，得到了行业内外的高度认可。2024 年 12 月，中国音像与数字出版协会游戏工委发布的"2024 年度游戏十强榜"中，《黑神话：悟空》荣获"2024 年度游戏十强优秀游戏研发团队""2024 年度游戏十强优秀客户端游戏"以及"2024 年度游戏十强优秀中华传统文化游戏"三项重要奖项。2024 年金摇杆奖中，《黑神话：悟空》荣获"年度最佳游戏""最佳视觉设计"两项大奖。

而在被誉为"游戏界奥斯卡"的 2024 年度游戏大奖(TGA)中，《黑神话：悟空》更是不负众望，一举揽获最佳艺术指导奖、最佳动作游戏奖、最佳游戏指导奖以及年度最佳游戏奖在内的 4 项提名，成为首款入围 TGA 年度最佳的国产游戏，实现了国产游戏史无前例的突破。众多的奖项不仅是对游戏品质的肯定，更是极大地提升了《黑神话：悟空》这一品牌的知名度与美誉度，使其在竞争激烈的游戏市场中脱颖而出。

(三)文化辐射力：燃动全球东方潮

《黑神话：悟空》以中国古典名著《西游记》为背景进行创作，在全球范围内对传播中国传统文化产生了积极且深远的影响。游戏中融入了大量极具中国特色的元素，例如中式古建筑、戏曲、古琴等，还将团结、勇气等传统价值观念以及因果轮回、修行解脱等哲学思想融入游戏情节之中，让全球玩家在游戏过程中潜移默化地了解到中国文化的博大精深。

特别是游戏中的诸多场景取景于山西，其精美的画面展示了山西丰富的历史文化古迹，使得"山西旅游"等词条多次冲上网络热搜，山西省文化和旅游厅也借此热度发布"跟着游戏游古建"等视频，吸引了众多游客前往山西实地打卡游戏中的名场景。据统计，游戏取景地之一的晋城玉皇庙景区，在游戏公开测试和宣发带来的流量影响下，半年内游客超过 5 万人次，其中有约 40% 的游客是通过游戏知道景区的。可以说，《黑神话：悟空》成功地搭建起了一座文化桥梁，让中国传统文化借助游戏这一载体走向世界，吸引了更多国外玩家去深入了解《西游记》等中国古典文化，同时也带动了国内相关地区文旅产业的发展。

三、《黑神话：悟空》品牌登顶密码：谋篇布局与制胜根源

（一）古韵新绎：深挖文化富矿，惊艳呈现

《黑神话：悟空》的成功，首先得益于对中国传统文化内涵的深度挖掘与巧妙呈现。

游戏以中国古典名著《西游记》为蓝本，这一经典作品本身蕴含着丰富的文化元素与哲学思想，为游戏提供了深厚的文化底蕴。在剧情方面，围绕"探寻昔日传说的真相"这一主题展开，玩家扮演的"天命人"踏上充满危险与惊奇的西游之路，这种"寻找"的设定不仅构成了人物行为的内驱力，推动故事情节不断发展，还在形式上关联着游戏外部空间地图的逐步展开，让玩家仿佛亲身参与到这场神话冒险之中。

同时，游戏在角色塑造上对经典形象进行了精彩重现与创新演绎。孙悟空这一角色自然是核心所在，其形象不仅保留了原著中神通广大、机智勇敢的特点，还通过现代技术使其毛发细节清晰可见、动作更加灵动逼真，该形象将玩家记忆中多个版本的孙悟空形象进行了融合与升华。此外，像猪八戒、沙僧等角色也各具特色，他们的性格特点、外貌服饰等都严格遵循传统设定，又融入了现代审美，让玩家倍感亲切。

而在场景设计上，游戏团队更是下足了功夫。他们遍访多个省市，实地考察并高度还原了山西玉皇庙、重庆大足石刻、浙江时思寺等全国多处名胜古迹，将这些古建筑和宗教艺术品在游戏中进行了精美呈现，为玩家营造出一个充满浓厚中国风的游戏世界。例如，游戏中的南部醴峰观正殿、阆中五龙庙等场景，都真实还原了现实中的古迹风貌，玩家穿梭其中，仿佛能感受到历史的沉淀与文化的韵味。

游戏还融入了诸多"非遗"文化元素，陕北说书等传统艺术形式在主人公的西行途中适时出现，其唱词不仅隐藏着任务提示，而且西北唱法自带的苍凉感与游戏中的人物的状态和氛围十分吻合，为游戏增添了独特的文化氛围。

此外，游戏在文化元素的表达上并非简单照搬，而是进行了创造性的再表达和定义，把团结、勇气等传统价值观念以及因果轮回、修行解脱等哲学思想融入游戏情节之中，让全球玩家在游戏过程中潜移默化地了解和认识到中国文化的博大精深，既保留了原著的精神内核，又使玩家能够更深入地理解和感受传统文化的魅力。

（二）科技赋能：前沿创新，颠覆应用

除了深厚的文化内涵，《黑神话：悟空》在技术创新与应用方面也展现出了强大的实力，这成为其品质卓越的重要支撑。

游戏采用了先进的虚幻引擎5，这一引擎为呈现一个美轮美奂、细节饱满的东方神话世界奠定了基础。借助其强大的图形渲染能力，游戏中的场景画面细腻逼真，无论是云雾

缭绕的山林、金碧辉煌的宫殿，还是神秘莫测的洞府，都仿佛真实存在一般，光影效果更是达到了电影级水准，阳光透过树叶洒下的斑驳光影、法术释放时的炫目光芒等都让玩家仿佛身临其境。

在物理引擎的应用上，游戏实现了高度真实的物体交互效果。例如，当玩家操控悟空在场景中穿梭时，树枝会根据受力情况自然摆动，武器与敌人碰撞时会产生符合物理规律的反馈，让战斗和探索过程更具真实感和沉浸感。

AI 技术在游戏中的应用也十分广泛且深入。在 NPC 的设计上，实现了智能化，这些 NPC 能够根据玩家的行为做出合理反应，有的会主动与玩家交流、提供线索，有的则会根据战斗情况采取不同的应对策略，极大地提升了游戏世界的活泼性与挑战性，带来了全新的交互模式，同时也激发了玩家更多的探索欲望，鼓励他们去解锁更多的故事与背景。

高精度动作捕捉技术的应用更是为游戏角色的动作表现增色不少。通过动作捕捉方式 1：1 记录真实人物的神态、身体姿势及行动细节，实时捕捉演员动作，并对 2D 图像进行快速 3D 重建，保证了虚拟形象的实时交互性。无论是悟空的七十二变、各种神通的施展，还是其他角色的走、跑、跳、攻击、防御等基本动作，抑或是复杂的攀爬、游泳等特殊技能动作，都呈现出极高的真实感和流畅度。

此外，DLSS 3 技术利用 AI 驱动的深度学习超采样方法，将低分辨率图像转换为高分辨率图像，有效提升了游戏的图形性能，全光线追踪技术增强了游戏中的光影效果，使其更加真实，二者的融合让《黑神话：悟空》在画质上突破了传统渲染的限制，实现了画质和流畅度的双重提升。

（三）营销创举：爆款出圈的推广韬略

《黑神话：悟空》在营销方面精心策划，通过多种策略与推广手段，使其在全球范围内获得了极高的关注度和影响力。

在宣发阶段，实机演示视频发挥了巨大作用。2020 年 8 月发布的首个时长 13 分钟的预告片，一经上线便引发了游戏圈的轰动，其在哔哩哔哩上的播放量超过 5700 万次，迅速吸引了无数玩家的期待以及众多业内人士的关注，甚至每年的 8 月 20 日都被国内玩家称作游戏界的"春晚"。后续也持续发布了多个精彩视频，展示游戏的高质量制作内容，包括对《西游记》场景的高度还原、精致的角色设计以及流畅的战斗动作等，不断提升玩家对游戏的期待值。

游戏正式上线前，制作团队充分利用社交媒体平台进行预热和推广。哔哩哔哩作为国内年轻用户的重要聚集地以及游戏氛围浓厚的社区，成为主要的营销阵地之一。在哔哩哔哩发布视频预告、线下试玩的独家直播等内容，吸引了大量核心玩家的关注，站内头部及垂类游戏 UP 主也自发对游戏进行宣传，进一步扩大了游戏的影响力。抖音则凭借其巨大的流量池和活跃的用户互动成为《黑神话：悟空》另一主要营销阵地，通过发起"直播首通大赛"等活动，强调互动性，吸引更多玩家购买并加入直播，还整合站内精彩内容，方便用户搜索查看游戏攻略、跨界整活"二创"等，适合新手玩家参与。此外，斗鱼、虎牙等游戏直播垂类平台也设置了相应专栏，通过头部主播"直播接力"、普通玩家"通关大赛"等玩法，实现全天候覆盖，吸引不同层次的玩家关注。

而在游戏发售后，通过持续更新维护来增强玩家黏性，不断优化游戏性能、修复漏洞、推出新的内容和玩法，让玩家始终保持对游戏的新鲜感和热情。

另外，积极开展跨界联名合作也是其营销策略的一大亮点。《黑神话：悟空》与瑞幸、联想、海信、英伟达等不同行业的众多品牌开展联动合作，推出了联名饮品、联名电脑、联名电视等产品，借助这些品牌的影响力扩大受众群，同时也为合作品牌注入了新的活力，实现了互利共赢。例如，与瑞幸推出的联名饮品"腾云美式"，搭配联名杯套、纸袋以及限定海报，一经推出便销售火爆，周边产品更是迅速售罄，极大地提升了游戏的市场拓展效果和品牌知名度。

四、《黑神话：悟空》：领航产业新潮，澎湃国民经济

（一）游戏江湖变革启示录

《黑神话：悟空》的成功为整个游戏行业的发展带来了诸多宝贵的启示。

在文化融合方面，它充分展示了深度挖掘传统文化资源对于打造特色游戏的重要性。以中国古典名著《西游记》为蓝本，不是简单地照搬元素，而是巧妙地将其中的神话故事、角色形象、哲学思想等融入游戏剧情、场景及玩法之中，使游戏既有深厚的文化底蕴，又充满新鲜感与吸引力。例如，对孙悟空这一经典形象的创新演绎，既保留其传统特质，又通过现代技术让其形象更加生动逼真，在让全球玩家感受到中国文化独特魅力的同时，也启示游戏开发者们应立足本土文化，寻找具有全球传播潜力的文化符号，打造差异化的游戏内容，避免同质化竞争。

技术应用上，《黑神话：悟空》展现了紧跟前沿科技并积极创新应用的价值。采用先进的虚幻 5 引擎、高精度动作捕捉技术、实时动作捕捉与 3D 重建技术以及 AI 等众多高新技术，实现了精美绝伦的画面效果、逼真流畅的角色动作以及智能化的游戏交互体验。这提醒游戏行业从业者，不断探索新技术在游戏开发中的应用，能够有效提升游戏品质，增强玩家的沉浸感和代入感，为玩家带来更好的游戏体验，从而在竞争激烈的市场中脱颖而出。

在营销推广层面，《黑神话：悟空》提供了丰富的经验。从最初发布惊艳的实机演示视频引发行业轰动，到利用社交媒体平台如哔哩哔哩、抖音等多渠道、持续性地进行预热推广，再到游戏发售后通过更新维护增强玩家黏性以及积极开展跨界联名合作等，形成了一套较为完整且有效的营销策略组合。这告诉其他游戏开发者要重视营销推广工作，善于利

用不同平台的特点和优势，根据游戏自身定位和目标受众制定合适的推广计划，充分点燃玩家的期待，提升玩家的参与度，扩大游戏的影响力和市场覆盖面。

总之，《黑神话：悟空》的成功实践为游戏行业树立了一个标杆，激励着更多开发者在文化挖掘、技术创新和营销推广等多个维度上不断探索与进取，推动整个游戏行业朝着更高质量、更具创新性的方向发展。

(二)赋能国民经济新引擎

《黑神话：悟空》的火爆对国民经济发展产生了积极且多维度的影响。

从产业链角度来看，其成功带动了上下游众多相关企业的发展。在硬件设备销售方面，由于游戏对电脑配置有一定要求，为追求更好的游戏体验，大量玩家选择更换显卡、购置新机，或者购买游戏主机等，使得电脑硬件线上线下销售火热，部分硬件甚至因货源紧张出现价格上涨的情况，同时也刺激了国产芯片企业向更细分的市场加速投入，推动了整个硬件消费电子市场的繁荣。此外，在文创周边产业上，众多不同行业的品牌纷纷与其开展联动合作，推出联名饮品、联名电脑、联名电视等丰富多样的产品，这些周边产品大多销售火爆，不仅提升了合作品牌的活力与市场拓展效果，也进一步丰富了文创周边市场，创造了更多的经济效益。

在文化出口与软实力提升方面，《黑神话：悟空》借助游戏这一全球性的文化传播载体，将中国传统文化成功推向世界舞台。游戏中大量极具中国特色的元素，如中式古建筑、戏曲、"非遗"文化等，吸引了全球玩家的目光，让国外玩家在享受游戏乐趣的过程中潜移默化地了解和认识中国文化，极大地提升了中国文化在国际上的影响力和吸引力。文化影响力的提升，也有助于推动我国文化产业在国际市场上的进一步拓展，吸引更多海外消费者关注并消费中国文化产品，从而为国民经济的整体增长注入新的动力。

综上所述，《黑神话：悟空》作为一款现象级文化科技融合游戏，通过辐射带动产业链发展以及提升文化软实力等方式，对国民经济的发展起到了重要的推动作用，展现出了文化产业在国民经济中的强大带动能力并凸显了其重要地位。

▲ 五、《黑神话：悟空》品牌超维影响力：跨界破圈，震撼八方

(一)行业领航：重塑游戏新格局

《黑神话：悟空》犹如一盏明灯，为游戏行业的发展照亮了前行的道路，在诸多方面展现出了强大的引领作用。

首先，在游戏品质方面，它拉高了行业的标准。以往国产游戏在画面精细度、动作流畅度以及玩法创新度等方面，与国际 3A 大作相比存在一定差距。而《黑神话：悟空》凭借

虚幻引擎 5 等先进技术，打造出电影级画质，其对光影效果、场景细节的呈现堪称极致。例如游戏中对中式古建筑的还原，从飞檐斗拱到内部的雕梁画栋，每一处纹理都清晰可见，让玩家仿佛置身于真实的神话世界。高精度动作捕捉技术的运用，使得角色动作自然流畅、生动逼真，悟空的各种神通施展起来行云流水，为玩家带来了沉浸式体验。这种对品质的极致追求，促使其他国产游戏开发者认识到自身的潜力与不足，激励他们加大在技术研发和美术设计等方面的投入，努力提升游戏品质，向国际水准靠拢。

其次，在文化表达上，它开了深度融合传统文化与游戏玩法的先河。《黑神话：悟空》以中国古典名著《西游记》为蓝本，没有简单地堆砌文化元素，而是巧妙地将传统文化内涵融入游戏的剧情、角色塑造以及世界观设定之中。比如游戏中蕴含的因果轮回、修行解脱等哲学思想，通过玩家在游戏里的冒险历程自然展现，让玩家在娱乐的同时能深刻领悟传统文化的魅力。这为行业提供了范例，启发更多游戏开发者去挖掘中国丰富的传统文化资源，如《山海经》《封神演义》等经典文学作品，将其打造成具有文化底蕴又富有趣味性的游戏内容，改变以往国产游戏文化内涵不足的局面，使国产游戏在全球市场中更具辨识度和竞争力，推动整个行业朝着文化内涵丰富、玩法独特的方向迈进，开启了国产游戏发展的新阶段。

（二）地域赋能：激活地区经济新动能

《黑神话：悟空》对地区经济的带动作用十分显著，其中山西地区就是典型代表。游戏中的大量场景取景于山西，涵盖了大同悬空寺、忻州佛光寺、朔州应县木塔、运城解州关帝庙等众多古建筑。展现这些精美建筑的游戏画面随着游戏的爆火在全球范围内传播，使得山西的历史文化古迹受到了前所未有的关注，"跟着悟空游山西"成为热门话题，"山西旅游"等词条多次冲上网络热搜。

山西省文化和旅游厅借此热度发布"跟着游戏游古建"等视频，吸引了大量游客前往山西实地打卡游戏中的名场景。据统计，游戏取景地之一的晋城玉皇庙景区，在游戏公开测试和宣发带来的流量影响下，半年内游客超过 5 万人次，其中有约 40% 的游客是通过游戏知道景区的。游客的增多直接拉动了当地文旅产业的发展，景区周边的餐饮、住宿、交通等相关行业迎来消费高峰，酒店入住率大幅提升，饭店生意兴隆，纪念品商店销售额也节节攀升。

同时，为了满足游客的需求，当地还催生了一批与文旅相关的新兴服务业态，如专业的导游服务、特色文化体验活动等。此外，就业机会也随之增加，不仅景区需要更多的工作人员，周边配套产业也吸纳了大量劳动力，包含从服务员、司机到文创产品设计师等各类岗位，为当地居民提供了更多的增收渠道，有力地促进了地区经济的繁荣发展，成为文化产业带动地方经济的成功典范。

(三)文化传薪：点亮传统之光，耀世全球

作为一款承载着深厚中国传统文化的游戏，《黑神话：悟空》在全球范围内对传播中国传统文化有着不可估量的意义。它以游戏这一极具吸引力和互动性的现代载体，将中国传统文化元素生动地展现给世界各地的玩家。

游戏中融入了大量极具中国特色的元素，像中式古建筑、戏曲、古琴等，让全球玩家直观地领略到中国传统文化的独特魅力。例如，游戏里对山西古建筑的逼真还原，使玩家在虚拟世界中欣赏到中国古代建筑技艺的精湛，进而引发他们对现实世界中这些古建筑的好奇心与探索欲。同时，将团结、勇气等传统价值观念以及因果轮回、修行解脱等哲学思想融入游戏情节之中，让玩家在游戏过程中潜移默化地认识到中国文化的博大精深。

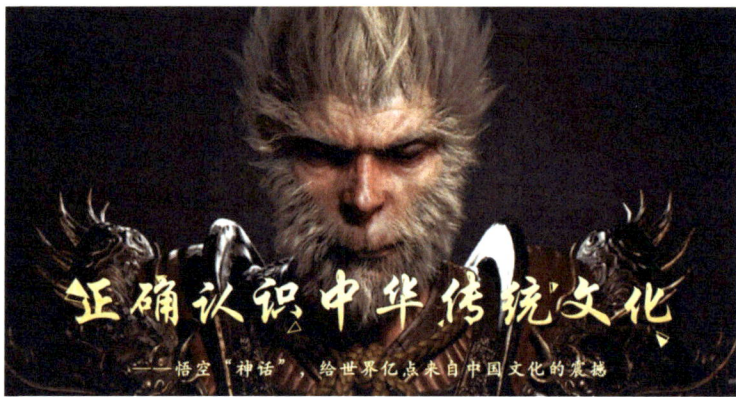

《黑神话：悟空》海报

借助其广泛的影响力，世界各地的玩家开始主动去了解《西游记》这一中国经典文学作品及其背后的中国神话体系，许多外国玩家为了更好地理解游戏背景，甚至专门去研读《西游记》的英译本，还积极发布相关的文化解读类视频。这不仅提升了中国文化在国际上的知名度，更改变了一些国外民众对中国文化的固有认知，让他们看到中国文化除了古老的历史遗迹和传统技艺之外，还有如此富有创意和趣味的现代表达形式，助力中国传统文化在全球范围内更好地传播与传承，进一步增强了中国文化的国际影响力。

(四)产融共创：驱动产业融合与商业模式创新

《黑神话：悟空》在产业融合与商业模式创新方面展现出了强大的开拓能力，为游戏行业乃至相关产业带来了诸多新思路与新机遇。

在产业融合方面，它积极与不同领域的品牌开展联动合作，实现了游戏产业与多个行业的深度融合。例如，与瑞幸咖啡联名，推出了具有游戏特色的联名饮品"腾云美式"，搭配联名杯套、纸袋以及限定海报，将游戏元素融入饮品的包装和宣传中，使得咖啡不仅是

一种饮品，更成了承载游戏文化的载体，吸引了大量消费者购买品尝，同时也让游戏的品牌形象通过线下咖啡门店等渠道进一步拓展。与联想、海信等科技品牌合作，打造联名电脑、联名电视等产品，针对游戏的高画质、高性能需求对硬件设备进行优化定制，既满足了玩家对优质游戏体验的追求，又推动了科技产品的创新与销售。此外，还与服装、文创等行业携手，推出各类周边产品，丰富了产业生态。

在商业模式创新上，它开创了一种以优质内容为核心，通过跨界合作、线上线下联动等方式进行多元化商业拓展的新模式。游戏不再仅仅依靠售卖本体和内购盈利，而是借助品牌影响力，与各行各业的合作伙伴共同打造综合性的商业体系，实现互利共赢。这种模式为其他游戏开发者提供了借鉴，启发他们跳出传统思维，挖掘游戏品牌的多元价值，探索更多样化的盈利渠道，推动整个行业在商业模式上不断创新，以适应市场变化与发展的需求。

六、《黑神话：悟空》品牌价值天平：体量与价值的双向奔赴

（一）品牌根基：雄厚体量彰显硬核实力

《黑神话：悟空》背后的游戏科学，在品牌规模与实力方面展现出了强大的发展态势。从团队规模来看，虽然与国外一些动辄上千人的大型游戏开发团队相比，游戏科学的团队人数不算多——据相关报道，其员工仅 140 人，但其团队却是一支精英汇聚的队伍。其核心团队成员平均从业经验达 13 年，平均合作时间超过 10 年，他们大多来自腾讯等知名游戏企业，有着深厚的行业积淀和丰富的开发经验，这些人才是游戏科学打造高品质游戏的核心力量。

在开发资源方面，游戏科学积极整合各方资源，与本土云厂商合作，利用腾讯云提供的数字产品和解决方案，有力地确保了《黑神话：悟空》的高效协同开发和如期上线。例如选用腾讯敏捷协作平台（TAPD），针对游戏制作在不同阶段、不同环节全面协同管理目标，灵活适配游戏开发特性、程序需求、美术需求等多层级需求管理和内外部权限完成协作，实现了惊人的高效产能和资源利用率，该项目被行业媒体誉为"项目管理的奇迹"。

就全球游戏市场的地位而言，《黑神话：悟空》的出现打破了长期以来欧美国家对 3A 游戏的垄断，上线首日即售出 450 万份，销售额逾 15 亿元人民币，刷新了 Steam 单机游戏在线人数纪录，位居多个全球游戏热销榜冠军，获得了全球范围内众多玩家的认可与好评，也让游戏科学这家来自中国的游戏公司在国际游戏行业中声名鹊起，极大地提升了其品牌在全球市场中的影响力，为后续的发展奠定了坚实基础，展现出了强大的品牌硬实力。

(二) 价值腾飞密码：关键攀升要素拆解

《黑神话：悟空》品牌价值的提升，是多方面因素共同作用的结果。

首先，销量成绩是其品牌价值的重要支撑。国外数据分析公司 VG Insights 的数据，《黑神话：悟空》在 Steam 平台上的销量成绩斐然，上线发售刚满整月时，销量就已经达到了 2000 万份，总收入超过 9.61 亿美元(约合人民币超 67.9 亿元)，到 2024 年 10 月 16 日，其 Steam 平台销量更是增至 2130 万份，总收入超过 10 亿美元(约合人民币逾 71 亿元)，并且，全平台在线峰值达 300 万人，上线首日总销售额便超过 15 亿元人民币，3 天后销量超 1000 万份。这样出色的销售数据，无疑在全球游戏市场彰显了其强大的市场号召力和商业价值，让更多人认识并记住了这个品牌。

其次，良好的口碑也为品牌价值提升添砖加瓦。在被誉为"游戏界奥斯卡"的 2024 年度游戏大奖(TGA) 中，《黑神话：悟空》一举获得最佳艺术指导奖、最佳动作游戏奖、最佳游戏指导奖以及年度最佳游戏奖在内的 4 项提名，成为首款入围 TGA 年度最佳的国产游戏，实现了国产游戏史无前例的突破。同时，该游戏在国内也荣获了"2024 年度游戏十强优秀游戏研发团队""2024 年度游戏十强优秀客户端游戏"以及"2024 年度游戏十强优秀中华传统文化游戏"等重要奖项，还得到了权威游戏媒体"IGN 中国"直接给出的 10 分满分评价。游戏在玩家群体中的口碑更是很好，玩家们对游戏画面、可玩性等方面赞不绝口，称赞其画质达到电影级，玩法兼具传统西游元素与现代动作游戏的趣味。

最后，强大的文化影响力让品牌更具深度和内涵。《黑神话：悟空》以中国古典名著《西游记》为背景进行创作，融入了大量极具中国特色的元素，像中式古建筑、戏曲、古琴以及陕北说书等"非遗"文化，还将团结、勇气等传统价值观念以及因果轮回、修行解脱等哲学思想融入游戏情节之中，让全球玩家在游戏过程中潜移默化地了解和认识到中国文化的博大精深，成功搭建起了一座文化桥梁，使中国传统文化借助游戏这一载体走向世界，吸引了众多国外玩家去深入了解《西游记》等中国古典文化，进一步提升了品牌在全球范围内的知名度与美誉度，使其在玩家心中树立起高品质、有文化底蕴的形象，助力品牌价值不断攀升。

(三) 未来续航：品牌价值赋能前行之路

高品牌价值为《黑神话：悟空》的未来发展带来了诸多积极影响，形成了良性循环，有力地反哺着品牌的持续成长。

一方面，凭借强大的品牌价值，游戏科学在市场拓展方面获得了更多机会。在国内市场，因其品牌已经积累了超高的人气和良好的口碑，玩家对其后续推出的产品抱有极高的期待，这使新游戏的推广更为顺利，能够快速吸引大量核心玩家以及潜在玩家的关注。在国际市场上，《黑神话：悟空》作为成功将中国传统文化与高品质游戏相结合的代表，已经在全球玩家心中留下了深刻印象，后续若拓展海外发行渠道或者推出国际版游戏，能够凭借品牌影响力更容易打开国际市场，吸引不同地区、不同文化背景的玩家尝试体验，进一步扩大全球用户群体。

另一方面，品牌价值也有助于游戏科学获取更多优质的合作机会。众多不同行业的知名品牌看重《黑神话：悟空》的品牌效应和受众覆盖面，纷纷主动寻求合作，例如瑞幸、联想、海信、英伟达等品牌，双方开展跨界联名合作，通过推出联名饮品、联名电脑、联名电视等产品，实现互利共赢。这种合作模式不仅为《黑神话：悟空》带来了额外的商业收益和市场曝光度，还能借助合作方的资源优势，在技术研发、产品创新等方面进行更深入的探索，为后续持续推出优质产品提供有力支持。

同时，高品牌价值还能提升用户对品牌的忠诚度和黏性，玩家基于对品牌的认可和信任，会更愿意参与到游戏的后续更新、付费扩展内容以及周边衍生产品的消费中。例如，当游戏推出新的剧情 DLC 或者特色皮肤、道具等付费内容时，忠实玩家往往会毫不犹豫地购买，以进一步丰富游戏体验。在周边衍生产品方面，品牌的影响力使得《黑神话：悟空》的手办、漫画、小说、影视改编权等都具有较高的商业价值和市场需求，这些周边产品不仅能够增加额外的收入来源，还能在文化传播层面进一步拓展品牌的影响力范围，强化品牌在玩家日常生活中的存在感。

此外，强大的品牌价值对于吸引顶尖人才加入游戏科学团队也发挥着关键作用。在游戏开发行业，优秀的人才往往倾向于选择具有良好声誉和广阔发展前景的公司。《黑神话：悟空》的成功使游戏科学成为众多开发者心目中的理想工作场所，品牌所代表的技术实力、创新精神和文化底蕴能够吸引程序开发、美术设计、游戏策划等各个领域的顶尖人才。这些人才的汇聚将为游戏科学的持续创新和发展注入源源不断的活力，保障后续游戏产品在技术和创意上保持领先水平，使公司不断推出具有创新性和竞争力的游戏作品，进一步巩固和提升品牌价值，使《黑神话：悟空》品牌在激烈的市场竞争中始终保持领先地位，实现长期稳定且可持续发展，持续为全球玩家带来更多优质的游戏体验，也为中国文化科技融合的游戏产业发展树立更高的标杆，引领行业迈向新的发展高度。

（刘孟为　执笔）

5 演艺舞台呈现品牌

必应创造：
有求必应，小团队打造高科技演艺大舞台

必应创造(B'in Live)是中国台湾地区顶尖的演出制作公司，前身为相信音乐的演出制作部门，独立后迅速发展成为华人世界规模最大、技术最先进的演出制作企业之一，以提供全方位展演服务闻名。必应创造技术创新能力突出，通过引入 3D 投影、AI 场景设计、AR/VR/MR(混合现实)、荧光棒场控等新兴技术，致力于打造"文化+科技"深度融合的数字化演出现场。作为中国台湾地区首家上市的展演服务公司，其年均承接超过 1000 场演出，足迹遍布全球，成为行业标杆。

一、十年树木：从枝丫长成参天大树

必应创造凭借其超高的演唱会制作水准闻名遐迩，而其内核不仅仅是单一的演出制作公司，更是华语演艺文化的创新者和生力军。从 2014 年成立至今，必应创造以其敢拼敢闯的实干精神和生生不息的科技创新能力，迅速在国内外演艺行业中站稳脚跟。

(一)破土而出：从小部门到独立公司

相信音乐国际股份有限公司(简称"相信音乐")(B'in Music)，成立于 2006 年，是一家以台湾为基地的文化创意产业唱片公司，由滚石唱片策略长陈勇志和知名华语乐团五月天共同创立。必应创造的前身便是相信音乐的演唱会制作部门，该部门专门负责相信音乐旗下歌手的演唱会业务或承接其他唱片公司的演唱会制作业务，部门设立之初仅有以周佑洋为首的数十位成员。周佑洋通过举办五月天演唱会时的出色执行力而崭露头角，成为业内鼎鼎有名的"首席演唱会制作人"，在其带领下，部门所承接的演出业务也远远超出相信音乐旗下歌手范围。

为了拉开与其他竞争对手的距离，2014 年初，周佑洋从相信音乐出来自立门户，一口气与产业链中的 5 家公司做垂直整合：分别与合作多年的技术服务公司创昕、舞台设计公司 Free's，以及灯光、音乐、视讯设备的租赁公司联立、神翼、神桦等合并成必应创造股份有限公司。通过整合这 5 家公司的原业务，短短 1 年内，必应创造从一个仅有 15 人的部门，变成中国台湾业界规模最大的制作公司，同时也是唯一一家横跨制作、设计、技术、工程与策略整合，具备垂直上下游资源、软硬件一条龙全包的整合服务型公司。

(二)枝繁叶茂：市场扩张之路

通过加强与技术服务公司、舞台设计公司的合作，积极整合软硬件资源，必应创造从独立之初起便积极跳脱出以往单一的演唱会制作业务，大幅拓展业务范围。无论是电视节目、商业活动、走秀，还是记者会、颁奖典礼等，从硬件租赁到演出现场制作，凡是涉及现场演出的相关业务，必应创造统统收入囊中。从为电视节目《康熙来了》租借话筒，到协助举办 2017 年天猫双十一晚会，从"老本行"演唱会制作，到全盘接手各类颁奖典礼……可加可减、可大可小的机动性，为必应创造带来各种客源。

起初，必应创造时常被冠以"五月天御用制作团队"等标签，彼时由五月天演唱会带来的收益占全公司收入的七成。经由"有求必应"式的默默耕耘，必应创造在业内逐渐声名鹊起，先后为有"华语流行音乐教父"之称的歌手李宗盛、知名组合 S.H.E、羽泉、5566、告五人、罗大佑、周华健、吴宗宪、陶喆、任贤齐、陈珊妮、苏慧伦、刘若英、许茹芸、品冠、光良、戴佩妮、李健、梁静茹、安溥(张悬)、林俊杰、薛之谦、李宇春、炎亚纶、林宥嘉、徐佳莹、丁当、王俊凯等人量身定制巡回演唱会，成为时下华语乐坛当红艺人们所信赖的首选合作伙伴。

2015 年，必应创造参与了全球总计 275 场演出，创造该年营收 6.17 亿元新台币。2016 年，必应创造参与的演出案量提升近 25%，营收达 7.91 亿新台币。2017 年，必应创造营收约 11 亿元新台币，年增长 40%。同年，必应创造首次独立制作展演类 IP，在台湾高雄的 26000 多平方米空地上，打造出大型亲子游乐设施"8 吨的搞怪乐园"。这场为期 45 天的户外乐团活动，共演出 90 场，创下入场 80000 人次的成绩，从舞台、玩偶、服装到音乐，都由必应创造的演唱会制作团队设计，这也是必应创造从幕后执行走到台前创作的有益尝试。

2018 年 2 月 7 日，必应创造正式在台湾地区证券交易所挂牌上市，成为台湾第一家上市的全方位展演服务公司。

(三)破圈生长：业务拓展

2014 年 9 月，必应创造在中国香港设立分部，开拓港澳演出市场，并于次年 3 月在上海设立分部，以华东地区为轴心，积极开拓内地演出业务。2018 年 8 月，必应创造落户成都，开拓西南市场；2021 年，在北京建立办事处，并与大陆市场占有率最高的太合音乐集团合资成立"有秀必应"公司；2024 年，设立广州分公司，辐射华南市场。十年间，必应创造深耕华语流行音乐市场，在华语演艺行业实现了极高的市场占有率。

必应创造不仅在华语演艺市场站稳脚跟，更是在国际化道路上下足了功夫。一方面，必应创造深入推动华语演艺市场出海，如在 2019 年承办电视剧《陈情令》主演的泰国粉丝见面会；另一方面，其也积极拓展海外市场，展开国际合作。2022 年，必应创造在日本设立子公司 B'in Live Japan，承接日本本土及出海的各项活动策划及演唱会业务。近年来，必应创造已深度参与了多场国际艺人的亚洲巡演制作，其中包括为英国知名摇滚乐队酷玩乐队（Coldplay）及韩国知名偶像组合 BLACKPINK 等演唱会提供设备支持，成为防弹少年团、Carly Rae Jepsen、Maroon 5、Guns N' Roses 等海内外国际巨星台湾场演唱会的指定合作单位等。目前，必应创造的演出制作相关业务已扩展至欧美、日韩、东南亚等多个国家和地区。

在其擅长的演唱会制作业务之外，必应创造持续拓展营运触角，积极探索多元化业态。2022 年，必应创造参与建造的中国台湾首座"LED 次世代虚拟摄影棚"完工，为影视行业虚拟制片提供硬件支持；同年，必应创造积极孵化原创 IP，并跨足影视戏剧 IP 市场，推广由空壳影像公司拍摄的电影《咒》相关线上及线下系列体验活动，并与其共同筹拍演唱会产业职人剧。2024 年，必应创造成立新品牌 B'in Live Space，旨在提供专业的场地租借、设备供应与整合等多元化服务，实现演出经济的多重效益。目前，必应创造正计划通过其日本子公司 B'in Live Japan 投资百老汇舞台剧，争取成为亚洲华语区演出的主办方或合作方；同时积极培育具有潜力的艺人发展版权 IP，也结合内外软硬件器材与 5G 的应用，打造更多元的展演活动。

必应创造十余年的发展历程，是从部门独立到行业领导的不断升级过程，充分展现了其卓越的创新能力与行业影响力。据统计，十年间，必应创造所承接的演艺相关业务已逾万场，年均承接 1000 余场，全球范围内平均每天就有 4 场演出由必应创造参与制作。其凭借技术创新和全球布局，占据了演艺行业的市场领导地位，成为华语演艺行业规模最大、技术最先进的演出制作公司之一，更是以其孜孜不倦的探索精神，为演艺行业发掘出诸多新的发展潜能。

◢ 二、多管齐下，助力品牌强势"出圈"

必应创造在深耕演艺行业的历程中，不仅以其内容＋技术齐头并进的发展模式体现了资源垂直整合的优势，更以其对市场需求敏锐深刻的捕捉和实现能力打造了独一无二的品牌影响力，而且通过全方位的业务拓展进一步稳固了其在海内外演艺市场的重要地位。

(一)"软硬兼施",争当行业"全才"

传统的演艺制作公司往往只能提供较为单一的业务(如舞美设计与制作或硬件设施搭建),而必应创造以其自身整合服务型的资源优势脱颖而出,逐步形成了涵盖设计(多媒体视觉设计、灯光设计、舞台/空间设计、音响设计)、制作(专场演唱会制作、音乐节/颁奖典礼节目制作、在线演出节目制作、展览论坛规划制作)、技术(硬件技术整合、海内外硬件工程统筹)、设备租赁(灯光工程、音响工程、棚内工程、视讯工程、结构工程、乐器工程、公共工程)、整合营销(各类型活动统筹企划、跨平台营销资源整合、售票型展演整合规划)等多元化的业务模式。作为一家同时具备软、硬件制作能力的公司,必应创造覆盖从创意策划、舞台设计、设备供应到现场执行的完整流程,这种"内容+技术"垂直整合能力在业内处于领先地位。

在演出行业中,软件设计往往被比喻为大脑,而硬件搭建则被比喻为骨头和肌肉。"大脑"负责整场演出的内容输出,"骨头"和"肌肉"则负责通过技术使内容得以完整呈现。在传统的合作模式下,常常会出现软件部门提出的方案不符合硬件实际,或者硬件部门无法领悟软件设计的理念,从而造成演出无法达到理想效果的局面。相比于业内大多仅专注于某一领域(如灯光设备、舞台搭建等)的公司,必应创造能够独立完成演出制作的所有环节,拥有全案执行能力,可以整合全产业链,提供内容+技术的一站式服务,这大大降低了沟通成本,提高了执行效率,也成就了其在华语演艺行业内的独特优势。

许多传统制作公司技术应用有限,依赖外包或标准化解决方案,而必应创造凭借自有技术团队与设备,始终保持创新优势。为打造更有创意与品质的展演活动,必应创造在演艺与舞台呈现等领域持续实现技术创新,通过率先在演出中大规模引入5G、全息投影、3D投影映射、AR/VR/XR(扩展现实)、AI生成内容、动态场控等前沿技术,将科技与演出艺术深度融合,全方位提升演出效果,提高演唱会制作创新技术门槛,打造高标准演艺产品,奠定其在行业的领先地位。

在新冠疫情防控期间,必应创造更是突破传统的线下演出模式,积极探索线上直播演唱会技术。在2020年,先后推出刘若英"陪你"线上演唱会和五月天"突然好想见到你"线上演唱会,强化舞美设计和直播互动技术,以科技赋能演艺呈现,结合实景演出和高效转播技术,创新虚拟舞台和观众互动形式,在各大直播平台吸引数千万观众观看,引发强烈反响,成为"刷爆"朋友圈的文化热点事件。在2022年,必应创造也与太合音乐合作,首度尝试打造线上虚拟音乐节,探索虚拟技术在演艺行业的新发展方向。

(二)深挖演艺市场需求,提升品牌影响力

以"有求必应"著称的必应创造,凭借其对市场需求的敏锐捕捉和极强的实现能力,致力于深入挖掘演艺市场的需求,通过技术创新和多元化的表现形式将演出的概念内涵延伸

落地，呈现绝佳的演出效果，从而大幅提升其市场竞争力。近年来，必应创造充分发挥其软硬件一体化的优势，通过内容创意、硬件升级以及技术创新等方式，推动品牌影响力持续"出圈"。

必应创造以其出色的策划与设计能力，为大量知名艺人量身定制巡回演唱会，在创意设计上占据了绝对优势。在概念构思环节，必应创造的制作团队积极与艺人、经纪公司共同商讨演唱会想传达的核心理念，再根据概念编排曲目、舞台及各段节目可能的形态等，贡献了不少"名场面"。以薛之谦"天外来物"巡演为例，演唱会讲述的是外星人来到地球的故事，在歌与歌之间，薛之谦要跟"星际总部"进行对话，对话内容经过精心设计，不仅要跟观众互动或介绍歌曲，还包含了服务于主题概念的故事情节，并且根据每一站的城市替换部分的讲话内容，为歌迷营造独特的回忆。演出中有一幕天马行空的创意：薛之谦身穿一袭火红，一边唱歌一边走在高空钢丝上，身后是在密雨和雷暴笼罩之中，上下颠倒的清冷城市。这一幕不仅给观众留下了深刻印象，也将演唱会所试图传达的概念高度具象化，凸显出必应创造在创意设计领域的优秀能力。2023 年，由必应创造打造的周汤豪"REALIVE"世界巡回演唱会舞台设计分别获得韩国 K 设计大奖（K-DESIGN AWARD）金奖及香港 DFA 亚洲最具影响力设计奖（Design for Asia Awards）银奖。

必应创造在硬件搭建上也体现出极强的专业性，不断推动硬件升级，使得创意内容得以完美落地。必应创造自 2014 年来不断扩大业务，在硬件设备上也不断扩充库存，如今仓库规模已增长 3 倍，灯具库存从 500 件增加到 2000 件，更是大幅投入资金用于音响设备的升级。成立之初，必应创造的硬件设施只能满足一场普通规格的舞台表演，而目前的库存可以同时支持一场户外体育场大型表演和两场室内场馆表演。从大型演唱会到金音奖、金视奖颁奖典礼，必应创造以其扎实的硬件能力为各类展演活动提供了有力保障。

必应创造不仅在创意设计、硬件搭建上为品牌影响力增光添彩，还大力引入各项新兴技术，实现技术创新。3D 动画、全息投影、AR/VR、AI 生成内容等技术的运用，使展演活动呈现焕然一新的效果。例如，在五月天演唱会的舞台立体结构两侧，通过 LED 屏幕上的 3D 动画实现视觉的延伸，呈现立体的城堡效果；再根据演出内容由 AI 实时生成相应画面，将城堡变换为不同形态，时而化作一片废墟，再从中借由全息投影走出宇航员等人物角色，使观众仿佛置身其中，虚实难辨，大大提升了演出的观赏性。2023 年，必应创造承接台湾灯会"台北兔给乐"，在台北松烟文创园搭建三层楼高的"BUNNY RUNNING"巨大纸箱外形，结合炫目裸眼 3D、实时互动技术和紧凑故事性的大型声光体验，打造了城市打卡新地标。

（三）触角多向延伸，打造多元化商业模式

十年间，必应创造在经济效益方面取得了显著成就，自上市后不断拓展业务深度和广度，实现了持续性的盈利增长。2023 年，受惠于后疫情时代展演经济复苏，必应创造全年

营收达 25.6 亿元新台币，较前一年增加 12.6 亿元，接近翻倍增长，创下公司成立十年来的新纪录。2024 年，必应创造业绩依旧亮眼，第一季度营收达 4.66 亿元，前 5 个月营收累计突破 10 亿元大关，达 10.41 亿元，较上年同期增长 62.2%。必应创造通过深耕演唱会主业、开拓市场资源、布局海外市场、延展业务类型等方式，打造了多元化的商业模式。

华语演唱会业务是必应创造最主要的收入来源。通过为华语乐坛极具号召力的一线艺人量身打造多场巡回演唱会，必应创造与五月天、林俊杰、刘若英等艺人团队形成了长期稳固的合作关系。必应创造既可在室外体育场承办大型世界巡回演唱会，也能将室内场馆打造成精益求精的演出现场，始终以"打造难忘体验"为目标，通过优质的作品赢得了客户和观众的口碑。得益于其在诸多一线艺人演唱会上交出的优秀答卷，必应创造得以提高知名度，拥有了一定的品牌影响力，这为其拓展了市场。

不满足于华语演出市场，必应创造积极探寻成长新动能，布局海外市场。近年来，必应创造接连包下多组海外艺人赴台演出的硬件统筹业务，包括美国摇滚天团 Maroon 5、OneRepublic，英国摇滚乐队 Coldplay、女歌手 Dua Lipa，澳大利亚歌手 Kylie Minogue，韩国偶像团体防弹少年团、BLACKPINK、（G）I-DLE、IVE、Stray Kids，日本创作歌手藤井风等；同时积极争取主办资格，参与日本摇滚天团 ONE OK ROCK、灵魂歌姬 Aimer 台湾巡演部分主办业务；更大力推动业务出海，将触角拓展到东南亚及日本，参与主办日本组合 YOASOBI 在泰国的演唱会。目前，必应创造参与举办的演出足迹遍布全球，从亚洲到欧美，已具备国际化的服务经验和能力。

必应创造不仅专注于演出制作，还涉足艺人经纪、原创 IP 孵化、跨界合作、场馆运营等领域，拓展了传统制作公司的业务边界，构建起多元化的商业生态系统。2019 年，必应创造建立了 B 计划试验所（PLAN B），开展全新品牌 B 计划落地计划，拓展了音乐及艺术板块的合作及商业机会，并以跨界艺术创作新形态面向市场。同年，在北京打造了《九宫矩阵》大型沉浸式音乐光影艺术展，联合了亚洲著名电子音乐创作人孙大威、先锋实验影像作家邱志群、叶廷皓三位艺术家，将即兴联动创作和音乐、灯光、影像融合在一起，给观众带来了一场创新体验。2024 年，必应创造在中国台湾基隆沙湾历史文化园区推出全新展演空间"B'IN LIVE SPACE-KEELUNG"，结合传统古迹与艺术文创，打造三层楼高，占地约 1000 平方米的展演空间，利用整合资源和先进设备，为各类型的展演活动提供完整且专业的演出场地。截至 2024 年底，运营半年时间内，已承办 16 场演出。

三、深耕内容+技术，提升品牌核心竞争力

必应创造充分发挥其软硬件复合体的资源优势，通过坚持内容+技术共同发展，注重以创意内容带动技术发展，以技术创新助力文化内核延伸；体会客户深层需求，致力于提升演出效果；把握观众情感需要，营造共情共感空间等方式，进一步提升了品牌的核心竞

争力，建立起更加稳固的市场领先地位。

（一）坚持创意引领，实现文化与科技的交互赋能

以演唱会为代表的现场演艺活动，最大的价值在于表演者独特的艺术风格和情绪感染力。必应创造瞄准这一特性，坚持深入剖析并放大艺人独特的表演属性，引领观众走进专属的演艺世界。针对不同歌手的演出现场，必应创造给予了不同的创意内核：五月天的关键字是"力量""梦想""青春"，薛之谦的关键词是"爱情""励志""和平"，刘若英的主题则以"为女人而生"来概括。通过对艺人特质的精准把握，制作团队和艺人、经纪公司共同商讨出演唱会试图传达的核心主题，再根据概念进行创意延伸，编排曲目、设计舞台及各段节目的形态。通过深度参与内容策划，制作团队紧抓演出背后的文化概念，提出相应的创意设计，再进行音乐编曲、视觉制作、道具定制等一系列技术环节，并通过 VR、AI 生成等数字化虚拟技术在电脑上模拟机械、灯光、视觉等设计的运作效果，配合高规格的硬件技术，最终使得创意落地，实现专业性与创意性的统一。

2024 年，由必应创造主办的五月天"回到那一天"25 周年巡回演唱会在多个城市开启巡演。必应创造贴合巡演主题，为五月天量身打造 1 个直径 12 米、5 个直径 5 米的巨型 LED 球体，并为 5 名团员设计相应卡通头像投射在球体表面，更在演出过程中配合不同曲目与表演环节，运用类全息投影、AI 动画等技术，呈现不断变幻的震撼视觉效果。球体的制作工艺复杂，需要克服尺寸、公差、生产效率等问题。在软件应用上，视觉内容制作也要与球体的弧形表面贴合，才能确保在场馆不同角度均能清晰呈现全息投影效果。此外，设计团队对音响与灯光设备进行了数次角度调校，兼顾音域设计并避免遮挡观众视线，以保有画面的完整度。在北京国家体育场（鸟巢）的舞台上，100 颗闪光灯投射环状鸟巢屋顶，192 颗 BEAM 电脑灯照亮地面光束，再加上炫目震撼的超大球体，舞台设计一度让歌迷津津乐道。除了主舞台的精妙设计，必应创造团队还精心制作了贯穿五月天出道25 年故事线的串场电影，使歌迷跟随演出环节一路回顾五月天的发展历程，更是将特制的"跑车"作为大型道具搬上舞台，极大地增强了互动性与娱乐性。五月天"回到那一天"25 周年巡回演唱会的整体概念设计，也获得了 2024 德国红点设计奖的品牌与传达设计奖、伦敦设计奖的年度设计奖、缪斯设计奖的铂金奖、韩国 K 设计大奖、LIT 娱乐奖铂金奖（演唱会类）等多个国际奖项。

（二）打造沉浸式"造梦"空间，全方位提升观演体验

传统的演出舞台背景往往由简单的 LED 屏幕构成，舞台与观众之间有着明确的界限，听觉效果也随着观众与舞台距离的变化而参差不齐。必应创造打破陈规，将视频的载体投射到形状多元的电子屏幕，甚至是幕布、建筑上，打造立体化的视觉空间；也根据演出场地量身定制听觉方案，营造出一个个沉浸式的演艺现场。通过绚丽的视觉呈现和高品质的

五月天"回到那一天"25周年巡回演唱会舞台

声音效果，观众仿佛置身梦境，耳朵记住声音、眼睛烙印回忆，全方位提升了观演体验。

比起单纯的图像呈现，演唱会视觉设计更像是一种体验设计。由于演唱会的视觉效果与空间、周围环境等息息相关，必应创造高度重视视觉设计与演出现场的融合程度，打造沉浸式空间体验。在跟随五月天前往日本大阪演出时，制作团队因地制宜，把樱花元素带进场馆，与场外美景交相辉映，让观众从内到外都被樱花包围，在观众心中留下了深刻的记忆点。在得知告五人选择在游乐场举办演出后，必应创造将主舞台搭建在摩天轮前，将一旁的旋转木马纳为延伸舞台，并规划出高达20米的L形直角LED屏幕，伫立在两项游乐设施之间，随着音乐曲目的变换，时而呈现3D组装城堡，时而变身爆米花机或大型玩具，令观众仿佛真的置身于魔法舞台。在李宇春"周末愉快"演唱会中，必应创造使用了40台Barco 40000流明激光投影机，投射面积达到2142平方米，通过4面巨幅纱幕，形成360度的环绕，打造出国内首个四面"巨幕"环绕式舞台。在视觉设计方面，也结合音乐调性和舞美特点，最大程度上辅助舞台呈现：将4面纱幕打造成一个"真实"的空间，战场包裹，飞鸟环绕，置身海底……四面多维联动，让观众实现 360 度观看，身临其境。包裹式的场景设计重塑了音乐影像空间，打造了极具感染力的沉浸式体验。

五月天"回到那一天"巡回演唱会舞台

必应创造在声音效果的营造上也精益求精。软件方面，制作团队使用 Sound Vision 在进场前预先利用 3D 建模等多项技术，生成不同展演场地的结构，从而进行声场设计。通过对不同观演位置的声压级(声音大小)及频率响应(声音质感)的计算、规划和评估演出场域内的声音效果，从而实现音响系统的有效配置。在设备进场后，再根据实际情况，连接软件进行运算与修正设计，做到实地实时微调，让声场更优化，保证实际演出时坐在不同观演位置的观众都能享受到最佳的声音效果。硬件方面，必应创造在国内大型演唱会现场广泛应用 Delay Tower(延时塔)，以弥补后区观众因距离主音响过远而产生的声音过小或震撼不足的缺陷，缩小演出声音穿过演出场域带来的延迟差距。延时塔是国际顶尖演艺舞台上较为普遍使用的设备，但受制于成本高昂、审批程序复杂等原因，其在华语演出市场并未完全普及，而必应创造早在 2021 年的薛之谦演唱会上就采用了数座延时塔，通过 Sound Vision 辅助软件的精确计算结合体育场声场效果的调整，并辅以人工绕场监听测试，让开阔的体育场内整体的声场均匀度和覆盖率大大提升。Sound Vision 和 Delay Tower 的应用大大推动了华语演艺行业在音响方面的发展。

(三)突破传统演出模式，输出高浓度情绪价值

演唱会等展演活动作为体验经济的产物，被视作一种集体疗愈的形式。必应创造善于抓住大众共感，以强大的情绪感染力吸引广泛受众。通过加强与演出现场观众的互动、提升观众实时体验、开拓线上演出模式、维系受众情怀等方式，突破了传统演艺单向输出的

模式，为受众提供高浓度的情绪价值，增强了受众黏度，稳固了消费市场。

必应创造高度注重观众体验，通过创新的互动方式，打造感染性强、参与度高的演艺现场，强化观众的情感体验，从而提升观众与表演者的情感连接。2017年，必应创造首次在五月天"人生无限公司"演唱会中实现荧光棒的全场"灯海联动"。制作团队采用无线遥控技术，通过后台的信号系统实现灯光的颜色、亮度和频率同步变化。得益于此，团队设计出与歌曲节奏、情感相呼应的灯光效果，使全场荧光棒联动，呈现出震撼的视觉效果。必应创造不断创新，将荧光棒从早期的简单发光工具逐步升级为智能化的交互工具：通过实时同步，让观众手中的灯光与舞台表演完美配合；通过分区控制，实现多区域联动，呈现不同的画面或图案；加入动态效果，并支持个性化设置，与舞台产生更多互动。多项技术创新使得荧光棒不仅是一种应援道具，更成为演唱会体验的重要组成部分，甚至上升为粉丝的精神符号。观众不仅是观看者，更成为表演的一部分，大大增强了沉浸感；观众的情感与音乐同步表达，加强了情感共鸣；将灯光科技与音乐情感融合，达到技术与艺术的结合，打造了难忘的视听体验。必应创造还在五月天演唱会现场设置了大型无人机编队，通过数字化编程使百架无人机在体育场上空排列组合出五月天团员卡通形象、标志性logo以及歌词等图案，配合大规模烟花表演，与荧光棒的"灯海"和场内的舞美效果同步放送，全方位烘托情感气氛，营造多维度的情感连接。

必应创造在线上演出领域也探索出了全新的共感体验。借由5G等通信技术，必应创造以高清画质、极低延迟的转播速率实现演唱会的云端直播。在刘若英的线上演唱会中，当其演唱到经典曲目《后来》时，必应创造将粉丝预录好的片段融入演出画面，通过画面语言的时空重叠连接共感，达到极强的情感渲染效果。2020年5月31日，五月天的"突然好想见到你"线上演唱会成了新冠疫情防控期间首个现象级爆款线上演唱会。共计1个小时的演出时间内，各平台共有超过3500万人次观看直播，7条相关内容冲上微博热搜榜，相关话题阅读量近28亿次。由于观众无法到场，必应创造在演出现场贴心地在每一个空座位上放置荧光棒，作为观众的"替身"参与现场互动，观众仿佛置身其中，引发粉丝集体感动。2023年，必应创造首创荧光棒云端互动技术，粉丝只需在家中打开手机蓝牙连接荧光棒，就可收到和现场同步的指令转换灯光效果，实现居家沉浸式观看演唱会，通过网络享受如临现场的演出效果。必应创造将这项技术命名为"在线串流灯光控制系统"，并为其申请了专利。

四、文化+科技深度融合，构建数字化演艺新业态

必应创造的成功体现了文化与科技的深度融合，也意味着演艺行业正朝着数字化的新业态发展。未来，演艺行业不仅要超越传统的视觉与听觉的简单输出，更要以创新驱动发展，以内容创意延伸文化价值，通过科技赋能演艺形态，打造数字化的演艺业态。迈入数

字化时代的演艺企业，不仅要深耕核心业务，也要通过跨平台资源整合，拓宽业务边界，促进演艺产业消费升级，更要着力于区域协调发展，打开全球化视野，提升品牌的核心竞争力。

（一）创新驱动发展，推动演艺产业数字化转型

随着市场新需求的不断涌现，实现创新驱动发展、推动产业数字化转型已然成为演艺产业必须面对的课题。必应创造的成功表明，5G、AR/VR、AI、云计算等新兴技术的应用，不仅提升了演出效果和强化了互动模式，还推动了演艺行业的业态变革。

必应创造的有益经验为演艺行业的数字化转型提供了诸多可借鉴的方案，包括内容创意的引领、演出呈现方式的创新、线上模式的拓展以及观众互动的加强等。例如，可以通过大数据分析了解观众偏好和消费趋势，优化演出内容策划与市场推广策略；通过引入AR/VR、全息投影、智能灯光和音响控制等新兴技术，打造沉浸式观演体验；利用3D建模等数字化手段，实现虚拟场景设计与预演，确保演出效果；通过荧光棒等应援设备的迭代升级，实现与观众的强互动，建立稳固的情感连接等。以科技赋能传统行业，以技术创新驱动演出体验升级，让数字化全面"浸润"演艺空间。

值得注意的是，演艺制作公司必须兼顾表演者与观众双方的需求。在规划和制作演艺产品时，一方面要深入挖掘服务对象的独特内涵与表现需求，注重个性化的塑造，体现演艺产品的独特性，以内容创意结合技术实现文化价值的延伸；另一方面，要关注观演市场的受众需求，积极迎合消费者心理，加强互动性、提高参与度，既要稳固粉丝市场，也要吸引潜在消费人群。

（二）跨平台资源整合，促进演艺产业消费升级

随着大众消费理念的转变，观众对文化演艺类消费的需求更加偏向沉浸式、个性化和互动性体验。这意味着演艺行业不仅要提升演出类核心业务的竞争力，更要跨出舒适区，打通演出制作上下游，积极拓宽业务边界，打造完备的产业生态。

演艺行业实现跨平台资源整合是推动演艺产业消费升级的有效手段。必应创造从成立之初便积极探索资源的垂直整合，不仅在其核心业务上形成了软硬件复合体的独特优势，更将触角不断延伸，积极进行跨界合作，涉足IP开发、艺人经纪、场馆运营等多个领域，持续探索新的盈利来源，着力于打造立体化的业务生态，大大提升了企业的抗风险能力，朝着"永续经营"的目标迈进。

通过整合线上线下资源、联合多领域平台以及创新商业模式，可以提升行业效率、扩大市场规模，同时满足消费者日益多元的消费需求。通过5G技术和多项智能化技术手段，打造线上线下联动的演出模式，搭建数字平台辅助线下体验，推进云端演出与虚拟场景的深度融合，这有助于打破时空的物理限制，吸引更多消费群体。通过与文旅产业、体育赛

事、商业活动等多领域的合作，可以实现跨界资源共享，共同推动经济收入增长。通过与在线视频平台合作进行演出转播，利用社交媒体进行演出预热宣传，与电商平台联动进行捆绑销售，可以扩大传播范围，带动消费升级。通过打造具有强辨识度的演出 IP，开展 IP 授权与周边开发，可以增加衍生消费机会。

（三）推动区域协调发展，提高全球化服务能力

随着演艺产业中的新兴企业不断涌现，业内的竞争也日益激烈，演艺行业必须着眼于扩大市场规模，拓展区域市场，积极探索区域协同发展和海外布局，优化资源配置，同时推动区域经济与全球化的融合发展。通过打造区域演艺产业集群、推动演出与当地文旅融合、开展区域合作与资源共享、加强国际市场布局等方式，提升行业整体竞争力。

必应创造近年来不断拓展区域及海外市场，使得其品牌知名度、经济效益等方面都得到了极大提升。一方面，必应创造积极承接海外顶尖团队赴台演艺业务，为后续合作打下良好基础；另一方面，必应创造在华北、华东、西南等区域设置分公司，积极融入区域演艺事业建设，又远赴海外设立业务点，抢占海外演艺业务的承包权，争取引入海外经典演出项目。这种向外探索的有益尝试，为演艺产业提供了更为广阔的发展空间。业内的其他企业也可借鉴其发展模式，加强区域和国际市场的布局，引进与输出并行，推动文化传播与品牌输出；对标国际标准，打造国际化的演艺制作能力，构建全球化的演艺网络。结合区域特色、全球视野与科技创新，推动演艺行业实现高质量发展，为经济增长和文化传播注入新的活力。

（雷斓　执笔）

6 数字出版品牌

掌阅科技：
深耕数字阅读，科技赋能引领新赛道

掌阅科技股份有限公司(iReader)成立于 2008 年 9 月，总部位于北京，是全球领先的数字阅读平台之一。其以数字阅读为核心业务，致力于为全球用户提供高品质的图书内容和智能化的服务体验。公司秉持"让阅读价值无处不在"的使命，通过与国内外上千家出版机构、文学网站及作者合作，打造了庞大的数字内容库，覆盖小说、文学、教育、漫画等多个领域。

一、从阅读器到阅读生态的华丽蜕变

掌阅科技深耕数字阅读 17 年，已然成为中国数字阅读领域的标志性企业。作为集海量图书、领先技术、版权保护、运营开发、多元终端于一体的数字阅读平台，掌阅科技凭借创新的阅读应用及硬件设备，推出了深受用户喜爱的数字阅读 App 和 iReader 电子书阅读器。公司与国内外千余家出版公司、文学网站等建立了稳定的合作关系，为全球 150 多个国家和地区的用户提供高品质图书内容和智能化服务。通过定制化的阅读场景和创新的多媒体功能，掌阅科技成功打造了一个全球领先的多平台数字阅读生态系统。

(一) 积跬步以至千里：深耕数字阅读技术

2008 年，北京掌讯科技有限公司成立，标志着其正式迈入移动互联网领域。彼时，数字阅读市场尚处于起步阶段，而掌讯科技敏锐地捕捉到移动阅读的潜在需求，率先专注于整合正版内容资源，并与国内多家出版社和版权机构达成合作，建立起高质量的数字内容库。公司推出了早期阅读器软件，支持多种文件格式，并持续优化内容加载速度和交互体验。这些创新举措不仅极大地满足了用户日益增长的移动阅读需求，也在行业内树立了正

版化运营的典范，对数字阅读市场的规范化发展起到了推动作用。

到 2009 年，公司进一步扩大正版内容的覆盖范围，并对技术性能进行了全面优化，提升了用户体验。在这一阶段，移动阅读逐渐展现出强大的市场潜力，而掌讯科技凭借技术和内容的双轮驱动，迅速吸引了一批忠实用户，为后续品牌化运作奠定了坚实的基础。

（二）品牌崛起：掌阅（iReader）闪耀登场

2010 年，掌讯科技在前期技术积累与市场探索的基础上推出了掌阅（iReader）品牌，这一举措标志着公司从技术服务提供商向数字阅读平台的全面转型。掌阅科技以"让阅读价值无处不在"为愿景，通过简洁友好的界面设计、强大的多格式支持，以及书签、笔记、云同步等实用功能，为用户提供了优质便捷的阅读体验，迅速赢得了市场的广泛认可。

与此同时，公司凭借与国内外出版机构的深入合作，建立了丰富的正版图书资源库，涵盖文学、教育、工具书等多个领域。通过正版化和差异化的内容策略，掌阅科技不仅满足了用户的多样化需求，还推动了行业版权意识的提升，成为数字阅读行业规范化运营的标杆。短短一年内，掌阅科技的用户数量快速增长，品牌影响力显著提升，为后续的业务拓展和商业模式创新打下了坚实的基础。

（三）踏上资本快车道：驶向多元化发展道路

2017 年 9 月 21 日，掌阅科技股份有限公司在上海证券交易所成功挂牌上市，开启了资本化运作的新篇章。借助资本市场的力量，掌阅科技在内容资源、用户规模和版权运营等方面展开了全面布局，推动了业务的快速增长与多元化转型。

在内容端，掌阅科技进一步拓展资源，与上千家出版机构和文学网站达成合作，构建起覆盖文学、教育、工具书等多领域的优质内容库。截至 2019 年，公司拥有超过 50 万册数字阅读内容，并通过"掌阅文学"体系孵化了大量原创 IP，这些 IP 为后续在影视、游戏等领域的商业化开发奠定了基础。

在用户端，公司通过优化产品和扩大市场触达范围，使用户规模快速扩大。截至 2020 年上半年，月活跃用户数量已达 1.7 亿，稳居国内数字阅读领域的领先地位。掌阅科技还与百度等流量平台合作，通过小程序、信息流等产品加深用户触达，同时借助人工智能和大数据技术实现个性化服务，进一步增强了用户黏性。

在版权运营方面，掌阅科技积极推动原创 IP 的多元化变现，通过内容授权、影视开发等模式大幅提升了版权产品的收入占比。与此同时，公司与战略合作伙伴围绕数字内容和流量分发联合打造新生态，为版权产品带来了更多增值空间。借助资本市场的助力，掌阅科技实现了从数字阅读平台到多元化业务生态的全面升级，不仅巩固了国内市场地位，还通过本地化运营和国际合作，提升了全球竞争力。资本化运作为掌阅科技注入了持续增长的动能，为其向全球化和多元化发展奠定了坚实基础。

掌阅科技，这个以"让阅读价值无处不在"为使命的品牌，从研发电子书阅读器起步，到构建覆盖掌阅 App、掌阅文学和 iReader 电子书阅读器等多领域的综合性平台，逐步完善了全方位的阅读生态体系。掌阅科技多次获得"全国文化企业 30 强"称号，旗下 iReader 数字阅读平台 2022 年成功入选"数字出版优质平台遴选推荐计划"，这些成就不仅彰显了掌阅科技在行业中的领先地位，也记录了品牌发展过程中的重要里程碑。

二、数字阅读市场的领航者

随着移动互联网的快速发展，数字阅读已逐渐成为文化消费的重要领域之一。在这一市场中，掌阅科技凭借多年的技术积累与内容创新，不断推动行业边界扩展。从构建丰富的内容生态，到优化用户阅读体验，再到全球化布局的战略实施，掌阅科技通过全方位的竞争力展现了其作为数字阅读市场领航者的核心优势。

(一)数字内容生态：版权与原创的双重驱动

掌阅科技凭借多年的积累，构建了丰富而多元的内容生态体系，始终在数字阅读市场中保持领先地位。截至目前，公司已与国内外千余家出版机构和文学网站建立了长期合作关系，内容库涵盖超过 50 万册正版图书，覆盖文学、教育、工具书等多个领域。同时，公司深刻认识到原创内容的重要性，于 2016 年推出"掌阅文学"内容孵化计划，签约数万名优秀作家，创作出诸如《庆余年》《长夜余火》等在市场上具有广泛影响力的原创作品。这种"版权+原创"的双轮驱动模式，不仅满足了用户对优质内容的多样化需求，还推动了原创网络文学 IP 的开发与商业化。

近年来，公司持续增强内容储备和生产能力，引入了《聊聊》《聆听父亲》《相信》《猫武士外传》《埃隆·马斯克传》等数万部精品数字图书，以及《猫小九历险记》《芒格之道——查理·芒格股东会讲话 1987—2022》《中国式沟通智慧：受益终身的社交秘籍》等 10 余万小时的有声内容，进一步巩固了其内容优势。掌阅科技参与联合出品的长篇报告文学《西海固笔记》荣获"2022 年度中国好书"、第十八届文津图书奖、第八届中华优秀出版物奖及第十届北京市文学艺术奖等多项奖项。原创文学作品《看不见的向日葵》入选中国音像与数字出版协会发布的"2023 年数字阅读推荐作品"；《拥抱星星的天使》被中国小说学会评为"2023 年度中国好小说"。此外，《铁骨铮铮》《神工》《繁星织我意》《逍遥游》《盛唐风华》五部作品入选"新时代十年百部中国网络文学榜单"。

在国际市场，掌阅科技积极实施"阅读出海"战略，通过与海外出版机构合作，持续优化产品投放与运营环境，为全球 150 多个国家和地区的用户提供多语言版本的优质内容服务。公司推出的《The Luna's Choice》等原创作品在海外市场广受欢迎，进一步扩大了品牌的国际影响力。通过内容资源的积累、优质原创作品的创作，以及"阅读出海"战略的持续深化，掌阅科技已经从单一的阅读平台发展为以"内容+版权+商业化"为核心的综合内容服务商，为数字阅读市场的繁荣注入了持续动力。

(二)技术创新赋能：优化用户阅读体验

在技术驱动方面，掌阅科技近年来持续加大研发投入，不断推动产品体验升级。2021年至2023年，公司研发费用以每年接近10%的比例增长，主要集中于人工智能算法优化、阅读体验提升及硬件技术创新领域。其中，基于大数据的智能推荐系统成为亮点，能够精准分析用户阅读偏好，提供个性化图书推荐，大幅提升了阅读效率与用户黏性。

掌阅科技始终以提升用户阅读体验为核心，通过全流程优化实现阅读服务的全面升级。在阅读前，依托大数据技术分析用户习惯与兴趣，提供精准推荐，帮助用户高效选书；通过书籍摘要功能，使用户可以快速了解图书的核心内容，为用户提供便捷的速览服务。在阅读中，集成AI问书、推书、查词和讨论等功能，满足用户速读与精读需求，提升阅读的深度与互动性。在阅读后，AI帮助用户构建专属知识体系，通过梳理书籍脉络、一键生成读书笔记等功能，实现知识的积累与转化。此外，公司还探索打造基于热门网文IP的交互体验，例如三分钟看完精彩情节、与IP角色实时在线互动、沉浸式听书等功能，这些创新应用已纳入公司未来发展规划。基于对AI技术在C端场景的成功验证，掌阅科技计划进一步探索AI在IP孵化和衍生开发中的应用，提高IP价值的挖掘效率。

在硬件方面，掌阅科技推出的iReader电子书阅读器，凭借高清墨水屏、护眼模式及长续航设计，为用户带来了接近纸质书的沉浸式阅读体验，进一步丰富了数字阅读场景。同时，语音朗读、智能翻译等功能的加入，使得产品在智能化与便利性上进一步提升。这些技术创新不仅赢得了用户的广泛认可，也显著增强了公司在数字阅读领域的竞争力，持续拉开与同行的差距。

(三)跨界拓展：从品牌影响力到全球布局

作为国内数字阅读行业的领军企业，掌阅科技的影响力早已超越了国内市场。在全球化战略的推动下，掌阅科技的业务范围已覆盖150多个国家和地区，为全球用户提供多语言版本的优质内容服务。公司根据不同市场的文化需求开展本地化运营，并在东南亚、中东和欧洲市场取得了显著成效。通过提供适应当地文化的内容和定制化的服务，掌阅科技成功进入多个新兴市场，提升了品牌的全球知名度。

在跨界合作方面，掌阅科技积极拓展产业边界，与影视、游戏和教育等领域深度联动，将热门原创IP改编为影视剧、动漫或游戏，实现了内容的多元化变现。例如，《庆余年》的影视化成功不仅让掌阅科技的品牌影响力进一步扩大，还为公司的IP商业化探索提供了宝贵经验。此外，掌阅科技与国内流量平台(如百度)及国际科技企业合作，通过精准化用户触达和技术赋能，进一步扩大了用户规模，提升了品牌影响力。

通过内容、技术与市场的多维度布局，掌阅科技不仅在国内保持了行业的领先地位，更在全球数字阅读领域开创了新格局。近年来，公司在业务收入、用户增长及市场渗透率方面表现突出，持续彰显其作为行业领军者的实力与影响力。凭借其全球化布局和跨界战略，掌阅科技已经成为数字文化产业的重要推动者，并为全球文化交流和数字消费升级做出了积极贡献。

三、AI 技术赋能数字阅读的新范式

在数字化与智能化浪潮席卷全球的背景下，人工智能技术正加速重塑数字阅读产业的面貌。作为行业的技术先锋，掌阅科技以 AI 技术为核心驱动力，深入布局内容创作、用户服务和商业模式创新，通过全流程智能化应用开创了数字阅读的新范式。从阅读体验的优化，到内容生产与管理效率的提升，再到商业模式的多元化发展，掌阅科技的实践不仅为数字阅读行业注入了新活力，也为我国文化产业的数字化转型和全球化竞争提供了重要启示。

(一) AI 驱动阅读体验升级，精准满足用户需求

在人工智能技术的深度赋能下，掌阅科技在阅读体验优化上不断寻求突破，将 AI 全面融入用户服务流程，为阅读提供更加个性化和智能化的解决方案。通过大数据分析和 AI 算法，公司精准识别用户的阅读偏好，从读前、读中到读后全流程提升用户体验。

在读前阶段，掌阅科技通过 AI 技术分析用户的历史阅读行为和兴趣爱好，提供个性化的书籍推荐服务，同时推出书籍摘要功能，让用户能够快速了解一本书的核心内容，实现高效选书和精准筛选。在读中阶段，掌阅科技的 AI 技术整合了问书、推书、查词和讨论等功能，不仅能帮助用户完成速读与精读，还增强了阅读过程中的交互体验。在读后阶段，AI 技术进一步帮助用户整理阅读成果，通过构建知识体系、一键生成读书笔记等功能，将阅读变为知识积累的高效过程。此外，掌阅科技正在探索新的应用场景，例如用户与热门网文 IP 的互动体验，让用户可以在三分钟内快速了解情节，与 IP 角色在线交流，甚至通过多角色沉浸式听书，进一步提升用户对内容的参与感。

为了满足多元化需求，掌阅科技还在不断探索 AI 技术在 IP 孵化和衍生开发中的潜力。AI 技术能够从海量用户行为数据中提取潜在需求，指导 IP 的前期创作和后期商业化路径，同时提升 IP 的开发效率和市场价值。通过 AI 赋能，掌阅科技不仅精准满足用户需求，还将阅读体验从单一的文字阅读扩展到全方位的智能交互服务。

此外，掌阅科技对 AI 的应用不仅局限于软件端，还延伸至硬件创新。结合智能语音朗读、实时翻译等功能，掌阅科技推出了多款融合 AI 技术的电子书阅读器，为用户打造更加智能、便捷的阅读场景。这些创新应用全面优化了阅读体验，也进一步巩固了掌阅科技

在数字阅读市场中的领先地位。

(二)智能化内容创作与管理，提升运营效率

在数字阅读行业迈向智能化的趋势下，掌阅科技不断探索智能化技术在内容创作与管理中的深度应用，通过技术赋能提高运营效率，优化内容生态布局。公司将人工智能(AI)技术融入内容创作、编辑、分发和运营的各个环节，构建起一套高效、智能的内容管理体系。

掌阅科技利用生成式人工智能(AIGC)技术，显著提升了内容创作的效率和质量。在内容创作阶段，AI技术不仅可以帮助作家快速生成故事大纲和角色设定，还可以提供情节建议，使创作过程更加高效和灵活。通过AI模型的优化，作家可以快速构思并完善作品内容，进一步提升了创作的市场适应性。例如，掌阅文学平台的《元龙》和《独步逍遥》等作品，便是通过AI技术优化创作流程，推动了作品的快速生产与改编。

在内容管理方面，掌阅科技开发了智能化的内容分发与推荐系统。通过大数据分析和机器学习技术，系统可以根据用户的阅读习惯、兴趣标签和行为数据进行精准分发，将合适的内容推送给目标用户。这不仅提升了用户体验，也最大程度上提高了内容的曝光度与变现效率。同时，公司利用AI技术进行内容生命周期管理，包括分析作品的市场表现、用户反馈和受欢迎程度，以此动态调整内容的运营策略和推广方案，从而实现资源的高效分配。

掌阅科技还致力于优化IP孵化与提升运营效率。AI技术被用于挖掘优质原创作品，通过分析用户阅读行为和热度数据，快速识别潜在的高价值IP，并推动其向影视、游戏、动漫等多领域拓展。在运营过程中，AI工具可以模拟用户对作品改编的接受程度，为IP开发提供数据支持。此外，掌阅科技还构建了基于AI的内容管理平台，能够高效处理海量内容的上传、分类、检索和更新，确保平台始终保持丰富且高质量的内容储备。通过智能化内容创作与管理，掌阅科技显著提升了内容生产和运营效率，同时优化了用户体验和平台资源配置。这些智能化举措不仅使掌阅科技在激烈的市场竞争中保持了技术领先优势，也进一步巩固了其作为行业领军者的地位。

(三)数据赋能商业模式创新，探索多元化发展路径

掌阅科技以数据为驱动，通过精准分析用户需求和市场趋势，不断创新商业模式，探索多元化发展路径，为平台注入持续增长的动力。

在精准用户画像方面，掌阅科技利用大数据和人工智能技术，深度挖掘用户阅读偏好和行为习惯，构建精细化的用户数据模型。这一举措不仅帮助平台更高效地匹配内容资源与用户需求，还为版权分发、广告投放等业务提供了精准指引。例如，通过分析用户行为，平台能够推送高价值图书或服务，实现内容的多维度商业化，并稳步发展广告、会员订阅

和增值服务等收入模式。

掌阅科技积极拓展免费阅读业务，其逐渐成为公司增长的主要驱动力。掌阅科技旗下"得间小说"和"七读免费小说"两款免费 App 位居阅读类 App 推广买量排行榜前列。掌阅科技通过两款免费小说 App 的买量推广来维持旗下产品整体的月活数据，公司 2022 年末月活 1.7 亿，较 2021 年末的 1.5 亿增长 2000 万，驱动公司流量增长。掌阅科技通过免费阅读吸引用户，保障掌阅的 MAU(月活跃用户数量)，进而利用广告完成流量变现，同时通过收取用户的会员订阅费获取收入。"免费+付费"的双轮驱动模式，不仅满足了不同用户的阅读需求，也显著提升了平台的商业化价值。同时，掌阅科技深化与作家和专家的合作，推出高质量的有声书和专题课程，满足用户多样化学习需求。结合 AI 技术，掌阅科技对知识内容进行动态更新和个性化推荐，使知识付费逐步成为其多元化业务的重要组成部分。

在 IP 全链路开发方面，掌阅科技加大对短剧等创新业务的投入，自 2023 年上半年布局短剧业务以来，已拥有超百人的团队，主要通过用户充值付费或广告营销来实现盈利。掌阅短剧通过抖音小程序"子诗"短剧、微信小程序"薏米短剧"来触达用户，出品了爆款短剧《龙王出狱》《全球热浪：我打造了末日安全屋》《假如爱有天意》等。同时，掌阅科技通过数据分析快速识别高潜力 IP，并成功推出一系列广受欢迎的衍生品。例如，掌阅科技旗下作家任怨的玄幻小说《元龙》改编动画，由掌阅影业与哔哩哔哩联合出品，在哔哩哔哩平台播放量超过 2.7 亿，评分高达 9.0，成为国创区的热门作品。同样，作家纯情犀利哥的《独步逍遥》改编漫画，在腾讯动漫平台阅读量突破 10.3 亿。这些成功案例显示了掌阅科技在 IP 开发与改编方面的深厚实力，通过整合影视、动漫、游戏等行业资源，最大化 IP 的市场价值。

在海外业务拓展方面，掌阅科技自 2015 年启动"走出去"战略，推出 iReader 国际版，业务覆盖 150 多个国家和地区，包括"一带一路"沿线的 40 多个国家。截至目前，掌阅科技的海外用户累计已突破 3500 万，其应用支持多语种内容服务，包括英、法、西、韩、泰等语言，并在 Google Play 和 App Store 等多个在线商店中排名领先。此外，掌阅科技在泰国、越南、印度尼西亚等国家建立了本地化运营平台，根据区域特点定制内容服务，进一步增强了品牌的国际影响力。

在优化内容分发效率方面，掌阅科技借助数据技术实现资源的精准触达和动态调整。平台通过实时监控内容表现和用户反馈，动态优化推荐机制，将优质内容推送给更广泛的用户群体。这一策略不仅提升了阅读资源的利用效率，还大幅提高了内容的商业变现能力。

通过数据赋能，掌阅科技在精准用户画像、知识付费拓展、IP 开发、国际化业务及内容分发效率等方面构建了全方位、多元化的发展路径。这些创新举措显著增强了平台的盈利能力和市场竞争力，进一步巩固了掌阅科技在数字阅读行业的领军地位。

四、数字阅读产业奏响文化与科技融合乐章

在全球数字经济蓬勃发展的时代背景下，数字阅读产业成为文化与科技深度融合的典范。作为行业领军企业，掌阅科技通过技术创新、全产业链布局和内容生态建设，不断推动数字阅读产业的转型升级。从阅读体验优化到 IP 开发，从版权保护到文化输出，掌阅科技以创新驱动发展，深刻影响了我国文化产业的现代化进程，同时助力文化强国建设和消费升级，为中国经济高质量发展注入了新动能。

掌阅科技领航数字阅读行业

(一) 技术创新与产业升级

掌阅科技始终将技术创新作为推动产业升级和行业变革的重要抓手，通过持续研发投入和技术迭代，不断推动数字阅读产业向高质量发展迈进，为我国文化产业的现代化与经济转型提供了重要支持。

在阅读技术创新方面，掌阅科技深度应用人工智能 (AI) 和大数据技术，全面优化用户阅读体验。2021 年至 2023 年，公司研发费用年均增长近 10%，重点用于智能推荐系统、语音朗读、实时翻译等功能的开发。例如，掌阅科技推出的 AI 书籍摘要功能能够快速提炼书籍的核心内容，帮助用户高效决策；同时，通过 AI 驱动的智能推荐技术，平台能够精准分析用户的阅读习惯，实现个性化内容推送。数据显示，2022 年，掌阅科技的个性化推荐功能使用户点击率提升了 15%，显著增强了用户黏性。

在硬件技术方面，掌阅科技推出的 iReader 电子书阅读器，凭借护眼墨水屏、长续航设计以及阅读灯亮度调节等人性化功能，成为国内电子书阅读器市场的标杆产品之一。2023 年，掌阅科技硬件销售收入同比增长 23%，不仅满足了国内用户需求，还通过国际市场布局拓展了全球用户群体。掌阅科技的硬件创新不仅提升了数字阅读体验，也推动了我

国电子硬件制造业的技术进步。

内容生产和管理环节的智能化升级同样是掌阅科技技术创新的重要领域。掌阅科技利用自然语言处理(NLP)和生成式人工智能(AIGC)技术辅助内容创作,为作家提供情节生成、语言优化等服务,提升了内容创作的效率与质量。例如,掌阅文学平台孵化的《元龙》《独步逍遥》等高潜力IP,通过AI优化故事结构,在改编成影视剧和动漫作品后,进一步拓展了市场影响力。《元龙》动画在哔哩哔哩平台的播放量突破2.7亿次,成为国创区的热门作品,成功带动了相关衍生品的开发和市场消费。

在版权保护方面,掌阅科技开发了智能化版权管理系统,通过AI监控技术高效识别盗版行为,保护原创内容的合法权益。2022年,公司针对版权保护的投入同比增长18%,有效遏制了行业内的盗版问题,为数字阅读市场的健康发展奠定了基础。

技术创新的不断突破不仅巩固了掌阅科技的行业领先地位,也对我国文化产业的现代化发展产生了深远影响。一方面,通过推动阅读体验优化和硬件创新,掌阅科技提升了全民阅读的普及率和用户体验;另一方面,智能化内容生产、版权管理以及IP开发带动了相关产业链的发展,特别是在影视、动漫和游戏领域形成了显著的经济拉动效应。掌阅科技的技术创新实践为我国文化产业数字化转型提供了范例,同时推动了文化与科技的深度融合,为我国经济的高质量发展注入了新的动能。

(二) 全产业链布局与版权保护

掌阅科技以全产业链布局和版权保护为核心战略,通过创新模式和多领域联动,提升了内容价值链的整体效率,为我国文化产业的可持续发展和版权生态的健康运行提供了有力支持。

在全产业链布局方面,掌阅科技以原创内容为核心,推动IP的多元化开发,覆盖图书、影视、动漫和游戏等领域。例如,公司原创IP《元龙》改编的同名动画,由掌阅影业联合哔哩哔哩出品,自上线以来播放量已突破2.7亿次,成为国创动画的标杆之作。与此同时,《独步逍遥》改编漫画在腾讯动漫平台的阅读量超过10.3亿次,进一步拓展了IP影响力。掌阅科技的全产业链模式不仅实现了内容价值的最大化,也带动了相关文化消费和周边产业的发展。数据显示,2022年,掌阅科技通过IP改编带来的综合收入同比增长超过25%,其中影视和动漫领域贡献尤为显著。

掌阅科技还通过整合内容生产与分发环节,建立了高效的内容运营体系。公司利用大数据和人工智能技术动态分析内容的市场潜力,为IP开发和改编提供决策支持。例如,公司通过用户阅读行为数据,快速识别出《庆余年》等高潜力作品,并推动其影视化改编,使其成为近年来国内最受欢迎的影视IP之一。这种数据驱动的内容运营模式,不仅提升了内容商业化的效率,还增强了市场适配度。

在版权保护方面,掌阅科技高度重视原创内容的合法权益,通过智能化技术手段对版权进行全方位的监控和保护。公司开发了 AI 驱动的版权保护平台，能够实时扫描内容分发平台，快速识别并拦截盗版内容，确保版权方和创作者的权益不受侵害。2022 年，掌阅科技针对版权保护的技术投入同比增长 18%，有效降低了盗版率，为数字阅读市场的健康发展提供了保障。此外，掌阅科技还积极参与行业版权治理，与相关机构联合发起"数字阅读版权保护倡议"，推动了行业版权意识的强化。

在国际市场，掌阅科技通过"阅读出海"战略，将原创 IP 推向全球。例如，掌阅科技与东南亚和中东地区的内容平台合作，引入多语言版本的高质量 IP 作品，进一步提升了我国文化产品的国际影响力。2023 年，掌阅科技海外业务收入同比增长 28%，原创 IP 改编作品在多个国际市场受到热烈欢迎。

通过全产业链布局与版权保护的深耕，掌阅科技不仅为自身发展注入了持久动能，也为我国文化产业链的高效运行和数字阅读市场的健康生态建设提供了重要示范。这种以内容为核心、版权为基础的商业模式，为文化产业的数字化转型和全球化布局提供了宝贵经验。

（三）助力文化强国与消费升级

掌阅科技通过技术创新和内容生态建设，积极推动文化强国战略的实施，同时在满足多样化文化需求的基础上，助力我国消费升级，为经济高质量发展注入文化动能。

在推动文化强国建设方面，掌阅科技始终以弘扬中国文化为己任，通过优质内容传播和"阅读出海"战略，提升我国文化的全球影响力。例如，掌阅科技推出的《元龙》《庆余年》等原创 IP 作品，不仅在国内成为现象级作品，也通过多语种版本成功进入国际市场。2022 年，掌阅科技在共建"一带一路"国家推出了包括文学、科技、教育在内的多语种数字图书，为我国文化产品走向世界提供了高质量的载体。根据 2022 年的数据，掌阅科技的原创 IP 相关作品海外阅读量同比增长 32%，显著扩大了我国文化输出的覆盖面并提高了其影响力。

在推动消费升级方面，掌阅科技以数字阅读为核心，通过知识付费、IP 衍生和多场景服务满足了消费者日益增长的文化消费需求。例如，公司结合大数据分析和用户行为洞察，推出了个性化推荐功能，显著提升了用户的阅读效率和满意度。2023 年，掌阅科技的知识付费用户规模同比增长 15%，其中有声书、课程和专业工具书占据主要份额，为消费者提供了多样化的高价值文化服务。

与此同时，掌阅科技以 IP 商业化为切入点，进一步带动了文化消费链条的延伸。例如，《元龙》动画上线后，不仅播放量突破 2.7 亿次，还带动了周边衍生品的热销，相关消费规模超过 5 亿元。掌阅科技通过内容改编、衍生品开发、互动体验等多元化形式，将内容消费与体验式消费结合，满足了年轻群体对沉浸式文化体验的需求。

掌阅科技还积极推动全民阅读和数字化普及，为优化社会文化消费结构贡献力量。例如，公司在 2023 年推出的 AI 辅助阅读功能，包括书籍摘要、知识体系构建等服务，覆盖了各年龄段的用户群体，为全民阅读提供了更加便捷和智能的服务方式。根据第三方数据，掌阅科技 2023 年月活跃用户达到 1.7 亿，付费用户比例同比提升 12%，进一步促进了阅读内容的普及和消费水平的提升。

通过助力文化强国建设与消费升级，掌阅科技不仅推动了文化产业的持续创新与发展，也彰显了我国数字文化企业在全球化竞争中的实力。掌阅科技以技术为引擎、以内容为核心的实践，正在为建设文化强国和实现消费升级的战略目标贡献力量。

（颜术寻　执笔）

7 创意引领品牌

迪士尼动画：
科技赋能，构建数字化娱乐新生态

迪士尼公司定位为全球领先的娱乐与媒体集团，致力于通过创新的内容和体验创造家庭娱乐价值。其科技定位注重将先进的技术应用于内容创作和观众体验，从传统的手绘动画到现代的计算机生成图像（CGI）、虚拟现实和人工智能，推动了数字娱乐的变革。行业定位上，迪士尼不仅在电影、电视和主题乐园领域占据主导地位，还通过扩展至数字流媒体、消费品和互动娱乐等多个业务，形成了强大的跨产业综合竞争力，创造了数字化娱乐的新生态。

一、从无到有的创新之路

迪士尼的成功不仅源于文化精神，更在于其技术创新与文化的深度融合。通过不断引入前沿技术，如同步声效、计算机动画和虚拟现实，迪士尼突破了动画电影的创作界限，为全球观众提供了更加生动、沉浸的视听体验。同时，迪士尼始终坚持将情感、故事和人物塑造作为核心，创造了富有全球影响力的文化符号。这种技术与文化的结合，推动了公司从小型工作室成长为全球娱乐巨头，也为全球文化产业的发展提供了全新的创作模式。

（一）动画"帝国"的雏形

迪士尼的故事始于一个小工作室。1923 年，华特·迪士尼与哥哥罗伊·迪士尼共同创办了"迪士尼兄弟工作室"。起初，公司主要从事商业广告和动画短片的制作，规模很小，资源也相当有限。最初的创作并没有引起广泛关注，工作室的日子也过得非常艰难。华特·迪士尼不断努力，推陈出新，逐渐找到了属于自己的独特风格。

1928 年，迪士尼通过一项重要的技术创新取得了突破——推出了动画片《汽船威利》，这是第一部同步配音的动画片。通过创新的"同步声效"技术，动画中的音乐和人物动作完美同步，成为当时巨大的技术突破。这项创新不仅让迪士尼的作品脱颖而出，也让米老鼠这一标志性角色诞生，成为全球最受欢迎的动画角色之一。米老鼠的诞生，标志着迪士尼品牌的起点，虽然这时的工作室仍然较小，但华特·迪士尼凭借创新的视角和对细节的追求，奠定了日后公司发展的文化基础。进入 20 世纪 30 年代后期，迪士尼凭借其技术和艺术上的不断创新，迅速提升了公司在动画行业的地位。1937 年，《白雪公主和七个小矮人》作为全球第一部全长动画电影问世，标志着迪士尼在技术上的重大突破。《白雪公主和七个小矮人》采用了"多平面摄影机"技术，使得画面更加立体、生动，人物与背景的层次感也得到了前所未有的提升。这项技术的应用，不仅提升了影片的视觉效果，也让迪士尼作品在全球范围内取得了巨大的商业成功。

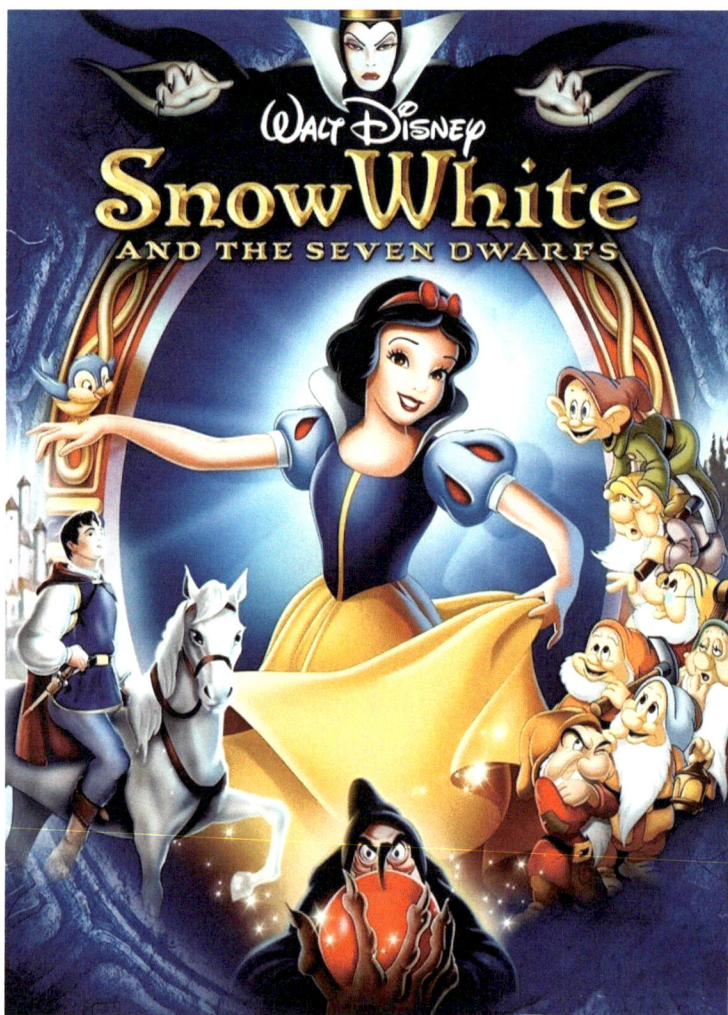

《白雪公主和七个小矮人》动画片海报

　　华特·迪士尼和他的团队深知，成功不仅仅依赖技术的突破，更需要通过深刻的故事和情感来打动观众。因此，迪士尼的每一部动画作品都充满了情感共鸣和文化价值，逐渐形成了独特的品牌文化。从《白雪公主和七个小矮人》到后来的《小鹿斑比》和《幻想曲》，这些影片不仅具有技术创新的亮点，还在内容和艺术表现上达到了新的高度。随着这些技术和文化的突破，迪士尼在动画电影领域的地位越来越稳固，成为全球动画制作的领军企业。1939 年，《白雪公主和七个小矮人》获得了奥斯卡奖特别奖，成为公司在全球电影行业中获得认可的标志之一。这一奖项不仅是对迪士尼技术创新的肯定，也象征着公司在全球娱乐产业中的崛起。

（二）从"新"引领产业变革

　　进入 20 世纪 80 年代，随着全球动画产业竞争加剧，迪士尼面临着传统手绘动画的局限性问题，特别是制作效率、成本控制以及视觉效果方面的挑战。计算机动画的出现，为迪士尼提供了重新定义动画制作方式的机会。公司决定将计算机技术引入创作流程，以提高制作效率、拓宽创作边界，并改善动画影片的视觉表现。1995 年，迪士尼与皮克斯合作，推出了全球首部全由计算机生成的动画电影《玩具总动员》。这不仅是一次技术革新，

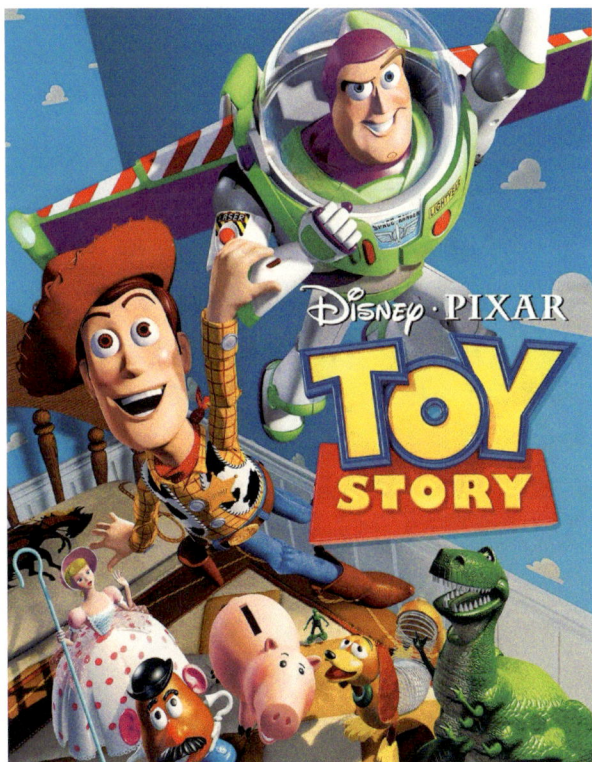

《玩具总动员》动画片海报

也标志着迪士尼在动画制作方式上的战略转型。通过计算机生成图像(CGI)技术，动画不再局限于传统的二维表现，角色和背景都变得更加立体、生动，能够呈现更为细致和真实的视觉效果。同时，计算机技术大幅提升了制作效率，动画师可以通过数字化模型进行调整和优化，大大缩短了制作周期，降低了生产成本。通过计算机技术，迪士尼不仅能够更轻松地展现复杂的场景和人物动作，甚至可以在短时间内对影片进行调整和修改。这种技术进步使得动画创作的自由度大大提升，也为更富创意和表现力的故事叙述提供了技术支持。技术创新带来的影响不仅体现在制作效率上，还在于其对观众体验的深远影响。通过计算机技术，迪士尼能够呈现出更为复杂和细腻的视觉效果，使得影片的观赏性更高，情感表达更加丰富和真实。《玩具总动员》不仅在技术上取得突破，还通过更具情感深度的故事和人物塑造，赢得了全球观众的喜爱。这种技术与文化的结合，让迪士尼的作品具有了更广泛的吸引力，也帮助其打开更大的市场。计算机动画技术受到了新一代观众的青睐，尤其是年轻人和家庭观众，他们成为迪士尼新世纪增长的关键群体。

随着技术的不断进步，迪士尼不仅在视觉效果上取得了突破，还在作品的表现形式和创作方式上不断创新。诸如《狮子王》《海底总动员》等作品都在计算机技术的支持下达到了新的艺术高度。计算机动画的使用增强了影片的全球影响力，使得迪士尼的作品能够跨越语言和文化的障碍，获得全球观众的普遍认可，也推动了公司规模的不断扩大。通过计算机技术的引入，迪士尼不仅提升了创作效率，促进了公司在视觉、制作和商业模式上的全面进步，为迪士尼的全球化战略提供了坚实支撑，还强化了其在全球动画产业中的领导地位。

(三)"画出"动画世界新篇章

进入 21 世纪，随着互联网和流媒体平台的快速发展，迪士尼迎来了全新的机遇。流媒体平台"Disney+"的推出，使得迪士尼的内容能够在全球范围内即时、灵活地传播。这个平台打破了传统电视模式，让观众能够随时随地观看迪士尼电影、电视剧和原创内容。通过这种数字化平台，迪士尼不仅提高了内容的可接触性，还能够根据不同地域和观众的偏好提供个性化的观看体验。技术的革新，使迪士尼能够将自己的品牌文化迅速传播给全球观众。与此同时，虚拟现实(VR)和增强现实(AR)技术在迪士尼乐园等场所的应用，进一步强化了品牌的沉浸式体验。游客不仅能与电影角色互动，还可以进入虚拟的电影世界，亲身感受电影中的故事情节。VR 和 AR 技术打破了传统的娱乐形式，提升了观众的参与感，加强了与观众的情感连接。通过这些技术，迪士尼把文化传播从简单的观看转变为互动体验，让观众在娱乐过程中更深刻地感受迪士尼的品牌价值和情感内涵。这些技术的创新不仅改变了内容创作和娱乐体验的方式，也帮助迪士尼在全球范围内扩展了市场份额。通过"Disney+"，迪士尼的经典作品和新发布的原创内容可以更快、更广泛地传播给全球观众。而 VR 和 AR 技术则为品牌提供了新的互动渠道，让观众与角色、故事产生更直接的情感联系。这些技术加速了迪士尼文化的全球传播，并巩固了迪士尼在全球娱乐产业的领导地位。

迪士尼的技术创新不仅满足了现代观众对科技的需求，也让其文化内容得到了更广泛的认同。通过数字平台和虚拟现实等技术，迪士尼不仅让观众享受到了更高质量的娱乐体验，还成功地将其文化和故事传递到世界各地，超越了地域、语言的限制，打破了传统的文化传播边界。迪士尼世界的铸就，谱写了动画世界的新篇章。

二、颠覆与突破：迪士尼重塑动画市场

迪士尼在不同阶段的技术提升，旨在不断突破创作瓶颈、提升观众体验，并增强其在全球市场的竞争力。从手绘动画到计算机生成图像（CGI），再到 3D 技术和人工智能的应用，每一次技术革新都使迪士尼能够创造更加震撼的视觉效果和更具沉浸感的故事体验。这些技术进步不仅促进了内容创作的多样化，也助推了迪士尼在全球娱乐产业中的领导地位，扩大了其品牌影响力，促进了动画行业的发展。

（一）数字动画：计算机技术的引入

迪士尼动画历史上的一次重要转折点发生在 20 世纪 90 年代末，计算机生成图像（CGI）技术的引入彻底改变了动画制作的方式。1995 年，迪士尼与皮克斯合作推出了《玩具总动员》，这不仅是全球首部全计算机生成的动画电影，更开启了数字动画时代的大门。传统的手绘动画方式逐渐被高效且精确的计算机动画技术所取代，为动画产业带来了前所未有的改变。

计算机技术的应用，不仅在于提高制作效率和降低成本，更在于对视觉效果的颠覆。传统的二维动画在画面表现上存在局限，而计算机生成的三维动画则能够展现出更加细腻的质感和更加复杂的动态效果。迪士尼通过引入 CGI 技术，使得经典角色如《狮子王》中的辛巴、《冰雪奇缘》中的艾莎能够以全新的、更加生动的方式呈现出来。计算机技术让动画制作在物理模拟（如光影、纹理）和动态表现上获得了更高的自由度，从而提高了作品的艺术价值和视觉吸引力。不仅如此，计算机技术还使得迪士尼能够为其经典的文化 IP（知识产权）注入新的生命。例如，《冰雪奇缘》的雪景和冰雪魔法效果正是得益于先进的计算机图形技术，这不仅让动画看起来更具视觉冲击力，也让观众能更直观地感受到角色的情感波动和故事氛围。计算机动画不仅改变了迪士尼动画的制作方式，更推动了迪士尼品牌文化的再创造和传播。这一技术革新使得经典 IP 得以以全新的形式走向全球，吸引了不同文化背景的观众，并增强了品牌的全球认同感。

这一创新不仅提升了迪士尼本身的动画制作水平，也促进了其他公司在动画领域的技术革新。例如，梦工厂的《怪物史莱克》和《功夫熊猫》便受到了迪士尼计算机动画技术突

破的启发。梦工厂在这些作品中也采用了先进的计算机技术，提升了动画的视觉效果和制作效率，其独特的风格也为整个行业带来了新的创作思路。计算机动画技术的引入还改变了整个动画行业的商业模式。传统动画制作依赖大量人工绘制和单帧处理，周期长且成本高昂，而计算机动画则极大地提升了制作效率，缩短了制作周期，并且在视觉效果上的创新使得动画公司能够以更低的成本制作出更高质量的动画作品。迪士尼通过这一技术创新，不仅创造了更具影响力的 IP，也为全球动画行业树立了新的标准和方向。

(二)虚拟新视界：虚拟现实的互动融合

随着虚拟现实(VR)和增强现实(AR)技术的飞速发展，迪士尼在这一领域的创新彻底改变了观众与动画作品的互动方式。虚拟现实和增强现实技术的应用，使得观众不只是传统意义上的被动接受者，而且成了故事的一部分。通过这些技术，迪士尼不仅提升了动画电影的观影体验，还在其文化 IP 的传播上实现了突破，创造了前所未有的沉浸式互动体验。

在迪士尼乐园等主题公园，虚拟现实技术被广泛应用，成为观众与电影角色互动的重要桥梁。例如，在"星球大战"等项目中，游客通过 VR 设备进入电影的虚拟世界，成为故事的一部分，体验身临其境的冒险旅程。这种虚拟现实体验使得观众不仅仅是观众，也是参与者。通过虚拟现实技术，迪士尼的经典 IP 得以与现实世界无缝融合，增强了观众对品牌的情感依赖和认同感。

此外，增强现实技术也被迪士尼运用在其品牌文化的推广中。以《疯狂动物城》的 AR 体验为例，游客可以通过手机或平板电脑与电影中的虚拟角色互动，甚至合影留念。通过增强现实，虚拟角色被"带入"到现实环境中，观众在享受互动的同时，也进一步加深了对迪士尼 IP 的记忆和情感的

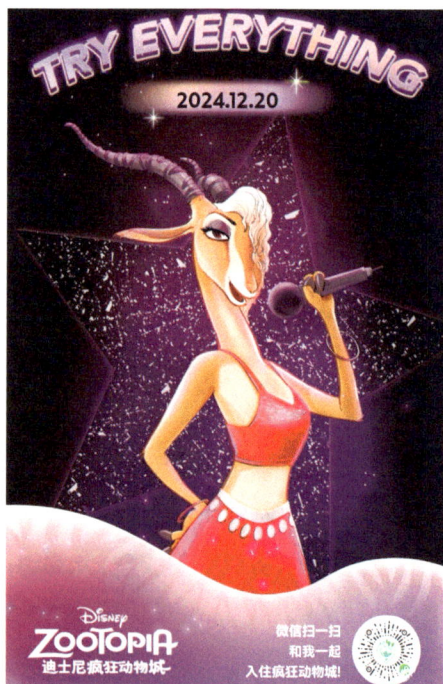

迪士尼疯狂动物城 AR 体验活动海报

联结。这些技术的创新让迪士尼能够在数字娱乐时代重塑其文化 IP 的表现形式，从而进一步巩固其品牌的全球影响力。

这一技术革新不仅在迪士尼获得成功，也影响了整个行业。索尼 PlayStation VR 系统便在很大程度上受到了迪士尼 VR 体验的启发。其他游戏公司，如微软(Microsoft)和暴雪

娱乐(Blizzard Entertainment)，也开始利用 VR 和 AR 技术创造更加互动的娱乐内容。例如，暴雪在其《魔兽世界》的扩展包中，融入了 AR 和 VR 元素，使玩家能够与虚拟角色更加紧密地互动，并进一步提升了虚拟世界的沉浸感。虚拟现实和增强现实技术的应用，不仅让动画作品突破了传统影像的局限，更让迪士尼的 IP 在互动娱乐中焕发了新生命。迪士尼通过将观众置身于一个沉浸式的虚拟世界中，让品牌文化得到了更直接、更深入的传播。这种"全景式"体验方式让观众更能感受到迪士尼的独特魅力，并与品牌建立更深的情感联系，从而增强了 IP 的生命力和市场竞争力。

(三)智能化浪潮：人工智能的创新应用

进入人工智能(AI)时代，迪士尼在这一技术的应用上展现了强大的创新能力。AI 的引入，不仅推动了动画制作过程的自动化，还为动画内容的个性化创作、智能推荐和观众互动提供了全新的解决方案。通过 AI，迪士尼能够在保持高创意水平的同时，提高创作效率、降低成本，并为观众带来更加个性化的娱乐体验。

在动画制作中，AI 技术通过深度学习和数据分析帮助创作者优化角色设计、动作捕捉以及面部表情的生成。例如，《海洋奇缘》中的角色动作和表情，正是通过 AI 技术实现了更加细腻和自然的表现。AI 的加入，不仅强化了动画的情感表达，也让角色与观众之间的情感连接更加紧密。通过对大量数据的分析，AI 能够更准确地预测和捕捉观众的情感需求，使得动画作品更加贴近观众的心理预期，从而在创作上实现个性化突破。此外，AI 还帮助迪士尼提升了创作效率。通过 AI 生成的自动化脚本写作、情节推演和音效合成，迪士尼能够在更短时间内完成更多作品的创作。这一技术不仅降低了制作成本，也使得迪士尼能够以更高效的方式创造更多全球化的 IP，并在全球范围内推出更多本地化的内容。AI 应用的成功也促使其他娱乐公司在同一领域的创新。Netflix 便效仿迪士尼，使用类似的 AI 算法来分析用户观看行为，并提供个性化推荐。此外，亚马逊和 HBO 也开始在其流媒体平台中应用 AI 技术进行内容推荐，以提高用户的黏性和满意度。AI 的创新不仅加速了动画创作和内容推荐的智能化，还为其他公司提供了新的方向。皮克斯、梦工厂等公司纷纷投入 AI 技术的研发中，以优化动画角色的表演和情感表达，以及提高影片的制作效率。AI 的应用，不仅提升了动画作品的技术水平，还推动了整个行业向个性化、智能化方向发展，改变了观众的观影方式，并为娱乐内容的个性化定制奠定了基础。

通过 AI 的应用，迪士尼不仅实现了动画创作效率的提升，还推动了内容创作的个性化和智能化。这些创新使得迪士尼能够更好地满足全球观众的需求，同时进一步推动了动画行业向智能化、个性化方向发展，真正实现了对传统动画产业的颠覆与突破。

三、全球舞台："动画帝国"拓展边界

迪士尼作为全球娱乐行业的巨头，凭借其强大的文化 IP 和技术创新，不断跨界融合，

拓宽了业务边界。通过计算机生成图像、虚拟现实、人工智能等技术的应用，迪士尼将电影、电视、游戏、流媒体等多平台内容进行整合，实现了品牌的跨媒介传播。与此同时，迪士尼通过收购皮克斯、漫威、卢卡斯影业等公司，扩展了其 IP 库，打造了全方位、多层次的娱乐生态系统。此外，迪士尼在主题公园、消费品等领域的延伸，也让其品牌无处不在，增强了市场竞争力。迪士尼的成功在于其持续的跨界融合战略，使其不断突破行业边界，形成了一个全球领先的娱乐帝国。

(一)内容跨界与多元发展：打破媒介藩篱的创新之路

迪士尼通过技术创新与内容整合，在多个平台实现了品牌的跨界发展，推动了电影、电视、游戏等领域的多元化布局。首先，计算机生成图像(CGI)、虚拟现实(VR)和人工智能(AI)等技术的应用，使迪士尼的内容输出不仅限于传统的电影放映，还跨越了电视、流媒体平台、游戏等多个领域，形成了一个跨平台的文化 IP 生态系统。在电影与电视的整合方面，迪士尼通过推出"Disney+"流媒体平台，成功将其经典电影和原创剧集结合。例如，《曼达洛人》和《复仇者联盟》系列电影之间的联动，不仅加强了品牌统一性，还推动了电影与电视内容的无缝连接，提升了观众的参与感和忠诚度。通过这一平台，迪士尼将电影、剧集、原创内容以及衍生作品进行集中管理，使得品牌影响力得以最大化提升。

此外，迪士尼通过游戏进一步推动品牌的互动体验。通过《王国之心》等角色扮演游戏，迪士尼将电影 IP 与虚拟世界结合，使玩家能够在游戏中与电影角色互动，体验到更深层次的品牌情感连接。例如，游戏中的《狮子王》和《美女与野兽》等经典角色，不仅推动了电影内容的传播，还扩大了品牌的全球影响力。VR 和 AR 技术的引入进一步提升了观众的互动体验，迪士尼通过这些技术在游戏和主题公园中为玩家和游客提供沉浸式体验，让品牌文化在数字空间和现实环境中实现无缝融合。

在跨平台内容整合的战略布局下，迪士尼通过其强大的 IP 库推动了全产业链的延展。收购皮克斯、漫威、卢卡斯影业等公司后，迪士尼将其丰富的 IP 资源整合进电影、电视剧和流媒体平台，形成了一个多层次、多平台的文化传播网络。例如《星球大战》，不仅电影取得巨大成功，还通过 VR 游戏、主题公园、衍生剧集等多种形式进行传播，增强了品牌的多元化表现和观众黏性。同时，迪士尼的流媒体平台"Disney+"成为全球内容整合的关键，通过该平台，观众可以随时随地观看包括电影、剧集、纪录片等各类内容，并在不同平台上体验到相同 IP 的多重维度。例如，《复仇者联盟》等"漫威电影宇宙"系列通过跨平台的剧情联动，不仅强化了各作品间的联系，还使观众能够深度参与和理解 IP 的整体世界观，提升了品牌的忠诚度和市场竞争力。这种跨平台内容整合不仅限于媒体领域，迪士尼在消费品和主题公园等周边产业的延伸上也形成了强大的市场效应。通过精细化的品牌管理和全产业链的延展，迪士尼将电影中的角色、故事和元素无缝地引入游戏、商品、主题公园等多样化领域，打造了一种无处不在的品牌体验。迪士尼乐园的成功就是这一战略的缩影,游客不仅可以在乐园内体验到与电影、角色相关的活动,还能通过 VR 技术、互动体验和商品化内容,进一步深化与品牌的联系。

通过这一系列跨平台、跨媒介的整合策略,迪士尼成功推动了电影、电视、游戏、流媒体等多个领域的创新与融合,使其品牌得以在全球范围内持续扩张并保持强大的竞争力。计算机技术、虚拟现实、人工智能等技术不仅提升了其内容的创作效率和观众体验,也加速了品牌 IP 在不同平台间的传播和转化,最终构建起一个多维度、全方位的全球娱乐帝国。迪士尼的成功,正是在于通过技术推动与内容整合,实现了品牌的多元化发展,不仅巩固了其在电影产业的主导地位,也在数字娱乐时代打开了全新的市场空间。

(二)技术合作与版权保卫战:共赢的商业模式

迪士尼公司在利用人工智能(AI)等先进技术和策略进行知识产权(IP)保护和实现商业共赢方面,采取了一系列创新举措,确保其宝贵的知识产权得到有效保护,并推动其价值最大化。迪士尼的成功之处在于通过技术手段提高 IP 管理的精确性和效率,同时通过策略性的合作和授权,实现了跨行业的商业共赢。

首先,人工智能和大数据技术的应用使得迪士尼能够精准识别、追踪和监控其 IP 的使用情况。AI 技术通过分析和识别图片、视频、音频等数字内容,帮助迪士尼实时监控网络上的盗版和侵权行为。AI 可以自动扫描社交媒体、电子商务平台甚至视频流媒体平台,筛查出未经授权使用的迪士尼 IP 的内容,从而及时采取法律手段进行处理。这种自动化的监控和防护系统,大大提高了迪士尼在全球范围内保护其知识产权的效率。

同时,人工智能在版权管理中的作用不仅限于打击侵权,还可以优化版权授权过程。迪士尼通过利用 AI 分析不同市场、观众需求和消费者行为,制定更加精准的 IP 授权策略。通过数据分析,迪士尼能够识别哪些 IP 在特定地区或领域最受欢迎,从而制定差异化的授权方案。这不仅提高了授权的精准度,还通过不断调整授权范围和合作方式,确保商业回报。例如,在与其他企业合作时,迪士尼能够利用数据洞察,确定哪些合作伙伴能够带来最佳的商业收益,从而实现 IP 的增值和共赢。

此外,迪士尼通过创新的跨平台合作,也推动了 IP 的多元化应用。公司将其传统的电影和电视 IP 延伸至游戏、主题公园、消费品等多个领域,实现了知识产权的跨界整合。在游戏领域,迪士尼利用其经典 IP 打造互动性强、内容丰富的游戏,与合作伙伴共同开发产品,既保护了 IP 的独特性,也通过合作实现了共赢。例如,"王国之心"系列游戏拓展了迪士尼的 IP 边界,不仅如此,迪士尼还通过与其他知名品牌(如"最终幻想")合作,使得游戏内容更加丰富,进一步提升了 IP 的商业价值。

迪士尼还通过建立全球化的授权和合作网络,确保其 IP 在全球范围内的保护和利用。通过与全球领先的品牌和公司合作,迪士尼确保其文化 IP 在不同领域的商业价值最大化。在这种多方合作下,迪士尼不仅能够保持其 IP 的原创性和吸引力,还能获得来自不同合作伙伴的资源和技术支持,形成良性循环,实现商业共赢。

(三)跨国发展与地方化策略:全球化布局的新纪元

迪士尼通过全球化和本地化策略,成功地在世界各地建立了强大的品牌。它的全球化战略注重保持品牌的一致性,比如强调家庭友好和乐观的品牌精神。这些核心价值在迪士尼的电影、电视节目和主题公园等产品中始终存在。无论在世界哪个地方,受众都能认同迪士尼的品牌。

与此同时,迪士尼也做了很多本地化的调整。在电影方面,迪士尼与许多国家的本土制作公司进行合作,共同开发满足当地文化需求的内容。在中国,迪士尼与本土电影公司合作,推出了《花木兰》等作品。迪士尼还与印度的宝莱坞合作,创作满足当地市场需求的内容。通过这种方式,迪士尼确保它的电影能够让各地观众产生共鸣。这不仅让迪士尼能够融入中国的文化背景之中,还利用了本地合作伙伴的市场经验和渠道,推动电影在中国的成功发行。在主题公园方面,迪士尼也进行了本地化设计。比如,上海迪士尼乐园融入了中国文化,既保留了迪士尼经典的元素,又让中国游客感到亲切。这种本土化的设计让迪士尼品牌更贴近不同地区的消费者。在跨文化管理方面,迪士尼采取了灵活的管理方式。全球总部负责制定战略和品牌核心方向,而各地的子公司则有更多的自主权来制定具体的运营策略。这种做法使得迪士尼能够快速适应各地市场的变化。迪士尼还注重招聘本地员工,这些员工了解本地市场,能够帮助公司更好地满足当地消费者的需求。

通过这种跨文化管理和本地化运营,迪士尼不仅能够扩大其全球市场份额,还能够增强品牌与消费者的情感联结。这种全球化和本地化的结合,使迪士尼能够在不同地区取得长期成功。

四、从梦想到现实:迪士尼模式带来的启示

迪士尼的发展值得中国公司借鉴,尤其在科技创新、品牌塑造和全球化战略方面。迪士尼通过不断推动技术进步,提升了创作质量和观众的体验;通过深耕品牌文化,成功打造了全球知名的文化符号;通过并购和全球布局,公司迅速扩大了市场份额。中国公司可以借鉴迪士尼在创新和全球化上的成功经验,加强技术研发、提升品牌影响力,并加速国际化步伐,以增强自身的全球竞争力和市场话语权。

(一)双轮驱动背后的秘密

迪士尼成功实现了技术创新与文化传播的平衡,并通过产业化确保了公司长期发展的稳定性。迪士尼的成功关键之一在于它将电影、电视、主题公园、商品等多个业务领域结合起来,形成了一个完整的产业链。每个成功的IP,像《复仇者联盟》和《冰雪奇缘》,不仅

仅停留在电影阶段，更延伸到了电视、商品、游戏和主题公园等多个领域，这种多元化发展确保了迪士尼的文化内容能够在全球范围内持续传播并创造商业价值。

技术创新一直是迪士尼文化传播的重要推动力。公司通过不断提升动画、虚拟现实、计算机生成图像等技术，使其电影作品不仅在视觉效果上更具震撼力，也更好地传达了文化内容。特别是在主题公园中，迪士尼利用新技术让游客能够更加身临其境地体验到电影中的魔法世界，提升了文化传播的深度和广度。此外，迪士尼将 IP 产业化，确保其文化内容在全球市场上能够产生更大的经济效益。通过精准的 IP 授权，迪士尼将其经典角色和故事推广到全球，赚取了大量收入。例如，《星球大战》不仅是一部电影，它的玩具、服饰、游戏等衍生产品也为迪士尼带来了可观的收入。这种方式不仅延长了 IP 的生命周期，还增强了品牌的影响力和扩大了市场份额。

为了更好地进入不同国家的市场，迪士尼通过与本地公司合作进行本地化运营。在中国，迪士尼与本土企业合作推出了符合中国文化的电影和商品，并根据中国市场的特点设计了上海迪士尼乐园。这样的跨国合作帮助迪士尼适应了各地不同的文化和消费者需求，提高了品牌在当地的认同度。组织架构和资源整合是迪士尼成功的重要因素。公司通过创意团队和技术团队的紧密合作，确保每一部电影和每一个娱乐产品都能兼顾创新和文化的传递。迪士尼旗下的皮克斯工作室就是一个典型例子，它借助先进的动画技术和富有创意的故事情节，创造了许多经典作品，既满足了观众的娱乐需求，又促进了文化价值的传播。

迪士尼通过技术创新、产业整合和跨文化合作，成功地将文化内容与商业模式结合起来，不仅确保了品牌在全球范围内的长期可持续性，也推动了全球娱乐行业的发展。

（二）产业标杆面对的挑战

迪士尼作为全球动画产业的标杆，长期以来在创意、技术和商业模式等方面都树立了典范，成为业内的学习对象。首先，迪士尼的成功离不开其卓越的创意和技术创新。从早期的《白雪公主和七个小矮人》到近年来的《冰雪奇缘》与《寻梦环游记》，迪士尼不断拓宽动画技术的边界，凭借手绘动画、3D 技术及 CGI 技术的不断突破，成功实现了情感与艺术的深度融合。技术创新方面，迪士尼不仅在动画创作上持续领先，还通过引入先进的人工智能、虚拟现实技术，推动了动画产业的现代化。另外，迪士尼在全球市场的拓展和品牌影响力的建设上也非常成功。其通过不断并购行业领先的公司，如皮克斯、漫威、卢卡斯影业等，形成了庞大的 IP 库，并通过全球化的市场策略，让迪士尼电影在世界各地都能够触及观众。无论是通过影院发行、电视播放，还是通过乐园、商品化等形式，迪士尼始终保持着强大的全球影响力。它的品牌不仅仅局限于娱乐产业，更深入全球文化的方方面面，形成了全方位、多渠道的商业模式和盈利生态。

然而，迪士尼面临的挑战也不容忽视。随着全球动画产业竞争的加剧，迪士尼的行业领导地位正面临越来越大的挑战。一方面，来自中国、日本等市场的动漫公司逐渐崛起，尤其是中国动画《哪吒之魔童闹海》以及日本的一些作品，不仅在本国市场表现突出，也在全球范围内具有不小的影响力。对于迪士尼来说，如何在竞争中保持优势，尤其是在面对多样化的观众群体时，如何满足不同文化背景、需求和口味的观众，是一个亟待解决的问题。另一方面，流媒体平台的兴起也为传统电影发行模式带来了冲击，尤其是 Netflix、Amazon Prime Video 等平台的崛起使得观众的观看习惯发生了改变。迪士尼虽然通过"Disney+"成功进军流媒体市场，但如何平衡影院与流媒体之间的关系，并维持两者之间的商业收益，仍然是其面临的重要挑战。除此之外，版权保护问题也成为迪士尼不得不面对的难题。随着互联网的普及，盗版和 IP 盗用问题愈发严重，如何有效保护自身的知识产权，防止盗版影响品牌和营收，是迪士尼需要长期关注的问题。最后，在创作内容时，如何平衡文化敏感性和社会责任，避免触碰种族、性别、文化等方面的敏感话题，也成为公司面临的一项重大挑战。在全球化日益加深的背景下，如何尊重多元文化，避免争议，成为迪士尼在创作和营销过程中需要持续思考的问题。总的来说，虽然迪士尼在动画行业中依然是一个标杆，但它面临的挑战也在不断增加，如何适应变化并持续创新，将决定它未来的发展方向。

(三) 迪士尼成功模式对国内行业发展的启示

迪士尼的成功经验对中国文化创意产业的转型升级具有很大的启发作用，特别是在科技创新、品牌塑造和全球化战略方面。随着中国企业逐步走向国际舞台，如何借鉴迪士尼的成功模式，提升核心竞争力，已成为重要课题。

首先，迪士尼在科技创新方面的持续投入为中国企业提供了重要的借鉴。迪士尼不断推动动画技术的革新，从早期的手绘动画到 3D 技术、虚拟现实 (VR) 和人工智能 (AI) 的应用，不仅提升了作品的艺术表现力，也大大增强了观众的沉浸感。中国企业如腾讯和阿里巴巴等，已在影视和游戏等领域加大技术研发投入。例如，腾讯自制剧集《全职高手》运用了先进的特效技术，而阿里巴巴旗下的阿里影业，在影视制作中也通过大数据与云计算提升了内容的生产效率，强化了观众互动体验。中国企业可以借鉴迪士尼的做法，加大在数字化、智能化领域的创新力度，提升作品质量，增强市场竞争力。

其次，迪士尼在品牌塑造上的成功为中国企业提供了有价值的经验。迪士尼通过讲述有情感共鸣的故事，将角色与品牌形象深深植入全球观众心中，形成了强大的文化符号。中国企业，如华为和字节跳动，通过讲好品牌故事和进行文化传递，也逐渐形成了全球影响力。华为通过创新与品质打造品牌价值，字节跳动通过 TikTok 实现了全球文化传播。中国企业可以学习迪士尼，通过跨领域的品牌延伸，结合产品、衍生品、娱乐活动等多个渠道，进一步增强品牌影响力。

最后，迪士尼的全球化战略为中国企业提供了宝贵的经验。迪士尼通过并购皮克斯、漫威等公司，迅速扩增了 IP 资源并实现全球布局。中国企业，尤其是腾讯影业和阿里影业，也在积极通过并购与合作，拓展国际市场。例如，腾讯影业参与了好莱坞大片《金刚：骷髅岛》的投资与制作，阿里影业则通过海外并购提升了其在国际市场的影响力。中国企业可以借鉴迪士尼的全球化战略，通过并购、合作等方式加速国际化进程，推动本土品牌走向全球。

综上所述，迪士尼的成功模式为中国企业提供了宝贵的启示，特别是在科技创新、品牌建设和全球化战略方面。中国文化创意产业应加大技术研发投入，提升品牌价值，并通过并购与合作加速国际化进程，以应对日益激烈的全球竞争。借鉴迪士尼的经验，将帮助中国企业在国际市场中占据更有利的位置，推动中国文化创意产业的全球化发展。

（谢佳好　执笔）

8 产业链延伸品牌

爱奇艺：
在产业链延伸中奔涌青春品牌的生命力

2024 年 12 月 17 日，数据研究机构 QuestMobile 发布了"2024 年中国互联网价值榜"，此榜单基于 2023 年 10 月至 2024 年 9 月期间的平均月度活跃用户规模进行排序，旨在评选出全领域内表现卓越的应用程序。在该榜单的"TOP50 赛道用户规模 NO.1 App"子榜单中，爱奇艺于在线视频行业领域中脱颖而出，荣登榜首，这标志着爱奇艺连续第七年稳居在线视频赛道的领先地位。爱奇艺作为平均月度活跃用户规模超过 4 亿的互联网平台，与微信、淘宝、美团、支付宝等同样入榜的国民级平台并肩，共同构成了用户日常生活中不可或缺的"核心应用"矩阵。作为在线视频行业的标志性品牌，爱奇艺高度重视产品内容中的文化深度与现实广度，致力于通过技术创新赋能产品开发与传播。秉承文化与科技双轮驱动的品牌理念，爱奇艺不断延伸在线视频行业的产业链，广泛覆盖国民精神文化生活的各个领域，丰富人民大众的文化娱乐体验，并积极推动中国数字文化产业的创新发展，致力于将该产业推向世界。

一、文化科技协力创新，青春品牌活力登场

爱奇艺，作为中国领先的在线视频平台，自 2010 年上线以来，始终秉持"悦享品质"的核心理念，致力于为用户提供高品质的视频娱乐服务。这一理念的坚守，不仅奠定了爱奇艺在行业内的坚实基础，也为其后续的创新发展指明了方向。

2017 年 6 月，爱奇艺提出了"做一家以科技创新为驱动的伟大娱乐公司"的全新愿景，标志着其发展战略的重大转型。同年 10 月，爱奇艺进一步宣布，将凭借 AI 赋能，构建更懂内容、更懂用户、更懂合作伙伴的娱乐生态，目标是打造一个"青春、阳光、正能量"的娱乐新世界。这一愿景的提出，不仅彰显了爱奇艺对科技创新的深刻洞察，也体现了其对

娱乐产业未来发展的独到见解。为实现这一愿景，爱奇艺不断加大在科技领域的投入，力求通过技术创新推动娱乐产业的升级与变革。在"2018 爱奇艺世界·大会"上，爱奇艺创始人龚宇正式向外界公布了爱奇艺的"双螺旋"结构理念。这一理念率先在视频平台领域树立了"内容与技术"深度融合的发展目标，强调了技术与内容在爱奇艺发展过程中的同等重要性。在"双螺旋"结构的框架下，技术与内容并非主从关系，而是相互促进、共同发展的共生体。龚宇指出，只有实现内容与技术的深度融合，才能为用户提供更加优质、个性化的视频娱乐服务。基于此，爱奇艺持续聚焦于 AI、5G、VR、互动视频等关键技术领域，进行重点布局与深入探索。通过自主研发和合作创新，爱奇艺逐步构建出一套独具特色的发展方法论，为行业的创新发展提供了有益借鉴。例如，在 AI 技术应用方面，爱奇艺利用先进的算法模型对海量用户数据进行深度分析，从而实现对用户兴趣的精准把握，为用户提供更加个性化的内容推荐，并利用 AI 技术优化视频内容的制作流程，提高制作效率和质量。在 5G 技术应用方面，爱奇艺积极探索 5G 网络下的高清视频传输技术，为用户提供更加流畅、稳定的观看体验。在 VR 技术应用方面，爱奇艺推出了多款 VR 视频，为用户带来沉浸式的观看体验。

2022 年 4 月，在成立十二周年之际，爱奇艺发布了全新品牌标志。新标志去掉了上下边框，寓意破框而出，科技无界，创意无限；标志性的绿色更加明亮，寓意青春打底，共筑生机。这一品牌形象的更新，不仅展现了爱奇艺对科技创新、内容创意和青春品牌调性的极致追求，也为其后续的市场拓展和品牌提升奠定了坚实基础。新标志的发布，标志着爱奇艺在品牌形象建设方面迈出了重要一步，也为其未来的发展注入了新的活力。

目前，爱奇艺已成为国内在线视频行业的领头品牌。2022 年，爱奇艺首次实现全年盈利，这一成就的背后，是爱奇艺在内容创作、技术创新和用户体验提升等方面的不断努力和突破。在 2023 年，爱奇艺延续了这一良好势头，实现了历史最佳年度业绩，总营收、运营利润、净利润及现金流等核心指标均创历史纪录。根据爱奇艺 2024 年 11 月 21 日发布的截至 2024 年 9 月 30 日未经审计的第三季度财报，爱奇艺 2024 年第三季度总收入达到 72 亿元，且盈利能力显著提升，Non-GAAP（非公认会计准则）运营利润和净利润均实现了大幅增长。

经过多年的发展，爱奇艺已从单一的视频播放平台成长为集内容创作、分发、变现于一体的综合性视频娱乐生态，形成了稳固的产业体系。从最初的影视剧等长视频内容，到如今的电影、电视剧、综艺、纪录片、动漫、旅游等多元化文化内容形态，爱奇艺不断拓宽内容边界，满足用户日益增长的多元精神文化需求。以电视剧领域为例，爱奇艺推出了多部备受观众喜爱的优质原创作品。如 2021 年开年大戏《赘婿》，该剧以独特的叙事视角和幽默风趣的剧情风格赢得了广泛好评，成为当年的现象级作品。2022 年开年大戏《人世间》则以其深刻的社会洞察和感人至深的故事情节打动了无数观众，成为一部具有时代意义的经典之作。2023 年开年大戏《狂飙》更是以其紧张刺激的剧情和精湛的演技赢得了极高的口碑和收视率，成为爱奇艺的又一力作。此外，爱奇艺推出的多档热门综艺节目，如《中国有嘻哈》《偶像练习生》等，不仅吸引了大量年轻观众的关注，也推动了国内综艺节目的创新与发展，进一步巩固了爱奇艺在在线视频行业的领先地位。

基于创新与活力的品牌调性，爱奇艺不断加强原创能力、提升内容品质，巩固其在视频行业内的领先地位。爱奇艺深知，只有不断推出优质原创作品，才能满足用户日益增长的多元化需求。为此，爱奇艺不断加大在内容创作方面的投入，吸引和培养了一批优秀的编剧、导演和演员。同时，爱奇艺还积极与国内外知名制作机构合作，共同打造具有国际影响力的优秀作品。在技术创新方面，爱奇艺同样不遗余力。除了上述提到的 AI、5G、VR 等技术外，爱奇艺还在智能推荐、大数据分析等方面取得了显著成果。例如，智能推荐系统基于观看历史和兴趣偏好推荐"猜你喜欢"的视频内容，提高了用户的观看满意度，也进一步提升了爱奇艺的用户黏性和市场竞争力。在文化与科技的合力下，爱奇艺不断尝试延伸产业链，拓展业务领域。除了传统的视频娱乐服务外，爱奇艺还涉足电影制作、发行、演出、衍生品开发等多个领域，形成了完整的产业链闭环。这一产业链的延伸和拓展，不仅提高了爱奇艺的运营效率和盈利能力，也为其未来的发展提供了更多可能性。

二、多元延伸产业链，绘出品牌生命线

在当今媒介融合与文化产业快速发展的时代背景下，视频平台作为内容传播的重要阵地，其产业链的延伸与拓展已成为衡量其品牌影响力与市场竞争力的重要指标。爱奇艺通过探索多元化的产业发展路径，以期在激烈的市场竞争中绘出一条鲜明的品牌生命线。在内容为王的时代，爱奇艺紧跟市场趋势，进军短小精悍、节奏明快的短剧行业，迅速吸引大量年轻观众，进一步拓宽了其内容生态的边界。为实现品牌价值的深度挖掘与广泛传播，爱奇艺深刻认识到产业 IP 的潜力是驱动其持续发展的关键引擎，致力于培育和保护自有 IP，为观众带来更加丰富多元的内容体验。此外，爱奇艺着眼于全球视野，积极开拓海外业务，将中国的优秀文化内容和技术创新模式带向世界舞台，提升了爱奇艺的国际影响力。

(一) 坚持剧场精神，创新精品短剧

2014 至 2018 年，网络自制剧作为一种新兴的剧集制作模式，虽然发展迅速，但也暴露出了一系列问题，如题材单一、制作水平参差不齐以及市场秩序混乱等。针对这些乱象，国家相关部门多次制定并更新了监管政策，以期规范市场秩序并提升内容质量。在此背景下，爱奇艺作为行业内的领先者，积极响应政策导向，对悬疑类型剧进行了全新的探索与升级。继 2018 年推出"奇悬疑剧场"后，爱奇艺于 2020 年进一步推出了"迷雾剧场"，以高质量内容与剧场式运营模式，为观众提供更加优质的观剧体验。

爱奇艺"迷雾剧场"海报

"迷雾剧场"中，许多剧集都围绕着揭露社会阴暗面、追求真相与正义的主题展开，通过紧张刺激的剧情和深刻的人物刻画，激发观众对社会问题的关注和思考，弘扬社会正能量。同时，"迷雾剧场"剧集在创作过程中，积极融入中国传统文化元素，使剧集更具文化底蕴和民族特色，选择具有中国传统文化背景的题材进行改编或原创，如《风起洛阳》等剧集，通过展现古代城市的繁华与变迁，以及人物之间的爱恨情仇，让观众在欣赏悬疑剧情的同时，也能感受到中国传统文化的魅力。爱奇艺不仅在内容题材上紧密贴合政策导向，在剧集的篇幅上也进行了大胆的尝试与优化，打破传统剧集"注水"的顽疾，以紧凑的12集短剧形式充分证明了短小的篇幅同样能够讲述精彩的故事。值得一提的是，2020年国家广播电视总局出台了"限集令"，进一步整治剧本故意拉长、稀释作品内容的现象。这一政策的出台，与"迷雾剧场"的创作思路不谋而合，体现了爱奇艺对国家政策精神的深刻理解和积极响应。

目前，爱奇艺进军微短剧领域，进一步延伸产业链，并在此领域成绩斐然。在2024年9月宣布进军微短剧市场后，同年12月，第三方云合数据发布的11月全网有效播出短剧月榜单显示，前三名均为爱奇艺独家播出的短剧，前十名中爱奇艺独播短剧占据六席，表现十分抢眼。与常规短剧不同的是，爱奇艺的"短剧场"与"微剧场"将超过70%的内容收入分给制作方，以期与优秀制作团队合作，而非采取将90%用于流量投放的快速"变现"模式。为改变观众因"上头"追剧而不得不支付高价的观剧痛点，爱奇艺App及其极速版App增加了免费微剧观看频道，未来，爱奇艺会员可免费欣赏所有微剧内容，非会员可选择免费观看微剧或通过单点付费解锁会员专属微剧，同时可在非首播窗口期免费观看短剧。爱奇艺通过创新推出会员制，构建了"长+短"结合的内容生态圈，不仅全面满足了用户多样化的观影需求，还进一步丰富了会员权益，有效提升了会员的活跃度和忠诚度。同时，这样的举措也更有希望颠覆当前微短剧生态中平台与创作者之间不平等的关系格局。

以爱奇艺播放量破1000万的《关于我的祖宗是诸葛亮这件小事》短剧为例，该剧深挖传统文化，以三国文化宣传和文物解密为主题，通过趣味性和可看度极高的剧情，让观众在轻松的氛围中了解历史。该剧不仅巧妙串联了巴蜀历史文化人物背景及相关文物，还展示了巴蜀文化的博大、深厚。这种将传统文化与现代审美相结合的创新尝试，不仅丰富了剧集的文化内涵，也增强了剧集的传播力和观众的文化认同感。在这样的创作理念下，爱奇艺将有望扭转微短剧领域那种"故事无关紧要，唯情绪价值是图"的肤浅创作风气，高举"向下共情，向上创作"的旗帜，倡导创作者深入生活、贴近人心，用真挚的情感和深刻的洞察去改写微短剧仅依赖欲望刺激和成瘾机制来"引流"的片面印象。这样的平台，将引领微短剧走向一个更加健康、有深度且充满人文关怀的新未来。

(二) 科技赋能内容 IP，深挖影视产业潜力

自 2016 年 5 月提出"一鱼多吃"商业模式以来，爱奇艺着力于深挖 IP 潜力，延伸产业链，增加经济创收来源。目前，爱奇艺的"一鱼多吃"已然覆盖商业、剧集、游戏、衍生品、舞台剧、纪录片、文学、动画、综艺等各个方面。"一鱼多吃"模式实质上是一种资源优化配置的策略。它通过对 IP 内容的多元化开发，如剧集、电影、综艺、游戏、衍生品、线下体验等多种形式，实现了 IP 价值的最大化利用。这种策略不仅延长了 IP 的生命周期，还通过跨领域的合作与融合，创造了新的价值增长点。这种以内容产品高质量发展为导向的商业模式，不仅符合产业发展的内在逻辑，也回应了社会对高质量文化内容的需求。

《唐朝诡事录·西行》国潮沉浸剧场

更为难得的是，通过科技赋能，爱奇艺将"一鱼多吃"的"吃法"延伸到线下体验之中，以"VR 实景"最具代表性。2020 年底，爱奇艺成立了 VR 全感娱乐工作室"裂境工作室"，工作室肩负起 VR 原生内容创新和探索的任务。爱奇艺在 2022 年首创了"实景+全感 VR"沉浸式娱乐项目，即《风起洛阳》VR 全感剧场"，并在 2024 年陆续推出了"《唐朝诡事录·西行》国潮沉浸剧场"和"《苍兰诀》VR 全感剧场"等，这些项目将传统文化元素与影视国潮 IP 巧妙融合，为观众带来了全新的全感沉浸体验。其中，《唐朝诡事录·西行》国潮沉浸剧场大唐不夜城店先后入选"陕西省最具影响力文娱消费场景"、西安 2024 年"5G+文

旅"等应用示范场景，北京门店入选北京市文化和旅游科技创新应用场景十佳案例。2024 年十一黄金周，"《唐朝诡事录·西行》国潮沉浸剧场"在上海、武汉、青岛、福州、九江、衡阳六城六店同开，创下预售过百万的佳绩，全国门店游客接待量较节前飙升 250%①。

在《唐朝诡事录·西行》VR 全感剧场中，通过 VR 技术实现了空间的无限延伸。在仅200～300 平方米的实体空间内，游客却能够感受到仿佛置身于数万平方米的广阔大唐世界之中。此外，该体验馆还不断探索技术与文化的深度融合，旨在通过 XR（扩展现实）技术为游客呈现更加丰富多元的文化体验。除了视觉上的震撼体验外，游客还能通过定向技术感受到精准的方位指引，六轴动感平台装置则根据剧情发展实时调整运动状态，模拟出骑马颠簸、飞越峡谷等动态场景，极大地增强了沉浸感。同时，剧场内还融入了传统文化元素，如唐代服饰、音乐、舞蹈等，使游客在享受科技带来的乐趣的同时，也能领略到中华文化的博大精深。爱奇艺 XR 线下体验馆的这一创新尝试，不仅为游客提供了前所未有的娱乐体验，也为文化与科技的融合发展开辟了新的路径。

（三）内容与技术"出海"，深度拓展海外业务

爱奇艺的娱乐生态体系涵盖了内容创作、版权运营、广告营销、会员服务、衍生品开发以及线下活动举办等多个维度，有效促进了上下游企业的协同发展，推动了整个文化产业链的繁荣。在构建娱乐生态体系的过程中，爱奇艺始终将国际化发展作为重要战略方向。自 2017 年起，爱奇艺成立了专门的海外发行部，以加强内容的海外发行。至 2019 年，爱奇艺进一步加快了国际化步伐，正式推出了服务全球用户的国际版网站 IQ.com 及独立的爱奇艺国际版 App，旨在拓展更广阔的海外市场。

目前，爱奇艺已通过与国际内容制作方的深度合作、实施本地化运营策略等方式，成功进入了多个海外市场，并取得了显著的拓展成效。海外总收入和会员收入均保持了同比、环比的双增长态势。同时，爱奇艺积极与国际知名流媒体平台展开合作，共同将优质内容推向全球市场。截至 2022 年底，爱奇艺已向全球 200 多个国家和地区发行了包括电视剧、综艺、纪录片、动漫等在内的 7000 多集影视作品以及 300 多部电影，这些输出内容涵盖了多个品类，广泛覆盖了海外多国的主流电视台及视频平台，深受当地用户的喜爱与好评。

在技术层面，爱奇艺依托其领先的技术优势，为海外用户提供了最快捷、最高质量的流媒体服务体验。在东南亚地区，爱奇艺国际版的视频加载速度甚至优于美国流媒体巨头。通过运用 AI+5G 技术，爱奇艺实现了为直播节目提供多语言字幕的超低延迟实时翻

---

① 爱奇艺打造《唐朝诡事录·西行》国潮沉浸剧场：以"科技+IP"助力传统文化创新表达［EB/OL］.（2024-12-09）［2025-01-01］. https://news.qq.com/rain/a/20241209A03VQ400.

译,极大地提升了用户体验。此外,爱奇艺还与马来西亚第一媒体品牌 Astro 合作,上线了全球首个爱奇艺高清电视频道,进一步扩大了其在海外市场的影响力。为了推动内容与平台技术的全面出海,爱奇艺还与马来西亚首选媒体(Media Prima)达成了战略合作。通过这一合作,爱奇艺将自身在媒体资源管理、内容智能生产分发和运营等方面的成熟视频平台技术,以 Saas(软件即服务)的方式分享给合作伙伴,实现了技术与内容的双重输出。

在内容创作方面,爱奇艺也始终保持着高度的创新性和前瞻性。近年来,爱奇艺的原创剧集如《风起洛阳》《隐秘的角落》等在海外市场屡创佳绩,不仅提升了爱奇艺的品牌知名度,更为中国文化的全球传播做出了积极贡献。同时,爱奇艺还积极探索 VR 内容制作技术,已多次携其作品亮相威尼斯国际电影节,并取得了显著的成绩。2020 年和 2021 年,爱奇艺分别携《杀死大明星》和《遗愿》入围威尼斯电影节 VR 单元。其中,《杀死大明星》更是斩获了 2020 年威尼斯国际电影节 VR 单元"最佳 VR 故事片"大奖,并于 2021 年成功登陆全球最大的数字分发平台 Steam。通过构建全方位、多层次的娱乐生态体系,以及实施积极的国际化发展战略,爱奇艺不仅实现了自身的快速发展与壮大,而且为中国文化的全球传播做出了重要贡献。

三、文化+科技,铺设中国影视产业未来之路

作为产业链延伸的国内成功品牌,爱奇艺的成功经验展现出文化与科技的深度融合,具有重要的启示和价值。首先,内容创新是提升核心竞争力的根本要素。只有不断推出优质原创作品,才能满足用户日益增长的多元化需求。其次,技术创新是推动行业发展的重要动力。通过引入新技术、新工具,可以提升内容制作、分发和变现的效率和质量。最后,结合人文关怀与科技效率的用户体验是提升品牌忠诚度的核心。只有不断优化用户体验,才能赢得用户的长期支持和信赖。

(一)稳定产出优质内容,繁荣数字文化产业

优质内容是在线视频行业核心竞争力所在。优质内容吸引并留住大量用户,形成稳定的用户基础,并通过口碑传播,进一步扩大用户群体,提升平台的品牌影响力和市场地位。对于在线视频平台而言,拥有独家、高质量的影视、综艺等内容资源,是其在激烈的市场竞争中脱颖而出的关键。优质内容的稳定产出,才能带动整个数字文化产业链的繁荣发展,一方面促进内容创作、制作、发行等上游产业的创新与升级,另一方面带动广告营销、会员服务、衍生品开发等下游产业的发展,形成完整的产业链闭环,为数字文化产业的持续健康发展提供有力支撑。

爱奇艺在庞大用户基础、良性产业循环方面的成功经验,正体现出稳定产出优质内容的重要性。作为内容创作的领头羊,爱奇艺的成功在于其不断推动文化与科技的融合创

新，打造出既具有深厚文化底蕴又符合现代审美趣味的影视作品。例如，2023 年的《狂飙》运用三幕式叙事手法，勾勒出时代洪流下不同人物的命运抉择，描摹出基层执法者不改初心、与黑恶势力斗争到底的英雄群像；2024 年《我的阿勒泰》"刷屏"网友朋友圈，展现出我国大美新疆的美好地域风貌，也呈现出忙碌生活之外"诗与远方"的另一种生活可能。凭借优质内容，爱奇艺荣获了多项行业奖项。2023 年，剧集《平原上的摩西》入围第 73 届柏林国际电影节剧集单元、东京国际电影节剧集单元，《中国乒乓之绝地反击》《回西藏》《追月》《记忆》四部影片获得第 36 届中国电影金鸡奖"最佳故事片""最佳导演""最佳男主角""最佳女主角"等多项提名。2024 年，爱奇艺自制音乐动画系列片《音乐公主爱美莉》第三季获第 28 届亚洲电视大奖"最佳 3D 动画"奖项，《人世间》《县委大院》等作品及多位主创荣获第二十八届上海电视节白玉兰奖 13 项荣誉。2024 年，爱奇艺 9 部精品内容及创作者于第 20 届中美电影节、中美电视节斩获 10 项大奖，其中《追风者》等 4 部作品荣获年度金天使奖电视剧，《我的阿勒泰》等 4 部作品荣获年度最佳网剧，《大主宰年番》荣获年度最佳网络动画片，《颜心记》制片人王晶晶荣获年度优秀青年制片人。

爱奇艺生产的内容不仅丰富了用户的精神文化生活，也促进了中华文化的国际传播，增强了文化自信与全球影响力。爱奇艺的持续繁荣，是中国互联网文化产业蓬勃发展的一个缩影，预示着文化产业的数字化转型正步入一个新阶段，内容与技术的深度融合将成为推动行业前行的重要动力。

(二)科技打造"影视工业"，加速内容创新与传播

当前，随着科技的飞速发展，AI 技术在在线视频行业的应用范围日益拓展，其影响力愈发显著。在内容推荐、直播互动、智能剪辑、自动翻译等多个环节，AI 技术均发挥着举足轻重的作用，极大地提升了用户体验和平台运营效率。同时，AI 技术还可以深入应用于视频内容审核、用户行为分析等领域，为平台提供更为精准的数据支持，进而优化运营策略，提高收入。在这样的技术背景下，爱奇艺作为一家"工程师和艺术家各占一半"的公司，积极拥抱新技术，将其深度融入内容的创新与传播之中，展现了其在技术创新和内容创作方面的前瞻性和实践力。

在内容创新方面，爱奇艺将 AI 技术深度运用于内容生产流程，实现了技术与内容的高度适配融合。以小说领域的拓展为例，作为 IP 开发的"前端"，爱奇艺通过剧本制作系统、虚拟人编辑系统、视频编辑系统等先进工具，将小说文本转化为 AI 视频小说，这一创新举措极大地丰富了内容创作的形式，提升了内容生产的效率和质量。[①] 爱奇艺副总裁、文学事业部总经理岳建雄介绍，爱奇艺已成为国内最早跑通虚拟制作剧集拍摄、播出全流

---

① "一鱼多吃"：爱奇艺打开 IP 开发的正确姿势［EB/OL］.（2021－11－08）［2025－01－03］. https://biz.ifeng.com/c/8B0ZtqvXxsW.

程的流媒体平台之一。其虚拟制作团队不仅能够提供全方位的制作内容、成本评估、技术方案设计预演及制作监理服务，还能同时对接多个项目，提供虚拟制作全流程技术服务。目前，正在制作中的《与晋长安》便是国内首次成功应用最新版本虚幻引擎的影视虚拍案例，这一实践充分展示了爱奇艺在影视工业化方面的强大能力和创新实力。

在内容传播方面，AI 技术同样在爱奇艺的各项业务中发挥着重要作用。在翻译与配音领域，AI 技术实现了高效、高精度的多语言翻译和多音色配音服务，大大缩短了华语内容出海的上线时间，降低了翻译成本。同时，AI 技术还助力快速生成剧情标签，目前已为超过 1.2 万部电影生成剧情标签，准确率超过 92%，极大地提升了内容分发的精准度和效率。在广告方面，AI 技术推动了效果广告业绩的显著增长。相比普通素材，AI 赋能的效果广告素材的 CPM（千次曝光成本）提高了 20% 以上，充分展示了 AI 技术在广告营销领域的巨大潜力。

(三)优化消费者服务体系，兼顾人情味与科技感

当在线视频成为当代人们消费的重要对象，与之适配的媒介设施与服务体系的重要性也愈发凸显。2024 年 10 月 22 日，爱奇艺宣布将于 11 月 12 日正式推出黄金 VIP 会员亲情卡服务，这一举措体现了爱奇艺对用户家庭娱乐需求的深度关注，彰显了其在优化消费者服务体系方面的独特匠心。亲情卡账号由主账号每月统一付款，但密码、设备管理和播放记录等体验均独立于主账号，解决了家庭成员间追剧进度、播放记录混淆的问题，让每位家庭成员都能享受个性化的娱乐体验，满足了会员和家人各自不同的娱乐需求。同时，亲情卡服务也有助于降低密码共享带来的体验干扰和风险，为家庭用户提供了更加安全、便捷的观影方式。

爱奇艺在优化消费者服务体系的过程中，始终兼顾人情味与科技感。亲情卡服务的推出，正是爱奇艺以人为本，关注用户家庭情感纽带，提升用户体验的具体体现。与此同时，爱奇艺也致力于通过技术赋能全方位提升用户的视听体验，满足用户日益增加的大屏高清观影需求。2024 年 12 月 17 日，第三方数据机构 QuestMobile 发布的《QuestMobile 2024 中国互联网核心趋势报告》显示，在万物互联的趋势下，智能电视已成为家庭娱乐与生活的重要载体。依托 AI 技术，智能电视在画质、功能等方面的迭代升级促进市场规模的持续扩大。2024 年 9 月，智能电视市场月度活跃设备数同比增长 1.8%，达到 2.78 亿台。爱奇艺敏锐地捕捉到了这一趋势，早在 2022 年 8 月就推出了针对 TV 端大屏场景的家庭影院视听标准"帧绮映画 MAX"。这一标准通过测量电视的多个屏幕色彩亮度参数，并上传至平台进行数据校验，确保获得"帧绮映画 MAX"认证的机型能够准确还原导演、美术等创作者在影视内容创作时的色彩表达，为用户带来媲美影院的极致观影体验。

截至目前，爱奇艺已与海信、三星、TCL、创维、华为、小米、索尼、夏普、康佳等电视品牌达成合作，共计超过 180 款旗舰级电视机型通过了"帧绮映画 MAX"认证。爱奇艺片

库已经储备超过 20000 集 4K、HDR 内容，通过认证的电视，用户在家里最高可享受"HDR+超高清+高帧率+全景声+高标准认证"的影院级视听体验。这一系列的举措，不仅展示了爱奇艺在技术创新方面的实力，也体现了其对用户视听体验极致追求的决心。

2025 年 3 月，QuestMobile 发布的"智能大屏 OTT 应用用户规模 TOP 榜"中，爱奇艺电视端应用——银河奇异果凭借月活跃设备量 1.07 亿台，成为唯二破亿的智能大屏 OTT 应用。这一成绩不仅是对爱奇艺在智能大屏领域布局的肯定，也是对其优化消费者服务体系，兼顾人情味与科技感策略的成功验证。爱奇艺正以更加开放、创新的姿态，不断探索和优化消费者服务，为用户提供更加丰富、便捷、个性化的娱乐体验。

爱奇艺的成功并非偶然，而是其深厚文化底蕴与前瞻科技视野相结合的必然结果。爱奇艺作为在线视频行业的标志性品牌，始终秉承"文化+科技"的双轮驱动战略，不断延伸产业链，丰富内容生态，提升用户体验。爱奇艺以用户需求为导向，持续拓宽内容边界，满足用户日益增长的多元精神文化需求。同时，爱奇艺还通过技术创新，不断提升内容制作、分发和变现的效率和质量，为用户带来更加沉浸、便捷、个性化的观影体验。

展望未来，随着 5G、AI、VR 等技术的不断发展和普及，在线视频行业将迎来更加广阔的发展空间和机遇。爱奇艺作为行业内的领军企业，将继续秉承创新、开放、合作的理念，不断探索新技术、新内容、新模式，推动娱乐产业的持续繁荣与发展。同时，爱奇艺也将继续深化与产业链上下游企业的合作，共同构建更加健康、有序、可持续的数字文化生态体系。在这个充满挑战与机遇的时代，我们有理由相信，以"青春"为品牌理念的爱奇艺将继续引领在线视频行业的发展潮流，为用户带来更加丰富、便捷、个性化的娱乐体验，成为连接内容创作者与观众的重要桥梁，推动整个数字娱乐产业迈向新的高度。

（张潇月　执笔）

9 文化电商品牌

故宫淘宝：
穿梭时空的文化奇遇记

在中华文明悠久的历史长河中，故宫博物院作为我国最大的古代文化艺术博物馆，不仅是中华文化瑰宝的守护者，而且是世界文化遗产的重要组成部分。作为拥有数百万件珍贵文物的宝库，故宫博物院肩负着保护与传播中国传统文化的历史使命。然而，随着社会的快速发展，数字化和商业化的浪潮席卷而来，传统文化如何与现代社会接轨，如何在新媒体与电商时代中焕发新生，成了亟待解决的问题。基于这样的时代需求，"故宫淘宝"这一跨时代的文化创意品牌应运而生，"故宫淘宝"由故宫文创事业部和尚潮公司共同打造，作为联合 IP 运营已有 15 年之久。目前，"故宫淘宝"已吸引超过 1000 万粉丝，月均店铺访客量超过 900 万，成为博物馆文创行业的顶尖品牌。① 随着"故宫淘宝"的文化影响力日益增强，它不仅仅是一个文创品牌，更是一座桥梁，连接着历史与现代、古老与时尚、传统文化与当代消费。

一、文物"潮"这看：揭秘跨界新玩法

在数字化与商业化的大潮中，"故宫淘宝"积极探寻与现代科技和商业的融合之道，挖掘故宫博物院的 180 多万件文物宝藏，旨在将这些文物背后的传统文化以潮流化、时代感的方式呈现出来。从 2008 年淘宝店上线到如今的线下体验馆，"故宫淘宝"以跨界创新的形式，让博物馆不再局限于实体展馆，而是以多维形式走进人们的生活，成为传统与潮流交汇的关键平台。故宫文创部数据显示，截至 2020 年，"故宫淘宝"开发了超过 13000 种

---

① 北京故宫淘宝 2024 校园招聘：开启文创之旅，吸引创意人才［EB/OL］.（2024-12-17）［2024-12-28］. https://www.sohu.com/a/838753690_121956424.

文创产品，年销售额从 2013 年的 6 亿元增长到 2020 年的 17 亿元。截至 2024 年 2 月，"故宫淘宝"粉丝数量已近 950 万人，在售商品 742 件，涵盖节庆礼品、文具手账、玩具、家居用品、彩妆、香氛、饰品、茶点等品类。① 这些数据背后，是"故宫淘宝"从单一的文物周边产品到融合时尚、美学与实用性的全品类的拓展过程。

（一）文物遇上电商：传统与潮流的浪漫邂逅

在数字化浪潮席卷全球的当下，故宫博物院凭借敏锐的时代洞察力，将馆藏文物与电商平台紧密结合，开启了传统与潮流融合的崭新篇章。"故宫淘宝"作为这一创新举措的核心载体，在电商领域成功搭建起一座连接历史文化与现代消费的桥梁。

故宫博物院拥有数量庞大且品类丰富的文物珍藏，这无疑是一座取之不尽的文化富矿。早在 2012 年，故宫已成为全球唯一年接待游客数突破 1000 万的博物馆。然而，当时其文创产品的营收却远远落后于游客量少得多的大英博物馆和中国台北故宫博物院。大英博物馆每年接待约 600 万游客，其文创产品年收入超过 2 亿美元，折合人民币约 14 亿元。台北故宫博物院文创产品也深受欢迎，其中一款印有康熙御笔"朕知道了"的纸胶带在 3 天内售出 1500 个，在 Twitter（推特）获得了极高的热度。2013 年，北京故宫博物院的团队赴台北学习其营销经验，故宫博物院院长单霁翔深受启发，带领团队充分利用数字化平台与新媒体传播手段，开设"故宫淘宝"的官方微博和微信公众号，定期发布产品图文信息，与消费者积极互动。2014 年，一篇名为《雍正：感觉自己萌萌哒》的公众号文章在 48 小时内阅读量破 86 万，迅速引发广泛关注，为故宫文创打开了新局面。此后，故宫积极推进文创电商、新媒体运营及数字化转型，成效显著。"故宫淘宝"几乎凭借一己之力开拓了国内博物馆文创赛道，并通过一系列"出圈"事件，成为国民级品牌。以往，这些文物大多仅能在博物院的展柜中供游客观赏，其文化价值的传播范围相对有限。而"故宫淘宝"的出现，彻底打破了这一空间与时间的限制。"故宫淘宝"通过精心挑选具有代表性和独特文化内涵的文物元素，将其巧妙地融入各类文创产品的设计之中，使这些原本束之高阁的文物得以以一种全新的、贴近生活的形式走进大众视野。在电商平台的助力下，"故宫淘宝"的文创产品能够迅速触达全球各地的消费者。消费者只需轻点鼠标或滑动屏幕，便可轻松选购到蕴含深厚故宫文化底蕴的商品，无论是精美的文具、时尚的服饰，还是独具特色的家居饰品等，都能让人们在日常生活的点滴中感受到故宫文化的独特魅力。这种传统与潮流的浪漫邂逅，不仅为故宫文化的传承与弘扬开辟了新的途径，更为传统博物馆在现代社会的创新发展提供了极具借鉴意义的范例。据统计，以故宫 IP 为核心的文创产品销售额从 2013 年的 6 亿元增长至 2016 年的近 10 亿元，2017 年故宫文创部线下收入近

---

① 近七成受访者买过文创 年轻消费者更愿"掏钱"［EB/OL］.（2024 - 02 - 26）［2024 - 12 - 26］. https://baijiahao. baidu. com/s？id=1791913678282848650&wfr=spider&for=pc.

1 亿元，线上淘宝网店收入近 5000 万元，全院文创总收入达 15 亿元，2018 年"故宫淘宝"年销售额达 15 亿元，彰显出强大的市场影响力与文化传播力，引领文化产业进入全新发展阶段。故宫博物院通过数字化转型，不仅在线上实现了高效运营，还通过开发 8 款文化类 App(如"每日故宫""皇帝的一天"等)，将深厚的历史文化以轻松互动的方式传递给全球受众。值得一提的是，故宫博物院的全球网站访问量曾达到 8.91 亿次，在新媒体传播和文创产品销售上均取得显著成果。

(二) 文物变身超级 IP：文化宝藏的新纪元

"故宫淘宝"的成功，很大程度上得益于其对文物 IP 的深度挖掘与巧妙塑造。"故宫淘宝"构建了完整且独特的内容体系，使其 IP 呈现出符号化与多元化的特点。截至 2023 年初，"故宫淘宝"累计粉丝数达到 873.8 万，其主打的手绘故宫猫笔记本与文具礼盒月销量超过 6000 件，累计评论超过 2 万条。故宫所蕴含的丰富文化元素，如巍峨壮丽的宫殿建筑、精美绝伦的书画瓷器、神秘莫测的历史故事等，都成了打造超级 IP 的绝佳素材，诸多故宫标志性元素被广泛应用于文创产品设计中。这些元素经过创意加工，摇身一变成为极具吸引力的文化符号。一款以故宫脊兽为原型设计的钥匙扣，不仅造型别致可爱，更承载着深厚的文化寓意，让使用者在携带的过程中仿佛与故宫的历史紧密相连。再如皇帝的御批、牌匾等文字内容，经过精心筛选和设计后被印刻在笔记本、折扇等物品上，使这些日常用品瞬间增添了一份皇家的威严与文化的厚重感，消费者购买后仿佛将故宫的守护之力带在身边。"故宫淘宝"的整体运营思路是先把故宫传统文化融入现代艺术和流行文化之中，再依托故宫 IP 开发文创产品，来传播故宫传统文化。"故宫淘宝"曾推出"睡不够""勤学习""吃得香"三款俏皮活泼的小格格摆件，其创作灵感来源于故宫博物院的馆藏文物"藕荷色绸棉被""填漆戗金炕桌""和田白玉错金嵌宝石碗"，这些可爱的小摆件捕捉年轻人的审美趣味，大受市场好评与消费者追捧。

通过将文物转化为具有强大影响力和商业价值的 IP，"故宫淘宝"引领文化宝藏迈入了一个全新的时代。这些 IP 产品不仅在市场上广受欢迎，更在文化传播方面发挥着重要作用，激发了人们对故宫文化的浓厚兴趣和深入探索的欲望。

(三) 宫廷文化的时光穿梭机

在"故宫淘宝"的推动下，宫廷文化借助文创产品实现了时尚化转译。服饰类产品参照古代宫廷服装款式与纹饰，融合现代工艺与面料，如一款以清宫后妃常服为蓝本设计的连衣裙，采用传统刺绣工艺展现精致花纹，搭配现代简约剪裁，让消费者在穿着中感受古代宫廷的优雅气质。饰品方面，以故宫珠宝为原型的项链、手链，运用现代镶嵌技术还原古代珠宝的华丽，如仿照故宫馆藏翠玉白菜设计的吊坠，造型逼真，寓意吉祥。家居用品中，以宫廷摆件为灵感的香炉、花瓶，将宫廷审美融入现代生活空间，营造出浓郁的文化

睡不够
灵感来源于故宫博物院藏品
「藕荷色绸棉被」

勤学习
灵感来源于故宫博物院藏品
「填漆戗金炕桌」

吃得香
灵感来源于故宫博物院藏品
「和阗白玉错金嵌宝石碗」

"睡不够""勤学习""吃得香"小格格摆件

氛围，使宫廷文化在当代生活中焕发生机。再以"宫廷美妆"为例，"故宫淘宝"推出的"故宫口红"系列，通过结合皇家御用品配色、文物纹饰与现代化妆品工艺，成为近年来市场上的现象级爆品。产品设计灵感来自清代宫廷服饰和御用图案，外包装采用传统漆器工艺，产品既实用又富有收藏价值。此外，"朕的茶杯"以康熙御制瓷器为原型，搭配现代流行元素，每月销量超过 2 万件。这些产品不仅满足了消费者的日常使用需求，也成为历史文化传播的重要媒介。需特别强调的是，"故宫淘宝"还特别注重粉丝用户培养，以其独特的吸粉方式培养了一批具有较强黏性的"故宫文化粉"。"故宫淘宝"不仅依靠提升产品的品质与创新卖点来迎合市场需求，打造全方位的 IP 文创产品，还积极开展更深层次的品牌传播，主动与网友互动，邀请他们为文创产品创意出谋划策。例如，"故宫淘宝"曾采纳网友创意，推出"奉旨出行"行李牌、"冷宫"冰箱贴等新产品。这一举措不仅保证了文创产品的持续更新，还有效提升了受众的参与度和对品牌的忠诚度。培养消费者的品牌黏性，有助于激发他们对品牌的愉悦感和共情感，从而推动普通消费者转变为故宫文创和故宫文化的长期粉丝。

二、国潮风暴来袭：彰显产业新势力

近年来，文化自信的提升促使国潮元素成为文化产业转型升级的驱动力，引发了一股国潮风暴，而"故宫淘宝"正是这股潮流中的杰出典范。"故宫淘宝"致力于塑造年轻化、个性化的 IP 品牌形象，将深厚的故宫文化底蕴与现代网络流行文化巧妙融合，创造出兼具商业价值与文化内涵的文创产品。凭借独特的故宫文创 IP，"故宫淘宝"成功吸引了众多粉丝，经过不懈努力，已跃居文创领域的领军品牌，其品牌传播不仅有效缩短了历史与现代的距离，更对故宫文化的广泛传播产生了积极的推动作用，彰显了国潮产业的蓬勃新势力。

(一) 文创元素的"七十二变"

"故宫淘宝"文创团队于 2007 年组建，是国内首支规模化、年轻化且高水平的创意设计团队，所有设计均为原创。团队规模达 300 人，由来自中央美术学院、中国美术学院、清华大学美术学院等各大美院的高才生组成了 80 余人的原创设计师团队，专业领域涵盖国画、插画、IP 形象设计、平面设计、陶瓷设计等。十几年来，该团队打造出了"萌萌哒"、"朕就是这样汉子"、故宫胶带、故宫彩妆、故宫猫等一系列引发社会关注的热点产品。其中，"牛门神"被航天员汤洪波带上神舟十二号舱，"当康颈枕"在奥运冠军孙颖莎出征乘机时被佩戴，"故宫口红"等产品被收录进由中宣部摄制的献礼党的二十大大型电视专题片《领航》之中，"故宫淘宝"在收获年轻人审美青睐的同时也收获了极高的社会价值，其文化影响力大大提升。"故宫淘宝"的文创元素犹如拥有神奇魔力，能够千变万化，融入生活的方方面面。在文具领域，故宫元素与现代文具设计紧密结合，打造出独具特色的笔记本、笔具等产品。故宫主题笔记本内页纸张一般印有传统古籍版式或故宫建筑线稿，封面采用故宫名画元素并配以烫金工艺，笔具设计成故宫建筑造型或装饰有文物图案，兼具实用性与文化观赏性。在玩具和礼品方面，"故宫淘宝"更是创意无限。以故宫猫为主题的玩偶深受消费者喜爱，其可爱的形象融合了故宫文化的特色，成为传递故宫文化的可爱使者。还有一些以故宫文物为原型制作的拼图、积木等玩具，既具有娱乐性，又能让消费者在玩耍的过程中了解文物知识。在礼品设计上，"故宫淘宝"注重文化内涵与实用性的结合，推出的礼盒套装往往包含多种具有故宫特色的产品，如文具、饰品、茶叶等，满足了消费者在不同场合赠送礼品的需求。不仅如此，"故宫淘宝"在文创设计中融入了非物质文化遗产技艺。例如，结合景泰蓝工艺推出的"故宫珐琅杯"系列，以现代简约的设计风格重现传统技艺，深受都市白领喜爱。还有与蜀绣大师合作推出的"宫廷绣花包"，采用清宫花鸟纹样，既保留了传统工艺的精髓，又符合现代审美，成为文创市场中的热销单品。截至 2023 年 1 月末，"故宫淘宝"粉丝量达 873.8 万人，手绘故宫猫笔记本、文具礼盒等热门商品月销量超 6000 件，累计评论达 2 万多条，彰显出"故宫淘宝"文创产业的新势力。

（二）传承与展示的创意魔法秀

"故宫淘宝"在文化传承与展示方面堪称一场创意魔法秀。在产品打造方面，"故宫淘宝"注重对故宫文化内涵的创新性挖掘，善于将历史文化符号与现代审美、生活场景相融合，以国潮理念为消费者打造各类兼具实用性与观赏性的文创产品。这一做法在吸引更多消费者注意力的同时，也推动"注意力经济"向精准度更高、用户黏性更强的"粉丝经济"转变。这些文创产品将故宫的历史故事、文化传统以一种生动有趣的方式呈现给大众。最具代表性同时也是最受消费者欢迎和喜爱的"故宫日历"，在 2024 年龙年更是表现出色。访问"故宫淘宝"网络店铺，位居销量榜首的文化创意产品是 2024 龙年版日历/春联，而《故宫日历》自出版以来，历经 15 个年头，累计销量超过 500 万册，成为故宫博物院最受欢迎的"新春伴手礼"。[①] 还有一系列依托"粉丝经济"热销的文创产品，如雍正"打虎"系列文具与"冷宫"冰箱贴，均成为社交媒体上的热点。比较有代表性的还有一款以《清明上河图》为灵感设计的丝巾，在丝巾的图案设计中融入了《清明上河图》的场景细节，并配有简洁的文字说明，介绍这幅名画的创作背景和文化价值，让消费者在佩戴丝巾的同时，也能了解到中国古代绘画艺术的魅力。"故宫淘宝"在开发文创产品时，不仅注重"非遗"工艺的传承与保护，还秉持精益求精、专注精细的工匠精神。例如，"福自天赐""十二美人四季香"等文创香工艺产品，由"非遗"传承人依据清代乾隆等皇帝的御用香方，经过深入研究和调配制成，制作流程严格遵循古法，整个生产流程均由手工完成，匠人们专注于每一个细节，致力于打造百分之百纯粹天然的香工艺品，实现文创产品的精品化。在文化展示方面，"故宫淘宝"利用现代科技手段，为文创产品赋予了更多的展示功能。一些文创产品可能配备了二维码，消费者通过扫描二维码可以获取详细且生动的文物 3D 模型、动画演示、历史故事、专家解读等信息，实现了线上线下互动与融合。这种创意魔法秀不仅极大提升了文化传承与展示的效果，更提高了大众对故宫文化的认知度和参与度。

（三）品牌与品类的时尚进化论

随着市场需求的不断变化和文化创意产业的发展，"故宫淘宝"的品牌与品类也在经历着一场时尚的进化。在品牌建设方面，"故宫淘宝"注重提升品牌形象和品牌价值。通过与国内外知名品牌和设计师合作，推出一系列高品质、高设计感的联名产品，进一步提升了品牌的知名度和美誉度。

在品类拓展上，"故宫淘宝"不断推陈出新，从最初的文具、饰品等传统品类，逐渐拓

---

① 近七成受访者买过文创 年轻消费者更愿"掏钱"［EB/OL］.（2024－02－26）［2024－12－26］. https：//baijiahao. baidu. com/s？ id＝1791913678282848650&wfr＝spider&for＝pc.

展到家居用品、电子产品、食品等多个领域。例如，推出的故宫主题手机壳、平板电脑保护套等电子产品配件，采用先进印刷技术呈现精美故宫图案，且具备良好的防摔性能，满足了年轻消费者对科技产品个性化的需求。在食品方面，"故宫淘宝"推出的传统糕点、茶饮等产品，遵循古方制作，融入现代健康理念，以故宫元素为设计来源的包装也古色古香，极具韵味，在味觉与视觉上带给消费者独特体验，受到了消费者的广泛欢迎。"故宫淘宝"还积极与其他品牌合作，推出了一系列跨界联名产品。例如，与国内某高端茶叶品牌携手推出"宫廷御茶"系列，包装设计以清代宫廷画作为主题，融入现代健康理念，让传统茶文化焕发出新的生机；与饼干品牌"奥利奥"合作，出品"故宫食品御点系列"产品，将故宫文化符号融入消费者日常生活。

奥利奥故宫食品中西礼盒的包装插画

与此同时，"故宫淘宝"还积极拓展海外市场，努力提高其品牌的国际知名度。例如，与国际知名化妆品牌合作推出"故宫御容"系列，成功打入海外市场，成为文化输出的新载体；再如，与一家高科技公司合作开发"故宫智能灯具"，以故宫宫灯为设计灵感，并融入智能语音控制和氛围灯光调节功能，兼具历史感与科技感，成为年轻消费者家居装饰的首选。这种品牌与品类的时尚进化，使得"故宫淘宝"在文化创意产业中始终保持着强大的竞争力。

三、故宫在数字时代：科技引领新体验

随着数字技术的飞速发展，故宫这座古老的文化殿堂正焕发出新的生机与活力。在数字时代的浪潮中，"故宫淘宝"以其独特的视角和创新的精神，将传统文化与现代科技完美融合，引领着传统文化体验的新风尚。

（一）电商、文化"对对碰"：擦出奇妙火花

在数字时代，电商平台为故宫文化的传播提供了广阔的空间，"故宫淘宝"与电商文化

的碰撞擦出了奇妙的火花。通过分析消费者的购买行为、浏览记录和搜索关键词，"故宫淘宝"能够精准地了解消费者的需求和偏好，从而有针对性地进行产品设计和推广。

在产品展示上，运用高清全景图片、3D旋转模型和短视频等技术，全方位展示文创产品的细节与文化内涵。如在展示故宫陶瓷文创产品时，3D模型可让消费者清晰查看瓷器纹理、釉色变化及器型特点，短视频则讲述其历史渊源与制作工艺。同时，电商平台的互动功能也为消费者提供了参与文化交流的机会。消费者可以在产品评论区分享自己的购买体验和对故宫文化的理解，这形成了一个良好的文化互动社区。这种电商与文化的深度融合，不仅促进了故宫文创产品的销售，也推动了故宫文化在网络空间的广泛传播。故宫以超前的眼光融入商业化大潮，与阿里巴巴、腾讯、亚马逊等互联网巨头携手合作，从而紧密贴合年轻群体的需求，既收获了经济效益，又有效传播了中国传统文化。在产品推广上，"故宫淘宝"巧妙运用网络热词，以幽默风趣的语态向公众传递故宫文化，并将这种趣味性融入文创产品中。这种既有趣又略带搞怪的态度，极大地缩短了品牌与消费者之间的心理距离，使"故宫淘宝"迅速成为深受大众喜爱的亲民品牌。此外，"故宫淘宝"还深入挖掘社群营销潜力，推出故宫文创表情包、手绘壁纸，并举办"转发抽奖"等活动，进一步提升品牌知名度，扩大传播影响力。"故宫淘宝"以文化为社交媒体营销的基石，将产品主题化，挖掘产品内在价值，畅通与用户的沟通渠道。通过维护社交关系，"故宫淘宝"融入人们的日常生活，讲述着深受中国人喜爱的品牌故事。在社交媒体的运用上，"故宫淘宝"充分利用丰富的文化资源，塑造了独特的品牌形象，实现了经济效益与社会效益的双赢。

（二）线上、线下"手牵手"：共赴融合盛宴

"故宫淘宝"在发展过程中，注重线上、线下融合发展，实现了优势互补。线上平台凭借其便捷性和广泛的传播性，为消费者提供了丰富多样的产品选择和便捷的购物体验；而线下体验馆则为消费者提供了一个亲身感受故宫文化氛围的场所。"故宫淘宝"线下体验馆坐落于故宫神武门外，以主题展览和互动体验为主，为消费者提供沉浸式的文化体验服务。馆内陈列的故宫文物复制品与文创商品分区展示，如"宫廷生活"主题展区不仅展示皇家日常用品，还通过现场讲解和互动活动，让游客亲身体验传统文化的魅力。线下体验馆不仅仅是商品展示和销售的场所，更是文化活动的举办地。2019年，"故宫淘宝"举办了"紫禁城四季"主题展览，通过四季景观变化呈现故宫美景，并结合文创商品推广，实现了文化与商业的有机融合。定期举办主题展览和文化讲座也是"故宫淘宝"线下体验馆的一种特色文化活动，通过邀请专家学者深入解读故宫文化，如举办"故宫建筑之美"展览，通过模型、图文展板和多媒体演示，详细介绍故宫建筑历史、风格与营造技艺，实现线上、线下优势互补，打造全方位文化消费场景。

（三）虚拟、现实"心连心"：开启双重奇妙之旅

虚拟现实（VR）和增强现实（AR）技术的应用，为"故宫淘宝"带来了全新的发展机遇。

通过这些技术，消费者可以实现与故宫文化的深度互动，开启一场奇妙之旅。"故宫 VR 体验馆"运用 VR 技术，打破时空限制，让游客仿佛身临其境，能够全方位感受甚至触摸故宫文物。此外，场馆还贴心设置了随场景晃动的座椅和变幻的灯光，这些设计使游客能更真实、立体地感受故宫文化，在激发消费者文化自豪感的同时刺激消费，有效推动了故宫文创的高质量发展和故宫文化的现代化传播。在参观文创产品时，"故宫淘宝"采用 AR 和 VR 技术，让消费者通过扫描产品或文物，解锁相关历史故事或 3D 动态展示，让产品"活"起来。例如，消费者在购买以《清明上河图》为灵感设计的丝巾时，可通过 AR 技术看到画卷中繁华街市的动态还原。再如扫描故宫猫玩偶，手机屏幕上会出现故宫猫在故宫场景中的动画，讲述其在故宫的生活趣事，并介绍与之相关的故宫文化知识，使消费者与文创产品产生深度互动。这种虚拟现实技术的应用，不仅提升了消费者的文化体验，也为故宫文化的传播和推广提供了新的手段和途径。同时，"故宫淘宝"的线上平台提供"云游故宫"功能，利用 VR 技术，消费者可以足不出户，仿佛置身于故宫的宫殿之中，沉浸式地游览故宫的各个景点，感受故宫建筑的宏伟壮丽和历史氛围。这种数字化互动形式，不仅有效打破了时空限制，也为文化传播开辟了全新渠道。

四、开启智慧窗：文化远航新方向

在数字化与全球化的洪流中，文化之舟正扬帆起航，探寻前行的航向与动能。"故宫淘宝"作为文化创意领域的先锋，凭借其独到的智慧与创新精神，为文化的延续与传播开辟了一条崭新的航道。

(一)搭乘文化东风，驱动业态创新升级

在业态创新维度，搭乘文化东风，驱动业态创新升级，已然成为文化创意产业发展的核心驱动力。"故宫淘宝"的成功实践，为文化创意产业的业态创新提供了宝贵经验。其他博物馆和文化机构纷纷借鉴"故宫淘宝"的模式，加强与电商平台的合作，挖掘自身的文化资源，开发文创产品。这不仅促进了文化创意产业的多元化发展，也推动了传统文化产业的转型升级。"故宫淘宝"不仅在产品研发上投入大量精力，还通过纪录片、综艺节目、故宫游戏、云游故宫等多种新颖形式，吸引消费者参与到对故宫文化符号的再创作过程中，在互动之中激发更多的故宫文创 IP 灵感。这种多维度的内容建设与品牌传播，为"故宫淘宝"的高质量发展拓展了新思路，打开了新市场。在业态创新方面，文化创意产业与旅游、科技、教育等领域的融合日益加深。例如，一些地方博物馆与当地旅游景区合作，开发具有地方特色的文创产品，同时结合旅游线路，打造文化旅游休验项目。在科技融合方面，人工智能助力文创产品设计灵感挖掘与图案生成，大数据优化产品生产与库存管理，区块链技术应用于文创产品版权保护与溯源。在教育领域，文创产品成为文化教育生

动素材，学校开展以故宫文化为主题的手工制作、文化研究等课程，学生通过制作故宫建筑模型、研究故宫文物历史，增强对传统文化的理解与热爱，推动文化创意产业多元化创新发展。

（二）深耕文化沃土，拓展传播新天地

在文化传播领域，深耕文化沃土，拓展传播新天地，是文化创意产业肩负的重要使命。"故宫淘宝"坚守文化传承与传播的初心，通过深挖故宫文化内涵，推出系列具有深度文化价值的文创产品和主题活动，加强与各界的合作，不断拓展文化传播的广度与深度。一方面，通过持续推出具有深度文化内涵的文创产品，举办文化主题活动，加强与文化学者、艺术家的合作等方式，进一步拓展了故宫文化的传播领域和受众群体；另一方面，不断推出以故宫古建筑修复为主题的文创产品系列，包括工具模型、纪念书籍等，深入挖掘古建筑修复背后的文化价值与工匠精神。"故宫淘宝"不仅注重产品销售，还通过策划丰富的文化活动增强品牌影响力。例如，每年春节推出"故宫灯会"线上线下联动活动，融合传统灯笼制作、古建筑投影秀以及线上限量文创产品发布，为消费者带来多感官的文化体验。在国际传播方面，"故宫淘宝"的文创产品也逐渐走向世界舞台，在国际文化展览和活动中展示故宫文创产品，如在巴黎卢浮宫举办的世界文化创意展览上，其独特的东方文化魅力吸引了众多国外消费者的关注，引发国际媒体关注，成为中国文化对外传播的亮丽名片。同时，加强与国际博物馆和文化机构的合作，开展联合文创项目和文化研究，促进全球文化交流互鉴，拓展故宫文化国际传播版图。

（三）紧跟消费潮流，引领文创新风尚

在消费市场层面，紧跟消费潮流，引领文创新风尚，是文化创意产业保持市场竞争力的关键所在。随着消费者需求的日益多样化和个性化，"故宫淘宝"始终保持敏锐的市场洞察力，紧跟消费潮流。在产品设计上，及时融入当下流行文化元素，与热门动漫、影视IP合作推出联名文创产品。如与某知名动漫合作的故宫主题手办，将动漫角色与故宫建筑、文物等元素巧妙结合，深受年轻消费者追捧。

在营销方式上，"故宫淘宝"积极利用社交媒体、直播带货、短视频等新兴渠道进行推广，善于充分利用社交媒体平台开展创意营销活动，与消费者建立更加紧密的互动关系。如在抖音上发起故宫文化挑战话题，吸引用户创作短视频分享对故宫文化的理解与创意，直播带货中主播详细介绍文创产品的文化背景与设计亮点，增强与消费者的互动。同时，"故宫淘宝"注重消费者反馈，根据市场需求及时调整产品策略和设计方向，从而在激烈的市场竞争中脱颖而出，引领文化创意产业的发展潮流。在当下文化产业蓬勃发展的时代语境中，文化创意产业作为推动文化传承与创新的重要力量，正面临着前所未有的机遇与挑战。"故宫淘宝"以其卓越的实践，为文化远航指明了新方向，成为学界与业界共同关注的

典范。首先是深挖文化内核，通过将文物文化元素与现代设计相结合，打造具有高度辨识度的 IP 产品；其次是利用数字化赋能，充分运用大数据和新媒体平台，实现精准营销和品牌传播；再次是开放合作，与国际知名品牌合作推出联名系列，推动中华文化走向世界；最后是体验为王，通过多维互动和沉浸式体验，让消费者主动参与文化传播。"故宫淘宝"若想进一步释放其文化价值，扩大其品牌影响力，还将面临更多的挑战。比如还需进一步拓展国际市场，加强与其他博物馆和文化机构的合作，通过打造更多跨界文创项目，让中国文化在全球范围内释放出更强的影响力。同时，通过深度开发虚拟现实体验项目，提升消费者的沉浸式体验质量。"故宫淘宝"还可挖掘更多未被广泛开发的文化元素，如研究传统节日文化和非物质文化遗产，将其转化为符合现代审美的文创产品。此外，进一步加强线上线下互动，将数字技术更深入地融入产品和服务中，以满足年轻消费者对文化创意的高标准需求。

　　"故宫淘宝"作为文化创意产业的成功典范，通过跨界创新、科技应用、品牌建设和文化传播等多方面的努力，为传统文化的现代转型和发展提供了宝贵的经验和启示，以其独特的文化视角与创新策略，成功将中华传统文化转化为现代消费品，成为文化创意产业的成功典范。在未来的发展中，"故宫淘宝"有望继续发挥引领作用，推动文化创意产业不断迈向新的高度，让更多的人领略中华文化的博大精深和独特魅力。

（付慧青　执笔）

10　文化大数据品牌

腾讯：
技术深耕到数智融合，"领航"品牌发展新征程

腾讯科技(深圳)有限公司是一家成立于1998年的互联网公司，业务广泛，涉及网络通信服务、社交平台、金融、资讯、娱乐等领域。其品牌战略聚焦于"科技+文化"的深度融合，以"一切以用户价值为依归"为口号，旨在通过技术丰富互联网用户的生活，用创新的产品与服务提升全球各地人们的生活品质。近年来，作为在多领域占据全球领先地位的互联网科技公司，腾讯致力于利用大数据、人工智能等技术推动文化资源的数据化、资产化发展，将社会责任融入产品与服务之中，助力以文物保护、文旅产业为代表的各行各业进行数字化升级，通过推动科技创新与文化传承促进社会的可持续发展。

一、深耕技术广布局，赋能发展"行"得快

腾讯成立20余年以来，对即时通信、社交网络、数字内容、在线游戏、金融科技、云计算、人工智能等诸多领域持续进行深耕，自身不断进行迭代与进化，始终保持着差异化的品牌定位，逐步占据互联网行业龙头地位，成为中国最大的互联网综合服务提供商之一，品牌价值屡创新高。在这背后，离不开腾讯在大数据技术领域的持续探索、多维布局与不断创新。

(一)从引进、改造到自研，筑牢技术"硬底板"

在数字化时代背景下，数据分析成为各个行业保持可持续发展的必备能力，大数据等技术产业已然成为推动新时代经济发展的重要动能。紧跟时代趋势与技术发展方向，腾讯的大数据平台经历了多次演进。从2009—2011年以Hadoop为核心、以"天、小时、分钟"为时间单位的离线计算模式到2012—2014年间以Spark、Storm为核心的实时计算模式，腾

讯的大数据技术跨进了"秒级、毫秒级"的时代。2015—2018 年，大数据技术进入机器学习、深度学习模式阶段，腾讯依靠自主研发推出了机器学习引擎"Angel"、一站式 AI 开发平台智能钛 TI 等产品。如今，腾讯正深耕以实时、隐私计算、数智融合、云原生为主要特征的第四代大数据技术。

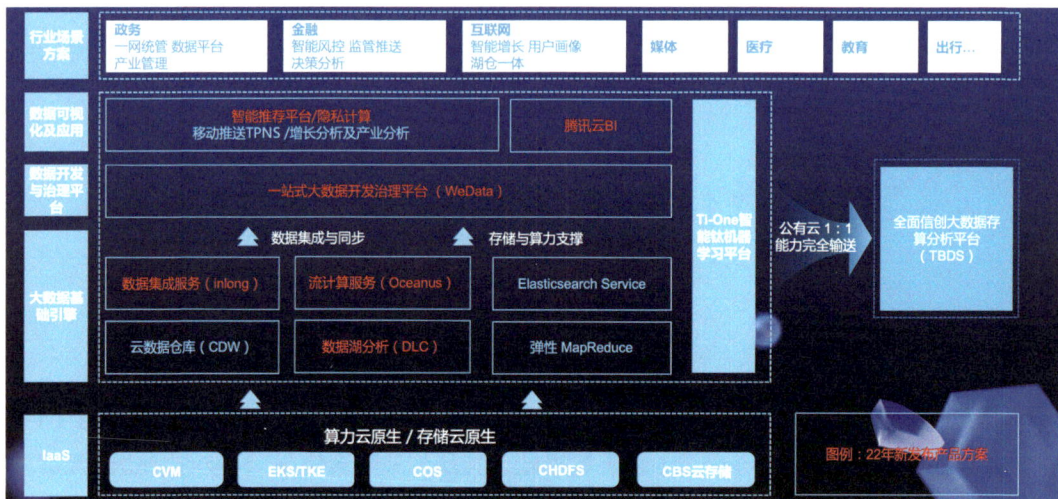

腾讯大数据演进之路

2013 年，腾讯首次将自身的大数据技术面向市场推出，"腾讯云"应运而生，为社会上的广大企业与个人提供云存储、云服务器、云数据库等基础服务，开启了通过云计算技术为游戏、视频、办公等应用场景提供行业解决方案的初步尝试。随后，移动互联网的高速发展使得腾讯所面对的数据量在短短五六年时间内发生了成千倍的爆炸式增长，每天产生几十万亿条数据。2019 年，为了处理每天多达 1500 万的分析任务，接入数量达 35 万亿条的平台数据，腾讯大数据平台的算力资源池规模突破 20 万台，日实时数据计算量超过 30 万亿条，腾讯公司成为中国实时数据计算量最大的公司。如今，腾讯云大数据的算力规模已突破千万核，日实时数据计算量达百万亿级，日运行容器数超亿个。

十余年间，从离线计算到实时计算，再到智能技术加持下的机器学习与深度学习，腾讯云大数据逐步构建起了行业领先的产品矩阵，从数据分析到挖掘，业务涵盖最底层的大数据基础引擎、中层数据开发与治理、上层对数据的丰富应用与可视化处理。腾讯还研发出 TDSQL 分布式数据库、大数据 TBDS、腾讯专有云 TCE、操作系统 TencentOS、分布式机器学习引擎 Angel、一站式 AI 开发平台智能钛 TI 等一系列核心产品，在大数据领域成功实现了从引进到自建、从尝试性布局到行业内领先的跨越式突破。

（二）力拓场景优服务，多域布局"新蓝图"

伴随着各行各业正在发生的数字化转型，政府、企业、个人对大数据的需求不断增加。

腾讯充分利用其早年间在经历自身业务锤炼时所积累的大量解决方案与服务经验，拓宽业务边界，在服务对象与涉及领域方面不断实现突破，力图开拓更广阔的市场，服务更广泛的群体，尤其是助力实体经济的转型升级与"数实融合"的新质生产力的迅速发展。

2021 年，腾讯创始人、董事会主席、首席执行官马化腾提出"用户、产业、社会三位一体（CBS）"概念，腾讯从建立之初以"To C（为用户服务）"为主的"消费者品牌"逐步跃升、发展成为在此基础上兼具"To B（为产业服务）"与"To S（为社会服务）"功能的"企业品牌"与"社会品牌"，从解决社会痛点的角度出发，将社会责任融入企业商业模式，依靠技术力提出系统性、创新性的解决方案，实现企业与社会的深度融合。

2022 年，腾讯云大数据积极响应上述发展战略，推出"智能推荐平台"与"BI（商业智能）"两款面向企业，具有高频应用场景的产品，帮助企业在充分释放数据资源价值的基础上实现业务增长转型与精细化运营，提升用户的产品与服务体验。同时，企业的商业决策效率得到提高，有利于进一步助力产业整体实现数字化转型。

在此过程中，腾讯的技术研发侧与业务实践侧互相哺育，所推出的产品与服务往往在腾讯内部已经有过投入使用的实际经验，受过自身海量业务验证，技术团队得以基于内部海量真实案例，从丰富的实战经验中吸取教训、沉淀经验，精准把握用户痛点，不断打磨、孵化出更加符合市场需求的先进技术与优质产品来服务众多客户。

（三）步履不停谋发展，绘就品牌"新画卷"

作为中国互联网科技巨头、数字经济领域的领军企业，腾讯拥有强大的技术实力与创新能力。目前，在大数据技术研发方面，腾讯正围绕"一体化、智能、安全、云原生"等关键词，以批流融合、ABC 融合、数据湖以及联邦学习为主要方向，着力打造具备混合部署、跨域数据共享与边缘计算等能力的下一代大数据平台。

凭借在技术研发、用户基础与品牌影响力等方面的深厚积累，腾讯如今的核心业务涵盖了社交网络、游戏娱乐、数字内容、金融科技及云计算等内容。上述业务相互协同，共同构成了腾讯的多元化业务体系。得益于全方位领先的产品阵容与在海量实践中积累的雄厚技术底蕴，腾讯将自身实践沉淀得出的经验输送至各行各业，所提出的大数据解决方案备受广大政府机构、企业与个人青睐，积累了庞大的用户基础。

近年来，腾讯继续拓展业务范围、丰富业务生态，将触角伸向教育、金融、政务、医疗、互联网、文旅、娱乐、媒体、出行等诸多领域，将大数据、区块链、人工智能等前沿技术深度融入文化遗产保护、文化内容创作与传播、文旅等产业数字化升级的各个环节，以科技创新赋能文化传承与创新发展，积极助力构建全方位、多层次的文化科技融合发展新生态。在此过程中，腾讯始终秉持着"科技向善"的使命与愿景，通过持续的技术创新和业务拓展，将"文化+科技"的双轮驱动战略与"可持续社会价值创新"的企业战略落到实处，为广大用户与合作伙伴创造源源不断的价值，在推动数字经济发展的同时也逐步树立起自身具有广泛影响力与社会美誉度的品牌形象。

二、双轮驱动齐发力，引领数智新生态

在"文化创新＋科技创新"双轮驱动新质生产力发展的战略定位下，腾讯不断推动业务创新发展，在多个领域取得了显著成果。2023 年，腾讯控股总营收达到 6090 亿元人民币，同比增长 10%，毛利同比增长 23%，年度每股分红增长 42%。在互联网社交领域，截至 2024 年第三季度，微信与 WeChat 合并后的月活跃用户数达到 13.82 亿，相较过去几个季度同比和环比均有所增长，在具有绝对优势的庞大用户基数基础上保持了较为稳定的增长态势。在游戏领域，腾讯以 82 亿美元的手游年收入领跑 2024 年的全球手游市场，旗下自主研发的 MOBA 类手游《王者荣耀》多次登顶全球收入最高手游的宝座，在中国游戏市场拥有最多的用户和最高的流水收入。这些成绩展现出腾讯在多个行业中的领先地位与优势，共同造就了其高达 8779.21 亿元的品牌价值与连续多年位居中国最具价值品牌百强之首的殊荣。

(一)厚积薄发铸实力，领航创新拓格局

作为国家文化大数据产业联盟的副理事长单位，腾讯在大数据领域展现出了过硬的综合实力，凭借深厚的技术基础、持续的创新投入不断赢得海内外用户与市场的认可，占据了行业内的领先地位，并以先锋企业之姿为行业健康发展做出持续贡献。

腾讯在大数据领域的技术实力主要体现在其持续性技术创新与产品优化能力上。2024 年 6 月，腾讯云发布了行业首个大数据高性能计算引擎 Meson，该引擎在软件、硬件、AI 等层面采用系列多层级的加速技术，能够为腾讯云大数据体系下的多种产品提供通用的计算加速服务，并引入引擎负载预测、智能任务调度等 AI 驱动的智能化功能，使得大数据计算性能得到体系化提升，整体上体现了多层级、通用化、智能化的优化理念与技术趋势。同时，腾讯云大数据通过推出业界领先的云原生数据仓库 TCHouse、数据湖计算 DLC、EMR、Elasticsearch(ES)等产品，构建起一站式的大数据解决方案，为企业提供了更具性价比的选择。在数据安全领域，腾讯云成为国内唯一入选《Forrester Data Security Platforms Landscape，Q4 2024(2024 年度第 4 季度全球数据安全厂商全景图)》的大数据厂商，足以彰显其在数据安全方面的技术积累与行业领先地位。

腾讯多年以来对大数据技术与产品的用心沉淀与打磨也获得了行业与客户的认可。Frost & Sullivan 发布的《2024 年中国数据管理解决方案市场报告》显示，腾讯云大数据的客户价值表现在全球厂商中位列第一；Gartner《Voice of the Customer for Cloud Database Management Systems(2023 年云数据库管理系统"客户之选")》行业洞察报告中，腾讯云数据库 TDSQL 成功入选卓越表现者象限(Strong Performer)与亚太地区"客户之选"象限，客

户推荐率高达 97%。

在此基础上，腾讯将技术领先、产品优秀造就的客户满意度进一步转化为品牌优势，在国内国际市场行业地位与市场份额等方面交出了足够亮眼的成绩单。2024 年 7 月，市场研究机构赛迪顾问发布了《2023—2024 年中国大数据市场研究年度报告》，其中，腾讯云大数据以其近年来的出色表现连续三年入选中国大数据市场"领导者"象限；国际数据公司（IDC）于同年 8 月发布的《中国大数据平台市场份额，2023：数智融合时代的真正到来》则显示，2023 年腾讯云占据中国大数据平台公有云市场的份额为 14.4%，位居第三，相比上一年的 6.1% 增长高达 136%，是头部厂商中唯一实现市场份额增长的公司。

除此之外，腾讯在大数据领域的领先地位还体现在其对行业标准的引领与领域共建共享生态的推动上。2024 年底，腾讯云作为核心参编单位参与到中国信通院牵头的《大模型驱动的智能数据开发平台技术要求》标准编纂过程中，其旗下的智能数据开发平台 WeData 也成为国内首个通过该标准测试的产品。与此同时，腾讯积极推动大数据技术的开源创新，围绕项目开源、社区治理、生态共建三个方向，捐赠了 10 余个开源项目，贡献主流开源社区超过 30 个项目，在 GitHub 全球企业开源贡献榜中排名前列。

（二）技术赋能传文脉，多元发展谱新篇

在当今的数字化浪潮下，文化遗产的保护与传承面临着新的机遇与挑战。近年来，腾讯利用自身在数据技术方面的领先优势，通过云计算、区块链等科技手段推动文化遗产等文化资源的数字化保护、传承与创新体验，以科技赋能文化发展，取得了显著成果，为中华优秀传统文化的创造性转化与创新性发展开辟新思路、拓展新方法。

其中，腾讯与敦煌研究院的"梦幻联动"尤其给人留下了深刻印象。腾讯与敦煌研究院在 2017 年达成战略合作关系后，与人民日报新媒体等机构通力合作，先后推出了"云游敦煌""数字敦煌开放素材库""敦煌'数字供养人'计划""寻境敦煌——莫高窟第 285 窟虚拟现实深度漫游"等项目，将大数据、区块链、人工智能等技术深度融入文化资源数字化过程中，已然成为文化遗产保护、传承与转化案例中的优秀典范。

"云游敦煌"小程序对敦煌石窟的内容进行了分类呈现与深入解读，集保护、传播与传承敦煌文化功能于一体，自 2020 年上线以来，总访问量已突破 6000 万人次，远超线下敦煌莫高窟的年接待量。2023 年，高清数字照扫、游戏引擎物理渲染、云游戏等技术加持的"数字藏经洞"功能上线小程序，仅上线一周访问量便超过 1400 万人次。同年，腾讯与敦煌研究院进一步合作推出"寻境敦煌"项目，利用三维建模、全局动态光照、VR 虚拟现实场景等前沿数字技术，对莫高窟第 285 窟进行 1:1"毫米级"立体还原。借助该小程序，用户可以身临其境地近距离观察洞窟中的壁画、彩塑，在石窟建筑中实现 360 度自由探索，尽情领略敦煌石窟艺术的别样风采。

与之类似，在长城文化遗产保护方面，腾讯携手中国文物保护基金会、天津大学建筑

学院以及长城小站等诸多机构与团体推出"云游长城"项目,利用前沿游戏技术对喜峰口长城进行高精度复刻,为用户们提供了极具沉浸感的交互式数字游览体验。2021年9月,腾讯公司与北京市文物局达成战略合作,利用高清照扫、游戏引擎、程序化内容生成等技术对北京中轴线7.8公里核心遗产区范围内的地形、植被、建筑群等要素在数字平台上进行大规模、精细化还原生成,助力北京中轴线成功列入"世界遗产名录",这也是全球首次利用数字化技术全过程参与世界文化遗产申报,对文化资源的创新性保护、传承与利用具有开创性意义。

通过上述案例我们可以看出,腾讯在文化遗产数字化领域的成功实践,不仅体现了其在技术创新与文化传承方面的深度融合能力,也为文化遗产的保护、传播与活化提供了新的思路和范例,特别是在文化传播与用户体验方面不断进行着独具特色的探索与创新。

(三)数智深耕助升级,百业焕新促繁荣

在"科技+文化"的战略定位指引下,腾讯凭借其在大数据、人工智能、信息技术等领域的深厚积累,推动科技与文化、数字经济与实体经济的融合向纵深发展,助力千行百业实现数字化转型升级,从而为各行各业注入源源不断的"新动能"。目前,腾讯云已经助力30多个部委、20多个省、500多个市县推进数字化转型,为全国11亿用户提供近3000项移动政务服务,为2000万家企业提供超过100万项数字化服务。[①]

在助力打造数字政务平台、加强数字政府建设方面,腾讯的成绩尤为显著。在"数字滨湖"项目中,腾讯云助力江苏无锡实现了对滨湖区全区各类应用场景与业务系统的高效整合,实现40多个政务服务部门的互联互通,该地的基层社会治理体系与治理能力得到显著提升。项目最终荣获2024年中国国际大数据产业博览会(数博会)数字政府管理创新类成果认定奖项。自2018年起,腾讯助力"数智贵阳"政务民生服务小程序建设,联合打造的贵州省统一移动办公平台"贵政通"实现贵州全省五级全覆盖[②],实现跨地区、跨部门、跨层级的即时通信与联动办公,大大提升了贵州省公务人员的移动办公能力。

同时,在智慧文旅平台建设方面,腾讯也取得了丰硕成果,助力全国各地文旅产业的差异化、数字化发展。2022年,腾讯文旅对其首创的"一机游"模式进行进一步创新升级,推出广西全域旅游平台"一键游广西";同年,智慧文旅App"畅游平潭"上线,该项目成为福建省第一个全域落地实施的智慧文旅项目,被评为当年亚洲旅游"红珊瑚"奖年度创新智慧文旅项目。

腾讯的大数据技术在文化产业以及零售、制造、能源等诸多传统产业的数字化转型方

---

① 数博之声 | 腾讯:持续以科技创新助力数字中国建设[EB/OL].(2024-08-29). http://gz.people.com.cn/n2/2024/0829/c410876-40960397.html.

② 数博之声 | 腾讯:持续以科技创新助力数字中国建设[EB/OL].(2024-08-29). http://gz.people.com.cn/n2/2024/0829/c410876-40960397.html.

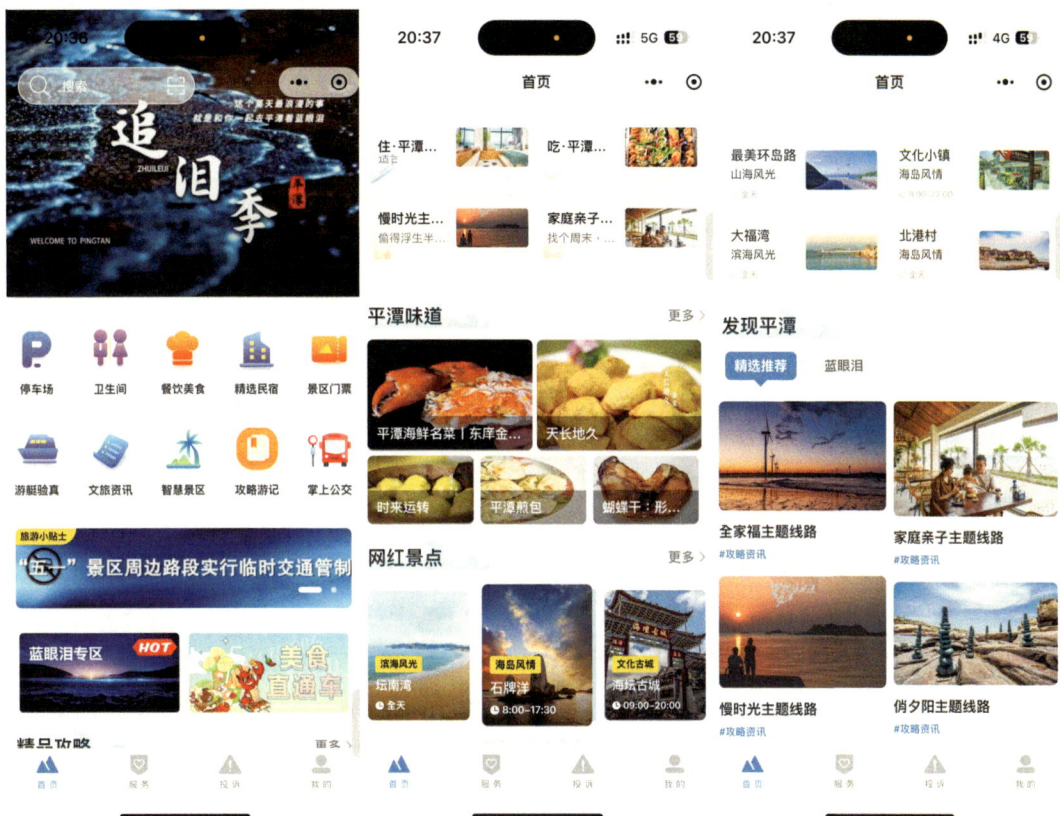

"畅游平潭"App 界面

面也发挥了重要作用。其旗下的阅文集团借助大数据与人工智能技术，实现了对海量网络文学作品的精准推荐与版权运营，通过智能推荐系统提高新人作者作品的曝光量，对鼓励新生创作力量、促进网文创作繁荣起到了有力的推动作用；长城人寿、极光、微信读书、百果园、富途、微盟、叮咚买菜、作业帮等诸多企业也借助腾讯云的大数据产品实现了数据化运营、优化企业平台与降本增效等目标，实现了业务层面的优化与提升。

三、竞胜之路：创新、聚合、远略

腾讯以"文化+科技"双引擎驱动发展，推动实现大数据等前沿技术在各个领域的深度应用与创新实践，通过对技术创新的持续投入，瞄准用户需求进行战略升级、开放合作以拓展市场等举措，不断提升自身在数字经济时代的核心竞争力。

(一)坚持创新为先，整合矩阵资源

在当今的数字化时代，腾讯始终将技术创新放在第一位，在技术研发、硬件设施建设

等方面持续大规模投入，夯实技术支撑能力的同时，逐步构建起智能化、通用化的技术平台矩阵体系，朝着打造技术领先、应用广泛生态圈的核心目标迈进，为品牌的高质量发展提供了有力支撑。

腾讯高度重视大数据基础设施建设。2020 年，腾讯贵安七星洞库式数据中心建成，其成为中国首个特高等级数据中心，后续建设正在进行中，并将进一步扩大智算规模；同年，腾讯清远云计算数据中心正式开服，规划容纳超过 100 万台服务器，成为华南地区最大的新基建项目。[①] 通过持续投入，腾讯不断提升数据中心的算力水平，多处具备高技术、高算力、高能效、高安全特征的新型数据中心不仅为腾讯自身的业务提供了强大的数据存储与计算支持，还为周边区域乃至全国的数字经济高质量发展奠定了坚实基础。

在大数据技术研发方面，腾讯不断取得突破性进展，其大数据平台算力规模已经突破千万核，日实时计算量达百万亿级，日运行容器数超亿级，日计算数据量数百 PB，服务的企业客户数超 2 万家，开源社区代码贡献量超 800 万行[②]，腾讯在大数据领域具有毋庸置疑的硬实力，并通过开源开放等形式为行业整体的发展持续贡献重要力量。

在此基础上，腾讯高度重视一站式平台建设，通过整合现有数字资源，打造高效、便捷的平台化工具。例如，腾讯云依托内部优秀团队的 AI 技术与实践经验，推出包含"腾讯云智慧传媒行业""腾讯云 AI""腾讯优图""腾讯多媒体实验室""微信智聆"等功能在内的"智媒体 AI 中台"，助力光电媒体行业智慧化创新发展。与之类似，腾讯云最新推出的 AI infra（AI 基础设施）品牌"腾讯云智算"整合了高性能计算、高性能网络、高性能云存储等优势产品，为 AI 创新提供了强大的"底座式"技术支持。

(二) 聚合多方之力，厚积品牌势能

腾讯凭借其在大数据等技术领域的深厚积累，与故宫博物院、敦煌研究院、甘肃省文旅厅等众多文化机构及地方政府展开了富有成效的深度合作，这种合作模式充分发挥了各方优势，能够整合各方资源以共同推动诸多"科技＋文化"项目的高质量落地。此类合作不仅提升了对文化遗产的保护水平，也为文化资源的数字化保护与传播提供了新的思路与模式，腾讯也凭借大量"叫好又叫座"的优秀案例，提升了品牌的专业性、权威性与影响力，逐步扩大品牌市场。

在多个关键领域，腾讯均取得了显著的合作成果。在数字文化资源库建设方面，2022 年，甘肃省文旅厅与腾讯云联合建设的"甘肃非物质文化遗产大数据平台"正式上线，首批 630 项"非遗"档案数据成功"上云"。这一平台的搭建，不仅实现了"非遗"数据的数

---

① 腾讯清远云计算数据中心正式开服 为华南地区最大新基建项目［EB/OL］.（2020－07－03）. https://www. chinanews. com. cn/m/business/2020/07－03/9228736. shtml.

② 腾讯云首次对外公布新一代大数据产品矩阵全景图［EB/OL］.（2022－08－22）. https://tech. cnr. cn/techph/ 20220822/t20220822_525979896. shtml.

"甘肃非物质文化遗产大数据平台"网站界面

字化存储与保护，更借助大数据分析，挖掘"非遗"背后的文化价值与市场潜力。在文化和旅游部艺术司的指导下，腾讯数字文化实验室与文化和旅游部艺术发展中心联合发起了"中国戏曲文化数字焕新行动"，结合版权保护、区块链等技术，逐步建立起数字戏曲资源库，通过人工智能修复技术高清再现了《逍遥津》《九江口》《古城会》《天仙配》等数十部经典戏曲剧目。这些举措不仅为戏曲资源的版权保护和市场化运作提供了助力，也为戏曲文化的传播和发展注入了新的活力。

除了与政府机构联手共建之外，腾讯也积极尝试与各个领域的社会团体、研究机构等通力合作。2022年，在国家文化公园建设办公室与国家文物局的指导下，腾讯协同中国文物保护基金会、五洲传播中心、天津大学建筑学院、长城小站等专业机构共同打造的"云游长城"系列公益成果正式上线。通过运用大数据技术对用户在体验产品 demo 过程中的使用兴趣与行为进行细致分析，"云游长城"项目在线上展示内容、交互方式、美术风格等方面不断优化，在改进后吸引到了大量用户参与，极大地推动了长城文化的保护与传播。

（三）展远略谋布局，靠数智启未来

在国家创新驱动发展战略的引领下，腾讯以前瞻性的视野积极响应政策号召，在2021年宣布第四次战略升级后开始稳步实施"扎根消费互联网，拥抱产业互联网，推动可持续社会价值创新"的全面战略规划。这一战略不仅为腾讯明确了未来发展的方向，更为其夯实了可持续发展的坚实基础。这一战略转型使腾讯从单纯的消费互联网服务提供商，

向深度赋能各行业的综合性科技企业迈进，并以积极主动的态度承担社会责任，真正履行"科技向善"的企业使命，自身核心竞争力不断提升。

在企业整体战略的指引下，腾讯通过大数据、人工智能等技术的创新应用，从文化资源数字化到文化内容创作传播，再到文旅产业数字化升级，逐步构建起包括智慧传媒、文化大数据、文旅融合等在内，涵盖诸多领域的庞大业务体系，并取得了一系列显著成果，推动了数字经济与实体经济的深度融合。以腾讯文旅产业研究院为例，其聚焦科技与文旅融合创新领域，推出了"一部手机游云南"等多个智慧文旅项目。通过大数据整合旅游资源，为游客提供个性化、便捷化的旅游服务，不仅大幅提升了文旅产业的数字化水平，还塑造了腾讯在文旅行业的专业品牌形象，为品牌培育奠定了坚实基础。

在理论研究与趋势洞察方面，腾讯同样表现突出。在具备行业先发优势的基础上，腾讯注重通过各类研究报告、战略规划总结已有经验，更加科学地引领未来发展的方向，校准前进路径。例如，自2022年起，腾讯会基于"探元计划"的实践总结进行趋势展望，发布《中国文化遗产数字化研究报告》，深入剖析中华优秀传统文化数字化的时代特征、关键挑战与创新路径；腾讯云与 IDC 联合发布的年度云上产品趋势报告深刻洞察了云上产品的十大技术趋势。这些研究报告不仅为腾讯自身技术研发与战略决策提供参考，也为各个行业的数字化转型提供了重要指导。

四、多轮驱动，引领行业范式

腾讯作为中国领先的互联网科技企业，在社会责任、跨界合作、技术创新，以及洞察需求、优化产品等方面的实践，不仅为自身和行业整体发展提供了重要借鉴，也对新时代背景下我国经济的高质量发展产生了深远影响。

(一)践行科技向善，打造社会责任典范

腾讯在履行社会责任方面的实践经历了从传统公益到"可持续社会价值创新"的战略升级，始终秉持着"科技向善"的理念。2021年，腾讯提出"可持续社会价值创新"战略，首期投入 500 亿元设立"可持续社会价值事业部"，旨在通过科技创新推动社会问题的解决。这一战略不仅体现了腾讯对社会责任的深刻理解，也为企业履行社会责任提供了新的模式和路径。

具体来看，在文化遗产保护和文化传承方面，腾讯通过"探元计划"等项目，利用数字孪生、虚拟演播等前沿技术助力文化数据生成、文化元素调取与分析、知识图谱构建、文化场景搭建，多年以来形成了丰硕的项目成果，引发了社会强烈关注。例如"为云冈石窟做 CT"，利用先进技术对云冈石窟进行全方位扫描和数据采集，建立数字化档案，为后续的研究、保护与展示提供了精准的数据支持；"打造裸眼 3D 圆明园"，通过裸眼 3D 技术让

游客仿佛穿越时空，直观感受圆明园昔日辉煌。2023年，腾讯与故宫博物院联合打造了"故宫·腾讯联合创新实验室"，加速了故宫文物数字资源的全流程数字化、智能化管理进程。这些项目不仅为文化遗产保护提供了新的技术手段，也为文化传承和创新提供了有力支撑，推动文化资源的数字化保护与传播形式创新，有利于我国文化软实力进一步提升。

此外，腾讯在乡村振兴、基层医疗等领域也积极发挥技术优势，利用区块链溯源技术助力农产品销售，利用音视频技术推动基层分级诊疗，这些实践不仅满足了社会需求，也为企业自身发展创造了新的机遇。这些实践表明，企业在履行社会责任时，应主动将自身的技术优势与社会需求相结合，通过创新方式推动社会问题的解决，既能满足品牌发展的需要，又能创造社会福祉。这种模式不仅有助于提升企业的社会形象，也能为企业创造长期的商业价值。

(二) 携手行业内外，共创开放互利生态

腾讯在文化与科技融合领域的跨界合作涵盖了政府部门、媒体等多方主体，整合各方资源，构建了一个开放共赢的生态系统，创造了新的经济增长点，为文化产业的发展提供了新的思路和模式。腾讯通过与故宫、敦煌、长城等文博单位的合作，以技术赋能的形式实现了文化价值的创新转化。例如，腾讯与张掖大佛寺文物研究所通力合作，通过数字化复原历史人物与服饰，打造了超写实数字人物"云灼"，为文化遗产的保护和传播提供了新的形式。这种合作模式有利于品牌提升其在领域内的知名度与影响力，甚至能够达到"破圈"的宣传效果，有效推动相关产业的创新发展，为其他行业的数字化转型提供有益借鉴。

腾讯在文化大数据领域的成功经验也为行业整体发展提供了重要借鉴。通过技术共享与开放合作的一系列举措，腾讯推动了文化大数据领域的资源共享和优势互补。例如，2022年，腾讯公司出版了《腾讯大数据构建之道》一书，深入剖析了腾讯大数据平台搭建的各项技术原理、实战过程中遭遇的挑战以及自研核心技术的设计思想，列举了大量极具参考价值和借鉴意义的实践案例，助力大数据领域生态的繁荣。这种技术共享、经验开放的模式有助于提升行业的整体技术水平，有利于加速推进数字经济与实体经济的融合发展。

(三) 聚焦用户需求，驱动品牌创新引擎

腾讯始终将用户需求放在首位，通过大数据分析等手段精准把握用户需求，为技术与产品的创新与优化提供科学引领。例如，腾讯云智媒体 AI 中台便是从"媒体+AI"应用的实际需求出发，结合腾讯内部多个 AI 实验室的技术优势，为媒体行业提供了专属的算法和解决方案。在智能汽车和传统制造业领域，腾讯也通过技术创新与方案升级满足了用户需求。例如，与蔚来汽车合作，利用混合云基础设施提升智能驾驶能力，瞄准用户需求对产品进行针对性优化。这种以用户需求为导向的创新模式，不仅有助于解决用户痛点、提

升用户体验，也为企业的数字化转型升级提供了成功案例。

腾讯注重用户体验的实践经验表明，企业应以用户为中心，深入了解用户偏好、洞察市场真实需求，通过创新产品与服务形式等手段对自身所提供的产品不断进行优化与迭代升级，满足多样化的市场需求，这样不仅有助于提升企业的市场竞争力与行业影响力，也能为相关产业的创新发展提供新的动力。

（四）深耕技术创新，助力产业高质量前行

技术创新是推动产业发展的关键驱动力。腾讯始终坚持以创新驱动发展，不断在核心技术、产品形态、业务模式等方面进行创新和突破。作为我国数字经济领域的发展见证者与深度参与者，腾讯在过去的二十多年历程中积累了大数据、云计算等多个领域的大量底层技术，其在技术创新方面的持续投入，为其不断调整自身以适应时代变化，并在多个领域屡创佳绩，成为行业领军企业提供了强大的技术支撑。

腾讯在"文化+科技"领域的成功实践说明企业应紧跟科技发展趋势，持续投入技术研发，特别是加大研发领域投入，探索技术与产业间的深度融合，进而通过底层技术创新引领产业发展，这样不仅有助于提升企业的核心竞争力，也有利于通过技术创新与模式创新来推动我国数字经济的高质量蓬勃发展。

（袁萌　执笔）

11　跨媒介融合品牌

漫威：
"多元宇宙"传奇，跨媒共筑文娱产业新版图

在全球化和数字化的背景下，跨媒介融合的概念逐渐成为娱乐产业的新常态。漫威作为跨媒介融合的先驱，其成功经验为全球文娱产业带来了深远影响。自 2008 年《钢铁侠》上映以来，"多元宇宙"体系的构建让漫威迅速成为全球最成功的文化娱乐品牌之一。漫威把握"文化+科技"的发展方向，借助科技赋能实现了从内容叙事、平台互动到产品矩阵的上、中、下游价值链的全面优化，采用跨媒介融合战略实现了产业的数字化转型升级，实现了 IP 价值最大化，在全球范围内收获海量粉丝与巨额经济回报，也完成了"超级英雄"价值观在全球范围内的强势输出。

一、从初创到崛起的"票房神话"

漫威品牌最初由出版商马丁·古德曼于 1939 年创立，最初以时代漫画（Timely Comics）的名义出版作品，主要致力于悬疑、科幻等主题的期刊，后更名为亚特拉斯漫画（Atlas Comics），最终在 1961 年正式定名为漫威漫画（Marvel Comics），标志着漫威作为一个独立的漫画出版公司的诞生。

（一）漫画奠基：漫威漫画的辉煌开端

1941 年正值第二次世界大战期间，美国反法西斯的呼声高涨，乔·西蒙和杰克·科比顺应时代背景打造了"美国队长"这一人物形象，其形象设计、制服颜色以及手持的星条旗盾牌都深深烙印着美国元素。第二次世界大战后，美国漫画遭受了"漫画有害论"的打击，出版社纷纷关闭，漫画书的销量大幅下降。漫威公司也未能幸免，其出版的漫画杂志因未通过漫画审查条例而被勒令停刊。面对困境，斯坦·李等创作者通过创作科幻、魔幻、奇

幻相结合的故事背景，通过构建古典神话与"多元宇宙"融合的世界观等方式，促使漫威走上了复兴之路。

1961 年至 1970 年间，以斯坦·李和杰克·科比为核心的创作团队为漫威创作了众多经典的超级英雄角色，如"神奇四侠"(Fantastic Four)、"蜘蛛侠"(Spider-Man)、"钢铁侠"(Iron Man)、"雷神"(Thor)等，以及"复仇者联盟"这一跨时代的超级英雄团队。其中《神奇四侠》这一经典作品是漫威公司正式成立后推出的首个超级英雄团队，以其独特的科幻创意和新颖的"四侠"角色形象，为漫威带来了大量的读者和粉丝，为公司发展奠定了坚实基础，使漫威进入品牌发展的黄金时代。漫威漫画精心编织超级英雄间的紧密联系，构建起共享的宇宙观。英雄们不仅在各自刊物中独当一面，还频繁跨刊联动。"复仇者联盟"的组建，将钢铁侠、美国队长、雷神等不同背景的英雄集结，合力对抗妄图颠覆世界的邪恶势力，宏大叙事如史诗般展开。这种"同筑+共享"的世界观搭建形式为漫威 IP 的跨媒介改编提供了坚实基石，角色可自然穿梭于漫画、影视、游戏等多元领域，粉丝得以全方位沉浸于漫威世界，持续拓展想象边界。

漫威品牌标志演变

(二) 电影崛起："漫威宇宙"的开创与扩张

2008 年，电影《钢铁侠》横空出世，宛如一颗重磅炸弹开启了漫威电影宇宙(MCU)的辉煌时代。小罗伯特·唐尼将钢铁侠托尼·斯塔克演绎得淋漓尽致，花花公子外表下的天才智慧，从军火商到超级英雄的救赎转变，配合炫酷战甲的震撼特效，瞬间点燃了全球观众的热情，影片斩获 5.8 亿美元票房佳绩。片尾彩蛋中，尼克·弗瑞提及"复仇者联盟"计划，如一颗悬念的种子，巧妙串联了后续系列影片，开启了漫威电影的"连续剧"模式。2009 年漫威漫画公司被迪士尼以 42.4 亿美元的价格收购，而"漫威宇宙"的崛起也为其带来了丰厚的票房收入。

漫威电影宇宙从创立到扩张分阶段稳步推进。起初漫威聚焦单个英雄的角色构建，拍摄《钢铁侠》《雷神》《美国队长》等为角色立传，挖掘个性化成长脉络，铺垫角色的性格底色；2012 年《复仇者联盟》将初代英雄集结，在纽约街头大战齐塔瑞人，震撼视效搭配群像塑造，狂揽 15.18 亿美元的全球票房，这一战宣告了漫威超级英雄团战模式的成功，也验证了漫威版权集中一体化创作策略的正确性。在第二阶段，漫威继续深化角色、拓展宇宙版图。《银河护卫队》将视角拉向宇宙深处，逗趣的星爵、勇猛的树人格鲁特、"嘴炮"火箭浣熊等非典型英雄组队冒险，幽默诙谐又温情满满，为漫威 IP 风格注入新活力。2015 年《复仇者联盟 2：奥创纪元》则加剧英雄间的理念冲突，探讨科技发展对文明的双刃剑作用，引发观众对人性和未来的思考，票房再创新高。在第三阶段，漫威"多元宇宙"的发展迎来高潮。2016 年《美国队长 3：内战》以超级英雄注册法案引发内部矛盾，在机场大战中曾经并肩作战的英雄分庭抗礼，超能力碰撞的精彩画面，纠葛揪心的情感与立场，展现了宏大叙事下的人性抉择，突出超级英雄身上不完美的人性弱点，引起更多观众的情感共鸣。2018 年《复仇者联盟 3：无限战争》中，"灭霸"集齐无限宝石打出响指，宇宙中半数生命灰飞烟灭，震撼的悲剧结尾颠覆了观众预期，引发全球热议，20.52 亿美元的票房见证了漫威影视的影响力巅峰。2019 年《复仇者联盟 4：终局之战》逆转时空，英雄集结再战，以 27.99 亿美元完美收官，为该阶段画上圆满的句号，也标志着初代英雄时代落幕，漫威影视即将开启"多元宇宙"新篇章。2021 年的《蜘蛛侠：英雄无归》中"多元宇宙"碰撞，三代"蜘蛛侠"同框，将观众的情怀拉满，持续拓展漫威电影的想象边界，巩固其在全球影坛的霸主地位。2022 年至 2023 年，漫威还推出了《蚁人与黄蜂女：量子狂潮》《银河护卫队 3》《惊奇队长 2》等多部电影，持续搭建漫威电影的"多元宇宙"图景。

(三) 媒介拓展：漫威品牌的无限潜能

漫威立足影视，向游戏、周边、电视剧、主题公园等多元领域强势拓展，打造全产业链生态。在游戏领域，早期漫威授权改编的如《X 战警》系列游戏曾风靡一时；近年来漫威深度参与，《漫威蜘蛛侠》系列凭借细腻的画面、开放的世界、精彩的剧情，让玩家化身蜘蛛侠在纽约高楼间摆荡穿梭，打击犯罪，销量口碑双丰收；《漫威复仇者联盟》网游持续更新，英雄技能还原、团队副本设计，使玩家线上协同作战，沉浸式体验漫威战斗魅力。

漫威还推出了琳琅满目的周边产品，从精准还原角色造型的"孩之宝"玩具人偶，满足粉丝的收藏欲；到优衣库、耐克等时尚品牌的联名服饰，将漫威元素融入日常穿搭；再到文具、家居饰品等文创周边，漫威标志随处可见，全方位渗透生活角落，强化品牌印象。漫威电视剧也成为拓展"漫威宇宙"深度与广度的关键力量。2013 年至 2020 年的《神盾局特工》系列紧密衔接电影剧情，挖掘神盾局幕后故事，特工们在全球执行机密任务，新角色不断涌现，以单元剧形式与主线交织，多季连播培养忠实观众；2021 年《旺达·幻视》创新采用情景喜剧形式开篇，逐步揭开旺达悲痛的过往与神秘的魔法力量，融合多元风格，探讨人性、创伤与救赎，口碑爆棚，以小成本撬动大热度，为漫威电视剧开辟新思路。漫威系列的不同剧作从微观视角丰富了"漫威宇宙"生态，与电影、漫画相互呼应。在主题公园方面，迪士尼乐园中的漫威园区人气爆棚。沉浸式游乐设施让游客身临其境地参与超级英雄冒险，如模拟飞行跟随钢铁侠拯救城市；与角色见面互动、主题餐厅、商店构建全方位体验空间，游客置身其中，仿若踏入漫威现实世界，感受超级英雄的生活氛围，进一步拉近品牌与粉丝的距离，实现线上线下联动，使漫威品牌在多媒介融合中持续绽放光芒，释放无限商业与文化潜能。

二、跨媒融合解锁"多元宇宙"盛宴

科技对文化创作的影响已不再是未来趋势，而是如今的现实。在过去的十年中，漫威不断融合新兴技术，为其内容创作拓展了数字化的创意空间。随着数字平台、虚拟拍摄、AI 辅助创作等技术的不断成熟，漫威在内容创作上不断革新。漫威搭乘数字平台和社交媒体发展的"便车"，完成了对 IP 版权的整合和跨平台开发，形成"多元宇宙"的跨媒介叙事模式，利用计算机技术实现奇幻景观的视觉呈现，现代科技对漫威的创作赋能使得漫威取得了全球票房和文化影响力的双重成功。

(一)IP 整合：角色版权的跨平台开发

随着全球娱乐产业的迅速发展，知识产权(IP)已成为企业核心资产之一。漫威公司作为全球领先的娱乐公司之一，其知识产权的保护与管理一直是其成功的关键因素。漫威通过有效的版权回收和开发策略，成功将漫画、电影、电视剧、游戏等多个领域的版权进行了跨平台整合，打造出庞大的 IP 帝国。

漫威注重挖掘 IP 潜力，重视版权保护，版权策略逐渐从"授权"模式向"回收"模式转变。20 世纪 80 年代，美国漫画市场受电子游戏、新兴娱乐的冲击，漫画销量下滑。而漫威公司的盲目扩张、大规模收购玩具和卡牌公司导致其债务高筑。1996 年公司濒临破产，漫威无奈开启了"卖版权求生"的道路，将"蜘蛛侠""X 战警""神奇四侠""绿巨人"等核心角色的影视改编权出售给索尼、福克斯、环球等好莱坞巨头。1997 年阿维·阿拉德接管公司后开启版权回收与内部改革的计划，筹备自制 IP 电影。2005 年，漫威决定开始自主拍摄电影，为解决资金问题与华尔街美林证券签订协议，将"雷神""美国队长"等著名角色作为抵押。2008 年《钢铁侠》上映，这部作品可以说是漫威影业的豪赌之作，小罗伯特·唐尼演绎天才富豪、花花公子托尼·斯塔克，影片中的高科技战甲呈现、精彩动作设计、幽默对白与主人公深刻的成长故事让影片获得 5.8 亿美元的全球票房。"钢铁侠"IP 成为漫威的新标志，这一 IP 的成功塑造不仅证明了漫威有自制爆款的能力，为其后续的融资和创作奠定了基础，同时也让漫威凭借票房收益与市场热度扭转了被动局面。2009 年，华特迪士尼公司以 42 亿美元收购漫威，为其注入了强大的资金、技术和宣发资源。2019 年迪士尼对 21 世纪福克斯的收购正式生效，以 713 亿美元(约 4800 亿元)完成了此次收购，助力漫威逐步回收了部分角色版权，"X 战警""神奇四侠""死侍""阿凡达""异形""铁血战士"

"猩球崛起""王牌特工"等顶级流量 IP 的版权回归。至此，漫威成功将旗下大部分知名角色 IP 重新纳入自家 IP 体系，增强了对 IP 版权的控制力。

除了对版权的回收，漫威还注重对角色版权的跨平台开发。漫威的版权运营不仅仅局限于某一平台，更通过跨媒介的 IP 整合，打造了一个版权集中的一体化品牌帝国。除了 IP 上述的电影版权，漫威还授权电视制作公司开发剧集。漫威授权 Netflix、ABC 等电视平台制作了《神盾局特工》和《杰茜卡·琼斯》等电视剧，这些剧集不仅为漫威带来大量的观众和收入，同时也为其电影宇宙的角色和故事线提供了扩展空间。例如，《神盾局特工》中的超级英雄角色和情节与电影情节形成互文，增强了漫威品牌的连贯性。漫威还通过与游戏开发公司合作，扩展其版权的应用范围。经典的漫威游戏《漫威复仇者联盟》和《漫威蜘蛛侠》通过与索尼、微软等游戏平台的合作，获得了全球范围的推广，为公司带来了巨大盈利，提升了漫威的品牌价值。漫威通过对版权的回收和保护完成了 IP 的集中整合，而跨平台开发的版权运营模式也促进了漫威品牌的进一步拓展。漫威以"钢铁侠" IP 为核心，串联"美国队长""雷神""绿巨人""黑寡妇"等英雄打造了《复仇者联盟》的"票房神话"，在全球范围内吸引了海量粉丝，这些 IP 版权是补齐"漫威宇宙"的关键拼图，而对版权的集中整合和跨平台授权，也为漫威"多元宇宙"的跨媒介叙事提供了重要的数据库基础。

(二) 内容创作："漫威宇宙"的跨媒介叙事

跨媒介叙事是指通过多个媒介平台来讲述一个统一的故事，这些媒介不仅相互补充，还在不同的媒介中传递不同的信息和情节内容，最终形成一个统一的、完整的叙事世界。在故事创作上，漫威凭借其精妙的跨媒介叙事策略，跨越漫画、电影、电视、视频游戏等多个媒介平台，实现了品牌的延续、角色的多维拓展以及全球粉丝社群的持续互动，构建了一个体系庞大、无限延伸的"多元宇宙"。

"漫威宇宙"有着统一的世界观和主线故事，所有平台的故事延展都建立在统一的世界观之上，这是维系故事世界运转的核心齿轮。漫威漫画一直是电影的创意源泉和故事蓝本，大部分电影中的角色设定和故事背景都直接来自漫画。《钢铁侠》中的托尼·斯塔克最初是漫威漫画中的一名超级英雄角色，电影中的故事情节根据市场偏好做出了相应改编，在《复仇者联盟 4：终局之战》电影中，漫画中关于无限宝石和时间旅行的设定也被直接融入电影情节。另外，角色扮演游戏也在漫威的"多元宇宙"中发挥了重要作用。漫威公司联合游戏开发商设计的《漫威复仇者联盟》《漫威蜘蛛侠》与电影的主线宇宙故事相互配合，让观众沉浸式地身处"漫威宇宙"之中，共同完成统一世界观下多元故事线的延伸。漫威漫画与电影、电视剧、游戏的协同发展不仅让其原创故事更具表现张力，也让电影情节有更严密的世界观依据和更完整的故事演变体系，让其影视作品能更好地经受娱乐市场的考验。

基于丰富的 IP 版权数据库，"漫威宇宙"帮助各个角色完成多维度塑造，通过不同媒介展示角色阶段性的发展，使观众能够更全面地理解角色复杂的成长经历和心理变化，从而引起观众的情感共鸣。同时，全球多元文化在不同角色中的融合为漫威在全球范围内吸引观众提供了可能。其中"复仇者联盟"系列电影是"漫威宇宙"的核心作品，实现了从漫画到电影、电视、游戏的跨媒介叙事目标。电影《复仇者联盟4：终局之战》优先在电影中交代了所有主要角色在主线宇宙中的命运，引起各角色粉丝的大规模讨论，然后通过《神盾局特工》和《洛基》等电视节目进一步深度刻画"奇异博士"、"绿巨人"、洛基等超级英雄及反派的多面形象，衍生剧集《旺达·幻视》对旺达的英雄形象进一步扩充，还为电影《奇异博士2：疯狂多元宇宙》中疯狂的"绯红女巫"角色进行了人物铺垫。漫威创作蓝图中的一个个超级英雄形象就在"漫威宇宙"的无限扩展中逐渐丰满。值得一提的是，漫威在不同媒介中对角色的塑造并不是简单复制和反复提及的情怀卖弄，主线宇宙剧情中人气较低、篇幅较少的角色大多会通过其他媒介平台的作品继续深入刻画，而人气飙升的角色也可以在无限的创作空间中不断丰满血肉，进而让漫威持续获利。在"雷神"系列中爆火的反派洛基角色也在电影《复仇者联盟》以及单人电视剧《洛基》中获得了良好的生长空间，不再是传统叙事中单一的反面角色，成了漫威观众最喜爱的反派角色，为漫威提供了持续的话题热度。

（三）特效呈现：数字技术的视觉惊喜

科技赋能是漫威电影视觉效果出类拔萃的关键。随着数字技术和特效技术的不断革新，漫威电影在视觉呈现上不断突破，从特效渲染、动作捕捉，到 AI 虚拟制作，漫威不断引入尖端技术，描绘了科幻、魔幻、奇幻的"漫威宇宙"世界。特效技术不仅是电影的附加元素，也是影视作品内容叙事的一部分，在推动 IP 风格的迅速形成、角色设定的视觉创新和提升观众审美体验上发挥重要作用。从最初的基础视觉效果到如今的高度复杂的精致渲染，漫威电影的特效技术已经走到了行业的前沿，成为全球电影产业的重要推动力。在未来，随着科技的进一步发展，漫威也将继续探索更高效的创作模式，打造更沉浸的视听体验，为观众带来更多惊喜。

漫威品牌下的创作大多具有科幻、奇幻、悬疑的色彩，因此漫威重视在技术上的不断投资，行业领先的视觉特效公司如 Industrial Light& Magic（ILM）等为"漫威宇宙"的构建提供了强大的技术支持。计算机生成图像（CGI）是漫威电影特效的核心技术之一，漫威通过高精度的图像处理，将"漫威宇宙"中的虚拟元素与视觉实景融合，为观众带来高度真实的视觉冲击。《复仇者联盟》中"绿巨人"浩克的形象表现、"雷神"的锤子以及各种巨型外星生物的图像生成等，都依靠 CGI 技术制作而成。其中浩克是漫威电影特效呈现的标志角色。"绿巨人"庞大的身躯和受到太空射线影响的独特面部特征使得该角色的数字呈现成为一项巨大的技术挑战。在《复仇者联盟》系列中，浩克的 CGI 效果经过多次技术迭代，视觉效果逐渐清晰化，越来越接近真实的毛发、皮肤纹理等细节使得"绿巨人"的形象更具有生命力和视觉真实感。此外，漫威还利用视觉特效（VFX）技术处理电影中激烈的打斗场面，如《复仇者联盟4：终局之战》中全体超级英雄的跨时空集结，以及与"灭霸"军团的史诗级决战都依赖 VFX 技术完成视觉呈现，其中各个超级英雄的能力展现和战争场面的极致描绘也逐渐成为漫威影视的招牌之一。动作捕捉（motion capture）技术也是漫威电影制作的一项重要技术手段，通过捕捉演员的动作数据并将数据转化为数字虚拟形象，从而将许多带有未来科幻设想的形象呈现到观众面前。动捕技术的不断迭代发展为漫威创作者发挥其极致想象提供了舞台。从最初的电影《绿巨人浩克》到《复仇者联盟》系列，漫威利用动捕技术在角色创作上不断创新，在"绿巨人""灭霸""雷神"等角色的影视形象设计上，漫威通过对演员面部微表情和全身动作的捕捉，实现了演员与虚拟形象的和谐互动和微妙结合，而演员的细腻情感表达也得以通过银幕精确地传达到观众眼前。数字技术的逐渐成熟打破了"漫威宇宙"扩展延伸过程中的创作壁垒，也为观众接受漫威作品减小了阻力。

三、科技引领品牌完成数字化"蝶变"

除了赋能漫威的文化内容创作，现代科技还在用户生态建设、跨界营销和产品矩阵打造等方面发挥了重要作用。随着媒体互联、人工智能、虚拟现实等技术的不断发展，漫威品牌聚焦消费者需求，正朝着参与式共创、多元化营销、沉浸式体验的方向行进，未来有望在现代科技的助力下实现更精彩的产品创意和更广泛的观众互动，继续在文化创作与科技的融合中走在行业前沿，引领全球娱乐产业的发展方向。

（一）粉丝的社群建设：参与式共创提升观众黏性

随着社交媒体的崛起，传统的观众与娱乐公司之间的互动模式发生了翻天覆地的变化。粉丝不再仅仅是被动的内容接收者，更是参与者、创作者和传播者。IP 形象和故事能够最大限度地为受众所接受和喜爱，才是提升用户黏性、持续提升品牌知名度的关键。漫威深谙粉丝群体的强大力量，着力搭建多元媒介的粉丝互动舞台，通过不同平台与粉丝建立连接，利用社交媒体进行粉丝社群建设以及观众反馈收集，建立观众参与式共创的用户互动策略，成功地将其品牌塑造成全球文化现象。

漫威在多个社交媒体平台上建立了活跃的账号，与粉丝群体积极互动，建立了漫威粉丝的独特社群。主要社交平台包括 Twitter、Instagram、Facebook、TikTok 以及 YouTube 等，根据每个平台的功能和用户群体的特点，漫威制定不同的互动策略对各平台的粉丝进行话语收集。Facebook 是漫威建立品牌忠诚度的重要平台，漫威通过粉丝专页和群组的方式，建立了与观众的长期互动关系。漫威在 Facebook 上拥有多个粉丝专页，在《蜘蛛侠：英雄远征》上映期间，漫威通过 Facebook 进行全球票房推广，发布幕后花絮和角色专访，提升了电影的全球曝光度。

粉丝社群的建设激发了消费者对"漫威宇宙"的自由探索，产生了"二次创作"的文化现象。同人创作(fan fiction)作为粉丝文化的重要组成部分，已经成为全球范围内文化创作与分享的一种常见形式，漫威鼓励粉丝进行参与式的共同创作，通过在 Facebook 上建立"漫威宇宙"粉丝群组，让粉丝可以在群组中讨论电影剧情、分享二次创作艺术作品，如角色相关的同人画作、同人文等，或参与粉丝创作挑战，漫威官方会挑选优质作品点赞转发，提升粉丝在漫威创作中的参与度。TikTok 作为年轻人喜爱的短视频平台，聚集着大量的潜在粉丝，有着广阔的"二创"空间。漫威利用创意短视频和挑战活动吸引了大量年轻粉丝，在《复仇者联盟》系列电影发布期间，漫威与短视频用户合作发起了"Avengers Assemble"挑战，鼓励用户模仿电影中各个角色的经典动作，这一话题迅速在年轻群体中传播，吸引了大量用户参与漫威作品的"二创"。漫威还联合众多 TikTok 用户制作了包括幕后花絮和幽默剧本等具有娱乐性的短视频，同时激励用户独立设计，产出漫威 IP 相关的作品，创作者分享自己的作品获得其他用户甚至是官方的认可和支持，形成了漫威粉丝的创作动机。漫威对粉丝的社群建设增强了粉丝的归属感，提高了观众黏性，而"二创"的高度自由性也为"漫威宇宙"增加了内容丰富、形式多样的创作素材，形成了"漫威宇宙"与粉丝社群相互联结、相互促进的发展机制。

(二) 跨界的数字营销：多元化渠道拓展品牌触点

在当今的消费市场中，消费者的需求已经不再局限于单一领域的产品，而是需要实现娱乐、社交、生活体验等多重需求的同时满足。漫威通过话题营销、跨界合作等多样化营销方式成功吸引了更广泛的受众群体，打破圈层壁垒，实现品牌价值的商业变现。

漫威采用数字营销战略，在 Twitter 上发布电影预告片、实时更新活动信息以吸引流量。在电影《复仇者联盟 4：终局之战》(Avengers：Endgame) 上映期间，漫威积极发布首映倒计时推文，在#Avengers Assemble 和#Endgame 等话题中高度活跃，相关话题推文量超过 1000 万条。而 Instagram 是一个以视觉内容为主的平台，在 Instagram 上漫威更侧重于通过精美的角色设计、剧照海报和幕后花絮等使粉丝的期待值持续升温。在《黑豹》电影上映前，漫威发布的演员独家幕后照片吸引了大量关注;《复仇者联盟 3：无限战争》的宣传期间，漫威举办了"你最喜欢的复仇者是谁"的投票活动，引导众多粉丝在评论区展开热烈讨论，该平台上与漫威相关的标签的月互动量曾高达数百万次。

漫威品牌开展跨界合作和联名营销，与时尚、科技、汽车、食品等多个行业品牌展开合作，实现合作领域多元化，从此漫威的粉丝群体不再局限于影迷。而为了接触不同圈层的消费群体，扩大其品牌在全球市场上的覆盖面，漫威有选择地与上、中、下多个层级的品牌进行跨界联名。在高消费圈层中，漫威与瑞士顶级钟表品牌爱彼(Audemars Piguet) 联名，推出限量发行的"皇家橡树概念黑豹飞行陀飞轮腕表"，价值约人民币 106 万元。在中消费圈层中，漫威与 Adidas、耐克、丝芙兰、东高等品牌展开合作。耐克推出了以漫威超级英雄为主题的运动鞋和运动服装系列，鞋款设计融入了漫威角色的视觉元素，如"钢铁侠"的红金配色、"蜘蛛侠"的经典红蓝组合、"雷神"的银色金属色调等，不仅确保了运动鞋的舒适性和实用性，满足了运动功能需求，还将漫威角色的视觉设计巧妙地融入其中，兼具高时尚度和粉丝收藏价值。在漫威电影上映前后，这一系列产品的推出迅速在全球范围内引发了粉丝的热烈反响。而针对低消费圈层，漫威与名创优品进行跨界合作，在《复仇者联盟4：终局之战》上映前后，全球1300家名创优品都推出了漫威主题装饰，打造漫威IP主题店，产品覆盖玩具公仔、文具礼品、美妆护肤等多个品类，漫威将平价零售和高知名度IP的优势巧妙结合，吸引了中国众多年轻消费者。漫威跨界合作的部分产品采用限量发售或特殊定制的方式，实现商业变现。限量营销引发了粉丝群体强烈的购买欲望，个性化定制增强了粉丝与漫威品牌的情感联结。

漫威人偶标志盒乐高玩具（编号76313）

（三）全产业链的产品矩阵：现场感交互优化用户体验

漫威注重结合IP的文化产业制造业建设，建立了以电影为核心产业的产品层级体系，试图借助电影的全球影响力推动其他层级产品如漫画、玩具、游戏和主题公园的同步发展，借助科技赋能优化消费者的文化体验。2017年，漫威漫画占全球发行商市场份额的38%，2018年《复仇者联盟3：无限战争》电影上映期间，全球观众迫切了解后续情节发展，助推了漫威初代产品——漫画的销量热潮，之后几年内漫画销量逐年递增，漫威重回美国漫画出版界的巨头位置。漫威还推出了多款游戏作品，如《漫威：未来之战》《漫威蜘蛛侠》，这些游戏不仅满足了消费者亲临"漫威宇宙"参与战斗的娱乐需求，还通过游戏剧情的拓展，为"漫威宇宙"增添了更多可延伸的触点。多年来，漫威作为全球最具影响力的娱乐品牌之一，在版权授权、影视与数字娱乐、周边产品、主题公园度假村等多个领域深耕，由点到面地编织了以IP数据库为核心、以消费者需求为主导的全产业链产品矩阵。

自2009年被迪士尼收购以来，漫威借助迪士尼获得了更多的品牌扩展机会，其中主题公园度假村的搭建使得漫威的 IP 实现了极大程度的延伸和变现,是漫威产品矩阵中的关键环节。漫威英雄总部(Avengers Campus)是漫威与迪士尼合作推出的首个专门为漫威粉丝打造的主题园区,2021 年建于迪士尼加州冒险乐园内,2022 年在华特迪士尼影城启用,未来还将在香港迪士尼乐园中开设。Avengers Campus 提供了多个与漫威宇宙相关的游乐设施和互动体验。作为《复仇者联盟》系列电影的关键地点之一,神盾局总部在漫威园区的还原复建为漫威粉丝提供了沉浸式的文化体验空间;"蜘蛛侠 Web Slingers"是一项互动式模拟体验,游客可以像影片中的"蜘蛛侠"一样发射蜘蛛丝,进行任务并击败敌人。除了游乐设施外,漫威超级英雄形象的商品(如衣物、玩具、纪念品等)在 Avengers Campus 内出售,游客可以买到特定版本的"蜘蛛侠"面具、"钢铁侠"的盔甲和其他英雄周边,周边产品进一步提升了漫威在迪士尼乐园中的经济效益。漫威与迪士尼的餐饮合作也取得了显著的成效。在迪士尼加州冒险乐园内,游客可以品尝到与漫威电影元素相关的主题餐品,如"复仇者联盟套餐",包含以"美国队长""钢铁侠"等众多角色为灵感的创意餐饮。"奇异博士:神秘魔法秀"等舞台灯光秀通过舞台特效、魔术表演和演员的精彩演绎,让观众沉浸式感受魔法的神奇力量,享受文化空间体验的"在场感"。漫威与迪士尼在主题公园上形成深度合作,通过多元化的游乐设施、周边商品、餐饮体验等产品,为消费者带来了沉浸式的文化体验,实现了品牌价值的进一步延伸。

四、"文化+科技"共绘文娱产业新篇章

漫威深刻把握"文化+科技"的大方向,在数字技术的支撑下采用跨媒介融合策略进行了产业的数字化转型,充分释放了漫威 IP 的产业效能,提升了品牌的全球竞争力,向世界传播了"美国超级英雄"的话语体系。漫威的成功转型证明,文化品牌要在数字时代保持竞争力,必须通过用户社群建设、数字营销和跨界合作等手段,借助科技赋能不断创新。只有在产业转型升级的过程中不断提升品牌的影响力,深挖文化价值,才能在全球文化产业的竞争中站稳脚跟。于中国文化创意产业而言,漫威的跨媒介融合经验是它山之石,正蓬勃发展的中国文创产业可借鉴其成熟策略,融合传统文化与现代媒介技术,打造具有国际影响力的本土 IP。

(一)传统行业与科技的融合,助推品牌数字化转型

过去,文化品牌的建设往往侧重于线下的文化传播和体验,而在全球化、数字化浪潮的推动下,传统娱乐产业面临前所未有的机遇与挑战。传统的电影产业主要依赖于以电影放映为核心的价值体系,在"互联网+"时代,IP 电影体现了当下电影行业的新型发展趋势。漫威在科技的赋能下成功打造了"多元宇宙"的传奇,彰显了传统文化品牌向数字文化品牌转型的巨大潜力。漫威采用跨媒介融合的创新模式,整合 IP 版权,建立起庞大的

IP 数据库，打造"多元宇宙"的宏大图景，并利用新兴数字技术逐步提高内容创作的上限，为观众带来故事叙事与视觉呈现上的双重惊喜。同时，科技赋能丰富了娱乐产品的消费路径和盈利模式，漫威不仅依赖电影票房，还通过电视剧、游戏等数字形式提高了内容传播速度、广度和深度，在各大社交媒体上建立活跃的独家粉丝社群，增强了用户的黏性，提高了用户对品牌的忠诚度，通过跨界联名合作实现品牌的多元营销。IP 主题乐园和角色扮演游戏的发展助力漫威打造全产业链的产品矩阵，从价值链的上、中、下游全方位挖掘品牌的最大潜力。

科技赋能下漫威数字化转型的成功案例为漫画、电影等娱乐产业消费模式提供了重要启示。文娱产业不应局限于单一的呈现方式，而应整合内部资源，打破影视、动漫、游戏等合作壁垒，效仿漫威构建跨媒介协同创作机制，借助计算机生成图像（CGI）、虚拟现实（VR）等数字技术革新内容创作和传播方式，为消费者带来更加沉浸式、互动式的文化体验，推动文化品牌向数字化转型升级。

（二）粉丝生态的建设，实现粉丝社群反哺 IP 成长

随着网络媒体的普及，粉丝社群的消费成为备受瞩目的经济现象，文化品牌通过在社交媒体上与粉丝建立情感连接，驱动粉丝的消费行为。漫威深刻关注消费者的情感需求，通过社交媒体、在线论坛、移动应用等平台与粉丝进行长期互动，如 Twitter、Instagram、Facebook、TikTok 以及 YouTube 等。这些平台不仅为漫威的信息传递、舆论引导和话题营销提供了渠道，更为其独家粉丝社群的培育提供了良好的生态环境。漫威不仅能够在与粉丝社群的互动中提升品牌的全球影响力，还能够实时获取反馈，利用粉丝"二创"优化后续的内容创作和市场策略。这种数字化驱动的消费者互动模式，为其他传统品牌的数字化转型提供了重要参考。中国文化产业需重视粉丝力量，搭建多元互动平台，建设独家粉丝社群，营造黏性大、富有创造力的粉丝文化生态，吸纳优质"二创"成果，凭借粉丝口碑实现 IP 出圈反哺品牌发展。

（三）深层文化价值的挖掘，提振价值观的海外输出

在全球化的语境下，漫威通过丰富的 IP 资源塑造了一个庞大的超级英雄"多元宇宙"世界，而漫威作品中的深层文化价值通过"多元宇宙"体系，借助互联网技术的发展，以各衍生产品为载体，实现了全球范围的广泛传播。《蜘蛛侠：英雄归来》中彼得·帕克承认自己的力量并决定承担起保护纽约市民的责任，他的座右铭"能力越大，责任越大"成为影史上的经典名句，传递了对责任和自我觉醒的文化诉求。与迪士尼结合后，漫威电影宇宙的角色和故事发生了显著的变化，更多种族、性别、文化背景的角色被赋予了超级英雄的身份，这不仅打破了西方传统的英雄模式，也使全球观众更具文化认同感。"超级英雄"文化的强势输出不仅是娱乐内容的传播，也是文化符号的全球拓展。中国文化拥有庞杂的神话

传说谱系，其中历史故事、武侠传奇等素材为文化创作提供了优质的 IP 数据库，文化工作者可借鉴漫威深挖北欧神话塑造"雷神"IP 的做法，挖掘如《山海经》《封神演义》等作品中潜在的文化资源，借助科技赋能构建宏大的"中式"世界观图景，打造具有中国文化辨识度、全球吸引力的 IP 集群，让中华优秀传统文化在新时代焕发新活力，书写属于中国自己的电影宇宙传奇。

（王彦力　执笔）

12　平台创新品牌

腾讯动漫：

想象力与技术力的交锋，开启中国动漫新纪元

腾讯动漫成立于 2012 年，布局 PC 站（ac. qq. com）、安卓客户端、iOS 客户端、HTML5、QQ 动漫、腾讯新闻客户端等产品线，覆盖用户日常使用场景。目前，腾讯动漫的网络平台和相关产品覆盖动画和漫画用户超过 5000 万。有超过 5 万名作者在腾讯动漫平台上投稿，签约作品数超过 6000 部，有超过 40 部作品点击量过亿，超过 200 部作品点击量过千万。腾讯动漫旗下有知名国漫 IP《我叫白小飞》(《尸兄》)、《王牌御史》、《妖怪名单》、《中国惊奇先生》、《狐妖小红娘》和《从前有座灵剑山》等，是中国最具规模的原创及正版动漫网络平台之一。

一、从试水者到生态缔造者，腾讯动漫的诞生与崛起

自 2015 年涉足动漫，腾讯视频历经十年深耕，已成为国漫第一平台。数据显示，腾讯视频累计上线国漫作品达 1700 部，作品体量、用户规模、消费时长均稳居行业第一。十年很短，腾讯视频所推出的《斗罗大陆》《斗破苍穹》《全职高手》等作品伴随一代人成长，其首播仿佛仍在昨日；十年又很长，从曾经的试水者到开拓者，再到如今的生态缔造者，腾讯视频始终稳步向前，致力于为行业开拓发展道路，探索更多可能性。

（一）版权合作：强势进军动漫产业

2011 年，腾讯开始向文化产业进军，并强调了 IP 在文化产业发展中的重要地位，制定"基于 IP 所蕴含的文化元素与品牌影响力，以优质 IP 为轴心、多种互动娱乐内容形态协同发展"的"泛娱乐"发展战略。彼时互联网与影视行业的结合较为浅薄，盛大文学也正处在全盛时期，从影视和文学入手都不具备成熟时机；反观动漫产业，国产动漫仍然被《喜羊羊

与灰太狼》《熊出没》等作品垄断，面向青少年的动漫作品则少之又少，2012 年包括《泡芙小姐》《我叫 MT》在内的互联网动画悄然崛起，此后"有妖气"平台出品的《十万个冷笑话》火爆全网，更是印证了中国动漫市场的无限可能。2012 年腾讯动漫正式成立，动漫也成为腾讯"泛娱乐"宇宙中落下的第一颗棋子。

腾讯动漫成立之初，国内的正版动漫市场虽未得到开发，但哔哩哔哩作为当时国内重要的二次元平台，凭借部分海外番剧版权以及网友自发上传的非正版动漫，逐渐在动漫市场站稳脚跟，而腾讯动漫则另辟蹊径。2013 年初，腾讯动漫与日本知名动漫公司集英社达成大规模版权合作，获得该社 11 部经典漫画的网络电子版权，独家引入的漫画作品包括《火影忍者》《海贼王》《龙珠》《阿拉蕾》《圣斗士星矢》《银魂》《游戏王》《网球王子》《家庭教师》《死神》等。此次合作是集英社首次在中国授权漫画电子版权，也是国内动漫行业较大规模的一次版权交易。此后，腾讯动漫又在中国独家引进集英社知名漫画杂志电子版《Jump+》，让中国读者可以第一时间在腾讯动漫 App 上与日本读者同步观看动漫更新。此后，腾讯动漫继续增强动漫版权优势，与日本知名动漫公司讲谈社进行深度合作，引入包括《妖精的尾巴》《金田一少年事件簿》及 20 周年纪念系列、《头文字 D》《宇宙兄弟》等在内的广受动漫用户喜爱的优秀作品；又与日本著名动漫出版社角川集团达成战略合作，引进超 200 部优质轻小说资源，进一步优化二次元文化领域的布局。

知名漫画、轻小说的数字版权自带粉丝黏性，通过与日本动漫企业建立版权合作，腾讯动漫不仅实现了从原著粉丝到平台用户的转化，同时也为动漫用户逐渐培养起版权意识，改变了动漫用户的阅读习惯，并最终为中国动漫市场建立了一套全新的游戏规则。截至 2016 年，腾讯动漫已经成为中国最大的原创及正版网络动漫平台。随着动漫版权市场的逐步规范，凭借庞大的动漫 IP 资源储备，腾讯动漫迅速崛起，并带来了巨大的文化消费需求，促进了其周边产品市场逐步繁荣，进一步提高了动漫的商业价值，形成了品牌的有力竞争优势。

(二)鼓励原创：开创国漫新赛道

为了打破日本、美国动漫对中国动漫产业的垄断，培养本土原创动漫 IP，2014 年起，腾讯动漫开始加大对国漫内容的投入力度，以百万年薪签下《尸兄》(现更名为《我叫白小飞》)的作者七度鱼。2015 年，腾讯动漫成为腾讯互娱下的独立业务部门。3 月 30 日，腾讯互娱动漫业务部总经理邹正宇在腾讯互娱 UP2015 年度发布会上宣布，要实现国漫振兴的理想，并投入 2000 万元漫画资金和 3000 万元动画资金，加大对国产动漫原创内容的扶持力度。2015 年 7 月，QQ 动漫上线，以手机 QQ(以下简称手 Q)8 亿用户规模支持动漫战略业务。腾讯动漫和手 Q 的合作，不仅意味着一次巨大的 IP 增值机遇，还是一次对二次元群体的开辟，即腾讯动漫从核心动漫用户向更广泛的二次元用户的"突破"。为了促进原创动漫的勃兴，腾讯动漫在这两年里陆陆续续上线了不少相关企划。比如，专为制作公司制作原创内容提供项目支持的"种子计划"，联合多家动画团队共同制作的"中国好故事"系列，并在 2017 年公布"百番计划"，立志打造百部优质国漫作品。

腾讯动漫的这些举措不仅有助于培养一批有潜力的动画人才，也为观众带来了更多优质的国漫作品选择。2018 年起，腾讯视频就以《斗罗大陆》为起点，以每年 1~2 部年番新作的节奏，部署平台的内容矩阵和动漫工业化计划。彼时，国漫仍在成长初期，深受人才缺失、资金匮乏、内容同质化、制作不精良等多方面的质疑，又恰逢全球内容制作者将焦点落到动漫的热潮，面临前有狼后有虎的困境。但《吞噬星空》《完美世界》《神印王座》等多部年番的接连推出与回归，似乎打破了大众"国漫无实力"的刻板印象，证明着腾讯视频已然在动漫赛道拥有了持续、高效、稳定的内容产出能力。于 2023 年 6 月迎来正式完结的《斗罗大陆》第一部，更是带着集均播放量超 2 亿、总追番人数达 7000 万、短视频播放量突破 400 亿等亮眼成绩，回应了平台六年来的努力，印证了平台策略方向的胜利。如今以腾讯动漫为龙头的国漫赛道已逐渐成熟，并涌现出《狐妖小红娘》《魔道祖师》《剑来》《斩神》等知名国漫作品，形成了巨大的用户号召力。

《斗罗大陆》改编动漫开创"年番"模式

（三）打破边界：完善"泛娱乐"产业版图

2023 年 12 月 11 日，阅文发布公告，宣布收购腾讯动漫。此次将腾讯动漫交由子公司阅文，对于大股东腾讯而言，并不是首次将集团业务转交子公司。自阅文成立以来，腾讯一直向其投入产业资源，通过此次收购，阅文彻底补足动漫能力，形成网文、动漫、影视制作的完整 IP 产业链，而这次收购并非无迹可寻。2023 年 5 月，侯晓楠接任阅文 CEO，上任 1 个月，他就开启了阅文有史以来规模最大的组织架构调整，并提出了最新的业务蓝图：升级 AIGC 赋能原创的多模态多品类内容大平台，构建新的 IP 上下游一体化生态体系。为此，阅文需要先完成一系列重要的基础设施建设，包括打通内容与产品，实现平台融合；建设 AIGC 等关键技术能力；推动 IP 多级开发的紧密协同等。显然，收购腾讯动漫相关资产，正是这场 IP 新基建的关键一环。

事实上，"文漫融合"本就是我国文娱产业的一个重要特征，是过去的成功实践，更是未来的必然趋势。早在 2020 年，腾讯动漫与阅文集团就联合启动了 300 部网文漫改计划。此次收购公告显示，该计划涌现出了《原来我是修仙大佬》《超神宠兽店》《大奉打更人》等众多一线漫画作品，阅文已经成为腾讯动漫最大的 IP 提供方。侯晓楠也提到，腾讯动漫畅销榜 TOP30 作品中，约有 50% 来自阅文。"文漫融合"也不仅仅是给漫改提供更多故事来源。阅文最新业务蓝图中提到的"多模态多品类大平台"，如果从用户角度理解，指向的其实是网文消费方式的升级。在这一构想中，文字、有声、漫画、动画等内容生产体系将与用户体系进一步匹配融合，满足用户对于同一故事的图文音视等的不同体验需求，构建新形态的 IP 体验和消费场景。对于腾讯动漫来说，融入阅文体系能够更快抓住机遇，在影视改编中获得更多助力，让多年储备的 IP 更稳妥地发挥出更大价值。而对于阅文来说，获得《狐妖小红娘》《一人之下》等 IP，待到剧集播出，无论是 IP 本身因此升值，还是围绕剧集进行更多开发，都能给阅文带来显著的效益补充。并且，吸收腾讯动漫的成熟产能，也将令阅文的 IP 生态链迎来扩容升级。

阅文集团对于腾讯动漫的收购是基于"稳定且有辨识度的统一形象"的 IP 战略考虑。在日本就有 IP 委员会机制，如何统一 IP 形象、交给谁去做商业化，都由相关制作方集体决策，因此许多 IP 可以拥有持久的生命力与商业价值。反观国内，授权分散是造成 IP 价值损耗的一个重要症结；将这一环节收归旗下、严格把控，可能为其他后续开发带来更顺遂的开局。作为小说从一次元走向二、三次元，拥有视觉形象的第一站，漫改有可能是理顺 IP 产业链所一直等待的那个抓手，加入阅文集团后，腾讯动漫或将迎来更加广阔的发展空间。

二、从"出圈"到"跨界"，打造国漫第一平台

随着动漫工作者的不懈努力与市场的发展完善，中国动漫的内容用户渗透率已经达到了 87.3%，覆盖了各个年龄段、兴趣层，而腾讯动漫在其中发挥了不可忽视的作用。根据腾讯视频副总裁马延琨在动漫大赏上公布的数据，在 2015—2024 年间，腾讯动漫累计上线 1700 部作品，自制动漫数量达全网第一，5 年以上的用户超过 4000 万，近 3000 万付费用户每个月有 15 天在观看腾讯动漫。从产能到用户数量、黏性，腾讯动漫均在行业中处于领先地位。与此同时，腾讯动漫还积极推进动漫 IP 的价值传播，跨越文化鸿沟，将具有中国文化符号的动漫作品播撒向世界各地，提高了中国文化的影响力，展现了充满热血、青春、活力的中国青年形象。

（一）建立顶级 IP 矩阵，制霸线上版权市场

IP 是动漫内容商业模式的核心驱动力，而具有一定号召力的动漫 IP 才能给予品牌更

大的商业探索空间。纵观全球吸金能力最强的 IP 前五十榜单，多半都被 ACGN 品类占据。一部优秀的动漫，其世界观、角色形象、剧情设定都能成为富有生命力、可持续开发的优质资产，而动漫 IP 的开发是一项长期事业，作为中国动漫产业的领军者，腾讯动漫不仅见证了变革，也正通过其丰富的 IP 储备、创新的内容策略和多元化的商业模式，重塑动漫 IP 的资产价值。

动漫资产价值的整体提升有赖于 IP 的发掘。腾讯动漫自成立之初便致力于增加自身 IP 储备，加强 IP 矩阵建设，不仅与日本知名动漫社集英社、小学馆、讲谈社展开了长期版权合作，引入包括《假面骑士》《奥特曼》《火影忍者》《海贼王》在内的知名动漫 IP，也自 2015 年起与阅文、腾讯互娱积极合作，孵化培育本土动漫 IP。早在 2015 年，腾讯便耗资 3 亿元成立聚星基金，给予原创动漫创作者和工作室大力度的扶持，提高平台内作者的收入，从而刺激作者创作出更加优质的作品。在 IP 布局上，腾讯动漫也展现出了极大的创新性和包容性。其 IP 来源不拘一格，涵盖小说、漫画、电影、游戏等多个领域。以最新公布的 2025 年动漫片单为例，其中既有改编自悬疑漫画的《谷围南亭》，也有由动画电影《大鱼海棠》原班人马打造的番剧《大鱼海棠之融松传》。这些作品很多都自带强大的粉丝基础，更将以动漫影视化的形式开启全新的发展篇章。截至 2024 年底，腾讯动漫平台在追人数破 1000 万的动漫 IP 已超 20 个，形成了全方位、多品类的 IP 矩阵，其中既包括如《斗罗大陆》《斗破苍穹》《西行纪》这样的"长青 IP"，也不乏如《仙逆》《剑来》《斩神》等"新锐 IP"，形成了"多级火箭"式的 IP 布局。

经典 IP 作品拥有雄厚的粉丝基础，以"年番"的形式进行了系列开发，其中《斗罗大陆》动画第一部播出时，总追番人数就超过了 7000 万，《斗罗大陆Ⅱ绝世唐门》刷新了 2023 年腾讯动漫弹幕互动量最快破百万的纪录。此外，年番矩阵里还有堪称男频代表的 TOP 级大作《斗破苍穹》，科幻顶流题材《吞噬星空》，开启美颜盛世的《完美世界》，高强集结热血团战的《神印王座》，国内首部 2D 年番作品《一念永恒》，备受中产用户青睐的《遮天》，西游记传奇改编作品《西行纪》等。这 9 部作品共同构成了腾讯视频超强战力凝结的"年番矩阵"，培养了大量自动续费的年度会员，为腾讯动漫打造了很难被撼动的用户"基本盘"。动漫 IP 新秀同样表现优异。2024 年的黑马动画《斩神》，以"音乐神番"和"酸性美学"引发了广泛的讨论，积累了海量同人"二创"，展现了高度的粉丝黏性，目前其第二季也正在筹备中；而斩获豆瓣 9.2 高分的动画《剑来》，则立足于中国传统文化，从国画中汲取创作养分，打造"剑气水墨风"，后续也将持续更新。新 IP 的不断涌现，一方面提升了老用户活跃度，另一方面吸引了不同层次和风格的新用户，为腾讯动漫提供了源源不断的生命力。

如今，无论是动漫 IP 种类的丰富度还是优质 IP 的储备量，腾讯动漫都是当之无愧的行业第一。在十年的发展过程中，腾讯动漫也已摸索出一条成熟的 IP 开发路径，实现以内容突破带动资产复利，最终推动动漫生态蓬勃发展。

(二)打破文化次元壁，释放线下消费活力

随着动漫、游戏等二次元文化的深度渗透，其背后凝聚的庞大粉丝群体逐渐演变成了消费市场上极具活力与忠诚度的主力消费人群。超5亿的泛二次元人群、近6000亿元的市场规模足以表明二次元市场不再局限于单一内容领域，而是已经实现向内容产业与周边衍生产业协同并进的全新格局，而腾讯动漫正是站在了这一行业变迁的风口之上，积极架设动漫与网文、小说、音乐、展览等多产业的沟通桥梁，打破动漫小众"圈地自萌"的固有印象，最大限度发挥动漫的产业价值。

周边开发无疑是发挥动漫IP价值，打通产业壁垒，带动线下消费的重要一环。2024年，"谷子经济"也得到了业界的广泛关注。"谷子"一词源自日语，从广义上来说可以指代动漫、游戏、潮玩，甚至是明星的周边商品，但又以"动漫"周边为主要品类。根据《2024—2025年中国谷子经济市场分析报告》的数据，2024年中国"谷子经济"市场规模达1689亿元，较2023年增长40.63%，预计2029年中国"谷子经济"市场规模将超过3000亿元。由于二次元文化的核心是对虚拟角色和故事的热爱，而通过购买和收藏"谷子"，粉丝们可以将自己对虚拟角色的情感具象化，因此"谷子"的崛起高度依赖动漫IP与角色。而作为综合性的动漫平台，腾讯动漫拥有《全职高手》《诡秘之主》《庆余年》《狐妖小红娘》《一人之下》等众多优质网文和国漫IP，被业界称为"谷仓"。通过有声、动漫、影视、游戏、商品化等一系列开发，腾讯动漫实现了对IP价值的深度挖掘和跨界融合，率先构建起高度成熟的IP全产业链生态，在"谷子经济"风口实现商业化的持续增长。据悉，截至2024年11月，腾讯动漫的衍生品业务营收是前年的2.5倍，其中轻软周边产品表现亮眼，营收同比提升400%。

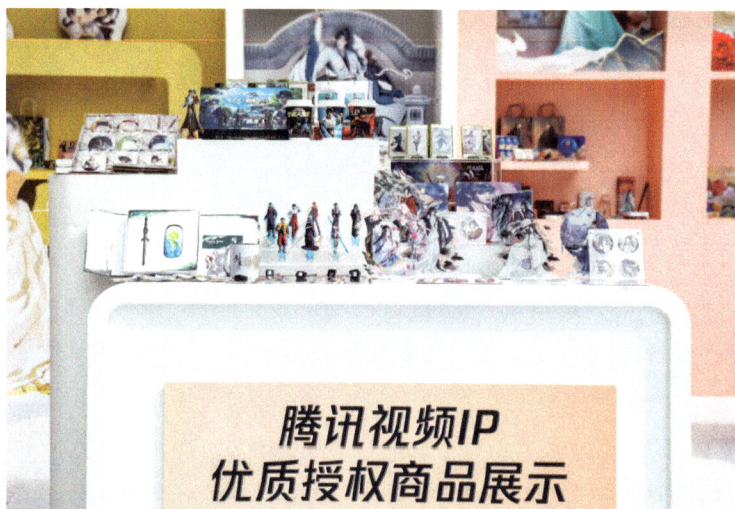

腾讯动漫IP衍生品线下展览

此外，线下活动也是建立粉丝情感联结，释放动漫 IP 消费活力的重要方式。2024 年，腾讯动漫仅线下漫展就覆盖人群超过 200 万，粉丝可以去线下参与《斗破苍穹》《吞噬星空》等作品的提前观影活动，与其他粉丝交流讨论；也可以参加《恶魔法则》《神印王座》的粉丝见面会，与作者以及角色亲密接触；还能在《眷思量》所打造的线下浪漫场景打卡，与 NPC 互动并换取周边好礼。如今，线下活动日益增多，活动种类也不断丰富，腾讯动漫已经开发出如 IP 主题大型烟花秀、国漫主题嘉年华、音乐节、IP 主题酒店、VR 大空间、国漫 IP 动漫展等热门活动与产品，接连打造了多个"影视 IP+文旅"联动的爆款项目，不仅为文旅产业带来爆发的品牌影响力，还带来长期的游客量和经济效益，也在不断创新和深化中赋能城市的文化影响力，为线下文旅项目提供了新的发展方向和灵感，也为动漫爱好者提供了一座通往异世界的奇妙桥梁。

（三）领军动漫出海，在世界舞台绘出中国色彩

动画作品兼具艺术性、技术性和产业性，是文化产业的重要门类。同时，由于老少咸宜、文化壁垒较低，动画作品也是最适合国际传播的节目类型之一。党的十八大以来，中国动画高质量发展，一批优秀动画发行到全球 100 多个国家和地区，不少作品获得重要国际动画奖项并在国外广为传播，中国动画的国际传播力、影响力持续提升。根据国家广播电视总局发展研究中心发布的《中国动画国际传播报告（2023）》，动画已成为中国视听出口的重要形态，2023 年电视动画出口时长占中国出口节目总时长的 12.15%，全年出口额排名前十的企业中，9 家为民营动画制作企业，中国动画正以全产业链的形态进入国际市场。腾讯动漫也在其中发挥了重要作用。

2016 年 1 月，由腾讯动漫、绘梦动画联合出品的《从前有座灵剑山》动画第一季，在中国和日本同步播出，这是第一部中日合作的网络动画。通过深度合作，腾讯动漫不仅获得了宝贵的开发经验，还获得了包括《NewType》在内的日本一线动漫宣发资源，为日后中国动漫 IP 的出海打下了坚实的基础。2017 年 7 月，腾讯旗下重要 IP 作品《狐妖小红娘》进军日本，迈出了国产动漫 IP 出海的重要一步。《狐妖小红娘》以其国风的审美风格和文化内涵，在日本著名弹幕网站 Niconico 上引起了日本动画观众的广泛讨论，并得到了 88% 的好评率，成为中国网络动画在日本市场评价最高的作品。同年 11 月 24 日，《人民日报》（海外版）专门刊登了一篇名为《风劲扬帆海天阔——看动漫产业发展之路》的文章，其中就大力表扬了以《狐妖小红娘》为代表的中国动漫 IP 为带动文娱产业振兴，提高我国文化软实力所发挥的重要作用。

2018 年腾讯动漫继续乘胜追击，《灵契》第二季首次实现了全球放送，在包括美国、英国、西班牙、葡萄牙、法国、德国、意大利、俄罗斯、泰国、印度尼西亚以及阿拉伯国家等在内的国家和地区，都能看到这部中国动漫 IP 的身影，最大限度地让海外观众感受到了中国动漫 IP 所带来的独特文化魅力。此外，《灵契》动画第二季还在日本市场进行了多元化

营销的尝试。从《NewType》《Animage》的跨页推荐，到 Animate 全日本 35 家店推出主题购物袋；从"承包"了整个东京池袋地铁站，到与日本 KTV Pasera 合作推出主题包厢；再到日本知名餐饮品牌 First Kitchen 的 136 家店铺变身端木家餐厅，到东京原宿街头出现的"灵契蓝"主题 COCO 奶茶店……腾讯动漫在日本为《灵契》所做的种种努力，让中国动漫 IP 第一次在海外完成了一整套完全覆盖动漫受众的产品营销。而《灵契》动画第二季所积累下来的经验和渠道，不仅为腾讯动漫其他即将走出国门的中国动漫 IP 打下了坚实基础，同时也能在一定程度上反哺国内，加速了中国动漫产业的市场基础建设。

如今，腾讯动漫推出的包括《一人之下》《罗小黑战记》《全职高手》《魔道祖师》《斗罗大陆》在内的国产优质漫画，已经陆续进军泰国、印度尼西亚、越南、印度和马来西亚等多个国家和地区，并采取和国内同步付费更新的方式，以及多元化的产业链运营模式。可以说，腾讯动漫一步步见证着中国动漫 IP 产业的出海升级，从作品出海到模式出海、生态出海，它既把一批优秀的网络文学和 IP 作品带向海外市场，也将中国先进的"泛娱乐"产业模式、IP 模式带向海外，在全球各地扎根生长。无论是优秀的作品还是全球领先的产业创新，都已经成为中华文化面向世界的一张生动名片。

三、技术赋能场景，为想象力按下加速键

高创造力的动漫，既需要想象力和审美力的加持，也离不开以人工智能为代表的科技支撑。始终秉持"艺术＋科技双驱动"战略的腾讯动漫，从未放弃对技术给行业带来美好愿景的展望。与以往先锋性、实验性、试水性的展示不同，随着人工智能、VR、AR 等技术的发展，腾讯动漫致力于让技术落地，让想象腾飞，打造驱动行业巨变、重塑制作格局的重磅武器。

(一)科技促进生产，人工智能助力造梦效能

强人工智能时代的来临，让具备深度学习能力的 AIGC 拥有了更为广泛的应用场景，也为动漫产业的发展释放了新的活力。腾讯动漫主动把人工智能运用到创作中，2023 年7 月阅文集团发布首个网文大模型"阅文妙笔"，同步展示了 AI 文生图在网文创作中的应用。AI 工具可以随时为小说生成插画或设定图，网文作者可以随时令自己的作品拥有视觉形象。虽然该工具目前只能实现初级的可视化，但据阅文集团透露，在测试中，AI 可辅助漫改工作效率提升了 20%。可以预见，AI 技术的辅助将大大提高阅文作品的"有效漫改"效率，并对腾讯动漫的创作生态产生巨大影响。

AI 在图像处理中的运用，也使得动漫的制作效率实现"爆炸式提升"。在传统的制作流程中，从前期策划到制作再到后期，制作一部动漫是非常烦琐的过程。AIGC 的介入，则可以将原本要靠大量时间和人工完成的工作，控制在短时间内高效完成。如传统的上色环

节，是在完成线稿后由画师逐帧手动上色。而腾讯视频打造的国内第一款 AI 一体化上色工具，可以实现一键自动上色，大幅提升二维动画线稿上色的效率。如《魔游纪》系列动画制作就结合了时下通用的智能 AI 技术。主创团队通过美术多元化开发、制作插件应用、后期转绘合成三个步骤，成功开发出一套二维与三维相结合的"5D 智能辅助流程"，并以此制作了 10 分钟的《魔游纪人工智能辅助篇》短片，迈出了动漫产业智能化的重要一步。

此外，腾讯视频还推出了国内首个覆盖原画制作全流程的工具，借助领先的场景绘图自研能力，AI 绘画可以基于线稿、图片、素材等进行进一步的绘画制作。在 2019 年上映的国产动画电影《哪吒之魔童降世》的制作中，AI 的运用使得动漫制作效率大幅提高。普通的 12 帧率动画，需要 18000 张图画，相当于 10 人团队 20 天 的工作量。然而在使用了 AI 工具后，完成一集动画仅需要 2.5 小时，效率提升了 2000 倍。从这个意义上来说，腾讯视频的 AIGC 不再是概念，而是落地生根的现实。可以预见的是，作为 AIGC 天然的应用场景和执行场景，AI 所生产的动漫内容能够降本增效，重构成本、质量、效率的关系，也有望彻底改变动漫产业的运作方式，推动动漫生产力发生革命性变化。

相信未来将有更多动漫制作和开发流程卷入这场 AI 开发浪潮，对动漫生产方式和创作习惯的颠覆也将对行业产生深远影响。更多创造力和想象力，将在 AI 的助力下得到解放。AI 的价值远不止我们看到的几颗顶尖的明珠，而是一片未知的星辰大海。

（二）创新沉浸式体验，点燃跨次元高光时刻

科技的进步不仅让虚拟与现实的边界日益消弭，也使得动漫观众对于体验的追求逐渐变化。如果说早年的动漫观众或许是想在虚拟世界中寻找一种超脱于现实的理想状态，那么今天随着媒介的进步，动漫观众则得以体验另一种现实，并试图与我们所处的现实世界建立新的联系。

科技的进步对于观众的动漫体验进行了有效的提升，虚拟现实（VR）技术的发展为动漫爱好者带来了全新的观看体验。通过佩戴 VR 设备，观众可以身临其境地进入动漫世界，与喜欢的角色互动，甚至参与到故事的发展中。这种沉浸式的体验不仅提升了用户的参与感，也为动漫 IP 的商业开发提供了新的思路。腾讯视频发布了"国漫 BANG 计划"，即借助动画 VR、虚拟角色开发等手段，打造腾讯视频国漫英雄宇宙。技术的进步使得线下观众得以与动漫角色进行实时互动，而通过系列开发运营、线上内容资源等应援、线下漫展演唱会等也有助于打造国漫角色的 IP 产业链闭环，激活国漫新势能。

而网络游戏技术的发展，也为塑造动漫沉浸式体验提供了新的思路。游戏引擎的进步能对视频的画质进行飞跃性提高，最新的虚幻引擎 5 不仅能够容纳极高的细节表现，提高渲染效率，使视频中的角色和场景更加逼真、流畅，同时也能引入实时的光线追踪和全局光照效果，使光照与反射能够随着场景变化自动调整，从而使场景更为真实、生动。如今腾讯动漫与全球顶级视频游戏公司 Epic Games 达成战略合作，发力虚幻引擎技术，为制作

出更加优质、逼真的动画画面奠定了基础。除了借助游戏开发技术提升动漫感官体验外，"漫改游戏"也是提升动漫沉浸式体验的重要途径。游戏可以通过画面、音效、操作交互反馈、游戏数值奖赏等元素，还原动漫场景、剧情及人物形象，为粉丝提供动漫无法比拟的代入感。在动漫大赏上，腾讯视频宣布将与中手游、软星科技共同开发"仙剑"系列内容矩阵，用动画和游戏的双重表达，带领用户重游仙剑世界。其中，双方联合开发的《仙剑世界》是一款以开放世界 RPG 网游为基础、拓展国风仙侠元宇宙空间的产品，将打造一个游戏+社交+UGC(用户生成内容)的虚实共生世界。与此同时，具有游戏互动特征的新型动漫类型——互动动漫也将成为腾讯动漫未来着力的重点。腾讯动漫 2024 年度大赏发布的片单，包括《火旺》《斩神》《十日终焉》《荒神录》等 IP 的互动式视频内容，将有望于2025 年与观众见面。

(三)数智助力传播，建立全球想象力羁绊

过去几年，尽管腾讯动漫进步显著，但其旗下的动漫作品想要走出国门，与世界建立更为广泛的联系，面临的困难和不确定性还是难以估量，尤其是产业链路不发达、专业画手稀缺、专项培训失位等堵点，导致腾讯动漫内容积累量与对手不在一个量级；同时腾讯动漫作品的本土化存有巨大的工作量，往往迟滞了出海的步伐。而各类新兴的 AI 智能工具可以有效地解决这一痛点，帮助腾讯动漫快速打开市场，形成传播效应。

一方面，以 Midjourney 为代表的文字生成图像工具和以 Sora 为代表的文字生成视频工具，目前已经可以根据不同的文字描述生成不逊于专业画师的图片甚至是动态视频。2024 年 2 月，中国首部文生视频动画片《千秋诗颂》在总台央视综合频道(CCTV-1)开播。节目综合运用可控图像生成、人物动态生成、文生视频等最新技术成果，支持了从美术设计到动效生成，再到后期成片的各个环节，实现了"有声言诗和无声画意"的有机融合，是技术和艺术结合的典范。受众可全方位沉浸在古诗词悠远的意境中，感受独属于中国诗词的浪漫。腾讯动漫也在积极致力于用技术提升动漫产能。2024 年腾讯动漫大赏公布的技术开发成果显示，腾讯动漫自主研发的 AI 工具现已基本可以辅助创作者进行故事情节的创作，通过算法学习和分析生成连贯的故事情节，通过分析大量漫画样本，生成角色设计、背景元素等，未来这样的工具还将不断升级。这意味着未来动画生产的成本将会极大降低，新作品的创作效率也将得到极大提升，动漫内容的积累量将迎来巨量的增长。

另一方面，在动漫的本土化进程中，后期字幕的需求是巨大的，比如超过 250 集的《斗罗大陆》在出海过程中光是提供多国语言的字幕已经算是相当大的进步了，而在 AI 软件的助力下，动漫作品的翻译、传播速度都有了显著提升，根据《2024 中国网络文学出海趋势报告》，2024 年新增出海 AI 翻译作品 2000 部，同比增长 20 倍，其中上线漫画作品 1700 余部，涵盖 7 个语种；YouTube 累计上线动漫剧集共 721 集，总播放量近 12.4 亿次。在技术的赋能下，全球动漫观众可以实现零时差"追更"，动漫成为数字时代讲好中国故事、传播

中华优秀传统文化的典型代表。

四、"文化+科技"双向驱动，描绘动漫产业新蓝图

科技是平台的基础设施，文化是平台的精神内核，对于腾讯动漫来说，二者缺一不可。如今，腾讯动漫逐步发展为拥有诸多优质内容作品的制播一体的动漫平台，并形成了以"文化+科技"为核心的全产业链开发体系，对 IP 的价值赋能、品质赋能、影响力赋能以及商业赋能，全面释放动漫作品的文化价值与商业价值，具有深远的影响，为中国动漫产业擘画了全新发展蓝图。

（一）丰富高质量多元内容储备，扩大动漫 IP 版图

首先，腾讯动漫的用户增长策略是多管齐下的，优质的动漫 IP 是腾讯动漫的立身之本，因此坚持精品化，培育具有艺术品位和文化价值的优质 IP，始终摆在平台战略首位。3D 动画制作一直以来都是腾讯动漫的优势品类，从腾讯动漫公布的 2025 年片单来看，未来 3D 动画将在延续其精良制作水准的同时，朝着融合中式审美与国际化元素的方向发展。《斩神》第二季的潮流感、《剑来》第二季的水墨风格、与《深海》导演合作的《普拉斯》，以及改编自"狐尾的笔"小说的《火旺》等作品，都将在视觉呈现和内容设计上带来令人惊喜的突破，除了延续前作的精神内核，也将产生更多不同的故事碰撞。与此同时，面对中国 2D 动漫制作的挑战和全球化发展的需求，腾讯动漫还计划迎难而上，加大 2D 动漫的制作投入，预计 2025 年包括《十日终焉》《大鱼海棠之融松传》《诡秘之主》《谷围南亭》在内的 2D 动画作品将与观众见面，并有望引领 2D 国漫的新一轮爆发。

其次，多元化 IP 开发对于内容生态的搭建同样重要。腾讯动漫背靠腾讯集团的产业优势，一方面，通过网文、游戏、漫画、电影的联动改编，不仅丰富了动漫 IP 类型，更将书粉、游戏粉、漫画粉巧妙转化为动漫观众。例如，《斩神》成功将小说《我在精神病院学斩神》的女性书迷转化为动漫用户。另一方面，坚持引进优质海外 IP，如《鬼灭之刃》等热门作品，进一步丰富了平台的内容库，提升了平台对多元用户群的吸引力。与此同时，腾讯动漫还始终坚持原创内容孵化，为内容池提供用之不竭的源头活水。2024 年 8 月腾讯动漫推出的原创动画短片集，汇聚了 12 位中外导演的才华，创作了 12 部原创作品。相关话题在微博的累计阅读量超 1.4 亿次，抖音播放量突破 1.9 亿次，实现了口碑与流量的双丰收。

此外，和其他平台相比，长期化也是腾讯动漫内容开发的重要特征。腾讯视频的动漫用户，很少会担忧热爱的作品会不会"走丢"。《斗罗大陆》动画面世至今已经第六年，仍在持续更新，满足粉丝对于内容的期待与需求，而 2024 年的黑马《斩神》大获成功后，平台也立即着手《斩神 2》的制作，并同步规划剧场版和年番，展现了平台对 IP 长期开发的坚定信念。腾讯在线视频副总裁马延琨介绍，腾讯视频将继续秉持长期主义，以 5 到 10 年长线规

划，年番不断更，季番连续开发。用长期主义精神培养一个又一个超级动漫 IP，利用动漫 IP 的长尾效应持续吸引用户，这也正是腾讯动漫长期领先的关键。

(二) 以情感点亮营销新样态，充分释放商业潜质

优质的 IP 矩阵，是平台内容的护城河；多元化内容供给，是平台可持续发展的必要条件；而营销模式能够取得商业化成功，则是整个行业形成良性循环的基础。动漫的技术和内容特性，让它能轻松跨越大小屏的限制，在想象力无限大的脑洞里反复横跳，既能让现实中的观众与异次元的角色产生情感联结，也能让身处世界各地的粉丝们因作品而相互产生联系，而腾讯动漫以情感作为营销的引线，成功点亮了营销新玩法，也为后续动漫产业发展提供了宝贵经验。

腾讯动漫依托微信、QQ 等社交媒体的成功运营经验，在线上构筑的蓬勃完善的内容生态下，聚集了一批高活跃、强社交的用户。他们积极的情感投入，逐步形成了一种潮流文化，沉淀在腾讯动漫的内容生态中。对品牌客户来说，这群规模超过千万的高价值、高黏性用户，是内容覆盖不可或缺的重要锚定人群。而腾讯动漫正围绕海量 IP 的超级符号、角色、故事等，展开广告植入、角色代言等丰富的整合营销玩法。在社交方式多元、细碎的当下，动漫的内容资产在与品牌结合时，有着更为广阔的想象空间。2024 年腾讯动漫联动授权 30 多款游戏，带给 IP 受众更丰富的体验。同时，近一年与客户达成 43 个角色、69 个 SKU 的开发合作，产品陆续上市并热卖中。以茶饮、连锁餐饮为代表的消费行业更是频繁与腾讯动漫的头部 IP 合作，腾讯动漫 IP 成为行业联名的"头部之选"。

此外，腾讯动漫不断丰富线下营销形式，将全景式情怀打造作为自己的独特风格，融入营销的方方面面。譬如在上海举办的叶修生日会上，作为赞助商的雅阁也驶抵现场，为叶修送上了生日祝福，坐实"好友"身份，将营销与互动深度结合；康师傅金桔柠檬和《狐妖小红娘》的合作则是"线上+线下"的一站式场景塑造。在暑期，品牌和平台紧抓时机布局，深入北京、安徽、湖北、广西、贵州等地漫展，为受众提供了独一无二的情感关怀和切身体验。与此同时，IP 联创定制瓶、"出色续缘篇"微信小游戏、周六畅聊剧情等各式玩法，也为受众提供了环绕式互动体系，实现了品牌粉丝与 IP 粉丝之间的相乘效应，潜移默化地扩大了核心受众群体。即便是在最常见的联名上，腾讯动漫也能做出新意。

2023 年 6 月播出的《镖人》，播出仅 3 个月，就实现了与肯德基、锐澳、瑞幸等 9 个品牌的深度联动。和瑞幸联合推出的"昆仑煮雪"拿铁，让 IP 不仅与国风色彩挂钩，更与国风味道挂钩，助力《镖人》成为消费者心中"国风武侠"的代表性 IP。事实上，《镖人》并不是腾讯动漫中唯一具有广泛影响力的 IP。典型如《斗罗大陆》，在六七年间已然成为年轻人热爱的热血动漫。"五年青春送粉丝一张电影票"、3000 人线下连线合唱等活动，也让受众的情怀得以释放、凝聚、生长。而这样的象征性也让 IP 具有受众的独特色彩，进而反哺商业价值。《斗罗大陆》就揽获康师傅、香肠派对、六福珠宝等 20 家广告客户。坚持内

《狐妖小红娘》与康师傅金桔柠檬的联动展厅

容为王的腾讯视频，已经成功地让内容成为 BD，为平台带来更鲜活的生命力。

(三) 增强技术优势，提升动漫行业新质生产力

科技与艺术相辅相成，而动漫则是二者结合最好的练兵场，科技的运用不仅能够极大地提高创作效率，还能让天马行空的创意得以实现，为积极拥抱产业化大趋势的中国动漫带来新的动能。一直以来，腾讯视频都坚持以技术作为平台发展的重要引擎，在其投资的 36 家动漫相关公司中，与技术相关的制作公司就高达 29 家。而在 2024 年腾讯视频举办的动漫大赏上，腾讯在线视频首席执行官孙忠怀更是以"技术、文化与全球化，动漫的下一片星空"为题，借助腾讯视频的 AI 转绘技术完成了一次面向动漫行业的主题演讲。有别于传统的真人现场演讲，此次演讲是通过 AI 转绘技术将演讲视频进行动漫风格化处理，实现与现场嘉宾的跨屏交流，让行业对 AIGC 在动漫领域形成的生产力与应用场景有了更多实感。

在腾讯在线视频首席执行官孙忠怀看来，技术的进步不仅可以打破创作者的桎梏，把创作者从机械的重复工作中解放出来，使其变成纯粹的艺术创作者；同时也可以极大地降低成本，提高资产的利用效率。如今科技不仅为腾讯动漫催生海量匠心精品，驱动产业升级，也逐步成为腾讯动漫的重要优势。先进的技术可以促使创作者创作出更多优质的作品，提高观众的审美体验，就如《完美世界》第四季所展示的那样，通过全局光照动态演算、光线追踪、Houdini 全线制作特效等技术，为"荒天帝"石昊的高燃时刻带来影视级渲染效果，也为观众提供了无与伦比的视觉震撼。

而随着 ChatGPT 掀起 AI 产业的革命浪潮，腾讯视频对科技的投入也逐步加大，科技在其发展中的战略地位显著提高。如今腾讯动漫已经拥有国内首家覆盖原画制作的 AI 绘

画全流程工具，其场景绘图自研能力已达行业领先水平，并在《仙剑3》《诛仙》等作品中落地；而面部表情驱动等技术，也大幅提高了《眷思量2》《仙逆》等动漫的创作效率。整个动漫制作流程50%的环节已可通过 AIGC 进行赋能。未来腾讯动漫计划通过 Copilot 创作套件，覆盖主流动漫制作流程，实现制作精度的提升和风格的泛化，进而将创作者从机械重复的劳动中解放出来，实现全行业的提质增效，破解产能困局。

如今，动漫产业已经成为长视频行业自我变革的前沿。孙忠怀认为，动漫是新技术的练兵场，也是腾讯动漫技术发力的重点之一。他表示，腾讯动漫正在和头部合作方共同推进新技术落地生产线，更好地帮助制作方提质增效。在未来，随着腾讯动漫 AIGC 能力在动漫全产业链的更多环节落地，创作者可以把更多的时间与精力放在更具创造性的工作上，进而提升动漫的产能与艺术水准，推动动漫行业从生产力到创意的全面解放。

十年沉淀，腾讯动漫固然有骄傲的雄厚资本，但站在十年关口上，腾讯动漫并没有止步不前，而是从国漫第一到动漫第一，扩大视野、打开格局的腾讯动漫正以全新视野来审视动漫，以中华传统文化铸造动漫文化基因，以技术力描摹中国动漫的时代新姿，打造出根植于中华优秀传统文化内核，又与世界接轨、与潮流融汇的本土动漫美学。

（陈雅佳　执笔）

13 艺术展览品牌

今日美术馆：
科技赋能，艺韵新生

文章围绕今日美术馆文化与科技融合发展的主题展开研究，首先介绍其发展历程与战略布局，作为民营先驱，其历经转型，在多领域成果丰硕，且在展览、教育、文创板块积极践行"艺术+科技"模式。接着阐述科技助力下的多元展览，包括沉浸式与科技主题展览的特色及对观众的影响。在服务生态上，智能导览和数字化管理优化了场馆运营。同时，通过与联想等公司合作及参与科研项目拓展边界。文创方面，将科技融入产品并借线上线下营销释放潜能。最后，总结成果与挑战，展望其利用新技术深化融合的未来前景。

▲ 一、今日美术馆：文化与科技融合的基石

今日美术馆，作为中国民营美术馆领域的先驱者，自 2002 年由张宝全先生创立以来，已走过二十余载风雨征程，其发展历程宛如一部波澜壮阔的艺术史诗，镌刻着时代的印记，见证着中国当代艺术从萌芽到蓬勃发展的蜕变。

2002 年，今日美术馆以开拓者之姿横空出世，彼时国内民营美术馆尚在摸索前行，它率先突破传统艺术展览的狭隘边界，为先锋艺术提供了一方崭露头角的舞台。2006 年7 月，这是具有里程碑意义的节点，今日美术馆成功转型为真正意义上的非营利机构，彻底与商业画廊的逐利模式划清界限，转身踏上公益艺术之路，以纯粹之心为艺术家与公众搭建沟通的桥梁，让艺术的火种得以在更广阔的天地播撒。

历任馆长张子康、谢素贞、高鹏等诸位掌舵人，接力领航，各施才华，持续为美术馆注入新的活力与理念。在他们的精心耕耘下，今日美术馆的展览、学术、艺术教育、馆藏等全方位布局逐步成型，宛如一座不断扩建的艺术城堡，每一块砖石上都倾注着对艺术发展的执着。

2019 年堪称今日美术馆的高光时刻。这一年，学术建设成果斐然，重量级主题个展"世界图像：徐冰的《蜻蜓之眼》"横空出世，以独特视角剖析当代社会与人性，人类完全可以通过图像方式、数字方式塑造一个完全异样的存在，该作品引发学界与公众的强烈共鸣；代表性三年展今日文献展，犹如一场学术盛宴，对国际性艺术话题抽丝剥茧，为中国当代艺术在全球语境中精准锚定坐标；面向未来的今日未来馆，大胆探索科技与艺术融合的新疆域，从人工智能、未来考古学维度开启奇幻艺术之旅，前瞻性地引领未来艺术走向。同年，今日艺术学院宣告成立，肩负起公众美育的重任，为艺术传承培育新生力量；新媒体实验室落成，凭借前沿科技与艺术实验的碰撞，斩获"2019 年度行业优秀应用奖"，成为跨界创新的典范。此外，出版领域成绩卓著，《今日·ART》杂志及多部精品图书问世，《千里江山》更是摘得第七届中华印制大奖银奖，以文字与图像定格艺术的灵动瞬间。

2020 年，张然女士接任馆长，承前启后，继续带领今日美术馆在艺术浪潮中破浪前行，不断深化与国际艺术界的交流合作，拓展艺术边界，提升公众艺术体验，向着建成世界高水准的当代美术馆的宏伟目标稳步迈进。这一路，今日美术馆不仅是艺术作品的陈列馆，更是时代艺术精神的孕育摇篮，持续推动中国当代艺术蓬勃发展，融入民众生活。

今日美术馆精准锚定"艺术+科技"双引擎驱动模式，宛如一位高瞻远瞩的领航者，在艺术的浩瀚海洋中破浪前行。这一独具慧眼的战略抉择绝非偶然，而是顺应时代洪流之举，恰似在时代脉搏的强劲跳动中，找准了艺术发展的全新航向。

于展览板块而言，这是一方汇聚多元融合魅力的创意舞台。一方面，科技赋能经典展览，使之重焕生机。以"光之森林——梵高未曾见过艺术互动展"为例，它通过虚拟现实（VR）、增强现实（AR）技术的巧妙运用，让观众仿若穿越时空，踏入梵高笔下那绚烂的星月夜，亲身感受笔触的细腻与色彩的炽热，往昔静态画作瞬间化为动态的沉浸式奇境，使艺术感染力呈指数级飙升；另一方面，聚焦前沿科技艺术展，似正打开通往未来艺术世界的大门。"人工智能艺术大展"重磅登场，AI 绘画、智能雕塑等先锋作品惊艳亮相，展现科技与人类创造力碰撞出的璀璨火花，吸引观众探索未知的艺术边界，成为科技艺术爱好者的打卡地。

关于教育板块，今日美术馆恰似一座孕育艺术与科技跨界人才的摇篮。它携手顶尖科技企业共建"数字艺术实验室"，为青少年铺设探索数字艺术奥秘的实践之路，编程、动画、数字绘画等前沿课程应有尽有，激发年轻一代的科技艺术潜能；举办"科技 x 艺术"主题工作坊，邀请艺术家与科学家并肩授课，剖析经典案例，探讨融合之道，在思维碰撞中孕育创新灵感，为艺术教育注入科技活力，培育复合型艺术人才。

在文创板块，今日美术馆则是一个洋溢着艺术与科技融合风情的创意市集。它以科技为笔、创意为墨，绘制独具特色的文创产品。智能穿戴艺术饰品，集时尚外观与健康监测功能于一体，如运动手环与艺术挂件完美融合，让艺术随时相伴；互动式艺术灯具，轻触则变幻光影，演绎画作意境，为家居生活添彩；限量版科技艺术盲盒，融合热门科技元素与艺术家的设计，拆盒瞬间解锁惊喜，成为收藏新宠，让艺术消费充满趣味与科技魅力，延长展览生命力。

在这一全方位布局下，今日美术馆的各个板块相互呼应、协同发力，如交响乐各声部交织共鸣，奏响文化与科技融合的激昂乐章，持续释放品牌新活力，领航艺术创新发展之路。

二、科技为笔，绘就多元展览画卷

（一）沉浸式体验展览

步入今日美术馆 3 号馆，一场穿越时空的奇幻之旅徐徐拉开帷幕——"神话在哪里：上古宇宙的奇幻冒险"展览宛如一座连接古今、沟通虚实的艺术桥梁，凭借前沿科技，将上古神话世界从尘封的古籍中唤醒，鲜活地呈现在观众眼前。

展览现场，一幅近 8 米的巨型画卷仿若从天而降，展现嫦娥奔月的婀娜身姿、精卫填海的坚毅决绝、牛郎织女的缱绻情思、夸父逐日的豪迈奔放、帝女桑的神秘绮丽，五个经典神话故事跃然其上，笔触间流淌着华夏文明的古老韵味，瞬间抓住观众的目光，开启这场沉浸式冒险的序章。

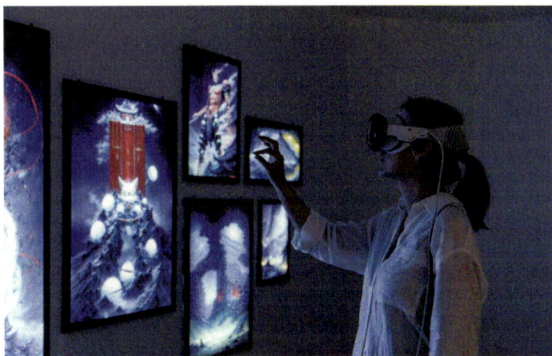

"神话在哪里：上古宇宙的奇幻冒险"展览

当观众戴上 Apple Vision Pro VR 互动眼镜，魔法就此降临。神秘的上古神兽仿若挣脱画卷的束缚，"破卷而出"，威风凛凛地踱步于展厅，鳞片闪烁微光，眼神深邃有神，让观众仿若置身神话战场，感受神兽的雄浑气魄；移步前行，当代艺术家何云昌的《坠星殿》以数千片翡翠雕琢出想象殿堂，其轮廓仿若玛雅城邦遗址，中心的碎片恰似坠落星体，在光影交织中诉说着远古文明的神秘过往，引得观众驻足凝视，遥想往昔；踏入纯白空间，"山海经"系列神兽雕塑打破传统认知，被赋予纯真可爱的模样，或憨态可掬，或灵动俏皮，借助虚拟交互装置，神秘小精灵闪现左右，引领观众探索这方奇幻天地，发掘每一处隐藏的惊喜。

此次展览，集 MR 虚拟与现实交互体验、图像、装置、互动影像、雕塑、壁纸、数字镶嵌画和人工智能算法艺术作品等多元媒介于一体，不仅全景解读中国创世神话，展现数字艺术家笔下的神兽与场景，更以现代视角剖析传统神话的当代转化路径，借艺术与科技之力，奏响古老神话的时代新声，让观众沉醉其中，领略传统文化的无尽魅力。

在传统展览模式下，观众多是旁观者，与艺术品存在无形隔阂，而沉浸式展览打破这一壁垒，让观众从"观看者"变身"参与者"。以"1 棵树·1 世界"ANOBO 世界少儿科技艺术巡展为例，其借助数字新媒体、VR、AR 等技术，将孩子们的绘画作品投射于巨屏，化作光影交织的梦幻之境。孩子们手绘流星，瞬间点亮展厅天花板，构建专属星空，此刻，他们不仅是创作者，更是艺术世界的主宰，亲身参与艺术创作过程，自豪感与认同感油然而生。

沉浸式展览还能全方位调动观众的感官，加深其对文化的理解。"塞尚·四季：大型沉浸式艺术展"通过裸眼 3D、沉浸式投影，将塞尚画作动态呈现，让观众仿若踏入画中，感受南法普罗旺斯四季流转，苹果的饱满、静物的质感、风景的诗意近在咫尺，观众对塞尚艺术风格与创作精髓有了切身体悟，艺术不再晦涩难懂，而是可感可知的生活美学。这种深度互动与感官沉浸，让观众与艺术同频共振，在情感共鸣中深化对文化内涵的体悟。沉浸式展览正重塑观众与艺术的关系，开启全新审美感知的大门，让艺术融入生活，绽放时代活力。

（二）科技主题展览

在人工智能浪潮汹涌来袭之际，艺术领域正历经深刻变革，"首届红树林 AI 艺术万人展暨今日未来馆 AI 艺术特展"应运而生，宛如一场划破艺术夜空的璀璨烟火，照亮了科技与艺术深度融合的前行之路。此展由红树林今日 AI 艺术中心与今日美术馆·未来馆强强联手策划，于 2025 年 1 月 29 日至 2 月 28 日在三亚、青岛的四座红树林度假世界/度假酒店盛大开幕，瞬间吸引了无数目光。展览背后，是来自联想品牌、诸多艺术界权威评论家、艺术中心、美术学院及知名 AIGC 社区的鼎力支持，强大的"智囊团"为其专业性与创新性保驾护航。

展览面向全国广纳 AI 艺术佳作，AI 绘画、动漫、影像、音乐、电影等多元形式作品纷至沓来，创作者涵盖艺术家、工程师、普通大众等，真正实现"AI 时代，人人都是艺术家"的愿景。以金鑫 YOYO 为例，其作品《文化困境 1：革命》《文化困境 3：应试》凭借独特视角与精妙构思入选，装置摄影融合 AIGC 技术，打破艺术边界，引发观者多维思考。

走进展览现场，仿若踏入未来艺术奇境。AI 绘画作品色彩斑斓、笔触细腻，借算法之力展现无限创意；智能雕塑依环境与观众互动，变幻形态，科技赋予静态雕塑灵动的生命力；至于沉浸式 AI 影像空间，观众置身其中，感受光影交织的梦幻叙事，全方位领略科技与艺术共创的前沿成果。这场展览不仅是作品陈列，更是时代艺术变革的生动缩影，见证人类创造力与科技力量携手迈向新征程。

科技主题展览宛如一座知识灯塔，在艺术的海洋中散发着科普与启蒙的光辉。以"想象另一种引力科学艺术展"为例，其汇聚 12 位顶尖科学艺术家的百余件作品，涵盖天体物理、微观生物、地质科学等多元领域，运用 VR、AR、互动影像等前沿技术，让晦涩的科学知识可视化、趣味化。观众仿若穿梭于宇宙，目睹源于宇宙微波背景辐射数据转化的绝美光影，感受微观世界病毒"绽放"的奇异之美，在惊叹之余，悄然开启科学探索之门。

此类展览还注重培养学生的创新思维与艺术感知。"人工智能艺术大展"设置互动创作区域，观众可现场借助简易 AI 工具创作，体验从创意构思到算法生成作品的奇妙历程，领悟科技赋能艺术的无限可能，激发自身创新潜能；观赏 AI 生成的绘画、音乐、舞蹈作品时，独特艺术风格与表现形式拓宽了观众的审美边界，促使其反思艺术本质，为培育科技美学素养厚植土壤，引领大众在科技艺术浪潮中逐浪前行。

三、智能革新，优化场馆服务生态

（一）智能导览系统

今日美术馆的智能导览系统宛如一位贴心的私人艺术顾问，凭借室内定位技术，精准锚定观众位置，将误差控制在极小范围，确保导航精确无误。观众踏入馆内的瞬间，系统即刻感知，依其所在区域与兴趣偏好，智能规划参观路径，将经典与特色展品巧妙串联，宛如一条灵动的艺术线索，引领观众穿梭于艺术星河。

在展品介绍环节，系统展现出非凡的"博学"能力。它不仅涵盖作品名称、创作者、创作年代、材质、尺寸等基础信息，更深入挖掘作品背后的创作灵感、风格演变、艺术流派传承等知识富矿，以图文并茂、影音交融的形式生动呈现。如在介绍梵高的《星月夜》时，高清图展示笔触细节，视频回溯创作情境，语音讲述画家心境，多感官信息协同发力，让观众深度领略画作的魅力。

个性化推荐更是系统的"拿手好戏"。它依托大数据与人工智能算法，深度剖析观众的过往参观记录、停留时长、互动行为，洞察其艺术喜好。若观众多次驻足于现代抽象画前，后续参观便会精准推送同类佳作及相关艺术家作品，实现"投其所好"，让每位观众都能邂逅专属心动艺术品。多语言支持则为全球观众架起艺术沟通的桥梁，系统内置中、英、法、日、韩等主流语言，还针对小众语种需求进行拓展，确保不同母语的观众皆能无障碍畅游艺术海洋，打破语言隔阂，让艺术无界传播。

观众的反馈恰如一面镜子，清晰地映照出智能导览系统的卓越成效。"以往观展常迷失方向，错过精彩，如今智能导览精准导航，参观流畅高效，还能依喜好定制路线，发现诸多契合心意的作品，每次观展都有惊喜。"一位资深艺术爱好者由衷赞叹道。

国际友人也对多语言功能赞誉有加："来中国观展，语言曾是大阻碍，有了智能导览多语言支持，理解作品毫无压力，感受到了中国美术馆的国际化与包容。"亲子观众同样受益："孩子好奇心重，智能导览的趣味问答、互动小游戏，让孩子全程投入，边玩边学，轻松开启艺术启蒙。"这些反馈见证了智能导览系统优化观展流程、提升观展体验、激发艺术热情的卓越效能，切实解决了传统导览的痛点，成为观众畅游艺术殿堂的得力助手。

（二）数字化管理

在藏品管理领域，今日美术馆勇立数字化潮头，开启转型新篇章。其藏品数字化存储系统宛如一座智能宝库，运用高清扫描、三维建模、激光测绘等前沿技术，为每件藏品精心打造数字孪生体。以馆藏油画《春之祭》为例，超高分辨率扫描精准捕捉每一处笔触纹理，色彩管理技术如实还原颜料色泽，三维建模赋予画作立体观感，无论岁月如何流转，数字版本始终如新，为艺术研究、修复提供精准蓝本。

数字化检索系统恰似一位博闻强识的图书管理员，依托强大的数据库与智能算法，让藏品信息检索瞬间可得。输入"抽象表现主义"关键词，相关画作、雕塑、装置艺术等藏品资料纷至沓来，创作年代、艺术家生平、风格解读一应俱全，为策展人挖掘藏品关联、策划主题展览提供高效支持，灵感火花瞬间点燃。

在藏品保护层面，数字化技术更是筑起了坚固防线。温湿度、光照、空气质量等环境传感器实时监测库房，数据实时传输至中控平台，一旦参数异常，智能预警即刻启动，联动调控系统精准调节环境，如为古籍善本等藏品营造恒温恒湿"安全屋"，以科技之力对抗自然侵蚀，延长藏品寿命，确保艺术瑰宝世代传承。

场馆运营层面，今日美术馆的数字化实践多点开花。票务系统作为观众入场的首道数字化关卡，线上线下无缝衔接，官网、App、第三方平台多渠道售票，电子票务结合智能闸机，扫码或刷脸秒速入场，减少排队拥堵，观众流量数据实时更新，为场馆合理限流、调配资源提供依据，使高峰时段应对从容不迫。

人流监测系统犹如场馆的智慧"天眼"，遍布展厅的摄像头与智能分析软件协同，精准统计各区域人流量、停留时长，生成热力图直观呈现观众兴趣热点。遇热门展览，系统自动引导分流，确保观展秩序与观众体验；如遇紧急情况，系统迅速规划疏散路线，保障人员安全。

能耗管理系统则是精打细算的"管家"，智能电表、水表、气表实时采集能耗数据并传输至大数据平台进行深度分析，挖掘节能空间。依不同时段、区域的需求，智能调控照明、空调、电梯等设备，夜间自动调低展厅亮度、温度，非高峰时段减少电梯运行，降低能耗成本，以绿色科技践行可持续发展，让艺术场馆运营更智慧、更环保。

四、跨界联动，拓展文化与科技边界

（一）与科技企业合作

在数字化浪潮弈涌的当下，今日美术馆精准锚定科技赋能之路，与科技巨头联想携手，开启一场震撼艺术界的跨界合作之旅，宛如两位大师携手共创杰作，为艺术殿堂注入全新活力。

回溯至 2015 年，双方合力打造今日美术馆·未来馆，恰似在艺术星空中开辟了全新宇宙。这一开创性举措，将 360°全景展览与艺术展的数字化网络再现技术推向新高度，为观众打造超越现实边界的观展体验。步入其中，仿若踏入艺术与科技交织的梦幻之境，虚拟与现实的界限消弭，艺术作品挣脱传统束缚，以灵动之姿迎接八方来客。

2016—2017 年，双方再度携手，聚焦艺术家邹操创作，推出"非有非无""看见思考的光"两件互联网交互艺术装置，惊艳艺术界。"非有非无"以独特的交互形式，邀请观众亲身参与创作，轻触屏幕，光影变幻，艺术灵感瞬间迸发；"看见思考的光"运用大数据技术，将观众思维具象化，化作璀璨光影，于展厅舞动，观众不再是旁观者，而是艺术的共创者，可沉浸式感受科技与艺术碰撞的火花。

而在 2017 年的"自觉·须有作为"艺术航海项目中，联想 ThinkPad 全力支持，为航海成员配备尖端设备，确保灵感捕捉无遗漏。艺术家们怀揣激情，扬帆起航，沿苏格兰西海岸穿梭，将沿途自然与人文景观尽收眼底，化作创作的源泉。归航后，借助 ThinkPad 高性能运算与精准绘图，艺术作品惊艳亮相今日美术馆，诉说着航海奇遇，展现科技助力下艺术创作的无限可能。

这场跨界合作为艺术行业数字化转型立起标杆，其影响如涟漪般层层扩散至行业深处。于艺术创作而言，联想的前沿科技为艺术家打开灵感新闸门，数字绘画、AI 辅助设计、VR 沉浸式创作等工具，让创作边界无限拓展，艺术家得以挣脱传统媒介的束缚，在虚拟空间挥洒创意，催生更多先锋佳作，为艺术史书写新篇章。

展览呈现方面，双方携手打造的智慧展览模式成为行业范本。智能导览、沉浸式交互、线上线下联动等创新，大幅提升观众体验，各地美术馆纷纷效仿，推动整个展览行业向智能化、互动化大步迈进，让艺术更亲民，融入大众生活。

在教育推广层面，二者共建数字艺术教育平台，整合优势资源，为艺术学子与爱好者呈上前沿知识盛宴。在线课程、虚拟工坊、远程大师班等多元形式，打破地域与时间的限制，让知识自由流淌，培育大批兼具艺术审美与科技素养的复合型人才，为艺术行业的可持续发展注入鲜活力量，引领艺术与科技融合的时代新潮流。

(二) 科研项目共创

在国家文化数字化战略的宏大蓝图指引下，今日美术馆勇立潮头，深度参与多项前沿科研项目，宛如一颗闪耀的启明星，为文化数字化的理论与实践探索照亮前行之路。

作为核心成员之一，投身于"文化遗产数字化保护与传承关键技术研发"项目，与顶尖科研机构、高校并肩作战。针对馆藏珍贵艺术品，如那幅历经岁月沧桑却神韵依旧的古典油画，运用高精度三维重建技术，以微米级精度捕捉画面每一处细微纹理，从颜料的龟裂到笔触的起伏，皆精准还原；多光谱成像技术穿透时光迷雾，揭示底层创作痕迹与修复印记，为艺术研究、修复技艺传承构筑坚实的数据根基，让历史瑰宝在数字世界重焕生机。

携手科技企业参与"数字艺术创新创作平台构建"项目，聚焦新兴数字艺术创作生态的培育。通过搭建集 AI 创意辅助、实时交互渲染、跨终端展示于一体的云端创作平台，打破艺术家创作的时空束缚。年轻艺术家无须再受困于昂贵设备与场地限制，可于千里之外借助平板、手机接入平台，调用海量素材、前沿算法，将灵感瞬间化为震撼的数字艺术佳作，推动数字艺术从萌芽走向繁荣，为文化产业数字化转型注入澎湃动力，成为国家文化数字化征程中的先锋典范。科研成果宛如汩汩清泉，源源不断地反哺今日美术馆的艺术创新实践，滋养着艺术创作、传播与体验的每一寸土壤，催生出繁花似锦的艺术新貌。

从创作层面而言，基于人工智能图像识别与风格迁移技术研发的创作工具，成为艺术家手中的创意魔法棒。在筹备"未来意象"主题展览时，艺术家运用该工具，对海量历史影像、自然景观数据进行深度挖掘，一键生成融合复古与科幻风格的视觉草图，激发灵感火花，进而创作出《时空交响》系列画作，以独特视角展望人类未来，打破传统创作思维定式，开启艺术创作的无限可能。

关于传播维度，科研助力下的智能传播矩阵成效斐然。借助大数据用户画像与社交媒体情感分析技术，精准定位目标受众，定制个性化推广策略。"古韵今风传统艺术数字化展"线上展览推广期间，系统识别出对传统文化有浓厚兴趣的中老年群体与追求时尚表达的年轻群体，为前者推送典雅图文导览，为后者定制短视频、H5 互动页面，使得展览的曝光量、参与度呈指数级增长，跨越代际鸿沟，让艺术传播精准触达人心。

观众体验更是因科研赋能实现质的飞跃。场馆内的智能互动装置运用动作捕捉、触觉反馈技术，让观众在欣赏抽象雕塑时，挥手间触发光影变幻、感受虚拟材质质感，从被动观展迈向主动探索，沉浸式感受艺术的魅力。科研与艺术深度融合，塑造全新艺术生态，持续释放今日美术馆的品牌活力。

五、文创赋能，释放品牌商业潜能

(一) 科技融入文创产品

在文创领域，"宇宙猜想"AR 文创系列宛如一颗划破传统边界的璀璨流星，为今日美术馆的文创版图注入了先锋活力。这一独具匠心的系列，以天体星球为灵感缪斯，将 AR 技术与天文知识精妙融合，为用户呈上一场突破想象的文创盛宴。

置身今日美术馆，观众邂逅"宇宙猜想"的 AR 星球系列产品，仿若握住了开启宇宙奥秘之门的钥匙。每一款星球模型皆为一个独立的宇宙，独特的地质、气候、生态系统隐匿其中。借助"宇宙猜想"App 轻轻一扫，星球细节瞬间在眼前铺展，火星的赤沙风暴、木星的神秘红斑、土星的绚丽光环，皆栩栩如生，天文知识如灵动音符，奏响求知旋律，激发观众对宇宙的探索热望。

不仅如此，"宇宙猜想"还将视野拓展至历史文化领域。通过前沿数字化技术，古代建筑集贤亭与历史文物后母戊鼎在虚拟空间中得以重生，原始风貌与艺术价值尽显无遗。观众运用"AR扫万物"功能，仿若穿越时空，深入古建内部，触摸历史纹理，感受古代工匠的鬼斧神工，在古今交融中领略文化传承的魅力，让文创成为连接历史与当下的纽带。这些文创产品一经推出，便在市场上掀起热潮，成为文化传播与商业价值共创的典范。"宇宙猜想"AR系列文创入驻各大展馆后，吸引海量观众驻足体验，社交媒体上打卡分享不断，话题热度持续攀升，不仅为展馆引流，更让品牌声名远播。

今日美术馆自主设计的"胶卷日历"同样表现不俗。其独特转动结构、高级木质质感与实用功能兼备，自2018年诞生以来，历经迭代升级，销量已逾3万件，成为文创市场"爆款"，备受文青、白领等群体的青睐。此类文创佳作，凭借创新设计、文化内涵与科技魅力，实现了从展品到商品、从文化符号到生活陪伴的华丽转身，在为观众带来美的享受的同时，也拓宽了今日美术馆品牌传播的半径，让艺术气息渗透至日常生活，进一步夯实品牌文化根基，释放商业潜能。

(二)线上线下营销新篇章

在社交媒体营销的广阔天地里，今日美术馆恰似一位长袖善舞的艺术家，演绎着一场场精彩纷呈的线上艺术盛宴，将艺术的魅力精准传递给万千受众。

抖音，这一拥有庞大流量的短视频平台，成为今日美术馆的重要舞台。在"遇见浮世·博览江户——江户时代浮世绘原版珍藏展"期间，美术馆精心策划"抖音专场"，邀请艺术界大咖洪晃、潘公凯等亲临现场，与30余位抖音艺术创作者携手，开启直播观展之旅。他们以专业视角解读浮世绘艺术，讲述其背后的历史渊源与文化脉络，如潘公凯深入剖析浮世绘与中国清代版画的深厚渊源，以及其流入欧洲后对梵高、莫奈等艺术家创作的深远影响；洪晃则以风趣语言分享浮世绘中人物着装风格等趣味知识。这场直播吸引超过260万用户线上观展，相当于美术馆单日实地参观人数的近百倍，让古老浮世绘艺术穿越时空，在抖音平台绽放全新活力，话题热度持续攀升，吸引更多潜在观众走进艺术殿堂。

微博同样是今日美术馆的营销阵地之一。每逢重磅展览，如"首届红树林AI艺术万人展暨今日未来馆AI艺术特展"，官微提前数月便开启预热，发布艺术家创作故事、展品亮点预告、AI技术科普等系列图文、视频内容，引发艺术爱好者、科技达人的热烈讨论。开展期间，实时分享现场精彩瞬间、观众互动画面，借助微博话题功能，"AI艺术展"话题阅读量迅速突破千万，粉丝积极参与话题讨论，分享观展感悟，形成强大的社交传播力，吸引更多人关注展览动态，甚至不远千里前来打卡，让展览热度从线上延续至线下。

在小红书上，今日美术馆则精准聚焦年轻群体。针对"宇宙猜想"AR文创系列产品，小红书博主们纷纷种草，分享精美的产品开箱、AR互动体验细节，以时尚、文艺的笔触描绘文创魅力，如"打开'宇宙猜想'App扫描星球模型，瞬间穿越宇宙，火星的壮丽、木星的神秘近在眼前，知识与趣味完美融合，这才是文创天花板！"等。此类笔记吸引大批年轻用户点赞、收藏、评论，相关话题热度飙升，直接带动文创产品线上线下销量，同时为美术馆展览引流，成功打造年轻时尚的艺术品牌形象，让艺术融入年轻群体的生活。

电商平台宛如一座跨越时空的艺术桥梁，助力今日美术馆突破地域限制，将艺术的触角伸向更远的地方，开启线上艺术消费新篇章。在淘宝、京东等主流电商平台，今日美术馆的官方旗舰店商品琳琅满目，文创产品丰富多样。"宇宙猜想"AR系列文创产品独占鳌头，星球模型、AR明信片等产品备受青睐。消费者下单后，在家便能借助手机开启宇宙探索之旅，感受科技与艺术融合的惊喜。"胶卷日历"凭借独特设计与实用功能，持续热销，成为文创市场的常青树，为生活增添艺术仪式感。电商平台还精心打造"展览同款"专区，将展览衍生文创集中呈现，让观众把观展记忆带回家，延伸展览文化影响。

直播带货更是电商营销的有力"引擎"。在"古韵今风——传统艺术数字化展"期间，美术馆邀请知名主播与策展人搭档，走进直播间。主播以生动的语言展示数字艺术作品的魅力，策展人深入解读作品背后的文化内涵，观众边看边下单购买同款数字藏品或周边文创产品。直播过程中，设置互动抽奖环节，赠送展览门票、限量文创，激发观众参与热情，观看人数屡创新高，文创销售额直线飙升，实现艺术传播与商业变现的双赢，让艺术消费更加便捷、有趣，拓展品牌辐射范围，让更多人领略今日美术馆的文化科技魅力。

六、结论与展望

今日美术馆通过沉浸式展览、科技主题展览等形式，突破传统艺术边界，为观众呈上震撼感官、启迪思维的艺术盛宴；智能导览系统与数字化管理，全方位优化场馆服务，实现精准导航、藏品科学管护及高效运营；跨界联动携手科技企业、投身科研项目，不仅拓宽了艺术创作边界、革新展览模式，更以科研反哺创新，为艺术发展注入不竭动力；文创领域巧妙融合科技，"宇宙猜想"等文创产品大放异彩，线上线下营销协同发力，拓展品牌商业潜能，提升品牌知名度与美誉度。

展望未来，今日美术馆有望延续文化与科技深度融合的创新轨迹，在新兴技术的加持下持续拓展艺术边界，为观众带来更为震撼、多元的艺术体验。随着虚拟现实(VR)、增强现实(AR)、混合现实(MR)技术向更高精度、更自然交互方向迭代，沉浸式展览将营造近乎真实的艺术幻境，让观众穿梭于历史与未来艺术时空中，深度对话艺术家的创作灵魂；人工智能在艺术创作中的深度嵌入，将激发更多超乎想象的创意涌现，助力艺术家突破传统媒介的束缚，孕育先锋艺术思潮；5G、物联网技术赋能下，线上线下展览将无缝衔接，全球观众可零时差共享艺术盛宴，打破地域、时空的藩篱。

（伍欧豪　执笔）

14　文化社交品牌

小红书：
从数字角落到生活万象，"破圈"重塑文化轨迹

数字化时代，线上社交平台成为信息传播交流的关键依托，小红书以"3亿人的生活指南"为特色，成为年轻人生活分享与探索的重要平台。根据极光大数据的统计，截至2024年，小红书日活跃用户超过1亿，其中"95后"比例达50%，一二线城市用户占50%，女性用户达70%。小红书涵盖穿搭、美食、彩妆、旅行、健身等多元年轻化文化内容，借助智能推荐算法与视频技术升级，在文化传播和商业拓展方面成绩显著，拓展了文化传播路径，开创了社交电商新模式，为品牌营销、产品推广打造新场景，实现文化与商业的双赢，为"文化+科技"产业发展带来积极影响。本研究综合运用案例分析、定量分析和跨学科研究法，通过聚焦小红书多元品牌合作、收集近三年数据及融合多学科理论，解析小红书复杂生态，深入剖析其文化与科技融合逻辑，在研究视角上突破商业局限、挖掘深层价值，方法上整合多学科解析生态，在案例选取上关注线上线下联动实践和公益项目，为新媒体研究提供新视野与灵感，全方位揭示小红书的平台魅力与行业意义。

一、从海淘寻宝到生活秀场的突围

（一）品牌发展概况

小红书在2013年6月由毛文超和瞿芳创立，最初以《小红书出境购物攻略》PDF文件起步，以"找到国外的好东西"为口号来分享境外购物信息。随后，小红书上线海外购物分享社区，积累大量真实购物分享内容，凭借精准的用户洞察与优质内容迅速吸引用户，为后续发展筑牢了根基。在2016年，小红书将口号改为"全世界的好东西""标记我的生活"，交流重心逐渐从境外购物转向日常生活分享。

1.创立背景：瞄准"海淘"信息差

随着中国经济发展与消费升级，直接购买外国商品的"海淘"渐成风尚，但消费者面临诸多难题。一方面，语言障碍使购物流程难以操作，产品购买、客服沟通困难重重；另一方面，海外品牌陌生，产品质量难辨、口碑难寻，选品如大海捞针，加之物流配送时效低、运费高，售后烦琐，退换货成本高，消费者苦不堪言。

小红书精准捕捉痛点，搭建海外购物分享社区，邀请有海外生活、购物经验的人士分享攻略，涵盖网站使用攻略、产品推荐、使用心得、邮寄方式等，以实用信息为用户拨开迷雾，成为海淘族信赖的指南，吸引了大量早期用户，月活数(月活跃用户数量)月内突破百万，开启了发展篇章。

2.转型发展：从社区到电商的跨越

随着社区发展，用户需求升级，单纯分享无法满足购物欲，"求购买链接""在哪能买到"成为高频问题，从"种草"到"拔草"的闭环呼之欲出。小红书顺应趋势，于2014年8月上线电商平台"福利社"，与品牌、供应商合作，引入热门商品，涵盖美妆、护肤、时尚、母婴等品类，保证品质与售后，构建"社区＋电商"模式，实现内容与商业的融合。

数据显示，电商上线首月，交易金额超千万，转化率较社区初期提升30%，用户黏性增强，平均停留时长增长15分钟，标志着转型初战告捷，为后续拓展商业版图奠定了基础。

3.多元拓展：生活方式多领域协同发展

在巩固"社区＋电商"根基的同时，小红书多元拓展时尚、旅游、生活技能等多个领域的内容。在旅游领域，联合旅游局、航空公司、酒店推出定制游产品、旅行攻略，引导影响力较强的博主进行"探店"和分享，"小红书旅游攻略"话题阅读量破亿；知识付费上线课程涵盖职场、生活技能、兴趣爱好，部分课程参与人数超十万；公益板块聚焦环保、扶贫、教育，"旧衣回收"活动参与人次达百万，彰显社会责任担当，逐步构建以生活方式分享为核心，多领域协同的生态布局，强化品牌影响力。

(二) 品牌定位与用户画像

小红书精准锚定"标记我的生活"这一品牌核心定位，深度聚焦年轻女性群体，无缝连接多元生活场景，构建起极具特色的品牌生态。

1.品牌核心定位：生活指南

小红书的品牌标语为"你的生活指南"，这一口号鼓励用户以图文笔记、视频等多样化形式，随时记录日常生活中的精彩瞬间和零碎感想。小红书还为用户提供个性化的标签、

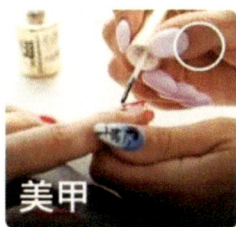

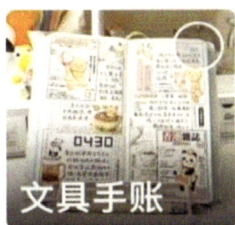

小红书热门话题分类目录（来源：小红书）

精美的滤镜和音乐，以提高内容的精致度和丰富度，让用户快速联系感兴趣的话题，找准群体定位。

2. 用户群体特征：年轻、女性、多元需求

小红书用户呈现出鲜明的年轻、高知、女性主导特征。千瓜数据显示，截至 2024 年，小红书女性用户占比近 80%，18～24 岁占比超 39%，25～34 岁占比超 38%，城市等级分布中，一线城市、新一线城市占比较高，合计占比近 70%，随后为二线城市，占比超 16%。这些较为年轻的、以女性为主的群体充满朝气与好奇心，对时尚潮流、美妆护肤、美食探店、旅行打卡等领域兴趣浓厚，热衷于分享生活中的美好点滴，追求品质生活，消费意愿与能力双高。以美妆板块为例，每月新增笔记超百万篇，从大牌新品评测到平价好物挖掘，全方位覆盖，热门笔记点赞量常超十万，互动频繁，形成强大的消费引导力，推动美妆品牌在小红书上精准营销，实现口碑与销量的双赢。

3. 场景化定位：连接多元生活场景

小红书深度渗透美食、旅行、美妆、家居等多元生活场景，构建起庞大的生活场景网络。在美食领域，"小红书美食地图"功能依据用户定位，精准推送周边人气餐厅与网红小吃，用户分享的探店笔记搭配诱人的图片、详细评价，激发大众的味蕾探索欲；在旅行板块，"旅行攻略"话题汇聚全球目的地攻略，从热门景点打卡到小众秘境探秘，从行程规划到当地交通住宿，一站式解决出行难题，带火了众多小众景点；美妆场景，实时更新的新品资讯、教程分享，助力用户紧跟潮流、提升妆技，成为美妆风尚引领者。通过全方位覆盖生活场景，小红书让用户随时随地开启美好生活探索之旅。

4. 内容特性：彰显即时互动的真实价值

在内容创作方面，大量用户愿意将自己的生活经验、消费体验、兴趣爱好等以图文、视频等形式分享出来，形成丰富的用户生成内容(UGC)。用户无论是遇到生活中的突发问题，如生病时想了解症状应对方法、旅行中遇到突发状况需要解决办法等，还是对新鲜事物产生好奇，如新品上市想知道使用感受等，都能在小红书上快速搜索到相关内容，获取即时的信息解答。在评论区，用户之间可以通过点赞、评论、私信、分享等方式进行深度互动，分享各自的看法、经验和建议，形成实时的信息交流与共享和良好的社区互动氛围。这些分享和互动的内容基本来源于用户的真实体验，使得信息更具可信度和参考价值。用户之间也会相互监督，对于虚假内容会在评论区提出疑问，促使内容创作者保持真实和诚信，也帮助品牌和商家改进产品和服务。

小红书官方还会举办各种话题挑战、互动活动等，吸引用户积极参与，比如"30 天健身挑战""读书打卡活动"等，用户通过参与这些活动，不仅能记录自己的成长与变化，还

能与其他有共同兴趣的用户交换信息、相互鼓励、共同进步。同时平台也有较为严格的内容审核机制，用户通过举报等方式，对虚假、夸大、抄袭等内容进行打击，保证了社区内信息的真实性和可靠性。即时性、互动性、真实性的内容不仅让用户能够便捷地获取有用的信息，也使得小红书在用户心中树立了良好的口碑，正向吸引更多用户在平台上分享和交流真实的内容。

二、从文化焕新到科技赋能的进阶

（一）文化传播新助力：多元文化生态构建

1. 多元文化的传播与流通

在当今数字化信息快速传播的时代背景下，社交媒体平台在知识传播与交流领域扮演着愈发关键的角色。小红书作为其中极具代表性的一员，凭借其强大的检索功能、精细的笔记分类体系以及精准的大数据推送机制，为大众提供了一条高效获取信息的途径。用户仅需输入关键词，便能迅速从海量信息中精准定位到与之直接相关的内容，极大地节省了信息搜寻成本。

不仅如此，小红书构建的互动社区环境更是进一步促进了知识的流动。依托留言、讨论等多样化的交互形式，不同背景的用户得以突破时空限制，随时随地针对特定知识展开深入探讨，实现了知识在多元主体间的多向流通，让知识的互动交换过程变得更为便捷、高效，切实满足了当下快节奏生活中人们对于知识快速摄取与交流的需求。

凭借其庞大的用户基础、活跃的社区氛围以及强大的推送机制，小红书在文化传播领域成绩斐然，已然成为多元文化交流与传承的重要阵地。无论是传统文化的复兴、潮流文化的引领，还是助力国货品牌出海，小红书都展现出了独特的价值与影响力。

2. 传统文化的传承与演绎

小红书为传统文化在当代社会的传承与发展开辟了新路径，通过创新形式与多元玩法，让古老文化重焕生机。检索和分类功能拉近了普通人与传统文化的距离，例如在"汉服"词条下，汇聚了超百万篇汉服相关笔记，涵盖形制科普、穿搭方式、妆发配饰搭配等丰富内容。"汉服出行日"话题阅读量高达 8000 万，用户分享身着汉服游历山川、参加传统节日庆典的照片与故事，配以精美的图片、生动的文案，生动展现汉服魅力，向大众展示传统服饰文化在现实生活中的实际使用，进一步彰显传统文化魅力。

传统手工艺同样借助小红书大放异彩。在剪纸、刺绣、木雕等非遗技艺话题下，匠人们分享创作过程、工艺技巧，为传统手工艺的传承注入新活力。如苗族刺绣非遗代表性传承人发布作品展示与针法讲解笔记，收获数十万点赞，吸引年轻用户关注，不少人留言求购作品或想拜师学艺。普通人也可以发布自己体验传统文化的经历和心得，通过小红书的随机推送，吸引更多人参与文化活动。

小红书通过发起创意话题与活动，如"传统节气美食挑战赛"，鼓励用户在不同节气制作并分享传统美食，清明的青团、冬至的饺子，用美食串联起节气与生活，加深用户对传统文化内涵的理解。相关话题阅读量累计超 5000 万，互动频繁，表明传统文化真正融入了当代生活。

3. 潮流文化的孵化与引领

在小众文化领域，小红书通过话题分类的形式，让用户快速定位关键词标签对应的内容，将感兴趣的用户集中。以手账文化为例，超 300 万用户分享手账排版、贴纸使用、文具推荐等内容，"手账排版灵感"话题阅读量达 6000 万，不同风格手账作品激发创意碰撞；Lolita 服饰、JK 制服等亚文化圈同样活跃，品牌上新、穿搭分享、线下茶会记录，让小众文化不再小众，吸引大量年轻群体加入，拓展了文化边界。

在国潮崛起的浪潮中，小红书发挥了关键引领作用。众多国潮品牌借助平台进行推广，从李宁、安踏等运动品牌的时尚联名款发布，到花西子、完美日记等美妆国货的新品预热，品牌通过小红书种草、KOL（关键意见领袖）带货、用户口碑传播，引发关注、讨论，迅速打响知名度。

小红书算法精准洞察潮流趋势，依据用户搜索、点赞、收藏行为分析潮流走向，将小众文化优质内容推送给有潜在兴趣的用户，加速文化扩散。当"美拉德穿搭"在局部地区兴起，小红书迅速捕捉这一现象，推荐相关笔记，使小众风格迅速流行，形成全民风尚，彰显潮流孵化与引领的实力。

(二)科技升级新导向：精准匹配数据驱动

1. 个性化推荐引擎：触达用户需求

小红书依托强大的大数据分析与深度学习算法，构建了高度智能化的个性化推荐引擎。这一引擎以用户画像为基础，深度整合用户的浏览历史、点赞收藏、搜索关键词、停留时长等多维度行为数据，精准洞察用户的兴趣偏好、消费习惯与生活方式，实现内容与商品的个性化精准推送。例如，当用户频繁浏览时尚穿搭笔记、关注美妆新品动态时，系统自动识别其对时尚美妆领域的浓厚兴趣，优先推送当季流行穿搭指南、美妆博主评测、品牌新品预告等相关内容。

2. 图像识别技术：开启搜索新篇

小红书图像识别技术涵盖拍照搜物、地标识别等多元功能，支持用户拍摄商品实物、图片或截图，识别商品品牌、款式、型号，精准匹配同款及相似商品链接，提供价格、评价、购买渠道等全方位信息。地标识别功能则能智能识别照片中的景点、建筑、餐厅等，关联推送详细介绍、打卡攻略、周边推荐等信息，丰富旅行探索的乐趣。该功能简化了商品的信息查找与购买之间的平台跳转流程，增强了用户的消费黏性，提高了平台的互动性与实用性。

三、文化科技影响力的跃升路径

小红书通过精心培育创作者生态、匠心打造文化IP以及巧妙融合线上线下体验，全方位拓展文化传播边界，不断优化算法逻辑并积极探索新兴技术应用，实现文化、科技与商业的正向影响发展。

(一)创作者扶持：提质与引流双管齐下

小红书将作品创作视为平台发展的重要动力，推出一系列扶持计划与激励政策，为创作者提供成长沃土。"创作者成长扶持计划"针对不同成长阶段的创作者，提供从创作技巧培训、流量曝光扶持到商业变现的一站式指导。新手创作者可参与线上创作课程，学习文案撰写、图片拍摄、视频剪辑等技巧，快速提升作品质量；在积累一定粉丝量后，还有机会获得专属流量助推，提升笔记曝光度，拓展粉丝群体；设立创作激励金，依据内容质量、互动数据等指标给予奖励，激发创作热情。

小红书还定期举办线上线下培训课程与工作坊，邀请行业专家、知名博主分享美妆时尚前沿趋势、旅游攻略深度挖掘、美食文化创意呈现等专业知识，促进创作者知识迭代与视野拓展。

(二)文化IP创新：传统与创意的融合复兴

小红书凭借其对文化的敏感洞察，专注于国货和传统文化等多个领域，汇聚了高质量的资源，并在内容和形式上进行了创新，推动品牌文化IP保持持久的生命力。"看中国"IP与故宫博物院、敦煌研究院等文化机构合作，共同推出了"国宝的一天"和"敦煌飞天绘梦"等一系列文化活动，邀请文化创作者深入文化活动现场，通过图文、视频和直播等多种方式来展示文物的魅力和传承技艺。例如，有博主亲自参观了敦煌石窟，并通过直播方式讲解了壁画背后的历史故事，吸引了上百万用户观看，并获得了超过50万次点赞，从而让传统文化珍品进入了大众视野。

小红书专门为国内品牌设计了个性化的营销战略，以推动品牌的快速崛起。以花西子这一美妆品牌为研究对象，小红书专门探讨了"东方彩妆美学"主题，并与该品牌合作推出了限量版彩妆礼盒。此外，他们还邀请了美妆博主进行深度的产品评测和创意展示，以全面展示产品的中国特色和卓越品质。借助这一有利时机，该品牌在新产品上市的首月内，小红书的搜索量实现了 200% 的增长，销售额也突破了千万大关，从而展示了其在文化 IP 商业领域的强大实力。

小红书通过多样化的方式，成功地实现了文化 IP 的多样化传播。"城市文化探秘"IP推出了以城市为主题的纪录片，深度探索了北京胡同和成都老街背后的文化底蕴，并在站内激发了用户的回忆，评论区分享了超过万个家乡故事；线下组织了一场与主题同名的展览，通过实体物品的展示和多媒体互动，使观众能够深刻体验到城市的历史变迁。观展人次超过了 10 万，线上线下联动进一步扩大了文化 IP 的影响力，并为城市文化塑造了新的名片。

(三)文化融合：破壁与互联的体验新篇

小红书积极打破线上线下壁垒，用笔记图文带动特色店铺、冷门景点、小众文化店铺等多元场景的交流展览、探店打卡，拓展文化体验边界，鼓励用户根据推荐内容进行线下打卡并将自己的体验上传。用户依据定位与兴趣，精准发现周边好去处；商家借助用户分享提升知名度，从而实现双赢。如英国剑桥大学也出现了"小红书推荐打卡游船"的字样，小红书也借此丰富生活服务生态，强化文化消费场景。

小红书在线下举办各类展览活动，实现文化的深度触达。"艺术之眼"摄影展汇聚全球摄影佳作，结合线上专题页面、创作者导览直播，为用户提供线上线下一体化的观赏体验。线上话题互动热烈，相关笔记阅读量超 500 万，线下观展人次达 20 万，打破了传统展览的时空限制，让艺术文化飞入寻常百姓家，提升全民审美素养，拓展文化传播新路径。

(四)公益建设：文化与经济的协同激活

小红书凭借其庞大的用户群体与强大的传播力，推出公益项目，提高小众文化的知名度与影响力，助力传统文化找寻发展新机遇。如"乡村漫游公益计划"极具开创性，计划3 年内助力 300 个村庄文旅发展。以小杭坑为例，小红书与湖州合作落地生态营地，打造集住宿、餐饮、体验活动于一体的"乡村生活俱乐部"，成效斐然，使该地笔记超万篇、浏览量达 2000 万+，吸引了大量游客。

在非遗传承创新上，小红书通过"非遗上新"公益扶持计划，促成设计师与非遗手艺人合作，如华晨宇演唱会身着的白族扎染服饰，既展现文化自信，又助力工坊增收。小红书搭建公益平台，借助平台种草、创意设计、线上线下联动等手段，唤醒乡村沉睡资源，为文化复兴注入源源不断的活力，构建起可持续发展的新模式。

(五)技术更新：创意与体验的联动升级

小红书利用 5G、AR、VR 等新兴技术，助推文化内容以更新颖的形式展现在用户眼前。5G 网络加持下的直播为用户带来更加丝滑舒适的体验，如时尚博主 4K 高清直播穿搭秀，实时互动热烈，点赞量超百万。AR 技术赋能美妆、家居领域，虚拟试妆、家居布置功能让用户线上预览效果，缩短决策周期，激发消费潜能，以技术创新拓展业务边界，引领行业潮流。

四、品牌崛起的关键拼图

在 2024 年中国新媒体大会"共筑数字时代的新媒体责任"社会责任论坛上，小红书公益部负责人毕奇发表"科技为笔，人文为墨，勾画人间烟火气"主题演讲，小红书在"文化+科技"领域的卓越成就，为行业树立了标杆，其成功范式可归纳为用户需求驱动创新闭环、科技与文化协同共振、构建开放多元生态三大关键要素。

（一）用户需求驱动的创新闭环

小红书始终将用户置于核心地位，聚焦用户在文化消费、生活分享、购物决策等多元场景下的痛点与需求，精准定位，实现用户深度绑定，同时需强化用户调研，锚定细分群体，定制专属服务。年轻女性对时尚美妆潮流的追求迫切，渴望便捷地获取前沿资讯、实用技巧；旅游爱好者期待一站式优质攻略，涵盖小众秘境、特色体验。小红书凭借敏锐市场洞察捕捉需求，通过大数据、用户调研等精准剖析，如分析美妆板块搜索热词、评论诉求，了解流行风向、产品关注点，为创新锚定方向。

小红书构建多元互动场景，点赞、评论、私信、话题互动、线下聚会等用户交流方式成为小红书创新的源泉，小红书通过评论区、私信、问卷调查等多元渠道收集用户意见建议，优化产品功能、内容策略。依据反馈优化个性化推荐算法，使内容更贴合用户喜好；改进笔记编辑工具，提升创作便利性。创新成果再推送给用户，根据用户行为、满意度持续迭代，形成需求感知—产品服务优化—效果评估的良性闭环，让用户深度参与平台成长，确保创新精准高效，增强社交黏性。

（二）科技与文化的协同共振

小红书以技术赋能文化传播，以文化引领技术发展，两者紧密交织，为文化内容精准触达、多元呈现赋能。持续投入研发资源，聚焦个性化推荐、图像识别、智能客服等核心技术，迭代升级算法，提升推送精准度；优化图像识别模型，拓展识别范畴，以技术硬实力夯实竞争根基，实现信息与文化的高效传播；5G 赋能高清直播、AR 助力虚拟试妆、大数据驱动精准营销，提升用户体验与商业效能，缩短决策周期；搭建开放技术平台，与高校、科研机构、科技企业合作，引入新技术、新理念，加速创新进程。

在技术支持下，小红书根据用户兴趣画像推荐传统文化等内容，激发探索欲；图像识别拓展文化发现路径,地标识别关联景点攻略,增强文化体验的沉浸感;AR技术让文化消费更立体直观,提升决策效率;潮流文化、传统文化创意表达为技术创新启发灵感,如"国风"主题滤镜、特效受追捧;基于海量用户数据,洞察潮流文化发展趋势,为品牌与用户搭建精准连接桥梁,依据用户画像、兴趣标签,实现品牌广告、产品推广的精准投放。用户反馈反向驱动产品研发、设计优化,精准契合市场需求。文化与科技双向赋能,拓展品牌边界,提升品牌影响力。

(三)开放多元的生态构建

小红书着力打造开放包容、多元共生的生态,深度挖掘小众文化、亚文化领域,通过个性化推荐、创意话题的激发,为小众文化爱好者构建专属交流圈,促使小众文化蓬勃发展,为平台注入多元活力。

小红书汇聚创作者、品牌、用户等多元主体,共同构建充满活力的社区生态环境。创作者作为内容源头,平台对其进行扶持激励,提供培训、流量、变现支持,鼓励其创作优质内容,激发文化活力;品牌入驻合作,借平台精准营销,联合创作者进行推广,利用用户反馈进行产品升级,实现口碑和销量双赢;用户作为互动者、参与者、消费者,贡献内容、反馈需求,驱动品牌迭代升级。小红书倡导内容形式多元化,短视频、直播、图文协同发力。视频呈现详细过程,直播互动解答疑问,图文分享成品与心得,满足不同场景需求,提升内容传播力与用户黏性。

小红书突破单一模式,融合社交、电商、知识付费、公益等多元场景。产品评价与电商页面的融合,加强了内容种草与消费转化的衔接;提供职场、生活技能课程,拓展知识边界;公益聚焦环保、乡村振兴,彰显社会责任。多元场景相互引流、协同赋能,延长用户生命周期,满足多元需求,打造繁荣共生的生态系统。

五、国家发展战略的文化经济协奏强音

小红书通过多种途径为文化繁荣注入强大动力,助力文化自信树立、促进多元文化交流融合、激发消费市场活力、助推产业升级,推动文化产业创新发展,为经济增长和文化发展注入强劲动力。

(一)助力文化认同与国货崛起

小红书凭借丰富多元的内容生态,为传统文化复兴开辟广阔天地,成为唤醒民族文化认同的前沿阵地。在平台上,"古风""传统技艺传承"等话题热度持续攀升,汇聚了海量传统文化优质内容。汉服穿搭笔记超百万篇,从形制科普、搭配技巧到历史溯源,全方位展现汉服魅力,激发年轻人对传统服饰的热爱;传统手工艺如剪纸、刺绣、陶艺等的展示,吸

引无数目光，非遗代表性传承人分享创作过程，引发年轻用户求艺热潮，让古老技艺重焕生机。

小红书为国货崛起搭建展示舞台，助力民族品牌绽放光芒。近年来，国货美妆、服饰、食品等品类借小红书"种草"、口碑传播，更有用户自发发表"国货安利"相关内容，国货产品的影响力显著提升。花西子以东方美学为核心，雕花口红、空气蜜粉等产品借平台推广，成为美妆新宠；李宁融合国潮设计，运动服饰彰显中国元素，新品发布引发抢购热潮。国货相关话题阅读量数以亿计，用户打破信息壁垒使爱国货、用国货、晒国货成风尚，从文化认同转化为消费力量，夯实文化自信的物质根基。

(二)开拓文化疆土与拓展全球视野

小红书打破地域界限，构建起跨地域文化交流的桥梁。在"环球旅行笔记""异国风情体验"等话题下，用户分享全球各地旅行见闻、文化习俗，一些网友积极在网上诉说所见所闻，让用户们足不出户即可领略世界风采；美食领域，各国特色料理制作、探店分享让味蕾开启环球之旅，促进不同地域文化相互了解，拓宽国民视野。

小红书跨越年龄、职业、兴趣等圈层，推动多元文化碰撞融合。传统文化与新时尚风潮联动，汉服与现代配饰搭配，演绎古今时尚对话；科技与艺术跨界，数字艺术作品、科技感文创受追捧，激发创新灵感；亲子、教育与职场领域互动，育儿经验、职场成长融入生活美学，滋养多元生活方式，形成包容、创新的文化交流氛围。

(三)推动文创升级与文旅新途

小红书激发文创消费新活力，为文创产业发展注入动力。"文创好物推荐""博物馆文创探秘"等话题引发热潮，故宫博物院、敦煌研究院文创产品借平台"出圈"，胶带、书签、彩妆等文创兼具实用性与文化内涵，受年轻消费者青睐，带动文创品牌成长，拓展了文创市场边界。

小红书为文旅产业赋能，催生文旅消费新业态。各地文旅部门、景区与小红书合作，"城市漫游""乡村旅游"攻略火爆，重庆洪崖洞、西安大唐不夜城等借平台成为网红打卡地，游客量飙升；乡村旅游借"最美乡村""乡村民宿"推荐兴起，云南丽江玉湖村、浙江安吉小杭坑等乡村借小红书引流，开发新业态，民宿、农事体验、文创工坊蓬勃发展，助力乡村振兴，为文旅产业数字化、融合化创新提供范例。

(四)带动消费升级与创业赋能

小红书以其强大的种草属性和精准的内容推荐，深度激发消费者的购买欲望。当用户搜索商品时，海量真实用户分享的产品使用心得、评测体验，搭配精美的图文、生动的视频，让消费者迅速了解产品优劣，精准匹配需求，更高效合理地选择产品。

小红书积极引导消费升级，推动品质消费浪潮。"精致生活""品质好物"等话题汇聚了高端家居、有机食品、智能小家电等优质内容，传播品质生活理念。如在智能家居领域，用户分享智能灯光、扫地机器人等产品提升生活便捷度与舒适度的体验，通过大数据不断推送，促使企业加大研发投入，推出更多高品质产品，满足市场升级需求，带动消费结构优化。

小红书不断拓展消费场景，打破线上线下界限。线上，"云逛街""虚拟试穿"等功能让用户宅家也能体验购物的乐趣；线下，探店打卡、展览活动引导用户走出家门，探索实体消费的可能。"城市咖啡地图"激发用户的探店热情，带火了小众咖啡馆，拉动线下餐饮消费；线上美妆试色、服饰试穿后，用户前往专柜购买，实现线上线下流量互引，拓展消费边界，为经济增长注入活力。

小红书为个体创业开辟绿色通道，降低门槛，赋能成长。个人创作者凭借优质内容吸引粉丝，通过品牌合作、带货分成等方式实现商业变现。美食博主凭借扎实的文案与出众的表现力获品牌青睐，与品牌推出联名产品；旅游从业者利用平台进行产品宣传，吸引客流。小红书提供流量扶持、商业指导，助力创业者从 0 到 1，成为经济新亮点。

（五）助推城乡融合与区域协同

小红书助力乡村文旅发展，缩小城乡差距。乡村旅游方面，挖掘小众古村、田园民宿潜力，云南沙溪古镇经博主推荐，客流量年增 50%，带动民宿、餐饮增收；在农产品推广上，"助农计划"为果农、菜农打开销路，陕西周至猕猴桃借小红书销量翻倍，农民增收致富，促进乡村产业兴旺，推动城乡融合发展。

小红书为城市特色产业赋能，打造城市名片。景德镇陶瓷、苏州刺绣等非遗借平台走向全国，"景德镇手作陶瓷"话题阅读量超千万，吸引游客打卡工作室、购买作品、传承技艺，同时带动当地经济发展；地方小吃如武汉热干面、重庆小面，经小红书传播，门店客流量攀升，拉动餐饮、食材供应产业，以点带面，激活城市经济活力，促进区域协同发展。

小红书创立十余载，从海淘攻略起步，转型"社区＋电商"，拓展多元业务，精准定位年轻女性，以"标记我的生活"融入多元场景，成为生活分享主阵地，月活超 3 亿，彰显影响力。

在文化传播上，小红书是传统文化传承、潮流文化引领、国货出海助推的先锋。汉服、非遗借平台焕新；小众文化出圈，国潮崛起；花西子等国货借此拓展海外市场，文化触达全球。科技创新层面，个性化推荐、图像识别、大数据推送、搜索便捷、严格审核，技术硬实力驱动发展。

小红书以用户为核心，为创作者打造文化 IP、线上线下融合深耕文化，持续投研、优化算法、探索新兴技术驱动科技发展，构建用户、科技、文化协同创新的正向发展模式。小红书助力文化自信，促进文化交流融合，推动文化产业创新；激发消费动能，助推产业升级、孵化创业就业、协同区域经济，是文化繁荣、经济发展的重要力量。

小红书未来在"文化+科技"领域有望持续领航，在经济文化领域发挥更大作用。

在文化传承发展层面，小红书将携手文博机构，以数字藏品、线上展览的形式，让文物"活起来"，"国宝云游"计划拟每年推出百场线上特展，吸引千万人次观展；挖掘地域民俗文化，让乡村非遗、古镇技艺焕新，培育乡村文旅网红打卡地，助力乡村振兴；在潮流文化上，紧跟青年文化脉搏，电音、滑板等潮流文化专区涌现，为小众文化提供舞台；强化国潮引领，从产品设计到品牌理念，全方位输出中国文化符号，助力百家国潮品牌国际化拓展。

在技术创新前沿，小红书将深化 AI、大数据等技术的融合应用。AI 赋能创作，智能生成个性化文案、创意视频脚本，激发全民创作热情，提供更多文化知识内容；算法优化，精准洞察文化潮流，提前捕捉新兴文化趋势，进一步扩大文化风潮。图像识别拓展至文化艺术品、动植物识别等领域，开启知识科普新篇，消除普通人与文化的隔阂。VR/AR 沉浸式体验升级，打造虚拟博物馆、时尚秀场，革新文化消费模式，让用户足不出户畅游多元文化世界。

小红书还将肩负社会责任，科技赋能公益创新。"数字公益计划"利用区块链追溯捐赠、AI 匹配需求，提升公益透明度与效率；聚焦环保、健康、户外等议题，发起"绿色生活挑战""知识点亮乡村"活动，吸引亿级用户参与，以科技凝聚情谊，用文化传递温暖，持续为用户创造新价值，为行业发展注入新动力，树立新时代社会责任新丰碑。

（杨馨然　执笔）

15 文学网站品牌

起点中文网：
从书本到屏幕，"点亮"数字文学的未来

起点中文网（简称"起点"）成立于 2002 年，是中国网络文学领域的开拓者和领导者，也是全球规模最大、最具开创性和影响力的文学网站之一，隶属于阅文集团。在目前中国网络文学发展的总体格局中，"起点"长期处于领先和主导地位。作为国内首个实施 VIP 付费阅读制度的平台，起点中文网以其丰富多样的内容矩阵和创新的商业模式，奠定了中国网络文学的基本形态，其推出的职业作家制度，如白金作家制度、作家福利制度等，为创作者提供了良好的创作环境和经济保障，吸引了大量优秀作者入驻，也催生了月票、打赏等粉丝经济模式，让读者与作者之间的互动更加紧密，成功构建起健康繁荣、互动频繁的创作与阅读生态。

近年来，起点中文网通过 WebNovel 平台实现了网络文学的全球化布局，以 AI 翻译和数字化分发技术为支撑，将数千部中文作品输出至北美、东南亚等国际市场，显著提升了我国文化国际影响力。如今，起点中文网进一步将技术与文化融合，坚持以内容生态为核心，推动 IP 的全链条开发，并在全球范围内塑造网络文学的中国品牌，书写更加辉煌的文化输出新篇章。

一、"网文先锋"的崛起之路

起点中文网的发展大致分为三个阶段。第一阶段：初创期（2002—2004 年）。2002 年 5 月，林庭锋、侯庆辰、罗立等人正式建立起点中文网，由林庭锋出任该网站站长；2003 年 10 月推出 VIP 付费阅读制度，并取得阶段性成功。第二阶段：整合期（2004—2015 年）。2004 年 8 月，起点中文网被上海盛大网络发展有限公司收购。当时，盛大文学旗下有起点中文网、晋江原创网和红袖添香文学网三个具有行业代表性的文学网站，此后又陆续收购

了榕树下、潇湘书院、小说阅读网等重要网站，号称"网络文学航空母舰"。第三阶段：全球化时期（2015 年至今）。2015 年 3 月，腾讯文学与盛大文学共同组建阅文集团，起点中文网进入阅文，一直至今。2017 年 5 月，为迎合网络文学海外传播的国际趋势，起点国际（WebNovel）上线，成为中国第一个官方网文出海平台。

- 2002年起点中文网成立
- 2003年推出付费阅读服务

2008年

2002年

- 2008年盛大文学成立
- 2010年盛大文学头部作品占比超7成

- 2014年腾讯文学收购盛大文学
- 2015年阅文集团成立
- 2017年阅文集团上市

2013年

- 2020年腾讯集团副总裁、腾讯影业CEO程武先生任阅文集团CEO
- 2021年公司发布"大阅文战略"

2018年

2020年

- 2018年阅文集团收购新丽传媒
- 2019年推出人气作品《庆余年》

资料来源：公司公告，华安证券研究所

起点中文网发展历程

（一）开创付费阅读的"起点模式"

在网文市场的初创阶段，商业模式一直是争论的焦点。从爱好者论坛到商业化网站，从粉丝经济到资本运营，从 PC 端到移动端，起点中文网经历了不同商业模式和媒介形式的嬗变，经过不断摸索，最终形成"起点模式"。"起点模式"简单概括为用户为获取特定内容而支付费用的商业模式，其本质上属于"付费阅读"的范畴。2003 年，起点中文网开启"付费阅读"服务，真正意义上开创了网络文学的盈利模式，奠定了我国网络文学行业基础。2004 年被盛大网络发展有限公司收购后，起点中文网借助盛大游戏的点卡支付渠道优势，VIP 付费阅读制度得以稳固发展，职业作家制度和读者反馈机制逐步建立；2005 年，推出了"起点职业作家体系"，为网文创作的职业化提供了保障。从那时起，"签约赚稿费"成为大批网文作者的写作动力，后来又推出"白金作家"制度，这标志着作家的品牌化运作开始成形。2009 年，"粉丝打赏"模式逐渐成熟，起点中文网在网站上推出的"打赏"功能大获成功，这一以粉丝与作家互动为核心的盈利模式，成为网络文学粉丝经济的早期示范。

经过网络文学三十年的蓬勃发展，"付费阅读"模式已经非常成熟，这种"内容付费—收益分成—再投资"的生态循环，为行业的可持续发展奠定了坚实基础，不仅促进了优质内容的生产和消费，也为网络文学行业的繁荣和长远发展开辟了更加广阔的空间，至今仍被市场普遍使用，其优点主要体现在三个方面。第一，"付费阅读"保证了平台收益的稳定性。付费模式建立在读者主动购买和订阅的基础上，形成了稳定的收入模式，这不仅降低了平台对广告收入的依赖，也减少了市场波动对平台经济体系的影响。新增用户和新增收入是成正比的，随着用户付费习惯的培养，平台能够通过 VIP 订阅、粉丝打赏、章节购买等多样化的付费形式变现。第二，"付费阅读"保障了用户留存的黏性。当用户愿意为阅读内容付费，这首先意味着他们对该内容有着较高的期待与认可。与免费内容相比，付费阅读往往承载着质量更高的内容，用户相信作者的创作水平，或因认可作者的观点而付费订阅。同时，付费模式大幅提高了内容筛选效率，为读者提供了去广告化的纯净阅读体验，从而进一步激励作者持续产出高质量内容，增强了平台的用户黏性和品牌忠诚度，由此形成一个循环的正向激励过程。第三，"付费阅读"提高了内容创作的质量。平台以明确的收入分成机制为作者提供了稳定的经济保障，吸引更多有才华的创作者投入到内容创作中。作者有了稳定的收益保障，才会将重心放在高质量内容的创作上，优质作品才会源源不断涌现。更重要的是，付费阅读强化了版权保护机制，减少了盗版行为的发生，维护了作者和平台的合法权益，进一步提升了行业的规范化程度。

(二) 从"粉丝经济"到 IP 开发的"多维突破"

付费模式的成功也说明了粉丝文化与圈层经济的价值得到了市场的验证。起点中文网作为行业先锋，开创性地推出"粉丝打赏""会员订阅""互动活动"等多元模式，成功实现了一场意义非凡的角色转变——将原本单纯的读者群体转化为热情满满的粉丝消费者，就此搭建起网络文学领域粉丝经济的初级架构。此后，起点中文网深度聚焦以粉丝文化为内核的社区生态营造，全力增加用户之间的互动交流频次，通过增强用户互动性和提升付费意愿来强化平台的变现能力。

读者粉丝沉浸式体验阅文 IP 宇宙艺术装置

起点中文网也逐渐意识到庞大且活跃的粉丝群体是网络文学作品 IP 开发的基石。因此，网站从内容源头入手，推动 IP 孵化与开发的无缝衔接，使得内容创作与后续开发更加紧密地结合。2019 年，起点中文网在"17 周年分享会"上发布了夯实和深化 IP 开发的"百川计划"。该计划前置了 IP 孵化过程，在"原创内容""衍生分发""粉丝互动"上加大投入，进一步发展"粉丝经济"与社区生态。至此，大量资源和资本开始向 IP 开发倾斜，帮助优质内容聚焦长远利益。IP 开发就是将优质内容从原有的单一载体扩展到多元化领域，实现文化与商业价值最大化的途径。通过对小说、影视剧、动漫等内容的深度挖掘，IP 开发能够将核心故事、角色形象和文化内涵融入更多创意载体。如自 2007 年就开始连载于起点文学的小说《庆余年》，凭借其宏大的世界观、复杂的人物关系和充满反转的剧情，在连载期间获得了极高的关注度，是历史类收藏榜前五位的作品，并形成了庞大的粉丝基础。根据起点读书 App 上的数据，《庆余年》读者社区聚集了超过 300 万粉丝。该小说在2019 年被改编为同名影视剧，一经播出就创造了热度第一、同时段全频道收视率第一、收视率远超同期其他剧集等多项纪录。2024 年，《庆余年》登顶了文化产业 IP 价值综合榜，2007 年的老书再次名列排行榜第一。成功的 IP 开发不仅延续了原作的生命力，还通过多渠道、多形式的传播拓宽了受众群体，增强了用户的情感连接，提升了品牌黏性。

起点中文网特别注重 IP 开发的文化价值与市场需求的结合，以差异化的内容输出构建全产业链条，进而带动从文学到影视、动漫、游戏再到周边产品的立体化延伸，为文化产业注入持续发展的动力。如根植于传统文化的《琅琊榜》，聚焦中国工业发展的《大国重工》《材料帝国》，描绘普通人职业生活的《大医凌然》《朝阳警事》等众多优秀作品被国图入藏。此外，起点中文网依托 IP 的影响力，游戏开发、动画改编等项目逐步启动，形成了内容创作、传播、消费的闭环。如起点文学 IP 改编作品有声书《大奉打更人》9 个月播放量破10 亿次，漫画《第一序列》上线 8 天人气突破 8000 万，《斗破苍穹》动画系列播放量破百亿次。

（三）引领网络文学出海的"全球化布局"

起点中文网的"全球化布局"最早可以追溯到 21 世纪初期。根据《中国网络文学出海白皮书》，早在 2004 年，起点中文网开始向全世界出售网络小说版权，让海外读者通过海外出版授权接触到了中国网络文学，引领开启了网文出海的时代浪潮。

那时，由于语言和文化的差异，这些优秀网文作品被拒于海外市场门外。后来随着《盘龙》《斗破苍穹》《龙王传说》《永夜君王》等中国玄幻小说在海外市场获得广泛关注，这一现象表明，中国的武侠与玄幻文学同样能够跨越文化界限，受到海外读者的青睐。加上越来越多专注于翻译中国网络文学的海外平台兴起，这一障碍得以逐步消解，也就在此时，起点中文网敏锐地察觉到了网络文学在海外市场的巨大潜力。2017 年 5 月 15 日，阅文集团旗下的国际网文平台起点国际（WebNovel）正式上线。

作为起点中文网的海外门户，起点国际以英文版为主，逐步提供泰语、韩语、日语、越南语等多语种阅读服务。截至 2024 年 11 月，起点国际翻译中国网文作品 6000 余部，签约

Power Ranking WEEK OF September 17, 2018   See More

Full Marks Hidden Marriage: Pick U...
Romance Fiction
63326

Library of Heaven's Path
Eastern Fantasy
59112

The King's Avatar
Video Games
47028

Trial Marriage Husband: Need t...
Romance Fiction
33219

Release That Witch
Fantasy
26328

Super Gene
Science Fiction
22268

Popular   See More

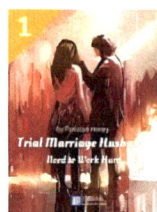

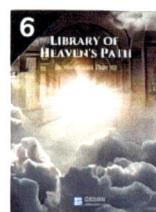

Trial Marriage Husband: Need t...
Romance Fiction
★★★★ 4.6

Full Marks Hidden Marriage: Pick U...
Romance Fiction
★★★★★ 4.7

Bringing the Nation's Husban...
Romance Fiction
★★★★ 4.5

King of Gods
Eastern Fantasy
★★★★ 4.4

The King's Avatar
Video Games
★★★★★ 4.7

Library of Heaven's Path
Eastern Fantasy
★★★★ 4.4

阅文集团海外门户起点国际(webnovel) 首页

海外原创作家近 45 万名，海外原创作品数量达 68 万部，拥有逾 2.3 亿访问用户，累计访问用户量约 3 亿。起点国际搭建了一个多语种阅读平台，还通过社区互动和粉丝参与，推动了中文网络文学与全球读者之间的文化交流。此外，平台注重孵化全球原创内容，与海外作者合作，形成了"本地原创＋中文 IP"的双驱动发展模式。通过持续推出热门作品的翻译版本，如《斗破苍穹》《全职高手》等，起点国际在国际市场掀起了"中国网文热"，成功吸引了数千万海外用户，为中文文学在全球文化版图上赢得了更大的话语权和影响力。起点国际引领网络文学出海的"全球化布局"，依托强大的内容创作能力和技术支持，将优质中文网络文学通过 AI 翻译与本地化编辑的方式输出至北美、欧洲、东南亚等多个市场。

二、"网文产业"的全面布局

(一)内容多元的文化矩阵

早期的起点中文网上玄幻、仙侠、修真类作品占据主流地位，内容充满了无穷无尽的想象、波澜壮阔的冒险。2006 年，天下霸唱的《鬼吹灯》连载开创了盗墓文的先河和潮流，和南派三叔的《盗墓笔记》堪称盗墓小说的"开山鼻祖"，吸引了大量新读者对网络文学产生兴趣。随着此类作品逐渐剧情套路化、人物模式化，"平民逆袭""打怪升级"的"传统套路"不再所向披靡，网络文学转向更加广阔的主题和现实主义已成趋势。如《大国重工》《朝阳警事》《魔力工业时代》等 6 部作品入选了"庆祝新中国成立 70 周年"主题网络文学作品榜单。目前，从玄幻、武侠到都市、历史，再到科幻、游戏等多个类型，起点中文网几乎涵盖了所有主流文学题材，内容多元化成为起点中文网最显著的特征之一，近几年又新增了大量二次元、体育、科幻、现实题材类型的作品。广泛而多元的内容矩阵为其吸引并留住大批粉丝提供了坚实的基础。起点根据市场趋势和读者需求推出创新题材，如电竞、轻小说、女性向文等，以保持内容的活力与吸引力。

在政策上，起点极力倡导网文内容多元化竞争，促进潜力题材内容创作孵化，通过"文以载道"扶持潜力题材如现实题材、传统文化及其他个性创作内容品类，只要内容质量达到标准，作品可获至少 5 万元的保障。随着 2021 年现实题材和科幻题材的快速崛起，历史、仙侠等传统题材也表现出精神内核的蜕变，科幻题材已成为网络文学的五大品类之一。截至 2024 年 6 月，起点新增科幻网文 4.7 万部，累计创作总字数达 50 亿 3138 万字；截至 2024 年 8 月 10 日，起点读书十万均订作品累计达 20 部，其中科幻网文占比 50%。科幻网文佳作频出的背后，是网络文学作者阵营和读者的不断扩大。截至 2024 年 6 月，超4.6 万名阅文作家选择科幻题材创作，87% 的作家具有本科及以上学历，科幻新人作家中"Z 世代"占比超 90%。起点中文网成功建立了一个跨越文学、动漫、游戏等多个领域的全方位文化生态，同时，借助出版、有声、动漫、影视等多元内容形态，让优秀的网文走近更多用户。

(二) 作家成长的创作摇篮

起点中文网有着一整套创作扶持体系，为无数创作者提供了从零起步到实现职业化的全方位支持，被誉为作家成长的"创作摇篮"。首先，平台拥有系统化的新人扶持机制，为初涉网络文学的作家提供指导和资源，帮助他们快速适应网络文学的创作特点。2020 年，阅文集团发布"网络作家星计划"，旨在从培训、扶持、品牌运营等多个环节提升作家服务水平，并成立了"阅文起点创作学堂"，致力于持续培养新一代网文写作人才。通过"阅文起点创作学堂"开展写作课程和案例分享，可以让新人作家学习行业顶尖作者的成功经验。其次，平台通过作品推荐、分类扶持和新人榜单等措施，让初露头角的创作者能够迅速获得读者的关注，为其积累粉丝和人气。为了鼓励创新和高质量内容的创作，起点中文网建立了多层次的作家签约机制。新人作家通过发布作品可以获得平台流量倾斜，而优质作品和高潜力作者则会被纳入"白金作家"或"大神作家"体系，享有更高的分成比例和资源支持。通过这种模式，起点成功地构建了从新人到顶尖作家的成长路径，为作者提供了创作和经济上的双重保障。最后，起点陪伴一代又一代年轻作家成长，见证了他们从读者走向作者的成功转型，如我吃西红柿、骷髅精灵、历史系之狼等多位作者都是从大学时期开始创作，而其在创作初期同时也是起点的深度用户，"看得多了就尝试写写"是很多作家创作的起点。

通过完整的培养体系、丰富的资源和强大的资本能力，起点中文网不仅帮助无数作家实现了职业化梦想，还为中国网络文学行业输送了大量优秀的人才，巩固了自身在行业中的核心地位。一方面，通过"白金作家"计划打造精品文学，确保作品的高质量；另一方面，则通过签约大量新人作家，鼓励创新，形成从流行快餐文学到经典鸿篇巨制的完整内容生态。近几年，新增作家呈年轻化趋势，从2021年开始，起点读书App新增读者中60%是95后，年轻作家和用户代表了起点的创作生命力，起点读书诞生了像天瑞说符这样二次获得"银河奖"的95后优秀作家。

(三) 内容与科技深度融合

起点中文网在内容与科技深度融合方面不断创新，为网络文学行业带来了全新的可能性。早在2019年，阅文集团联合微软(亚洲)互联网工程院共同推出了"IP唤醒计划"，旨在利用AI技术为网络文学赋能。该计划以阅文集团旗下的百部经典原著及其主人公IP为主要分析对象，通过先进技术构建交互式虚拟世界，让读者能够直接参与剧情创作，并与定制化的IP角色进行互动。这样的创作方式，创造了一个开放性的网络文学空间，即通过作者与读者的共同参与，实现动态生成的多元化文本创作。起点充分利用大数据和人工智能技术，为内容创作、分发和消费提供了智能化支持。在创作端，起点中文网为作家提供了AI辅助工具，如智能校对、节奏优化等，帮助作家提升写作效率和内容质量。同时，数据分析工具能够为作家提供热门题材趋势和读者喜好的反馈，使创作者能够更精准地创作符合市场需求的作品。2023年，国内网络文学行业的首个大模型"阅文妙笔"以及基于该模型开发的应用工具"作家助手妙笔版"发布。这些AI工具旨在为作家打造包括作家服务、数据运营、技术工具等在内的网文创作"新基建"，依托平台和技术赋能，持续帮助作家创作好作品。借助AIGC，阅文集团正在打造图文、声音及衍生一体化的IP多模态平台，同时积极探索线下文旅等新场景，打造IP全产业链联动新范式。2024年6月，起点读书利用AIGC持续升级听书功能，进一步丰富真人有声作品资源，以帮助视障人群更好地接触和享受阅读的乐趣。起点中文网在科技助力内容拓展方面也取得了重要突破。平台利用AI翻译技术，将中文网络文学快速翻译为多语种版本，通过旗下WebNovel平台将热门作品推向全球市场，打破语言障碍，提升了中国网络文学的国际影响力。AR、VR等新兴技术的应用，使得用户可以以更加沉浸式的方式体验文学内容，进一步增强了阅读的互动性与娱乐性。在内容方面，起点中文网依托大数据推荐算法，通过分析用户的阅读习惯，实现了个性化内容推荐，让每位用户都能快速找到符合自身兴趣的小说。这种精准分发不仅提升了用户体验，也显著增加了作品的曝光率和作者的收入。平台还通过智能搜索和分类优化，使庞大的内容库得以更高效地被用户访问，为内容消费带来极大便利。

通过科技赋能，起点中文网不断推动网络文学从传统阅读向智能化、全球化、互动化方向发展。这种内容与科技的深度融合，不仅优化了用户体验与内容分发模式，还为网络文学开辟了更广阔的发展空间，巩固了其行业领导地位，为中国网络文学的未来发展树立了技术创新的典范。

三、从"网文平台"到"文化灯塔"

（一）坚持作品内容精品化

近年来，数字阅读正逐步成为全民阅读的主要形式。用户对内容品质的要求不断提升，对知识付费的主动性也在提高。因此，高质量的内容供给、舒适化的阅读体验将是数字阅读助力全民阅读的重要支点。起点平台主动承担起了内容精品化发展的重要使命和责任。首先，起点中文网深知优质内容是数字阅读的核心竞争力，始终将内容质量放在发展的首要位置。平台通过严格的内容审核机制，确保作品符合主流价值观，满足用户的审美需求。2024 年 11 月，阅文旗下包括《斗罗大陆》《诡秘之主》《君九龄》《慕南枝》《末日乐园》《庆余年》《全职高手》《宿命之环》《我们生活在南京》《簪星》在内的 10 部佳作正式入藏大英图书馆，并在大英图书馆内举办线下藏书仪式。其次，起点中文网坚持深耕多元题材领域，以满足读者对精品内容的不同需求。从玄幻、都市、武侠到科幻、游戏等多种类型，通过广泛而精准的内容布局，成功吸引了不同兴趣、不同年龄段的读者群体，为数字阅读生态注入了更多活力。2023 年，文化和旅游部恭王府博物馆与阅文集团主办的"阅见非遗"第一届征文大赛，共收获 6 万余部非遗题材作品。"历史"成为网文头部平台阅文男频 5 年复合增长率第一的品类，"唐朝"题材崛起，《满唐华彩》《唐人的餐桌》等优质作品相继涌现。作为数字阅读领域的领军者，起点中文网在坚持内容精品化的同时，也主动承担起推动全民阅读的社会责任。起点读书 App 联合上海图书馆以及百家出版单位发起的"全民阅读月"活动，在活动期间有 133 万人一起线上读好书，总阅读量超过 1 亿次，平均每天约有 75 万人在线阅读，每天人均阅读时长 105 分钟。平台通过丰富多样的阅读活动和内容扶持计划，吸引更多用户加入数字阅读行列，让优质内容触及更广泛的受众。

（二）推动文化 IP 产业化

起点中文网通过丰富的内容创作、多领域的深度合作以及周边衍生产品的开发，构建起了一个完整而庞大的文化 IP 产业化生态体系。在这个体系中，起点中文网不仅为创作者提供了展示才华的舞台，为读者带来了丰富多样的阅读体验，更为文化产业的各个领域提供了优质的内容资源，推动了文化产业的繁荣发展。

网络文学行业用户规模增速逐渐放缓，以往用户数量的阶梯式增长已难以复制。从内容产业来看，无论是付费阅读还是免费阅读，网络文学最大的价值都在于 IP。

2021 年，阅文集团推出"大阅文战略"，旨在打造 IP 生态链，在激活作者、强化 IP 运营能力和构建视觉化能力三个方面着力发展，探索出了"内容→分发→制作→内容"的良性新商业生态闭环。其中，影视改编是起点中文网文化 IP 产业化的重要环节之一。凭借丰富的优质内容资源，起点中文网与众多影视制作公司建立了长期稳定的合作关系。多年来，多部起点热门网文被改编成影视剧，在各大影视平台热播，引起了广泛的社会关注和热烈反响。由于技术限制，公司当前并不完全具备如漫威这样的国际顶尖影视公司的 IP 改编能力，所以公司目前的主要方式为将奇幻题材通过动漫改编的方式呈现，将悬疑及古代、现代日常题材通过改编电视剧的模式呈现。如《斗破苍穹》，这部改编自天蚕土豆同名小说的动漫作品，凭借其宏大的世界观、精彩的打斗场面和富有魅力的角色形象，在国内首播时便引发了轰动。其在腾讯视频上的累计播放量已突破百亿次，成为国产动漫中的现象级作品。

除了影视、动漫、游戏等领域的开发，起点中文网还十分注重周边衍生产品的开发，通过多元化的产品形式，进一步拓展 IP 的商业价值，构建起一个完整的 IP 商业生态。在实体书出版方面，起点中文网将众多热门网文结集成册，推出实体书。这些实体书不仅满足了读者收藏的需求，还通过线下渠道进一步扩大了作品的影响力。例如，《盗墓笔记》系列实体书在全国各大书店持续热销，累计销量已突破数千万册，成为中国出版史上的畅销书之一。在手办、文具、服装等周边产品的开发方面，起点中文网同样不遗余力。以《鬼灭之刃》为例，这部作品在国内拥有大量粉丝，起点中文网授权相关厂商推出了一系列以"鬼灭之刃"为主题的手办、文具、服装等周边产品。这些产品凭借精美的设计和高品质的制作，一经推出便受到了粉丝们的热烈追捧。

2022 年 5 月，起点读书喊出"每一本好书，都是新的起点"的口号，此次升级标志着起点读书完全以精品化内容为核心，聚焦网络文学精品内容的创作和 IP 孵化。通过从小说到影视剧、动漫、游戏等多领域开发，平台让精品内容的生命力得以延续和拓展。如《夜的命名术》《星门》等多部订阅超百万、评论超百万的"双百万"作品，成为阅文集团 IP 产业链开发的源头活水。

（三）引领文化全球化

在经济全球化的大背景下，文化交流日益频繁。起点中文网作为网络文学行业的佼佼者，以独特的文化魅力和创新的运营模式，在文化全球化进程中扮演着极为重要的角色。阅文集团旗下的起点国际（WebNovel）作为这一波文化浪潮的先锋，推动网络文学和世界的交流越来越广泛和深入。起点国际上国外读者讨论最多的中国话题，前五名分别是

"道""美食""武侠""茶艺"和"熊猫"。不少海外网络作家也开始在小说中融入中国元素，使用"武功""道法"等概念，或者"熊猫""高铁"等元素。这些都是网络文学传播中华文化的典型写照。这种文化传播的影响力还体现在对不同国家和地区的文化渗透上。在东南亚地区，起点国际的作品深受当地读者喜爱，不少年轻人因为阅读中国网文，开始对中国的历史、哲学产生浓厚兴趣，进而主动学习汉语，了解中国传统文化。他们通过网络文学中的情节，感受到了中国传统价值观中仁、义、礼、智、信的魅力，这些价值观逐渐在当地年轻人心中生根发芽。在欧美地区，借助 AI 翻译软件，起点国际的作品也打破了文化隔阂，让西方读者对神秘的东方文化有了全新的认识。许多原本对中国文化知之甚少的读者，在阅读网文后，被中国独特的武侠世界、玄幻设定所吸引，开始主动探索中国文化的博大精深。他们对中国的武术、中医、传统节日等产生了强烈的好奇心，甚至有读者不远万里来到中国，亲身体验这些在网文中出现的元素。截至 2024 年 11 月，阅文旗下海外门户起点国际（WebNovel）向全球用户提供约 6000 部中文翻译作品和 68 万部当地原创作品，培养了 44.9 万名海外原创作家，累计访问用户约 3 亿。在出版领域，阅文已向欧美、东南亚、日韩等地区授权数字出版和实体图书出版，涉及 10 种语言，授权作品达 1100 余部。动画方面，阅文在 YouTube 频道累计上线 12 部作品，总播放量超 12 亿次。

当前，阅文集团积极投身于全面构建 IP 全产业链的布局工作，全力加速其国际化发展的步伐。2024 年，阅文集团与瑞士国家旅游局、新加坡旅游局以及大英图书馆等众多海外知名机构接连达成合作意向。"阅文全球华语 IP 盛典"首次选址新加坡盛大举办，这一举措进一步扩大了其在国际上的影响力。

不仅如此，阅文集团还与迪士尼、奈飞、索尼影业等国际顶尖的娱乐企业建立了紧密的合作关系。其影视发行网络广泛覆盖了超过 180 个国家和地区的电视台以及各类新媒体平台。与此同时，阅文集团旗下的小说及漫画内容，借助 Amazon、Naver Series、KakaoPage、Piccoma 等海外知名渠道，成功地与全球用户实现了对接，极大地拓宽了内容传播的范围，提升了其在全球文化市场的竞争力。

（四）拥抱科技赋能化

作为互联网时代最具活力的文学形态之一，网络文学本身就是技术发展的产物，而在新一轮科技革命的推动下，"文化+科技"融合发展的趋势更加凸显。人工智能（AI）、大数据等新技术正深刻影响网络文学的创作模式和产业生态。在翻译领域，科技的力量尤为显著。起点中文网引入了先进的 AI 翻译技术，大幅提升了翻译的效率与质量。过去，一部网络文学作品的翻译可能需要耗费大量人力与时间，如今借助智能翻译系统，能够快速将精彩的中国网文内容呈现给全球读者。截至 2024 年 11 月底，阅文集团旗下海外门户起点国际（WebNovel）新增出海 AI 翻译作品超 2000 部，同比增长 20 倍。

在创作方面，阅文集团积极拥抱以 AIGC 为代表的新技术浪潮，借 AIGC 赋能内容平台，构建新的 IP 上下游一体化生态体系，推动 IP 孵化和生态链提效增速。为了更好地服务起点中文网，阅文集团推出了国内首个网络文学大模型——"阅文妙笔"，和基于这一大模型的应用产品"作家助手妙笔版"。"阅文妙笔"的主要功能是理解网文内容逻辑和语言风格，熟悉各种网文作品的故事、角色、世界观设定，辅助模型生成具备"网文感"的内容。而"作家助手妙笔版"不仅能够为创作者提供大量网络文学词汇，还能切实解决网文创作者真实的写作痛点，比如动作场景的描写、剧情矛盾的构建以及人物微表情的描写等。网文作家可以借助这些人工智能模型，处理那些重复、高频、烦琐的工作，进而真正释放自身的创作力和想象力。阅文集团的规划蓝图就是要将 AI 研发应用于整个 IP 产业链。在整个内容创作和 IP 开发改编过程中，影视化、有声化、动漫化等内容生产体系都可借助 AI 的力量快速生成产品。

同时，起点中文网借助大数据和人工智能技术，进一步推动内容精品化发展。平台通过智能推荐算法，为用户精准推送符合其兴趣的高品质作品，减少用户在海量内容中进行选择的困扰，提升阅读体验。基于读者反馈的实时数据分析，起点能够快速洞察市场热点和用户偏好，指导作家创作方向，从而持续提升内容生产的市场适配性和读者满意度。

未来，起点中文网将继续深化内容精品化战略，以更优质的作品、更完善的生态和更先进的技术，为用户提供极致的阅读体验，为数字阅读行业的高质量发展树立标杆，为全民阅读事业贡献更多力量。

（傅开　执笔）

16 体育赛事品牌

咪咕体育:
从云端到赛场,"卡位"数字化体育视频新赛道

咪咕文化科技有限公司是中国移动面向移动互联网领域设立的,负责数字内容运营的专业公司,致力于通过"文化+科技",满足人民群众对美好生活的需要,目前公司已成为国内领先的全场景品牌沉浸平台和正版数字内容汇聚平台。咪咕体育的核心定位是通过创新的科技手段,改变传统的体育赛事观看方式,以全新的观赛体验吸引用户,并通过体育文化的传播,推动体育产业发展。

一、从无到强的"弯道超车"

咪咕体育不仅仅是一个体育视频播放平台,更是一个体育文化的传播者和创新者。咪咕体育从 2018 年横空出世发展到如今拥有国内外众多超高市场价值的赛事独家转播权,凭借其深厚的技术背景和文化积淀,迅速在国内外体育媒体行业中占据一席之地,发展迅猛。

(一)默默耕耘的技术基础

咪咕体育是咪咕视频平台的一个专注于体育内容的业务板块。作为国内领先的数字视频平台之一,咪咕视频通过旗下的体育频道——咪咕体育,致力于将体育赛事、娱乐节目与先进的数字技术融合,为用户提供更加沉浸式、互动的观赛体验。咪咕体育利用 5G、AI、VR 等前沿技术,通过全方位、多终端的覆盖,推动体育文化的数字化转型,进一步拓展了体育产业的产业链。作为中国移动在体育数字化领域的重要布局,咪咕体育的目标是通过技术创新和内容的深度融合,不断提升品牌的知名度和美誉度,创造出独具特色的体育文化体验。因此,咪咕体育不仅仅是一个数字平台,更是文化与科技交汇的产物,展示了数字体育在全球化时代中的发展潜力和市场前景。

咪咕视频是中国移动于 2015 年推出的综合视频平台。创立之初，咪咕视频的核心目标是打破传统视频观看的局限，借助中国移动强大的网络优势，提供高品质的视频内容，吸引广泛的观众群体。咪咕视频的内容涵盖电影、电视剧、综艺、动漫、纪录片等多个领域，为用户提供多样化的娱乐内容。在成立初期，咪咕视频通过丰富的视频资源和便利的网络服务，迅速在国内视频市场中占据了一席之地。咪咕视频依托中国移动公司的 4G 及后来的 5G 网络技术，推出了超高清(4K/8K)视频播放和低延迟直播功能，为后续的体育内容布局打下了技术基础。2015 年到 2017 年，咪咕视频继续积累用户基础，强化平台内容的多样性，并逐步构建起强大的品牌影响力。

(二)一鸣惊人的品牌诞生

2018 年开始，咪咕视频在视频内容领域取得初步成功，开始着力布局体育业务板块，聚焦体育产业的数字化发展。恰逢此时，世界最大的体育 IP 赛事——世界杯在中国的视频版权模式发生了转变，中央电视台将过往独家转播模式改变为对外分销。咪咕视频斥资 10 亿元与优酷视频共同成为中央电视台的指定新媒体官方合作伙伴，获得了包括赛事直播在内的新媒体视频内容的版权。世界杯赛事期间，咪咕体育打造了以央视著名解说员詹俊为代表的豪华解说团队，吸引了大量观众。公开数据显示，在世界杯期间，共计有 43 亿人次通过咪咕视频手机客户端、PC 客户端、TV 客户端全场景观看本届世界杯赛事，而在决赛当天总计有超过 2 亿人次观赛。

咪咕打造首个世界杯"元宇宙"虚拟观赛互动空间

此后，咪咕体育便开始与国内外多个体育赛事主办方进行合作，包括世界杯、奥运会、CBA 联赛等，为广大观众提供丰富的体育赛事直播。咪咕体育的成立不仅为平台增加了新的内容领域，还进一步提升了咪咕视频在娱乐及体育跨界内容方面的竞争力。咪咕体育通过高清直播、跨平台互动和社交化的观看体验，吸引了大量体育爱好者及普通观众的关注，逐渐从一个娱乐视频平台向综合性的视频内容服务平台转型，并逐渐形成了以超高清直播、AI 观赛为代表的体验特色，汇集顶级嘉宾天团、多维周边节目，在中国体育转播史上屡创新篇，多次刷新历史纪录。

（三）按下体育产业发展的加速键

从 2019 年开始，咪咕体育加速了其体育内容的布局，并逐步形成涵盖赛事直播、互动体验、文化内容的多元化业务模式。尤其是随着 5G 技术的商用化，咪咕体育在赛事观看方式上进行了革命性创新。2019 年，咪咕体育率先推出了"5G 云观赛"功能，借助中国移动的 5G 网络优势，提供高清、低延迟的赛事观看体验。这项技术在国内外体育数字化转型中起到了引领作用。特别是 2020 年，咪咕体育与国际奥委会达成了长期战略合作协议，成为 2020 年东京奥运会的官方数字合作伙伴。这一合作为咪咕体育提供了宝贵的机会，进一步拓展了其在全球体育数字内容领域的影响力。通过这一合作，咪咕体育不仅提供了赛事直播，还开发了相关的增值服务，如赛事数据分析、实时社交互动功能等，全面提升了用户体验。2020 年东京奥运会期间，咪咕体育通过 5G+VR（虚拟现实）技术为用户带来了身临其境的观赛体验。通过 VR 技术，用户可以以虚拟方式"置身"赛场，感受到不同于传统电视或手机屏幕的沉浸感。而 5G 技术则确保了直播内容的高画质与低延迟，使得观看体育赛事的体验达到了一个新的高度。同时，咪咕体育不断提升其内容生产能力，推出了一系列自制体育节目，如体育综艺、赛事预热节目、纪录片等，进一步增加了平台的内容深度与广度。咪咕体育通过这些节目强化了平台的文化价值，吸引了更多体育爱好者，成为集体育娱乐、赛事直播与互动体验于一体的多元化平台。

2022 年，咪咕体育与 FIFA（国际足球联合会）达成了卡塔尔世界杯的官方数字媒体合作协议。咪咕体育成为世界杯在中国地区的数字直播平台，为国内用户提供了无与伦比的观赛体验。通过 5G 云观赛、8K 直播技术及智能数据分析，咪咕体育创新性地将赛事直播与观众互动、赛事数据分析、实时回放等功能结合，为用户带来了前所未有的观赛体验。通过多年的发展，咪咕体育还不断拓展国内赛事的版权布局，成为 CBA 联赛、超级联赛、F1 等多个国内外知名赛事的独家数字版权平台，已成为中国体育产业中的重要力量，在提升用户体验、推动技术创新、丰富体育内容和拓展产业生态等方面取得了显著成就。咪咕体育通过技术创新和丰富的赛事内容，逐渐从一个视频平台演变成了一个强大的体育生态平台。

当前，咪咕视频致力于打造国内第一体育内容平台，不仅全程直播奥运会、冬奥会、世界杯、亚运会等国际级大赛，打造沉浸式观赛体验，还不断丰富体育版权内容，全年有超 30 个赛事项目、9000 场次赛事直播和多路直播信号，已成为国内最大的体育平台之一，全场景用户数达 3.8 亿[①]。

---

① 移动通信网. 中国移动咪咕获"中央企业品牌引领行动首批优秀成果"［EB/OL］.（2024-05-11）. https://www.mscbsc.com/viewnews-2323837.html.

二、数字化内容"浸"场独家赛事

咪咕视频在推动科技赋能数字化平台的实践中，不仅在优质的产品内容上取得了丰硕的成果，还持续在体育产业的版权核心的竞争中占据先手，从而更进一步在新旧平台之交的文化产业迭代中脱颖而出，获得了高黏度的用户群体和高回报的经济效益。

（一）内容产品打造：技术创新驱动发展

咪咕体育在内容产品打造方面，秉持"内容为王"的核心理念，致力于通过创新和多元化的内容形式提升其市场竞争力。近年来，咪咕体育充分发挥中国移动在网络技术方面的优势，通过对顶级赛事的版权把控、特色原创内容的制作以及融合多媒体技术打造全场景体育体验，全面提升了平台内容的吸引力和影响力。

咪咕体育通过获得大量国内外顶级赛事的版权，在内容的核心上构建了强大的优势。从全球赛事到本土赛事，咪咕体育通过不断拓展与丰富赛事版权库，确保了平台上的体育内容多样化、优质化。与世界杯、奥运会、F1赛事等顶级国际赛事的合作，标志着咪咕体育在全球体育内容市场崭露头角。此外，咪咕体育还在国内赛事版权方面取得了重要突破，与CBA(中国男子篮球职业联赛)、CSL(中国足球超级联赛)等体育赛事达成的独家合作，使其在国内体育版权市场中占据领先地位。

咪咕体育还成功推出了一系列创新内容产品，极大地丰富了平台的内容生态，满足了用户对多样化体育娱乐的需求。例如，咪咕体育推出了自制的《篮球无限》和《冠军之路》等体育综艺节目，这些节目受到了观众的广泛欢迎，进一步增强了咪咕体育的品牌影响力。在原创内容的打造上，咪咕体育还发布了多部关于运动员、体育背后故事的纪录片，这些内容不仅提升了平台内容的多样性，也有效地吸引了更多年轻用户群体的关注。通过这些创新的内容，咪咕体育的用户活跃度得到了显著提升。

咪咕联合 AR 眼镜品牌 Nreal 打造卢塞尔体育场 AR 观赛体验

咪咕体育在内容方面的创新不仅仅局限于视频直播本身，还大力推动了新兴技术的应用。5G、AI、VR 等技术的应用，使得体育赛事内容呈现出了全新的观赛方式。例如，通过 5G 网络的低延迟、高清直播技术，用户在手机或电视上的观赛体验得到了极大提升。咪咕体育还推出了 VR 直播模式，为用户提供沉浸式观赛体验，让用户通过虚拟现实技术亲临赛事现场。同时，咪咕体育也通过与智能硬件设备 (如 VR 眼镜、AR 设备等) 结合，使得观赛方式更加灵活和多样化。这种技术与内容的结合不仅提升了平台的技术门槛，也增强了用户体验。

(二) 独家赛事版权：版权的核心竞争力

赛事版权是体育内容平台的核心资产，咪咕体育通过精准的赛事版权布局，迅速构建起了独特的竞争优势。其策略性的赛事版权收购使其在体育直播市场上脱颖而出，并且通过创新运营模式提升了这些版权的附加价值。咪咕体育通过全面布局全球顶级赛事版权，成功吸引了海量用户。咪咕体育继 2018 年获得俄罗斯世界杯数字版权后，又获得了 2021 年欧洲杯、2021 年东京奥运会、2022 年北京冬奥会和 2022 年卡塔尔世界杯等重要赛事的版权，利用 5G 等先进技术为中国用户提供高清流畅的赛事直播体验。

咪咕体育在 2021 年取得了 NBA 赛事转播权，打破了腾讯体育对此项赛事的互联网转播垄断。而在 2022 年，咪咕体育获得西甲转播权，标志着咪咕体育全方位拿下了五大联赛的转播权。此外，咪咕体育还获得了 F1 赛车等国际赛事的数字版权，进一步提升了平台在全球体育内容市场中的地位。通过获取这些顶级赛事的版权，咪咕体育不仅能够为用户提供全球范围内的精彩赛事内容，还可以通过广告和品牌合作为平台带来可观的收益。在国内赛事领域，咪咕体育与 CBA、CSL 等的深度合作，使其在国内体育市场占据了绝对的领先地位。咪咕体育通过与这些赛事的独家合作，确保了平台上具有有竞争力的国内赛事资源。尤其是在 CBA 和 CSL 的版权方面，咪咕体育通过技术创新将这些赛事的观赛体验提升到了一个新的高度，从而增强了观众的黏性和品牌忠诚度。

除了传统的赛事直播，咪咕体育还通过开发增值内容和衍生产品进一步提升版权价值。例如，通过推出赛事实时数据分析、专家解读和多视角直播等服务，咪咕体育将赛事内容的附加价值最大化，为平台带来了更多的盈利机会。通过这些增值服务，咪咕体育不仅提升了平台的用户体验，也提升了其版权资产的商业化价值。

(三) 数智互动体验：全面优化的观赛体验

咪咕体育始终将用户体验放在核心位置，通过技术创新、内容优化和服务提升，不断增强用户黏性和参与感。其全方位的用户体验优化策略，为平台吸引了大量忠实粉丝。咪咕体育在用户体验方面的关键策略之一是提供多终端的观赛体验。平台支持手机、电视、PC、智能硬件等多个设备端，使得用户可以在任何场合、任何时间观看赛事，极大地提升了服务的便捷性。特别是在 5G 网络的支持下，咪咕体育为用户提供了低延迟、高清晰度的直播体验，确保了赛事的实时性和流畅性。无论是通过咪咕体育 App 观看赛事，还是通过智能电视享受大屏直播，用户都能获得优质的观赛体验。

咪咕体育基于大数据和 AI 技术，能够根据用户的观看历史和偏好，智能推送个性化的赛事内容和节目。平台不仅为用户推荐他们可能喜欢的比赛，还提供了定制化的赛事预告、回放和点播服务。这种精准化服务大大提升了用户的参与度和满意度。此外，咪咕体育还推出了用户互动功能，观众可以在赛事过程中进行实时评论、讨论和社交分享，使得观赛体验不再是一个被动观看过程，而是一个可以互动和共享的社交过程。

咪咕体育还积极探索和实践虚拟现实(VR)和增强现实(AR)技术，增强观赛体验的沉浸感。通过 VR 技术，用户可以享受到 360 度全景直播体验，仿佛置身于体育赛事现场。而 AR 技术则能够在赛事直播中叠加实时数据、选手信息等，进一步增强观赛的互动性和娱乐性。通过这些技术手段，咪咕体育打破了传统观赛方式的局限，为用户提供了全新的、身临其境的体育赛事观看体验。

(四)良性经济闭环：复合式一体化商业模式

咪咕体育近年来在经济效益方面取得了显著成绩，通过版权、广告、会员等多元化收入来源推动了平台的持续盈利增长。以下将详细探讨咪咕体育如何通过创新的商业模式、版权运营和市场拓展，在经济效益上获得优势。咪咕体育最主要的收入来源之一是版权收入。通过获取国内外顶级赛事的独家版权，咪咕体育不仅增强了用户黏性，也创造了大量的收入机会。尤其是在大型赛事(如世界杯、奥运会等)的转播权上，咪咕体育凭借其强大的赛事内容库，成功吸引了大量广告主与品牌赞助商，使之成为其重要的收入来源之一。在版权收入方面，咪咕体育的赛事直播广告收入达到了前所未有的高度。

咪咕体育运用大数据分析用户行为、观看习惯和兴趣偏好，能够为品牌商提供精准的广告投放方案。在赛事直播过程中，咪咕体育不仅提供传统的广告位，还通过直播间内的数据互动功能、品牌植入等方式提升了广告的效果。这种数据驱动的精准广告投放模式，大大提升了广告主的 ROI(投资回报率)。这一增长主要得益于其通过创新广告形式和精准的用户定向，提高了广告投放的有效性。在大型赛事期间，咪咕体育通过互动广告、信息流广告等多种方式进一步提升了平台的商业价值。

咪咕体育与多个行业的领先品牌(如阿里巴巴、腾讯、京东等)建立了战略合作伙伴关系，通过跨界营销推动了广告收入的增长。尤其是在体育与电商、金融、汽车等行业的跨界合作中，咪咕体育为品牌商提供了多样化的广告解决方案，不仅限于赛事转播广告，还包括线上线下互动、品牌联合营销等多种形式。这种跨界合作使咪咕体育覆盖更多的受众群体，从而进一步提升了其商业收入。

咪咕体育的会员制度逐步建立并完善，通过年费或月费模式，平台为用户提供高品质的赛事直播和专属内容服务。除了传统的赛事直播外，咪咕体育还通过推出赛事回放、幕后花絮、专家解读等增值服务，进一步提升平台的付费转化率。例如，咪咕体育的 VIP 会员服务不仅限于赛事观看，还提供了 VIP 专享的虚拟商品、线上互动、线下活动等内容，提高了会员用户的黏性。此外，咪咕体育还根据用户观看习惯，推送定制化的付费内容，从而提高了平台的付费转化率和用户终身价值。

三、技术加持让品牌"出圈"又"出彩"

咪咕体育注重品牌打造和用户交互体验，充分发挥其在直播信号保障、技术稳定性和用户体验方面的优势，推动其更好地聚焦于体育频道的服务质量，为内容创新提供有力的支撑，建立更加稳固的市场地位，进一步巩固其在体育行业中的领先地位。

(一) 推动强数智的赛事平台搭建

咪咕体育在内容打造和观赛体验提升上始终走在行业前列。通过科技赋能，咪咕体育不仅提供了高质量的赛事内容，还创造了全新的观赛方式，从而为用户带来了前所未有的观赛体验。这一方面的优势，源于其在移动平台技术、直播创新以及新媒体发展等方面的深耕。随着智能手机和移动互联网的普及，移动端已经成为用户的重要观看平台。咪咕体育敏锐地洞察到这一趋势，并通过自主研发和与合作伙伴的技术结合，成功推出了一系列创新性的移动平台功能，提升了赛事观看的便捷性和沉浸感。咪咕体育采用 5G 技术来提升赛事直播的流畅度和清晰度。通过 5G 的低延迟和高带宽，用户可以享受到无延迟、高清晰度的直播体验，特别是在观看如世界杯这样的全球顶级赛事时，几乎没有任何卡顿。同时，咪咕体育还通过 5G 网络的应用，实现了多视角观看功能，用户可以在不同角度之间切换，仿佛身临其境，增强了观赛的沉浸感和互动性。咪咕体育在移动平台上提供了丰富的多屏互动功能。用户可以同时在多个屏幕上观看赛事，并进行画面切换、数据统计、赛后分析等操作。例如，在观看比赛时，用户可以同时查看球员数据、实时比分、战术分析等，提升了观看过程中的参与感和个性化体验。这种多屏互动的设计打破了传统体育直播的单一性，提供了更为丰富的内容服务。

咪咕体育在直播技术方面的创新，也进一步巩固了其领先地位。随着直播内容的日益丰富，观众对观赛体验的需求越来越高，传统的 2D 直播已经无法满足用户的沉浸式需求。因此，咪咕体育将虚拟现实 (VR) 和增强现实 (AR) 技术融入赛事直播，为用户提供了更为立体和具有互动性的观看方式。在世界杯等全球重大赛事期间，咪咕体育创新性地推出了 VR 直播功能，用户通过 VR 设备可以在家中享受全景观赛体验，仿佛置身于赛场。这一技术的应用，不仅为用户提供了身临其境的观赛感受，还在用户之间产生了很大的话题效应，推动了咪咕体育品牌的进一步传播。在 AR 方面，咪咕体育结合赛事进程，实时将数据分析、赛场信息等叠加到比赛画面中，让观众可以在观看赛事的同时，获得更全面、更直观的信息。这种技术突破不仅提高了赛事的可看性，也提升了咪咕体育平台的创新性和技术优势。

咪咕体育还通过大数据和 AI 技术，在体育直播的内容打造上提供了个性化的观赛推荐服务。通过分析用户的观看历史和偏好，咪咕体育能够精准推送用户可能感兴趣的赛事和内容。这种数据驱动的个性化推荐，使得咪咕体育的用户黏性得到了极大的提升。咪咕体育还通过数据分析为用户提供了实时比赛数据和赛况解读。用户可以通过实时比分、赛场动态、球员统计等信息，深入了解比赛的进程和细节，提升了观赛的互动性和趣味性。这一技术赋能不仅满足了普通观众的需求，也吸引了大量体育爱好者和行业分析师。通过这一系列技术赋能，咪咕体育成功为用户创造了独特的观赛体验，提升了平台的品牌竞争力，进一步巩固了其在体育内容行业的领先地位。

（二）打造强互动的体育平台用户生态

咪咕体育在建设强互动体育生态方面，始终注重与用户的深度互动，强化用户黏性以及提升平台活跃度。通过创新的互动方式和丰富的社交功能，咪咕体育打造了一个互动性强、参与度高的体育平台，这也是其核心竞争力之一。咪咕体育注重内容与社交的结合，将用户的参与度放在首位。为此，咪咕体育通过推出各种投票、评选、竞猜等互动活动，激发用户的参与热情。咪咕体育在各类赛事中都推出了赛前预测、球员投票、赛事竞猜等互动活动，让用户不仅是观众，同时也是赛事的一部分。通过这种互动设计，咪咕体育成功地打破了传统直播的单向传播模式，让用户在观看赛事的同时，能够参与到赛事的各个环节中，从而增强了平台的黏性并提高了平台的活跃度。尤其是在用户生成内容（UGC）方面，咪咕体育通过自制节目和平台互动，不仅让用户成为内容的消费者，还能够参与到内容的创造和传播中。这种强互动的体育生态，强化了咪咕体育与用户之间的情感连接，也促进了平台的长期活跃。

咪咕体育在内容呈现方面，建立了全方位视频矩阵，通过多样的视觉体验来提升用户的观看体验。无论是赛事直播、精彩集锦、战术分析，还是球员访谈、花絮和幕后故事，咪咕体育都通过短视频、长视频、直播、录播等多种形式进行全方位覆盖，确保用户在平台上可以获得一站式的体育娱乐体验。特别是咪咕体育在新媒体平台上的布局，能够吸引更多年轻用户。通过短视频平台的推广，咪咕体育的赛事精彩片段和互动内容迅速传播，吸引了大量年轻观众的关注，形成了强大的用户吸引力。

除了赛事观看和互动竞猜外，咪咕体育还通过建立社交功能进一步增强用户的参与感。平台上推出的评论区、弹幕功能、在线互动等社交功能，使得用户可以在观看赛事的同时进行实时交流和互动。通过这些社交功能，咪咕体育成功构建了一个社区化的观赛环境，使得观众能够分享观赛心得、讨论赛事话题，甚至与其他用户一起创建自己的虚拟"观赛圈子"。此外，咪咕体育还通过定制化的用户画像和兴趣标签，进一步提升用户黏性。平台根据用户的观看历史和互动行为，为每个用户推荐量身定制的内容，并邀请他们参与特定的互动活动。这种个性化的互动方式，极大地提升了用户的忠诚度和参与感。

（三）形成强保障的品牌支持力和影响力

咪咕体育的成功不仅仅体现在内容和技术的创新上，还体现在其独特的品牌力的维护和创新上。品牌的塑造和营销手段决定了咪咕体育在竞争激烈的体育产业中的市场表现。通过精准的品牌定位、创新的跨界合作及市场推广，咪咕体育有效地提升了其品牌价值，并在行业中获得了显著的竞争优势。咪咕体育明确将自己定位为"体育产业的全生态平台"，不仅是赛事直播的提供者，还是一个涵盖赛事内容、粉丝互动、体育服务等多个领域的综合平台。咪咕体育通过打造多元化的产品线和全产业链布局，成功塑造了其在用户心中的品牌形象。这种清晰的品牌定位，帮助咪咕体育在市场推广中更好地聚焦目标用户，进一步提升了品牌的辨识度和影响力。品牌定位的精准，使得咪咕体育能够快速在市场上占据一席之地，成为用户首选的体育内容平台。

咪咕打造多个体育赛事品牌的 5G 超高清直播项目

在科技赋能的过程中，咪咕体育不仅专注于内容创新和互动功能的开发，更加注重平台的稳定性和技术保障，尤其是在直播过程中对用户体验的全面保障。近年来，咪咕体育通过对技术平台的精细化管理和不断优化，确保了用户在重大赛事期间的稳定观赛体验，从而有效避免了直播中可能出现的技术问题，树立了良好的品牌口碑。咪咕体育对直播稳定性的保障使其获得了良好口碑。许多体育直播平台面临的挑战之一是直播信号的不稳定，尤其在观看高流量赛事时，平台的技术承载能力极为重要。咪咕体育通过持续的技术研发和对网络带宽的优化，确保了每一场重大赛事都能够无缝播放，极大地降低了出现技术故障的概率。咪咕体育的 5G 技术应用、数据传输链路的冗余设计和专业的运营团队，确保了无论是在高峰时段还是高流量赛事期间，直播信号都能够稳定传输，未曾发生由信号中断或其他技术问题导致观赛体验不佳的情况。咪咕体育在提供稳定服务的同时，也注重平台的用户服务保障。在赛事直播过程中，平台提供了多种技术支持和客户服务渠道。

咪咕体育还通过多种形式的跨界合作和联合营销活动，提升了品牌的曝光率和市场份额。例如，咪咕体育与中国移动的合作，使其得到了强大的背书，并借助中国移动庞大的用户基础进行精准推广。此外，咪咕体育还与一些体育品牌、明星代言人进行合作，通过体育赛事的联动营销，进一步提升了品牌的知名度。通过这些跨界合作和创新的市场营销策略，咪咕体育成功吸引了更多用户和品牌合作伙伴，增强了品牌的市场竞争力。

四、数字体育产业唱响文化和科技交响之乐

咪咕体育数字化发展的成功，意味着体育产业的未来不是内容消费的单一市场，而是一个高度融合的生态系统。未来数字化体育产业要通过与以科技产业为核心的企业合作，构建跨行业的产业链，推动产业内部的全面发展。数字化时代的体育企业不仅要关注核心业务，还要注重产业链的延伸，提升品牌的市场竞争力和综合影响力。

(一) 推动体育产业数字化转型，促进传统行业与科技融合

随着科技的飞速发展，体育产业正面临数字化转型的关键时期。5G、云计算、人工智能、大数据等技术的应用，不仅提升了赛事的传播效率和观看体验，还推动了体育产业的深度变革。从行业发展的角度来看，咪咕体育的成功表明，体育产业的数字化转型已不再是未来的选择，而是现阶段发展的必要路径。

体育行业的数字化转型体现在多个方面，包括赛事内容的创新、直播技术的提升、观众互动的增强等。行业应该借鉴咪咕体育在 5G 技术应用上的成功经验，探索如何通过创新的技术手段提升赛事的观赛体验。例如，"5G+云观赛"等技术能够在确保超高清流畅度的基础上为观众提供更具沉浸感的赛事体验，解决传统电视直播中常见的延迟与卡顿问题，提升赛事转播的可靠性和观众的满意度。随着技术的不断发展，数字化手段能够更好地支持赛事的多元化传播，推动体育消费市场的升级，满足年轻一代对高质量内容的需求。

行业需要重视的是，数字化不仅仅是技术的应用，更是文化和体验的重构。通过数字化工具的深度应用，体育赛事与观众之间的互动方式将更加多样化，不仅限于简单的观看体验，而且能够形成全方位的互动平台。这种变化为体育产业带来了巨大的创新机会，也为品牌营销、社交娱乐等行业提供了跨界合作的新机遇。

(二)提升内容创意与文化价值,促进内容延伸与品牌附加值提升

体育产业不仅仅包括赛事转播和观赛产品,更多的创新正发生在内容创意与文化价值的挖掘上。通过创新内容的打造,体育产业能够吸引更广泛的受众群体,特别是年轻一代消费者。从行业角度来看,咪咕体育通过打造自制体育综艺、明星互动等多元化内容,为行业提供了丰富的文化价值扩展路径。这一做法证明了体育产业的未来不仅仅依赖于传统赛事直播,更应该致力于内容创新与跨界合作。

体育内容的创意不仅仅局限于赛事本身,还应当与其他形式的娱乐内容相融合。例如,体育综艺节目、赛事背后的故事、运动员的个性化展示等,这些内容能够引发观众的情感共鸣,增强品牌的吸引力。通过与明星、社交媒体平台、电竞等文化娱乐领域的合作,体育产业能够突破传统体育的局限,拓展更广泛的文化市场。此外,内容创新的多元化也能提升体育品牌的价值,为广告主和赞助商提供更多合作机会,促进品牌和商业模式的多元化发展。

行业在推动体育文化多元化发展的过程中,应该更多关注如何通过丰富内容创意不断满足不同观众群体的需求,特别是年轻群体和跨界用户的需求。通过文化与娱乐内容的多元融合,体育产业不仅可以提升观众的体验,还能够为整个文化产业的创新和发展提供新的方向。

(三)刺激体育产业消费升级,促进内需增长与消费结构优化

体育产业的消费模式正在发生深刻的变化。随着经济水平的提升和消费理念的转变,观众对体育消费的需求不再局限于单一的赛事观看,而是更加注重个性化、互动性和沉浸式的体验。这一趋势意味着体育产业需要根据消费者的需求进行产品和服务的升级,以满足更加多样化的消费需求。

咪咕体育通过其"5G+云观赛"的创新技术,为体育消费带来了升级的契机。从行业的角度来看,这一做法为整个体育行业提供了一个宝贵的经验,即通过先进的技术手段,提供更高质量、更具互动性的赛事观看体验。例如,体育赛事不再是简单的直播,而是通过虚拟现实、增强现实等技术,创造出更加沉浸式的观赛体验。这种创新不仅提高了观众的参与度,还增加了体育赛事的附加价值,使得观众可以通过更加个性化的视角、数据分析和互动方式,更深入地参与到赛事中。

同时,在体育产业的快速发展中,直播稳定性已成为平台竞争力的重要体现之一。随着用户对高质量观赛体验的要求提升,如何确保赛事直播流畅无卡顿,尤其是大型赛事,是行业发展的一项关键挑战。依托5G技术和智能调度等创新手段,保障直播信号的稳定性和流畅度,不仅能够增强用户黏性,也有助于平台树立良好的品牌形象。直播的稳定性保障已经成为提升用户满意度、增强平台核心竞争力的关键因素,对行业发展具有深远

影响。

随着体育产业消费市场的不断扩大，消费者的需求也日益多样化。未来，体育消费升级的趋势将不仅体现在技术创新上，更应体现在对赛事内容、观赛模式和观众互动的全面提升上。行业需要更多关注如何通过多元化的消费产品，推动体育产业在不同领域的扩展和升级，从而释放体育产业的市场潜力。

（四）构建跨行业合作模式，促进产业链升级和资源整合

体育产业的竞争日趋激烈，单一的赛事版权或内容创作已难以满足市场需求，跨行业合作和产业链整合成为提升产业竞争力的重要手段。通过与科技公司、互联网平台、内容创作者、广告商等多方合作，体育产业能够有效整合资源，提升整体的创新能力和市场竞争力。

咪咕体育与中国移动紧密合作，使得其在技术创新、内容创作和赛事传播方面处于行业领先地位。这种跨行业的合作模式为体育产业提供了更为宽广的发展空间。行业的其他参与者也应该借鉴这一模式，加强与技术公司、平台的合作，探索如何通过资源整合提升整体竞争力。跨行业的合作不仅能带来更为丰富的技术和内容的支持，还能在商业化运作上取得更大的成功。例如，体育与电商、广告、娱乐等行业的融合，可以为赛事转播和品牌营销带来更多机会，也可以丰富体育产业的盈利模式。

体育产业能够通过跨行业合作实现更深的产业链整合，推动品牌、内容、技术、传播等多方面的优化，增强行业的整体竞争力。在这一过程中，行业需要注重与不同领域深度合作，不断拓展新的合作伙伴，推动产业链的健康发展，从而为产业创造更高的价值。

（周思言　张浩翔　执笔）

17 乡村振兴品牌

蓝城农业：
田园里的科技与诗意

蓝城农业的诞生深深根植于中国经济转型的背景中。随着城市化进程的加快，城乡差距逐步扩大，农村资源闲置、人口外流的问题愈发突出。与此同时，城市消费者对高品质食品和绿色生活方式的需求日益增长，这为现代农业的转型提供了前所未有的机遇。蓝城农业正是在这样的时代背景下成立，通过将蓝城集团在城市开发与资源整合方面的丰富经验应用于农业领域，为传统农业注入现代化的理念与实践。作为现代农业品牌化的杰出代表，蓝城农业凭借"文化+科技"的创新模式，打破了传统农业的发展局限，以全新的农业体验吸引消费者，并通过农业文化的传承与创新，推动农业产业的转型升级。

▎一、从传统农业到品牌农业的"弯道超车"

（一）厚积薄发的品牌基础

品牌成立以来，以"良田、良食、良居"三大核心理念为指引，通过生态农业种植提高土地资源的利用效率，通过开发高品质的农产品来满足市场需求，通过"田园综合体"项目实现乡村环境的提升和文化的传承。这种理念体现了对生态、经济与社会三者平衡发展的高度重视。

2017 年，党的十九大报告首次提出"乡村振兴战略"，强调农业农村农民问题是关系国计民生的根本性问题，必须始终把解决好"三农"问题作为全党工作的重中之重。乡村振兴战略的核心目标是实现农业农村现代化，推动乡村产业、人才、文化、生态、组织的全面振兴。蓝城农业正是在这一战略背景下应运而生，成为乡村振兴战略的重要实践者。

随着城市化的快速推进，农村地区面临着诸多挑战，如土地资源闲置、劳动力外流、生态环境退化等。然而，城市居民对高品质农产品和田园生活的需求也在不断增长，这为农业现代化提供了新的机遇。通过"田园综合体"模式，将农业生产与乡村旅游、文化传承相结合，不仅解决了农村地区的闲置土地问题，还创造了新的经济增长点。

蓝城集团在城市开发和资源整合方面拥有丰富的经验，将这些经验引入农业领域，能够更好地整合土地、资金、技术等资源，推动农业项目的高效实施。例如，浙江的"田园梦想"项目通过土地流转和资源整合，将一片荒废的土地改造成了集农业生产、乡村旅游和文化体验于一体的综合性园区。

(二) 一鸣惊人的品牌崛起

自 2018 年起，蓝城农业开始加速布局全国市场，聚焦农业产业的现代化发展，通过实施"田园综合体"模式，将农业生产、文化旅游和乡村建设三者有机结合，创造了一个生态、生活、生产融合发展的新型乡村经济体。例如，在江西的一些项目中，将传统的农业用地改造成了兼具生产和观光功能的景观农田，并在周边建设了生态村落和文旅设施。这些项目不仅为当地农民创造了就业机会，还吸引了大量游客，带动了当地经济的发展。

凭借独特的"文化+科技"模式，蓝城农业在全国范围内迅速落地多个农业综合项目，逐步确立了其在现代农业领域的领先地位。蓝城农业通过生态农业重塑乡村经济，借助科技手段和文化传承，为品牌注入了新的生命力，提升了品牌知名度和美誉度。

第一个大型项目是浙江的"田园梦想"项目。该项目占地约 5000 亩，涵盖有机蔬菜种植、水果采摘、生态养殖等多个领域。通过引入现代化的种植技术和管理模式，不仅提高了农业生产效率，还通过乡村旅游和文化体验项目吸引了大量游客。项目实施后，周边村民的收入显著增加，乡村环境也得到了极大改善。

在"田园梦想"项目取得成功后，蓝城农业开始在全国范围内布局，先后在云南、江西、安徽等地落地多个项目，根据不同地区的地理、气候和文化特点，因地制宜地设计和实施农业项目。例如，在云南的项目中，结合当地的少数民族文化，打造了具有民族特色的"田园综合体"；在江西的项目中，通过稻田综合种养模式，实现了生态效益与经济效益的双赢。

(三) 按下农业现代化的加速键

从 2019 年开始，蓝城农业加速了其智慧农业的布局，并逐步形成了涵盖生态种植、农产品加工、文旅融合等的多元化业务模式。尤其是随着大数据、人工智能和物联网技术的广泛应用，蓝城农业在农业生产方式上进行了革命性创新，例如，开发了一套透明的可追溯系统，让消费者可以清晰了解每一件产品的生产源头和加工流程。这种创新性的技术应用，不仅提高了产品的市场价值，也使蓝城农业在行业内处于领先地位。

2023 年，蓝城农业实现农产品销售额突破 50 亿元，较上一年度增长近 20%。全产业链模式和智慧农业技术的采用，不仅提升了生产效率，还极大地增强了消费者对产品质量的信任。未来，蓝城农业将继续深化"绿色农业+文化传承"的品牌战略，并进一步拓展国际市场，成为中国现代农业品牌在国际市场上的典范。

在智慧农业领域的创新实践是其核心竞争力的重要体现。通过引入物联网技术，蓝域农业实现了对农业生产环境的实时监测和精准调控。例如，在蔬菜种植大棚中，通过安装传感器和自动化设备，能够实时监测土壤湿度、温度、光照等参数，并根据作物需求自动调节灌溉和施肥的量。这种精准农业模式不仅提高了农产品的产量和质量，还减少了资源浪费和环境污染。

为了增强消费者对产品质量的信任，蓝城农业开发了一套基于区块链技术的产品可追溯系统。消费者通过扫描产品包装上的二维码，可以查看农产品的种植、加工、运输等全过程信息。这种透明化的管理方式不仅提升了品牌的公信力，还为消费者提供了更加安全、可靠的消费体验。

蓝城农业的未来发展方向是进一步拓展国际市场，通过输出高品质农产品和农业文化，提升中国农业品牌的国际影响力。计划通过"一带一路"倡议，加强与其他国家在农业领域的技术与文化交流，推动中国农业品牌的全球化进程，同时，继续深化智慧农业技术的应用，探索人工智能、大数据等前沿技术在农业中的创新实践，为全球农业现代化提供中国方案。

二、农业文化赋能与科技驱动的创新引擎

（一）文化赋能：挖掘农业文化价值

在品牌建设中，蓝城农业尤为注重文化的挖掘与传播，通过将地域文化、传统农耕文化与现代农业理念相结合，为品牌赋予了深厚的文化内涵。这种文化赋能的策略不仅增强了品牌的吸引力，还为品牌创造了附加价值，推动了农业与文化的深度融合。

文化赋能的核心在于将传统文化与现代消费体验相结合，通过创新的方式呈现农业文化的魅力。蓝城农业通过打造"茶园文化节"等品牌活动，将传统茶文化与现代旅游体验相结合，为游客提供了沉浸式文化体验。游客不仅可以参观有机茶园，还能亲身体验采茶、制茶的过程，并深入了解中国茶文化的历史和传承。

此外，蓝城农业还通过推出一系列以农耕文化为主题的文创产品，进一步丰富品牌的文化输出形式。这些文创产品包括传统农具模型、民俗工艺品和乡村题材的绘本等，不仅具有文化价值，还满足了现代消费者对个性化产品、文化产品的需求。通过文创产品，蓝城农业将传统农耕文化与现代生活方式相结合，进一步提升了品牌的文化价值。

蓝城农业通过品牌建设推动乡村文化的传承与发展。通过挖掘地方特色文化资源，蓝

城农业开发了一系列具有地方特色的农产品品牌,如"丽水山耕"等。这些品牌不仅在市场上获得了广泛认可,还通过品牌化运营提升了农产品的附加值。通过这种方式,蓝城农业不仅为消费者提供了高品质的农产品,还推动了乡村文化的传承与发展,为乡村振兴注入了新的活力。

(二)科技驱动:推动智慧农业发展

技术创新是蓝城农业提升核心竞争力的重要举措。通过引入物联网、大数据和人工智能技术,蓝城农业搭建了适用于农业生产的智慧管理系统,实现了农业生产过程的精准化和高效化。这种技术的应用不仅提升了农业生产效率,还通过减少资源浪费和环境污染,推动了农业的可持续发展。

在种植环节,蓝城农业通过物联网设备实时监测土壤湿度、气候条件和作物生长情况,为农户提供精准的种植建议。这种技术的应用不仅大幅提升了生产效率,还减少了水、肥料等资源的浪费,降低了农业生产的环境成本。通过精准的种植建议,农户可以更好地管理农田,提高作物产量和质量,同时减少对环境的影响。

蓝城农业开发的智能温室系统是其智慧农业实践的重要成果之一。通过大数据分析和自动化控制技术,智能温室能够根据作物需求调整温湿度、光照强度和二氧化碳浓度。这一系统在提高作物产量和质量的同时,还显著地降低了劳动力成本。例如,在蓝城农业的有机蔬菜种植基地,智能温室的应用使得蔬菜的单产提升了20%以上。这种技术的应用不仅提高了农业生产效率,还为农业现代化提供了有力支持。

在农产品流通环节,蓝城农业推出了一套基于区块链技术的全程追溯系统。消费者可以通过扫描产品包装上的二维码,了解产品从田间到餐桌的全程信息,包括种植地、生产批次、加工环节和物流信息。这种透明化的管理方式不仅增强了消费者对产品安全性的信任,也进一步提升了品牌的美誉度。通过全程追溯系统,消费者可以清楚地了解农产品的来源和生产过程,从而增强对品牌的信任。

(三)生态优先:助力可持续发展

蓝城农业始终将可持续发展视为品牌建设的重要目标。在农业生产中,蓝城农业大力推广有机种植和生态种养模式,减少化学投入品的使用,保护土壤质量和生物多样性。这种生态优先的模式不仅提升了农业生产的可持续性,还为乡村生态环境的改善提供了支持。

蓝城农业的生态优先理念还体现在其对乡村生态系统的整体规划上。通过将农业生产与生态环境保护相结合,蓝城农业在多个项目中打造了生态观光型农业科技产业园。这些项目不仅实现了土地的可持续利用,还为当地居民提供了良好的生态环境和就业机会。通过这种方式,蓝城农业不仅推动了农业的可持续发展,还为乡村经济的多元化发展提供了支持。

（四）模式创新：实现一二三产业融合

蓝城农业通过创新的产业融合模式，推动了农村一二三产业的协同发展。这种模式不仅提升了农业的附加值，还为乡村经济注入了新的活力。通过将农业与旅游、文化、科技等产业深度融合，蓝城农业实现了农村一二三产业的协同发展，推动了乡村经济的多元化发展。

例如，蓝城农业通过"农业+农旅"的模式，打造了集生态观光、农业科技展示和农耕文化体验于一体的田园综合体。这种模式不仅提升了农业的附加值，还为乡村经济发展注入了新的活力。

此外，蓝城农业积极探索"龙头企业+合作社+农户"的产业化模式，通过品牌化整合和精深加工，提高了农产品的附加值。这种模式不仅带动了当地农民收入的增长，还提升了农业生产的规模化和专业化水平。通过这种方式，蓝城农业不仅推动了农业的现代化发展，还为乡村经济的可持续发展提供了支持。

蓝城农业通过"农业+旅游""农业+康养"等模式，推动了农村一二三产业的融合发展。

蓝城农业的模式创新不仅体现在产业融合上，还体现在其对乡村经济的整体规划和运营上。通过整合农业、文化、旅游、商业等多方面资源，蓝城农业构建了农村一二三产业联动的产业生态圈。这种模式不仅提升了乡村经济的发展活力，还为乡村振兴提供了新的思路和方法。

三、全产业链整合的"一体化"路径

（一）深化全产业链模式，打造一体化发展优势

蓝城农业的核心竞争力之一在于其独特的全产业链模式。其通过整合生产、加工、销售、文旅和文化传播等环节，打造了一条完整的农业生态产业链。这种整合模式不仅提高了产业效率，还增强了品牌的抗风险能力与市场适应能力。

在农业生产环节，采用现代化的种植技术和精细化的管理体系，确保农产品的高品质。例如，在水稻种植领域，推广有机耕作模式，通过科学施肥和生态种植方式，减少化学投入品的使用，提升土壤肥力和作物质量。在此基础上，进一步延伸产业链，将初级农产品加工为具有更高附加值的商品，如有机米粉、米糕等，不仅能丰富产品种类，还能满足不同消费群体的需求。

在销售环节，通过线上与线下的双渠道布局，实现了销售网络的全面覆盖。在线上，通过电商平台建立了"蓝城良品"官方旗舰店，与主流电商平台合作推出优质农产品，方便消费者直接购买；在线下，与高端超市和零售连锁店展开合作，开设了多个品牌专柜，提

升了品牌的市场可见度和认知度。

蓝城小镇项目田园风光实景图

此外，蓝城农业的全产业链模式还延伸至文旅产业，打造了独特的"田园综合体"项目。通过将农业生产与旅游、休闲和文化体验结合，这些综合体不仅为消费者提供了多样化的消费体验，还创造了农业与其他产业之间的协同效应。例如，在浙江的"田园梦想"项目中，利用当地的特色农田资源和乡村风貌，打造了集农耕体验、文化传播和民宿旅游于一体的创新型乡村经济模式。这种模式为品牌带来了额外的收入来源，同时也提升了品牌的整体竞争力。

(二) 强化技术创新，推动智慧农业发展

通过与国内外科研机构和技术企业的合作，蓝城农业自主开发了一套适合中国国情的农业智能管理系统。该系统可以实时监测土壤湿度、气候变化和作物生长情况，为农业生产提供精准的数据支持。此外，蓝城农业还在产品追溯系统上投入大量资源，确保每件农产品的生产过程对消费者透明。这种技术创新，不仅提升了品牌的公信力，还为农业现代化提供了成功范例。

在农业生产中广泛应用物联网技术，通过安装传感器和自动化设备，蓝城农业实现了对农业生产环境的实时监测和精准调控。

蓝城智能温室大棚实景图

此外，通过引入人工智能和大数据技术，蓝城农业实现了对农业生产全过程的智能化管理。通过数据分析，能够精准预测市场需求，优化生产计划，提升生产效率。例如，在农产品加工环节，通过大数据分析，能够根据市场需求调整加工产品的种类和数量，减少库存积压，提高经济效益。

（三）注重生态保护，实现可持续发展

蓝城农业始终将可持续发展视为品牌建设的重要目标。在农业生产中，大力推广有机种植和生态种养模式，减少化学投入品的使用，保护土壤质量和生物多样性。例如，在一些"田园综合体"项目中，通过实施土地复垦和水土保持措施，废弃土地重新焕发了生机。

在多个项目中推广的稻田综合种养模式，通过稻田养鱼、种植水生植物等方式，实现了稻田的生态平衡和产值提升。这种模式不仅提高了土地利用率，还减少了农业生产对自然环境的破坏。例如，在江西的稻田综合种养项目中，通过引入生态种养模式，稻田的亩均收益提高了 30% 以上。

蓝城农业积极推动低碳农业发展，通过减少机械使用、推广节能技术和循环利用农业废弃物，为实现"双碳"目标贡献了自己的力量。例如，其茶叶种植基地全面采用太阳能灌溉系统，每年减少数十吨二氧化碳的排放。这种绿色发展的实践，进一步巩固了蓝城农业在行业内的领先地位。

(四)强化社会责任，促进乡村振兴

在提升自身竞争力的同时，蓝城农业积极履行社会责任，推动乡村振兴战略的实施。通过"蓝城乡村助学计划""农民技能提升培训"等公益项目，为乡村居民提供了多种形式的支持。同时，在多个项目中优先雇用当地居民，直接创造了数千个就业机会。

蓝城两江·田园牧歌项目实景图

通过"蓝城乡村助学计划"，蓝城农业为偏远农村地区的孩子提供教育资源支持，还开展"农民技能提升培训"项目，帮助农民掌握现代种植技术，提高生产效率和收入水平。

在多个项目中投入大量资金，改善乡村基础设施。例如，在云南的一个"田园综合体"项目中，为当地建造了公共活动中心、乡村医院和教育设施，大幅提升了村民的生活质量。这种通过企业资源助力乡村发展的模式，为品牌赢得了广泛的社会支持与认可。

四、生态优先与绿色发展的新范式

蓝城农业作为现代农业的标杆企业，不仅通过创新的运营模式和卓越的实践推动了自身发展，还为整个行业提供了宝贵的经验和示范效应。其在品牌塑造、全产业链整合、文化赋能、技术创新和社会责任等方面的探索，对农业行业的转型升级和我国经济的高质量发展具有重要意义。

(一)推动现代农业产业化发展

蓝城农业的实践为农业产业化发展提供了清晰的路径。通过全产业链整合和现代化运营模式，蓝城农业成功实现了农业经济价值的最大化。从单一生产到多元化经营的转变,为其他农业企业提供了可借鉴的思路。农业企业可以通过延长产业链,将附加值留在乡村和农民手中,从而实现乡村经济的可持续发展。

传统农业主要依赖单一的种植或养殖模式,附加值低,抗风险能力弱。蓝城农业通过全产业链模式,将农业生产、加工、销售、文旅等环节有机结合,实现了从传统农业到产业化农业的转型。例如,"田园综合体"项目不仅提升了农产品的附加值,还通过乡村旅游和文化体验项目,创造了新的经济增长点。

(二)提升农业品牌价值,推动农业向消费品行业转型

通过精准的品牌定位、文化赋能和高端市场推广,蓝城农业成功将"蓝城良品"打造成了现代农业品牌的典范。通过挖掘地方文化和自然资源,为品牌赋予了深厚的文化内涵。这种将产品与文化深度结合的方式,不仅提升了品牌的溢价能力,还开辟了新的市场领域。其他农业企业可以借鉴蓝城农业的品牌策略,通过挖掘自身特色,结合地域文化、生态价值和消费者需求,打造具有独特定位的农业品牌。

在浙江的茶园项目中,通过举办"茶园文化节",将茶文化的传播与乡村旅游相结合,提升了品牌的吸引力和市场竞争力。这种文化赋能的方式不仅增强了品牌的文化价值,还为品牌创造了附加价值。

随着消费者对高品质农产品和绿色生活方式的需求不断增加,农业品牌化成为未来农业发展的必然趋势。蓝城农业通过品牌化和科技化的发展路径,成功提升了农业品牌的市场价值。其他农业企业可以借鉴蓝城农业的经验,通过品牌化和科技化的发展路径,提升农业品牌的市场竞争力。

(三)助力乡村振兴战略实施

蓝城农业在乡村振兴中的实践,展现了农业企业如何通过创新发展为国家战略目标服务。通过推动乡村经济、生态和文化全面协调发展,为乡村振兴提供了综合性解决方案。"田园综合体"模式的示范作用,为其他农业企业找到在乡村振兴中的角色提供了有力启示。

通过"田园综合体"模式,蓝城农业将农业生产、文化旅游和乡村建设三者有机结合,创造了一个生态、生活、生产融合发展的新型乡村经济体。这种模式不仅提升了乡村经济的活力,还改善了乡村环境,为乡村振兴提供了可持续发展路径。

在推动乡村经济发展的同时,蓝城农业注重乡村社会的协调发展。通过"蓝城乡村助学计划""农民技能提升培训"等公益项目,为乡村居民提供了多种形式的支持。这些公益项目不仅提升了乡村居民的生活质量,还为品牌赢得了广泛的社会赞誉。

(四)促进生态保护与绿色发展

蓝城农业将可持续发展理念融入其生产模式,通过推广绿色农业和循环经济,为生态环

境保护作出了重要贡献。这种实践对我国农业行业的绿色转型具有重要意义。农业企业可以通过引入低碳技术和节能设备，逐步推动农业领域的绿色发展，减少对自然资源的依赖。

在江西的稻田综合种养项目中，通过稻田养鱼、种植水生植物等方式，实现了稻田的生态平衡和产值提升。这种模式不仅提高了土地利用率，还减少了农业生产对自然环境的破坏。

蓝城农业积极推动低碳农业发展，通过减少机械使用、推广节能技术和循环利用农业废弃物，为实现"双碳"目标贡献了自己的力量。例如，其茶叶种植基地全面采用太阳能灌溉系统，每年减少了数十吨的二氧化碳排放量。这种绿色发展的实践，进一步巩固了蓝城农业在行业内的领先地位。

（五）提供农业现代化和经济高质量发展的动力

通过整合资源、技术创新和品牌塑造，蓝城农业探索出了一条符合我国农业现代化要求的发展路径。这种路径不仅对农业行业的发展具有深远意义，也对整个经济的高质量发展产生了重要推动作用。

蓝城农业的成功实践表明，通过提高农业生产效率和产品附加值，农业完全可以成为推动国民经济增长的重要力量；通过品牌化和科技化的发展路径，不仅提升了农业的市场价值，还有效缩小了城乡经济差距，促进了社会共同富裕。蓝城农业的实践为农业行业的转型升级和我国经济高质量发展提供了重要借鉴。

（赵小虎　执笔）

18　科技赋能电商品牌

拼多多：
跨界"整活"，文化科技"CP"燃爆消费圈

在当今数字化浪潮汹涌澎湃的时代，电商行业已然成为经济发展的关键驱动力，重塑着人们的消费模式与商业格局。拼多多，作为电商领域一匹迅猛崛起的黑马，自 2015 年创立以来，凭借独特的"拼购"模式，打破了传统电商的固有藩篱，在竞争激烈的市场中闯出一片天地，仅用数年时间便成功跻身行业前列，对消费市场产生了广泛且深远的影响。

一、三年？拿下上市，这不是梦！

拼多多自 2015 年创立以来，在短短数年内迅猛发展，其发展轨迹可清晰划分为多个关键阶段，各阶段均独具特色且为其成长为电商巨头奠定了坚实基础。

拼多多上市图(来源：纳斯达克)

创业初期，拼多多作为农产品零售平台崭露头角。彼时，电商市场虽已颇具规模，但农产品领域仍存在诸多痛点，诸如流通环节冗长、价格虚高，农民收益微薄，消费者难以购得物美价廉的生鲜产品等。拼多多精准洞察这一市场缺口，创新性地推出"拼购"模式。这一模式的出现，让消费者不再满足于千篇一律的商品与购物体验，而是渴望在购物过程中探寻更高的性价比、更多的乐趣以及更深层次的社交互动。拼多多精准洞悉这一消费趋势的转变，通过创新的商业模式，将社交元素深度融入电商运营的每一个环节，开启了社交电商的

综合看上市首日的股价涨幅和市值，拼多多不输阿里巴巴和京东

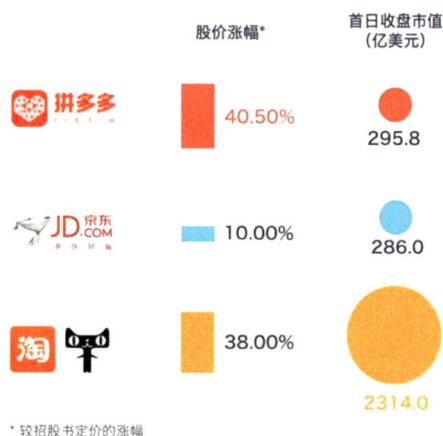

股价涨幅*

首日收盘市值（亿美元）

拼多多 40.50% 295.8

JD京东 10.00% 286.0

淘 38.00% 2314.0

* 较招股书定价的涨幅

拼多多上市股价（来源：纳斯达克）

全新篇章。它不仅为消费者提供了琳琅满目的平价好物，更借助社交网络的强大力量，让购物成为一种充满趣味与分享价值的社交行为，极大地激发了消费市场的活力，促使消费群体不断拓展，消费频次稳步提升。拼多多借助社交网络的强大力量，让消费者能够组团购买农产品，以团购的规模效应压低价格，实现了消费者与农户的双赢。这一模式迅速吸引了大量对价格敏感且注重生活品质的用户，尤其是三四线城市及广大农村地区的消费者，为平台积累了初始流量与口碑，并在竞争激烈的电商赛道中成功站稳脚跟。

2018 年，拼多多迎来发展进程中的重大里程碑事件——在美国纳斯达克证券交易所挂牌上市，股票代码为 PDD。这一标志性事件，不仅是资本市场对拼多多商业模式创新与发展潜力的高度认可，更使其在国际舞台上声名鹊起，吸引了全球投资者与合作伙伴的目光，为后续的扩张与发展注入了强劲的资金动力，开启了全新篇章。

（一）解锁独特坐标，定位"出圈"秘籍

上市之后，拼多多并未满足于既有成绩，而是持续深耕，开启多元化业务拓展之路。一方面，大力推进"百亿补贴"计划，剑指中高端消费市场。通过与众多知名品牌直接合作，对热门电子产品、美妆护肤、母婴用品等品类给予高额补贴，大幅降低商品价格，打破了品牌商品价格居高不下的市场格局，吸引了大量一二线城市追求品质生活且对价格敏感的消费者，成功实现用户群体的向上突破，提升了平台的品牌形象与用户忠诚度。另一方面，在农业领域持续发力，推出"农货上行"战略，借助大数据、云计算等前沿技术，深度赋能农业产业链。从农产品的源头种植、采摘，到中间的仓储、物流，再到终端的销售环

节，全方位优化升级，切实解决农产品滞销难题，助力农民增收致富，进一步巩固了拼多多在农产品电商领域的龙头地位。

面对电商行业日益白热化的竞争态势，拼多多展现出卓越的创新和应变能力。在营销推广层面，持续优化"拼购"玩法，推出"天天领现金""多多果园"等趣味互动活动，深度融合社交元素，激发用户的参与热情与分享欲望，实现用户数量的指数级增长与用户黏性的显著提升；在供应链管理方面，加大科技投入，构建智能供应链系统，通过对消费数据的深度挖掘与精准分析，实现商品的精准选品、高效补货，极大缩短了供应链周期，降低了运营成本，提升了整体运营效率；在物流配送领域，与各大物流企业强强联合，打造专属物流通道，提升配送时效，优化配送服务，为消费者带来更为便捷、高效的购物体验。

近年来，拼多多将目光投向海外市场，开启了全球化征程。旗下跨境电商平台 Temu 强势出击，凭借极致性价比的商品、创新的社交营销玩法以及本土化运营策略，迅速在欧美等主流市场掀起购物热潮。Temu 平台的商品涵盖服饰、家居、美妆、数码等众多品类，通过与海量中国优质供应商紧密合作，严格把控产品质量，以超低价格直接触达海外消费者，配合"砍一刀"等本土化社交裂变推广方式，实现用户数量的爆发式增长与市场份额的快速扩张，向世界展现了中国电商的创新力量，成为中国跨境电商行业的领军者之一，为拼多多未来的全球布局描绘了宏伟蓝图。

（二）透视市场格局，解锁竞争"密码"

在当前的电商市场格局中，拼多多已稳稳占据一席之地，与阿里巴巴、京东等行业巨头形成三足鼎立之势。

依据权威第三方统计数据，截至 2023 年，拼多多在电商市场的业务占比已攀升至约 25%，与京东的市场份额差距逐步缩小，对阿里巴巴的行业龙头地位发起强有力挑战。这一显著成就，源于拼多多多年来持之以恒的创新探索与精耕细作，这使其在激烈的市场竞争中脱颖而出，赢得消费者与市场的双重认可。

与传统电商巨头阿里巴巴相比，拼多多的商业模式呈现出鲜明的特色。阿里巴巴旗下的淘宝、天猫平台，依托先发优势与海量品牌资源，构建起庞大而复杂的电商生态体系，商品种类琳琅满目，能够全方位满足不同消费者群体的多样化需求，在中高端消费市场拥有深厚的用户根基与品牌忠诚度。而拼多多则独辟蹊径，以"社交+电商"的创新融合模式为核心驱动力，精准聚焦下沉市场与价格敏感型消费群体。拼多多成功实施 C2M（Consumer to Manufacturer）模式，即直接连接消费者与制造商。利用先进的大数据分析技术，深入挖掘消费者需求，并为制造商提供精准的市场信息。这使得制造商能够根据市场需求更有效地调整生产策略，实现供需平衡，同时极大地简化了供应链流程，降低了成本，从而为消费者提供价格更具竞争力的产品。拼多多通过"拼购""百亿补贴"等一系列极具吸引力的营销策略，激发用户的社交分享热情，实现用户数量的裂变式增长，以海量订单为筹码，与供应商深度议价，为消费者提供极致性价比的商品，在中低端市场构筑起坚固的竞争壁垒。通过参与创新的"拼购"玩法，消费者能够轻松邀请亲朋好友组团购买农产品，共享团购带来的价格优惠。以广西百色的芒果销售为例，当地果农在拼多多平台上发起拼团活动，消费者只需分享链接，邀请好友共同下单，便能以低于市场均价的实惠价格购得新鲜美味的芒果。这种模式不仅让消费者以更少的花费品尝到优质水果，还极大地拓宽了农产品的销售半径，使得百色芒果迅速走出当地，畅销全国。据统计，在芒果上市旺季，拼多多平台上相关拼购订单量数以百万计，助力果农增收显著，成为农产品上行的经典案例。

生活用品团购同样是拼多多的强项。从家居清洁用品到厨房小家电，各类生活用品应有尽有。消费者基于社交关系组成团购社群，通过分享、互助、砍价等形式，以极具竞争力的价格购入心仪好物。例如，一款知名品牌的智能扫地机器人，在拼多多上发起"万人团"活动，原价千元的产品，经团购与平台补贴后，到手价直降数百元，瞬间点燃消费者的购买热情，吸引大量家庭用户参与团购。这种基于社交信任的消费模式，不仅为消费者节省了开支，还营造出一种购物乐趣与社交互动交融的独特体验，使得拼多多在生活用品市场中牢牢站稳脚跟，持续吸引新用户加入，不断拓展消费边界。

相较于京东，拼多多同样展现出独特的竞争优势。京东长期以来致力于打造高品质的购物体验，凭借自建物流体系，实现了商品配送的高效、精准与可靠，在 3C 数码、家电等品类上凭借正品保障与优质售后服务赢得了广大消费者的信赖，用户群体主要集中于一二线城市，这些用户对商品品质与购物服务要求严苛。拼多多则凭借灵活多变的运营策略，快速响应市场变化，在商品品类丰富度上持续发力，除传统优势品类外，拼多多不断拓展新兴品类，满足消费者一站式购物需求。同时，通过创新营销玩法与大数据精准推荐，提升用户购物的趣味性与便捷性，以高性价比商品吸引追求实惠的消费者，逐步向一二线城市渗透，扩大用户版图。

在新兴电商势力崛起的浪潮中，抖音、快手等以短视频内容为依托的电商平台，试图通过内容创作与社交互动激发消费需求。拼多多凭借深厚的电商运营底蕴与成熟的供应链体系，在商品种类、价格竞争力以及购物流程的便捷性上占据优势。尽管新兴平台在流量获取与用户黏性培养方面展现出一定优势，但拼多多通过持续创新优化，不断强化自身核心竞争力，稳固市场地位，与各类电商平台在差异化竞争中实现共存共荣，共同推动电商行业蓬勃发展。

二、从拼多多文化看商业江湖的别样"江湖令"

拼多多秉持着一套独特且极具影响力的核心价值观，而这些价值观宛如基石，奠定了其在电商领域的竞争根基，引领着企业一路高歌猛进。

（一）商业征途的"北斗七星"

用户至上，这一理念贯穿拼多多发展的每一个细微环节。从平台界面的设计优化，到商品的筛选推荐，再到售后服务的贴心保障，无一不以满足用户需求、提升用户体验为出发点。为了让用户在购物过程中感受到便捷与高效，拼多多不断精简购物流程，引入先进的智能搜索与推荐算法，精准洞察用户喜好，实现个性化推送。在面对用户反馈时，始终保持高度重视，迅速响应，以诚恳的态度解决问题，致力于将每一位用户的购物之旅塑造为愉悦的消费体验，从而构筑起坚实的用户口碑与忠诚度。

创新进取是拼多多蓬勃发展的内在驱动力。自创立之初，拼多多便大胆突破传统电商模式的桎梏，首创"拼购"玩法，将社交互动巧妙融入购物流程，借助社交网络的裂变传播力量，实现用户数量的指数级增长与市场份额的快速扩张。此后，拼多多持续推陈出新，"百亿补贴"计划重磅登场，精准锚定中高端消费市场，大幅降低品牌商品价格门槛，吸引追求品质生活的消费者纷至沓来；"多多果园""天天领现金"等趣味互动营销活动横空出世，深度激发用户的参与热情与分享欲望，为电商营销注入全新活力，不断拓展业务边界，开创电商发展新范式。

团结协作的精神在拼多多内部蔚然成风。各个部门之间紧密配合，如同精密咬合的齿轮组，协同推动着企业这台庞大机器高效运转。技术团队凭借卓越的研发实力，搭建起稳定、智能的电商平台架构，为业务拓展筑牢根基；运营团队精准把握市场脉搏，策划实施一系列富有创意的营销活动，实现用户与商家的高效连接；客服团队以专业、耐心的服务态度，及时化解用户在购物过程中遇到的各类问题，守护企业声誉；采购团队与供应商深度洽谈合作，全力保障商品的优质供应与价格优势。各部门在明确分工的基础上，频繁沟通、无缝协作，形成强大的企业合力，共同应对市场挑战。

诚信为本是拼多多坚守不渝的底线。无论是面对海量的消费者还是众多合作商家，拼多多都始终以诚信示人。在商品质量管控方面，建立起严苛的审核机制，坚决杜绝假冒伪劣商品流入平台，确保消费者买到货真价实的心仪好物；在商家管理上，秉持公平公正原则，营造健康、有序的商业生态环境，与商家携手共进，共同成长。对用户隐私信息严密保护，以实际行动践行诚信承诺，赢得用户与合作伙伴的长久信赖，为企业的可持续发展铺就坦途。

（二）消费"指挥棒"下，文化如何"起舞"

拼多多深度聚焦消费者需求，精心雕琢出一种独具特色的消费导向文化，这一文化特质使其在竞争白热化的电商市场中脱颖而出，成为消费者心仪的购物平台。

低价策略无疑是拼多多吸引消费者的一大利器。凭借创新的"拼购"模式，巧妙汇聚海量用户的零散需求，形成强大的规模效应，以此与供应商展开深度议价，成功压低商品价格。无论是日常生活所需的生鲜食品、家居日用品，还是时尚服饰、数码产品等，消费者都能在拼多多上以亲民的价格轻松购得。这种极致的性价比追求，精准契合了广大价格敏感型消费者的核心诉求，尤其是为三四线城市及农村地区的消费者打开了一扇畅享实惠购物的大门，让高品质生活不再遥不可及。

精准推荐是拼多多提升用户购物体验的关键一招。依托前沿的大数据与人工智能技术，拼多多对用户的浏览历史、购买行为、搜索关键词等海量数据进行深度挖掘与精细分析，从而精准勾勒出每一位用户的兴趣画像与消费偏好。在此基础上，为用户量身定制个性化的商品推荐列表，确保推送的商品精准满足用户的潜在需求。用户浏览某类商品后，后续便能收到与之相关的优质商品推荐，让购物过程充满惊喜与便捷，极大地节省了用户筛选商品的时间与精力，提升了购物效率与满意度。

优质服务则是拼多多巩固用户忠诚度的坚实后盾。在物流配送方面，拼多多与各大知名物流企业强强联手，构建起覆盖广泛、高效快捷的物流配送网络。通过优化物流线路、提升仓储管理效率、引入智能配送系统等举措，大幅缩短商品配送时间，让消费者能够在最短的时间内收到心仪商品。同时，在售后服务上持续加码，推出"极速退款""上门取件""售后无忧"等一系列贴心保障措施，及时、妥善地解决用户在购物过程中遇到的各类问题，让消费者购物无后顾之忧，全方位感受拼多多的关怀与诚意。

(三) 文化科技"点金术"，财富神话就此诞生

从拼多多的财报数据中，我们能清晰洞察其在文化与科技融合发展路径上的坚实步伐与斐然成效。在营收层面，近年来拼多多保持着强劲的增长势头，这彰显出其独特商业模式蕴含的巨大能量。以"拼购"为核心的社交电商模式，借助社交网络的强大传播力，实现用户数量的迅猛增长与市场边界的持续拓展，海量用户涌入并转化为实打实的消费订单，驱动营收节节攀升。"百亿补贴"等战略的成功实施，精准击中消费者对品质与价格的双重追求，吸引高要求、高消费能力的用户群体，进一步拓宽收入来源，为企业的持续发展注入源源不断的动力。

研发投入方面，拼多多毫不吝啬，持续加大在科技研发领域的资金、人力等资源投入。这些投入聚焦于多个关键技术方向：大数据分析技术的深度挖掘，让企业对市场趋势、用户需求的洞察更为精准，为精准营销、智能选品等业务环节提供有力支撑；人工智能算法的优化升级，助力推荐系统、客服机器人等应用的效能大幅提升，改善用户体验，降低运营成本；供应链管理系统的科技创新，实现从商品采购、仓储调配到物流配送的全流程数字化、智能化管控，提升供应链整体效率与响应速度。

用户增长与活跃度数据同样亮眼，反映出拼多多文化与科技融合策略对用户的强大吸引力。凭借趣味横生的社交互动玩法、极致诱人的低价策略以及贴心便捷的购物服务，拼多多在用户获取上成绩斐然，尤其是在下沉市场与年轻用户群体中广受欢迎，用户基数不

断扩大。高用户活跃度则得益于平台持续推出的多样化营销活动、个性化推荐服务以及优质的内容生态构建，让用户养成频繁登录、浏览、购物的习惯，形成充满活力的电商消费社区，进一步巩固了企业在市场中的竞争地位，为未来的发展积蓄磅礴力量。

(四) 当下沉市场碰撞消费升级，惊喜来了！

拼多多精准洞察中国消费市场的纵深结构，凭借独特优势在下沉市场扎稳根基，并顺势推动消费升级浪潮，为不同层级消费者带来全新购物体验，重塑市场格局。

下沉市场这片广袤且蕴含巨大消费潜力的领域，长期以来因消费渠道有限、信息相对闭塞等，对商品价格的敏感度较高。拼多多敏锐地捕捉到这一特性，依托由海量用户汇聚形成的强大议价能力，与供应商深度合作，以极致性价比为利器，迅速切入下沉市场。在三四线城市及乡镇地区，拼多多的身影无处不在，无论是日常的衣物、家居用品还是生鲜副食，消费者皆能以亲民价格购得，极大地提升了生活品质。数据显示，拼多多在下沉市场的用户渗透率逐年攀升，众多家庭每月在平台上的消费支出稳定增长，成为当地居民购物的首选平台之一，填补了中低端消费市场的空白，激发了下沉市场的消费活力。

然而，拼多多的雄心不止于低价策略。随着下沉市场消费者收入水平的逐步提升、消费观念的日益更新，平台乘势而上，大力推动消费升级。一方面，积极引入国内外知名品牌，涵盖数码、家电、美妆等多个品类，以官方旗舰店入驻、正品保障承诺等举措，重塑品牌形象，满足消费者对品质生活的追求。如苹果、华为等品牌手机在拼多多平台上的销量持续上扬，消费者无须担忧品质与售后问题，可放心选购心仪机型。另一方面，强化品质把控，建立严格的商品筛选与质量监管体系，从源头杜绝劣质商品流入，确保消费者买到物有所值的优质产品。通过消费升级策略，拼多多不仅稳固了下沉市场的根基，还逐步向中高端市场迈进，实现用户群体与消费层级的双重拓展，引领下沉市场消费新风尚。

(五) 文化产品销量飞升，拼多多科技 "引擎" 超燃

拼多多平台凭借其庞大的用户基础、创新的电商模式以及强大的推广能力，对各类文化产品的销售额增长起到了显著的推动作用。在图书销售领域，拼多多通过"多多读书月"等活动，联合众多出版社进行大规模的补贴和推广。在"多多读书月"期间，平台上的图书销售额同比增长了80%，部分热门书籍的销量更是实现了数倍的增长。以《百年孤独》为例，在活动期间销量突破了5万册，较活动前增长了5倍。这不仅让更多读者能够接触到经典文学作品，也为出版社带来了可观的经济收益，激发了出版行业的创作和生产活力。

在文创产品方面，拼多多平台凭借丰富的文创产品种类和多元的销售渠道，吸引了大量消费者。平台上的文创产品销售额逐年递增，2023年较上年增长了60%。许多具有地方特色的文创产品，如故宫博物院推出的文创产品，在拼多多平台上受到了广泛欢迎。通

过与故宫博物院合作,拼多多将故宫的文化元素融入各类文创产品中,如文具、饰品、服饰等,满足了不同消费者的需求。这些文创产品不仅传承了故宫的文化底蕴,还通过拼多多平台的销售网络,走进了千家万户,提升了故宫文化的影响力和传播力。

在艺术作品销售方面,拼多多也为艺术家和艺术机构提供了展示和销售的平台。通过举办线上艺术展览、艺术家直播等活动,拼多多吸引了众多艺术爱好者的关注。一些新兴艺术家的作品在拼多多平台上得到了更多的曝光机会,销售额也随之增长。一位年轻的画家在拼多多平台上举办了个人线上画展,展览期间其作品的销售额达到了 10 万元,为其艺术创作提供了资金支持,也为其未来的艺术发展打开了更广阔的空间。

随着拼多多平台在文化产品销售领域不断发力,其在文化产品市场的份额也在逐渐扩大。根据市场调研机构数据,拼多多在文化产品电商市场的份额从 2021 年的 10% 增长至 2023 年的 20%,成为推动文化产品销售增长的重要力量。

三、科技注入,拼多多开启"狂飙"模式

拼多多构建了一套强大且极具创新性的技术架构,这一架构宛如坚实的基石,支撑起其庞大的电商业务体系,并持续驱动业务的创新发展。

在云计算领域,拼多多果断选择 AWS(亚马逊网络服务)等行业领先的云服务提供商,依托云计算的弹性扩展能力,完美应对业务量的爆发式增长。尤其是在购物高峰期,如"618""双 11"等电商大促节点,云计算能够根据实时流量需求,自动调配服务器资源,确保系统稳定运行,避免卡顿、崩溃等问题,为用户提供流畅无阻的购物体验。

大数据技术是拼多多洞察市场与用户的关键利器。平台每日汇聚海量的用户行为数据,涵盖浏览、搜索、购买、收藏等各个环节,通过 Hadoop、Spark 等先进的大数据处理框架,对数据进行深度挖掘与实时分析。构建精细的用户画像,精准把握用户的消费偏好、购买能力、地域分布等特征,进而实现个性化商品推荐与精准营销,大幅提升用户购买转化率。

算法推荐系统堪称拼多多的核心竞争力之一。基于深度学习、协同过滤等前沿算法,融合用户行为、社交关系、商品属性等多元数据,为用户量身定制专属的商品推荐列表。在用户参与拼购或浏览某类商品后,系统能迅速捕捉其兴趣点,推荐与之高度匹配的相关商品,让购物过程充满惊喜,有效提高用户购物的便捷性与满意度。

移动端优化更是拼多多的重点发力方向。采用 React Native 等跨平台开发框架,打造出界面简洁、操作便捷的 App。通过优化图片加载、代码压缩、缓存管理等技术细节,实现页面的极速加载,大幅缩短用户等待时间。同时,针对移动端的交互特点,设计了直观易用的购物流程与便捷的分享功能,完美契合用户随时随地购物与社交分享的需求,极大提升了用户在移动端的购物体验。

（一）科技"引擎"轰鸣，业务"狂飙"突进

科技全方位赋能拼多多的业务发展，在多个关键环节发挥着不可或缺的作用，成为推动其在电商领域持续领航的核心动力。

在用户体验提升层面，智能客服系统依托自然语言处理技术与海量知识库，能够快速、精准地解答用户咨询，提供 24/7 全天候在线服务，有效缩短用户问题处理时间，提升用户满意度。"多多直播"借助实时音视频技术，为用户打造身临其境的购物场景，主播实时展示商品细节、演示使用方法，配合互动抽奖、优惠券发放等功能，增强用户参与感与购物乐趣，推动购买决策转化。

供应链优化方面，拼多多利用大数据与人工智能，深度剖析市场需求趋势、销售数据以及供应商产能等信息，实现精准选品与智能补货。通过预测模型提前布局热门商品采购，避免缺货、断货现象，同时合理控制库存水平，降低仓储成本。智能物流调度系统实时监控物流轨迹，结合路况、天气等因素，优化配送路线，提高配送效率，确保商品能够快速、准确地送达消费者手中。

在业务拓展领域，拼多多积极探索新技术应用，拓展业务边界。在跨境电商业务 Temu 中，运用大数据分析海外市场需求、消费者偏好以及竞品动态，有针对性地选品与定价，结合本地化运营策略，迅速打开欧美等国际市场。同时，借助区块链技术实现商品溯源，增强消费者对跨境商品品质与真伪的信任，提升品牌形象与市场竞争力。此外，拼多多还在农业科技领域持续深耕，通过物联网、人工智能等技术赋能农业生产，实现农产品从田间到餐桌的全程数字化管控，助力农业产业升级，进一步巩固自身在农产品电商领域的优势地位。

（二）科技"魔盒"开启，定制专属你的消费盛宴

在当今消费多元化、个性化的时代浪潮下，拼多多深度运用前沿科技，精心雕琢个性化消费体验，精准契合每位消费者的独特需求，为其打造专属购物旅程，在激烈的电商竞争中脱颖而出。

算法推荐系统是拼多多实现个性化服务的核心引擎。平台依托海量用户数据，涵盖浏览历史、购买记录、搜索关键词、停留时长等多维度信息，运用深度学习、协同过滤等先进算法构建精密用户画像，深度洞察消费者偏好、购买能力、消费周期等特征。基于此，为用户量身定制个性化的商品推荐页面，在消费者浏览某类商品后，后续会推送精准匹配其兴趣的相关商品，如时尚爱好者会收到契合其风格的新款服饰推荐，数码达人则能获取前沿电子产品资讯。内部数据显示，经算法推荐产生的订单转化率远超传统普适性推荐，用户购物路径大幅缩短，购物效率显著提升，让消费者于海量商品中迅速锁定心仪之选。

定制化商品和服务更是拼多多满足消费者多元需求的关键一招。在与众多供应商紧

密协作下，平台推出了一系列可按需定制的商品，从服装的尺码、款式、图案，到家居用品的材质、颜色、功能，消费者皆能依据个人喜好自由选择，实现商品的专属化打造。以定制家具为例，消费者通过拼多多平台上传家居空间尺寸、装修风格偏好等信息，即可获得专业设计师量身定制的家具方案，下单后由工厂按需生产、精准配送，家具完美适配家居环境。这种深度定制化服务不仅满足了消费者对独特性、适配性的追求，更拓展了商品的创意边界与市场空间，使得拼多多成为消费者探寻个性化好物的创意集市，全方位提升购物满意度与忠诚度。

以直播带货为例，它借助实时互动的形式，让你仿若置身于热闹非凡、充满烟火气的传统购物集市。主播不仅能够全方位、细致地展示商品的独特特点与强大功能，还能与你实时互动，及时解答你的疑问。你可以在评论区畅所欲言，分享自己的看法与见解，还能参与激动人心的互动抽奖活动，这种沉浸式的购物体验极大地增添了购物的趣味性与吸引力。与此同时，在一些商品的展示环节，拼多多创新性地运用虚拟现实（VR）和增强现实（AR）技术，让你能够以更加直观、真实的方式感受商品的实际效果。例如，当你在选购家具时，只需通过手机摄像头，就能在自家的真实空间中虚拟摆放家具，提前直观地查看家具的尺寸大小、款式风格是否与家居环境完美匹配，从而更加从容、精准地做出购买决策。

拼多多凭借科技"魔盒"的神奇魔力，将大数据、智能算法、前沿技术以及跨界合作等核心要素巧妙融合，为消费者定制出一场无与伦比的专属消费盛宴。在这里，每个人都能尽情享受个性化、多元化、趣味盎然的购物体验，全身心沉浸在购物带来的无尽乐趣与惊喜之中。

（余清溪　执笔）

19　城市景观品牌

未来之境：
成都太古里文化与科技融合之道

成都太古里作为一个具有代表性的商业区，自开业以来一直致力于推动成都文化与现代科技结合。近年来，随着数字化和智能化浪潮，成都太古里不断完善其商业模式和服务功能。例如，2019 年至 2021 年期间，成都太古里的年度游客量增长了约 15%，并且在 2021 年迎来了超过 2500 万人次的游客，这一数据体现了成都太古里成功吸引国内外游客的能力①。这种增长不仅反映了其在商业运作上的成功，也标志着其在文化和科技融合方面的巨大潜力。

一、文化积淀，创新崛起：成都太古里的传统魅力与现代风尚

成都太古里作为成都文化的展示窗口，其建筑风格、文化活动以及与消费者互动的方式都深深根植于成都的历史文化。通过引入数字化元素，太古里不仅将传统文化与现代生活方式相融合，还让消费者在商业区内体验到身临其境的文化盛宴。

（一）在传承中创新：成都太古里对传统文化的再定义

太古里坐落于成都市锦江区大慈寺片区，这片土地承载着深厚的历史文化底蕴。大慈寺始建于魏晋时期，历经千年风雨洗礼，在唐代更是成为皇家寺院，规模宏大，盛极一时。其殿宇雄伟宏丽，如天王殿、观音殿、说法堂等建筑，飞檐斗拱、雕梁画栋，充分展现了古代建筑的精湛工艺和悠久历史②。成都太古里将"四合院"这一四川传统建筑元素与现代商

---

① 数据来源：成都太古里官方网站，2021 年报告。
② 成都太古里：传统与现代的完美融合 | 地标 | 大慈寺 | 太古里 | 成都市 | 现代_手机网易网。

业建筑相结合，构建了一个既能感受传统文化，又能享受现代服务的空间。根据2020年成都太古里发布的年度报告，该商业区内的文化活动参与人数超过100万人次，并且有80%的参与者表示对四川本土文化的认同感和归属感有所提升[①]。这一数据证明了成都太古里不仅仅是购物的场所，还是文化体验的中心。

在太古里的开发过程中，秉持着对历史的尊重与传承态度，开发者们进行了精心规划与设计。邀请清华大学建筑设计研究院作为古建顾问，对区域内的六座古建筑进行保护及修缮。在修缮过程中，严格遵循古建筑原本比例，采用国际最新的保护复原体系，融入现代文化创意与保护理念，根据建筑风格量身定制用途，最大限度地保留和延续其历史文化价值。

这些古建筑经过修缮后，重新焕发出生机。古色古香的建筑外观与现代商业氛围相得益彰，成为太古里独特的文化景观。游客漫步其中，仿佛穿越时空，既能感受到历史的厚重，又能体验到现代商业的活力。例如，大慈寺的部分殿堂被改造为文化展览空间，定期举办各类艺术展览、文化讲座等活动，让古老的建筑成为文化传播的新载体。

除了古建筑，太古里周边街巷肌理也得以保留。传统的川西风格，街巷蜿蜒曲折，宽窄不一，石板路两旁的店铺错落有致。这种布局不仅增加了购物的趣味性，也让人们在行走间能感受到成都传统的市井文化氛围。传统的川西建筑元素如小青瓦、雕花门窗、风火墙等在现代建筑中得以巧妙运用，使整个太古里在建筑风格上保持了与历史文化的连贯性。在文化内涵挖掘方面，太古里深入探寻成都的民俗文化、传统手工艺等，将蜀绣、竹编、糖画等传统手工艺引入商业街区，设立专门的手工作坊和展示区域。手工艺人现场制作，游客可以近距离观赏制作过程，甚至参与其中，亲身体验传统手工艺的魅力。这不仅传承了传统文化，也为游客提供了独特的文化体验，丰富了太古里的文化层次。

(二)文化活动的策划与参与：成都太古里的艺术盛宴与社区互动

太古里定期举办的川剧表演、艺术展览、手工艺品展示等活动成为游客和本地居民互动的主要方式。这些活动不仅增加了消费者的文化参与感，也增强了成都本土文化的传播力。

1. 解锁成都太古里的缤纷文化活动

成都太古里的文化活动形式多样，涵盖了传统艺术与现代创意，既有深厚的地方传统，又融入了当代艺术的元素。例如，川剧表演：川剧是四川的传统戏剧形式，以其独特的变脸技艺和生动的表演风格吸引了大量观众。在太古里的演出中，观众不仅可以欣赏到精彩的表演，还能近距离观察演员的技艺，增加了参与感和互动性。艺术展览：太古里定

---

① 成都太古里年度报告，2020年。

期举办艺术展览，展示本地及国际艺术家的作品，为艺术爱好者提供了一个交流和欣赏作品的平台。展览内容涵盖绘画、雕塑、摄影等多种艺术形式，吸引了不同年龄层的观众前来参观。手工艺品展示：作为传统文化的重要组成部分，手工艺品展示活动能让游客了解和体验传统工艺的魅力。通过互动式的展示和制作体验模式，参与者可以亲手制作简单的手工艺品，感受传统技艺的精髓。

2. 文化活动的参与热度与影响

根据成都太古里文化活动统计数据，2019 年至 2021 年期间，每年举办的文化艺术活动平均吸引约 50 万名游客。这一数字不仅反映了活动的受欢迎程度，也显示出太古里在推广文化活动方面的成效。这些活动带来的影响包括：增强文化参与感。通过积极参与各种文化活动，游客和本地居民能够更深入地了解成都的文化，增强对本土文化的认同感和归属感。促进消费与经济发展。文化活动吸引了大量游客，不仅提升了太古里的知名度，也促进了周边商业的发展。游客在参与活动的同时，往往会选择在太古里的商店和餐饮店消费，这有利于形成良性的经济循环。传播本土文化。这些丰富多彩的文化活动为成都本土文化的传播提供了平台，不仅让更多人了解川剧、传统工艺等文化，还吸引了外地游客的关注，提升了成都的文化软实力。

3. 社区互动与文化共建

成都太古里不仅是一个商业中心，更是一个文化交流的平台。通过策划和组织多样化的文化活动，太古里促进了社区居民和游客之间的互动，形成了良好的文化氛围。居民可以在这里展示自己的才艺，介绍传统文化，游客也能通过参与活动，与本地文化建立更深层次的联系。

二、智慧商道：科技引领成都太古里的商业创新之路

在过去 3 年里，成都太古里通过科技手段提升了消费者的体验，并成为智能化商业区的代表。通过引入大数据、人工智能和虚拟现实技术，太古里可为消费者提供更加智能化和个性化的商业服务，推动商业模式的创新。

(一)大数据驱动精准营销，提升消费体验

大数据犹如商业领域的"透视镜"，助力成都太古里深入洞察消费者行为。通过对海量数据的深度挖掘与分析，太古里能够精准把握消费者喜好、购买习惯及消费趋势，同时为商户量身定制个性化营销建议。

以某时尚服装品牌为例，在太古里大数据分析技术的支持下，该品牌通过分析消费者

的购买历史、浏览记录以及社交媒体互动数据，发现年轻消费者群体对特定风格的运动休闲装需求旺盛。基于这一洞察，品牌调整了库存策略，增加了此类商品的备货量，并针对年轻消费者制定了专属的促销活动。在促销活动中，利用线上渠道精准推送优惠券和新品信息，吸引年轻消费者到店购买。结果显示，该品牌的库存周转率提高了 30%，销售额增长了 25%，远超行业平均水平。

依据 2021 年《成都太古里商业运营分析报告》，大数据分析技术助力众多商户在库存管理与促销策略上实现优化升级。借助对消费者购买历史、浏览记录等数据的分析，商户能够精准预测商品需求，避免库存积压或缺货现象。在促销策略方面，依据消费者偏好，定制差异化促销活动，以提升促销效果。数据显示，80%的库存和促销策略得以优化，进而推动商户销售额增长约 12%[①]。这不仅彰显了大数据在提升商业运营效率方面的巨大效能，更为消费者带来了更丰富、更贴合需求的购物选择，提升了消费体验。

(二)人工智能赋能，打造智能购物体验

人工智能技术的融入，为成都太古里的购物体验增添了智能化色彩。2020 年，太古里引入 AI 虚拟导购系统，犹如为每位顾客配备了专属购物顾问。该系统基于人工智能算法，依据顾客的年龄、性别、浏览偏好等多维度信息，为顾客提供精准的商品推荐与个性化服务。

某知名美妆品牌在太古里店铺借助 AI 虚拟导购系统，取得了显著成效。一位年轻女性顾客在进入店铺后，通过手机与 AI 虚拟导购进行互动。AI 虚拟导购根据她的购买记录和浏览偏好，迅速推荐了几款适合她肤质和风格的新品口红，并提供了详细的产品介绍和使用教程。顾客在了解产品信息后，对推荐的口红产生了浓厚兴趣，不仅购买了推荐的口红，还因为 AI 虚拟导购的精准推荐，额外购买了同系列的腮红和粉底液。该品牌统计数据显示，自从接入 AI 虚拟导购系统，顾客的平均购买件数提升了 20%，销售额增长了 18%。

在 AI 虚拟导购系统推出后的 3 个月内，显著成果便已显现。顾客平均购物时间缩短15%，这意味着消费者能在更短时间内找到心仪的商品，提高购物效率。同时，参与服务的顾客平均消费提升了约 10%[②]。这一变化表明，AI 虚拟导购系统不仅满足了顾客的个性化需求，有效提高顾客满意度，还进一步激发了消费者的购买欲望，推动消费增长。

(三)虚拟现实营造沉浸式体验，传承传统文化

2021 年，成都太古里以"虚拟川剧"体验项目为载体，借助虚拟现实(VR)技术，为游客搭建起一座通往传统文化的桥梁。在这个项目中，游客佩戴 VR 设备后，仿佛置身于川剧表演现场，亲身参与到川剧表演中，近距离感受变脸这一独特艺术的魅力。

---

① 成都太古里商业运营分析报告，2021 年。
② 成都太古里 AI 导购服务反馈，2020 年。

据《成都太古里虚拟现实项目报告》统计，该项目吸引了超过 50 万游客参与，并且在游客中收获了高达 95% 的满意度评分①。在"虚拟川剧"体验项目运营过程中，一位来自国外的游客原本对川剧文化知之甚少，但在参与"虚拟川剧"体验后，被川剧的魅力深深吸引。他不仅在社交媒体上分享了自己的体验，还邀请了更多朋友前来体验。这种口碑传播效应，进一步扩大了项目的影响力，吸引了更多国内外游客前来感受川剧文化。

"虚拟川剧"体验项目不仅为游客带来了前所未有的创新文化体验，让他们在现代科技的助力下领略传统文化的博大精深，更让传统川剧在现代社会中焕发出新的生机与活力，实现传统文化的传承与创新发展。

成都太古里通过对大数据、人工智能、虚拟现实等技术的创新应用，在商业运营与消费者体验之间找到了完美的平衡点，为其他商业区的商业发展与文化传承提供了极具价值的范例。未来，相信太古里将继续秉持创新精神，为消费者带来更多惊喜与体验。

三、数字艺术新纪元：成都太古里如何让科技为文化赋能

成都太古里不仅是一个购物和休闲的空间，还通过数字艺术的展示，引领文化创意产业的发展。在过去 3 年里，太古里通过数字艺术装置和虚拟艺术展览，将四川的传统文化与现代科技结合，为消费者带来新的文化体验。

(一)数字艺术与互动装置：点亮历史文化的科技之窗

在数字化浪潮席卷而来的当下，成都太古里凭借创新思维，将数字艺术与互动装置巧妙融合，为四川历史文化的展示开辟了全新路径。2020—2021 年，太古里以数字化投影和互动装置为媒介，精心打造出一幅幅展现四川历史文化的绚丽画卷。

2021 年，备受瞩目的"数字光影展"盛大开幕。这场展览以其独特的创意和精湛的技术，将四川悠久的历史文化以动态光影的形式呈现在观众眼前。从古老的三星堆文明到韵味十足的三国文化，再到充满生活气息的四川民俗风情，每一个场景都通过细腻的光影变化和逼真的音效，营造出沉浸式的观赏体验。展览现场设置了多处互动区域，观众可以通过触摸屏幕、体感互动等方式，与展示内容进行互动。比如，在展示四川传统手工艺的部分，观众只需轻轻点击屏幕，就能详细了解蜀绣、竹编等技艺的制作流程，还能亲自参与简单的虚拟制作过程。

"数字光影展"一经推出便引起了轰动，吸引了超过 300 万人次参观。据《成都太古里文化展览统计，2021 年》，通过此次展览，游客对四川文化的认知度提升了 30%②。这不仅

---

① 成都太古里虚拟现实项目报告，2021 年。
② 成都太古里文化展览统计，2021 年。

"数字光影展"在 VR 构建的虚拟世界中

体现了数字艺术与互动装置在传播文化方面的强大力量，更为观众带来了一场既富有教育意义又充满趣味性的文化盛宴。

(二) 科技与艺术的交融：传统与现代对话的创新舞台

成都太古里始终秉持着对文化创新的追求，在 2020 年积极与多位数字艺术家携手合作，举办了一系列别开生面的融合科技与艺术的展览。这些展览以 LED 屏幕和投影技术为画笔，以四川传统文化为素材，创作出一幅幅令人叹为观止的数字艺术作品。

艺术家们深入挖掘四川传统文化的精髓，将川剧脸谱、熊猫元素、都江堰水利工程等极具代表性的符号与现代科技相结合。例如，在太古里裸眼 3D 大屏中，利用 LED 屏幕的高分辨率和动态显示功能，将大熊猫的 IP 形象和川剧变脸的瞬间以慢动作的形式呈现，每一次色彩的变换、脸谱的更替都被细腻地展现出来，配合激昂的川剧音乐，让观众仿佛置身于川剧表演的现场，深刻感受到这一传统艺术的独特魅力。而在另一处投影展示区域，以熊猫为主题的动画作品通过投影映射在地面和墙壁上，观众踏入其中，仿佛走进了一个充满生机的熊猫王国，熊猫们憨态可掬的形象和活泼有趣的动作，引得观众纷纷驻足拍照。

这些展览凭借新颖的表现形式和深厚的文化内涵，成功吸引了大量年轻群体的关注。《成都太古里数字艺术项目报告，2021 年》统计，2020—2021 年，太古里内的数字艺术展览共吸引了近 200 万名年轻游客。[①] 该展览不仅成为推广四川传统文化的重要窗口，更为艺

---

① 成都太古里数字艺术项目报告，2021 年。

太古里裸眼 3D 大屏

术创作提供了一个突破传统边界的崭新平台。在这里，科技与艺术相互碰撞、交融，为传统文化注入了新的活力，也为年轻一代打开了一扇了解传统文化的全新大门。

四、智慧与可持续：成都太古里的未来城市生态蓝图

（一）智能化赋能建筑：迈向深度可持续发展

成都太古里在绿色建筑与智能管理领域展现出卓越的进取精神与创新实践。太古里精心构建并运用了智能化设施管理系统，该系统犹如一位敏锐且高效的"能源管家"，能够对商场内的空调、照明、电梯等各类能耗设备进行实时、精准的监控与调节。通过采用先进的传感器技术与智能算法，该系统能够依据不同区域的实际使用情况、环境因素以及时间等多维度数据，动态调整设备运行参数，在确保为顾客提供舒适购物环境的同时，最大程度地降低能源消耗。

以 2021 年为例，在智能化设施管理系统的有力支撑下，成都太古里成功实现商场能

耗降低 8% 的可观目标，与此同时，碳排放减少量约达 500 吨①。这一成果不仅彰显了太古里在绿色低碳经济发展道路上的坚实步伐，更为其他商业区域在应对能源挑战与环境压力方面，提供了极具价值的参考范例与实践指引。从微观层面看，能耗的降低直接转化为运营成本的节约，提高了企业的经济效益并增强了市场竞争力；从宏观角度而言，碳排放的减少对缓解全球气候变化、推动城市可持续发展具有重要意义。

(二)绿色能源驱动：构建可持续能源生态

在能源管理策略上，成都太古里积极践行绿色发展理念，大力引入太阳能、风能等可再生能源，着力构建多元化、可持续的能源供应体系。自 2021 年起，太古里通过在建筑屋顶、外立面等空间合理布局并增加太阳能发电板，充分利用丰富的太阳能资源进行电力生产，经过科学规划与技术优化，实现了近 30% 的能源自给②。

这种对绿色可持续能源的创新性应用，不仅为商业区的日常运营提供了稳定、清洁的能源支持，极大地减轻了对传统化石能源的依赖，有力推动了智慧城市的能源转型进程。同时，太阳能等可再生能源的广泛使用，大幅减少了因能源生产与消费所带来的环境污染与生态破坏，为城市商业区生态环境的改善贡献了积极力量。更为重要的是，太古里在绿色能源应用方面的成功实践，为城市商业区域乃至整个城市的可持续发展，探索出一条切实可行的绿色能源解决方案路径，具有重要的示范与推广价值。

五、文化与科技融合的未来：成都太古里的全球示范路径

成都太古里凭借在科技与文化领域的创新性探索与实践，已然成为中国乃至全球都市中商业与文化深度融合的典范。通过一系列智慧城市建设举措、数字化体验升级以及互动艺术的巧妙运用，太古里成功塑造出未来城市商业区的全新模式。这一模式不仅显著提升了成都的文化软实力，更在全球范围内有力推动了游客对成都独特文化的认知与认同。

(一)科技赋能文化：构筑未来商业新生态

在科技飞速发展的时代浪潮下，成都太古里积极作为，以科技为画笔、文化为底色，精心描绘商业发展的新画卷。通过深入推进智慧城市建设，太古里实现了基础设施的智能化升级。例如，街区内广泛部署的智能传感器不仅能够实时收集人流量、环境数据等信息，为商业运营提供精准决策依据，还能通过数据分析洞察消费者行为模式，从而优化空间布局与服务供给，为顾客营造更加便捷、舒适的消费环境。

---

① 成都太古里绿色建筑统计，2021 年。
② 成都太古里能源管理报告，2021 年。

在数字化体验方面，太古里充分利用前沿技术，为游客带来沉浸式的文化感知体验。借助增强现实（AR）与虚拟现实（VR）技术，游客可以通过手机端应用，打破时空限制，深入了解成都的历史文化故事。比如，在特定区域扫描，便能看到历史上该地块的风貌变迁，或是虚拟还原古代成都的传统节日场景，仿佛穿越时空，亲身感受古老蜀地的魅力。这种创新的数字化体验将文化元素巧妙融入商业活动，极大地丰富了游客的消费体验，使商业与文化深度交织，构建起充满活力的未来商业新生态。

（二）文化引领科技：开创全球示范新路径

成都太古里以深厚的成都文化底蕴为引领，不断探索科技在文化传播与商业创新中的多元应用，逐步开辟出具有全球示范意义的发展路径。互动艺术作为太古里文化与科技融合的重要体现形式，在街区中随处可见。通过将现代科技与传统艺术相结合，打造出一系列富有创意的互动艺术装置。比如，某个以蜀绣为灵感的大型互动灯光装置，当游客走近时，装置会根据人体动作变换出绚丽多彩的蜀绣图案，将传统蜀绣艺术以动态、互动的形式呈现给观众，因此吸引大量游客驻足参与体验，成为传播成都文化的生动窗口。

展望未来，随着人工智能、大数据、虚拟现实等前沿技术的持续迭代与深入应用，成都太古里将进一步深化文化与科技的融合。在商业创新层面，借助大数据分析消费者的文化偏好与消费习惯，精准开发具有成都文化特色的商品与服务，打造独一无二的商业品牌。在提升顾客体验方面，利用人工智能驱动的智能导览系统，为游客提供个性化的文化游览路线与讲解服务，让每一位游客都能获得专属的文化体验。在文化传播领域，通过虚拟现实技术打造线上虚拟文化街区，让全球各地的人们足不出户就能领略成都太古里的独特魅力，进一步扩大成都文化在全球的影响力，让成都成为全球城市中熠熠生辉的文化与科技融合的璀璨之星[①]。

（崔明阳　执笔）

---

① 张华.数字化时代的城市商业空间与文化创新[J].城市与文化，2020，22（4）：32-45.

20　广告营销品牌

杜蕾斯：
从私密到普及，"驾驭"性健康品牌营销新纪元

杜蕾斯，这个拥有悠久历史的全球知名性健康品牌，自诞生以来便以其卓越的产品品质、创新的营销策略和深入人心的品牌形象，赢得了全球消费者的广泛认可。在数字化时代，杜蕾斯更是凭借其敏锐的市场洞察力和持续的创新精神，在性健康品牌营销领域独树一帜，引领着行业潮流。

一、从边缘到主流的"跨越之旅"

杜蕾斯在性健康行业的崛起，可以说是一场从边缘到主流的"跨越之旅"。品牌通过不断的产品创新、营销策略优化以及品牌形象的塑造，成功打破了传统性健康产品的市场壁垒，将性健康话题从私密领域推向了公开领域，成为性健康领域的领导品牌。

（一）稳步前行的产品迭代

自 1929 年品牌注册以来，杜蕾斯（Durex）便以其独特的品牌名称——耐久（durability）、可靠（reliability）、优良（excellence）的缩写，向世界宣告了其致力于提供安全、可靠的避孕产品的决心与承诺。近百年来，杜蕾斯始终站在性健康领域的前沿，通过不断的产品迭代与创新，满足了消费者日益多样化的需求，成为性健康行业的佼佼者。

1. 起步与基础奠定

杜蕾斯的起点，是提供高质量的避孕产品，满足人们对性健康的基本需求。在品牌创立初期，杜蕾斯便以其出色的产品品质赢得了消费者的信赖。随着科技的不断进步，杜蕾斯开始意识到，仅仅提供基础功能的避孕产品已无法满足消费者日益增长的需求。于是，

品牌开始着手进行产品迭代，探索更多可能性。

2. 超薄时代的开启

时间来到 20 世纪 90 年代，杜蕾斯推出了超薄避孕套。这一创新产品以其卓越的使用体验和极高的安全性，迅速赢得了消费者的青睐。超薄避孕套的出现，不仅提升了用户的使用舒适度，更在性健康领域树立了新的标杆。这一产品的成功，标志着杜蕾斯在产品迭代方面迈出了坚实的一步，也为品牌后续的创新之路奠定了坚实的基础。

3. 多样化产品线的拓展

进入 21 世纪，随着消费者需求的进一步多样化，杜蕾斯开始积极拓展产品线。品牌不仅继续深耕避孕套市场，还推出了持久、情趣等多种类型的避孕套产品，以满足不同消费者的个性化需求。这些新产品的推出，不仅丰富了杜蕾斯的产品线，也进一步巩固了品牌在性健康领域的领先地位。

4. 环保与可持续性的追求

在追求产品创新和多样化的同时，杜蕾斯也始终不忘对环保和可持续性的承诺。品牌深知，作为性健康领域的领导品牌，自己肩负着推动行业可持续发展的重任。因此，杜蕾斯开始研发可降解避孕套等环保产品，以减少对环境的影响。这一举措不仅体现了品牌的社会责任感，也赢得了消费者的广泛赞誉。

5. 产品迭代背后的驱动力

杜蕾斯能够不断进行产品迭代，推出满足消费者需求的新产品，背后离不开其强大的研发团队和敏锐的市场洞察力。品牌始终关注市场动态和消费者反馈，通过不断进行技术创新和产品优化，提升产品的品质和用户体验。同时，杜蕾斯还注重与科研机构、医疗机构合作，共同推动性健康领域的技术进步和产品创新。

(二) 一鸣惊人的营销创新

在性健康这一相对敏感且私密的领域，杜蕾斯却以其独特的营销创新，成功打破了传统营销模式的桎梏，将性健康话题以更加轻松、幽默的方式呈现在公众面前，赢得了无数消费者的喜爱与关注。杜蕾斯的营销创新，不仅展现了品牌对热点的敏锐洞察力，更彰显了其卓越的创意与幽默感。

2011 年，一场突如其来的大雨席卷了北京城，给市民的出行带来了极大的不便。在这场大雨中，一位机智的网友用杜蕾斯避孕套当作鞋套，成功防水，并在微博上分享了这一创意之举，且配上了生动的图片。这一独特的创意迅速引发了网友的热议。

杜蕾斯官方微博敏锐地捕捉到了这一热点事件，并迅速做出了反应。品牌没有选择传统的宣传方式，而是以一种幽默风趣的方式，将这一事件与品牌紧密结合。杜蕾斯发布了一条微博："大家意外吗？杜蕾斯牌鞋套，让你雨天也能大步流星。"这条微博不仅巧妙地借用了网友的创意，还以一种轻松诙谐的方式展现了杜蕾斯产品的多功能性和实用性。

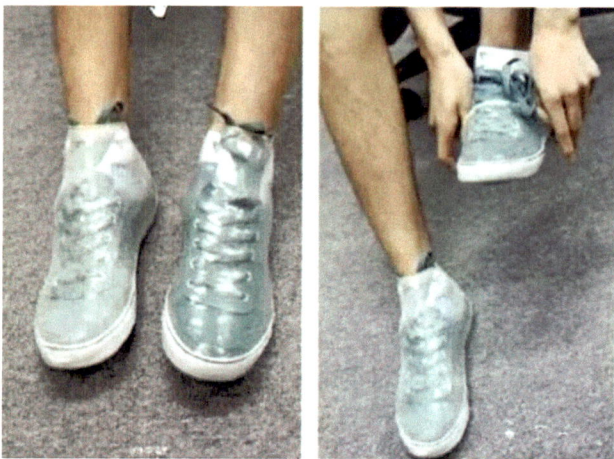

微博营销的经典案例：
雨中的杜蕾斯鞋套(图片来自微博)

这条微博一经发布，便迅速引发了网友的广泛关注和讨论。网友们纷纷转发、评论，对杜蕾斯的幽默感和创意表示赞赏。杜蕾斯也借此机会，成功地将品牌与这一热点事件相结合，获得了大量的曝光和关注。这一事件不仅展示了杜蕾斯对热点的敏锐洞察力，也彰显了其独特的创意营销才华。

杜蕾斯的这次微博营销能够取得如此巨大的成功，背后离不开其独特的营销策略和智慧。首先，杜蕾斯始终关注市场动态和消费者反馈，通过不断地市场调研和分析，了解消费者的需求和偏好。这使得品牌能够迅速捕捉到热点事件，并以此为契机进行营销创新。

其次，杜蕾斯以其独特的创意与幽默感，成功地从众多品牌中脱颖而出，成为营销策略创新的典范。品牌深刻理解到，性健康作为一个私密而微妙的话题，若采用传统的、直白的宣传方式，往往难以触动消费者的内心，甚至可能因处理不当而引发尴尬或反感，从而适得其反。因此，杜蕾斯摒弃了陈规，转而采用一种更为巧妙、机智的策略，将性健康教育与日常生活场景巧妙融合，以一种轻松诙谐、寓教于乐的方式呈现给广大消费者。

杜蕾斯巧妙地运用谐音梗、流行语以及热点事件等元素，创造出既有趣又与性健康紧密相关的营销内容。例如，在特定节日或纪念日，品牌会结合节日主题，发布一系列创意海报或短视频，通过幽默的语言和生动的画面，巧妙地将性健康知识融入其中，让消费者在欢笑中不知不觉地接受这些信息。这种营销方式不仅消除了性健康话题的沉闷与尴尬感，更以一种前所未有的新鲜感吸引了消费者的注意力，激发了他们的兴趣与好奇心。

更重要的是，杜蕾斯的这种创意营销策略使得性健康知识以一种更加自然、亲切的方式进入消费者的视野，消除了他们对这一话题的抵触心理。在轻松愉快的氛围中，消费者不仅愿意主动了解和学习性健康知识，更愿意将这些信息分享给身边的朋友和家人，从而实现了营销效果的最大化。

此外，杜蕾斯还非常注重与消费者的互动和沟通。品牌通过社交媒体平台与消费者进行实时互动，了解他们的需求和反馈，及时调整营销策略和内容。这种与消费者的紧密互动，不仅增强了消费者的参与感和忠诚度，也提升了品牌的口碑和影响力。

除了产品创新和营销创新外，杜蕾斯还积极投身于性健康教育的普及工作。品牌深知性健康教育对提升公众性健康意识、预防性疾病传播的重要性，因此通过一系列公益活动和教育项目，推动性健康知识的普及和传播。

例如，在第 37 个世界艾滋病日，杜蕾斯品牌联合国家卫生健康委卫生发展研究中心、健康中国公益行动项目办公室、蓝丝带项目办公室、北京大学等单位，共同推出我国首部《中国青年生殖健康蓝皮书》，鼓励青年学生积极参与艾滋病防治活动，并在青年群体中推广坚持使用安全套是预防艾滋病最主要的措施这一防艾理念，帮助更多人树立正确健康生活方式观念，切实为国家防艾事业及中国民众健康贡献力量。杜蕾斯通过赞助和支持这一活动，不仅展示了品牌的社会责任感，也为性健康教育的普及作出了积极贡献。

二、性健康内容"驱动"精准营销

在性健康内容营销方面，杜蕾斯同样表现出色。品牌通过一系列精准、有趣且富有教育意义的内容营销，成功吸引了大量消费者的关注和参与，进一步提升了品牌的知名度和美誉度。

（一）内容创意打造：精准定位引发共鸣

杜蕾斯在内容创意方面独具匠心，通过精准定位目标受众——年轻、追求生活品质且注重性健康的消费者，并深入挖掘他们的需求与心理，成功打造了一系列既富有创意又能深深触动消费者内心的内容。尤其在节日营销方面，杜蕾斯更是展现出了其独到的创意与策略。

圣诞节，这个充满欢乐与温馨的节日，自然成为杜蕾斯展现其创意的舞台。为了迎接这一特殊时刻，杜蕾斯精心策划了一系列以圣诞为主题的海报，每张海报都以独特的创意巧妙地暗示了品牌的核心价值，同时为消费者带来了节日的惊喜与愉悦。

其中一张海报上，一棵圣诞树上两个红色的灯泡紧紧相邻，仿佛一对情侣在圣诞夜相互依偎。灯泡上的文字"碰撞"，既是对这一画面的生动描述，也巧妙地暗示了性生活中的亲密与激情。这张海报以简洁而富有象征意义的设计，成功传达了杜蕾斯品牌对于性健康与亲密关系的关注。

另一张海报中，一只红色的圣诞袜悬挂在树枝上，袜口微微张开，一只小鸟从里面伸出了头。海报上写着"套上"，这两个字既是对圣诞袜功能的形象描述，也是以一种含蓄而幽默的方式传达杜蕾斯品牌的核心产品特性。这两张海报借用日常生活中的小物件，巧妙

杜蕾斯 2024 年圣诞节海报

地将品牌理念与节日氛围相结合，引发了消费者的共鸣(图 20-2)。

杜蕾斯 2024 年圣诞节海报

还有一张海报展示了一个精美的圣诞礼盒，礼盒上绑着一条红色的丝带，丝带上写着"打开"。礼盒内部虽未直接展示产品，但"打开"这一动作却让人联想到探索与惊喜，同时也隐喻了性生活中双方的开放与接纳。这张海报以一种含蓄而富有想象空间的方式，展现了杜蕾斯品牌对于性健康与美好生活的追求。

最后一张海报则是一块圣诞饼干，饼干上刻着"吃掉"两个字，旁边还配有一杯热腾腾的咖啡。这张海报看似简单，却以一种轻松幽默的方式传递了杜蕾斯品牌对于性生活的态度。在享受美食与咖啡的同时，也不忘提醒消费者享受生活中的每一刻美好，包括与伴侣之间的亲密关系。

这一系列圣诞主题海报的成功，离不开杜蕾斯对目标受众的精准定位和对消费者需求的深入挖掘。品牌深知，在性健康这一敏感领域，传统的宣传方式往往难以引起消费者的共鸣。因此，杜蕾斯选择以一种更加贴近消费者、更加易于接受的方式呈现其品牌理念。

这些海报不仅以独特的创意和精美的设计吸引了消费者的眼球，更以深刻的共鸣触动了他们的内心。

通过这一系列海报的成功传播，杜蕾斯不仅提升了品牌的知名度和美誉度，更在消费者心中树立了积极、健康、有趣的品牌形象。这种以内容创意为核心、以精准定位引发共鸣的营销策略，成为杜蕾斯品牌传播的一大亮点，也为其他品牌提供了有益的借鉴。

(二)独特话题营销：紧跟热点引领潮流

在性健康这一相对敏感且私密的领域，杜蕾斯以其独特的话题营销策略，成功突破了传统营销模式的束缚，将性健康话题以更加轻松、幽默的方式呈现在公众面前，引领了性健康话题讨论的潮流。这一策略的成功实施，不仅展现了杜蕾斯对热点的敏锐洞察力，更彰显了其卓越的创意营销才华。

话题营销，作为现代营销手段中的一种，即通过捕捉社会热点和流行趋势，结合品牌特色，创造出具有话题性和传播力的内容，从而吸引消费者的关注和参与。杜蕾斯在话题营销方面，无疑是行业内的佼佼者。它总能在关键时刻，以独特的视角和创意，将性健康话题与热门事件相结合，引发公众的广泛讨论和分享。

2018年俄罗斯世界杯，作为全球瞩目的体育盛事，吸引了无数球迷的目光。在这场全球性的狂欢中，杜蕾斯敏锐地捕捉到了其中的巨大流量和营销潜力，通过一系列与世界杯紧密相关的创意海报和文案，成功地将品牌与足球运动相融，实现了话题营销的效果。

在该届世界杯期间，杜蕾斯推出了一系列以足球为主题的海报，每一张都充满了创意和幽默感。其中，一张以足球和避孕套为主题的海报尤为引人注目。海报上，一个足球被巧妙地设计成避孕套的形状，旁边配以文案："射门不准没关系，套得准就行。"这条文案不仅巧妙地与世界杯赛事相关联，将足球运动与性健康话题相结合，还以幽默风趣的方式传达了杜蕾斯品牌的核心信息——安全、可靠的避孕产品。

这条文案一经发布，便迅速引发了网友的广泛讨论和分享。许多球迷和网友纷纷在社交媒体上转发、评论，甚至有人将这条文案与世界杯赛事相结合，创作出了更多有趣的衍生内容。杜蕾斯通过这次话题营销，不仅成功地将品牌与世界杯这一全球体育盛事相结合，还以独特的方式提升了品牌的知名度和美誉度。

杜蕾斯能够成功实施话题营销，背后离不开其独特的策略和深厚的营销功底。首先，杜蕾斯对热点的敏锐洞察力是其成功的关键。品牌总能在第一时间捕捉到社会热点和流行趋势，迅速做出反应，推出与之相关的创意内容。这种对热点的敏锐洞察力，不仅让杜蕾斯能够在众多品牌中脱颖而出，还为其赢得了更多的关注和曝光。

其次，杜蕾斯的创意营销才华也是其话题营销成功的重要因素。品牌总能够以独特的视角和创意，将性健康话题与热门事件相结合，创造出具有话题性和传播力的内容。这种创意营销才华，不仅让杜蕾斯的内容更加吸引人，也为其赢得了更多的粉丝和忠实用户。

此外，杜蕾斯在话题营销过程中还非常注重与消费者的互动和沟通。品牌经常通过社交媒体平台与消费者进行实时互动，了解他们的需求和反馈，及时调整营销策略和内容。这种与消费者的紧密互动，不仅增强了消费者的参与感和忠诚度，也提升了品牌的口碑和传播力。

(三) 用户互动体验：深度参与增强黏性

杜蕾斯在用户体验方面也下足了功夫，通过一系列互动活动和用户参与机制，增强了用户的参与感和黏性。

杜蕾斯在社交媒体上发起"杜蕾斯挑战""我的杜蕾斯故事"等活动，邀请粉丝分享创意照片、视频、浪漫故事或搞笑经历，激发用户参与。此外，杜蕾斯还推出了在线性健康咨询服务平台，为用户提供专业的性健康咨询和指导服务，进一步增强了用户黏性和品牌忠诚度。

(四) 良性经济闭环：多元化盈利模式

在经济效益方面，杜蕾斯通过多元化的盈利模式实现了品牌的持续盈利增长。品牌不仅通过产品销售获得收入，还通过广告合作、跨界营销等方式拓展了收入来源。

例如，杜蕾斯经常与知名品牌或 IP 进行合作，推出限量版产品或联名活动，吸引了大量粉丝关注并激发了购买欲望。同时，品牌还通过与广告商合作，在社交媒体平台上发布广告，获得了可观的广告收入。此外，杜蕾斯还积极拓展新业务领域，如性健康服务等，进一步提升品牌的市场竞争力和盈利能力。

三、科技赋能让品牌"破圈"又"出彩"

在数字化时代，科技的力量不容忽视。杜蕾斯通过引入大数据、人工智能等先进技术，为品牌营销注入了新的活力和动力，成功实现了品牌的"破圈"和"出彩"。

(一) 推动智能性健康服务发展

杜蕾斯通过引入大数据和人工智能技术，推动了智能性健康服务的发展。品牌通过收集和分析用户数据，了解用户的需求和偏好，为用户提供更加个性化、智能化的性健康服务。

例如，杜蕾斯推出了在线性健康咨询服务平台，通过人工智能技术为用户提供 24 小时不间断的性健康咨询和指导服务。用户可以通过平台与专业的性健康顾问进行实时沟通，获取个性化的性健康建议和指导。这一服务不仅提升了用户的满意度和忠诚度，也为品牌带来了更多的商业机会和收入来源。

（二）打造强互动的社交生态

杜蕾斯在社交生态的打造方面也表现出色，通过一系列互动活动和社交功能，增强了用户的参与感和黏性。

例如，杜蕾斯经常在社交媒体上举办互动问答、投票等活动，吸引了大量用户的参与和关注。同时，品牌还注重与用户的深度互动和沟通，通过私信、评论等方式及时回复用户的疑问和反馈。此外，杜蕾斯还推出了用户生成内容（UGC）活动，鼓励用户分享自己的使用体验和创意内容，进一步增强了用户的参与感和品牌忠诚度。

（三）形成强支撑的品牌影响力和良好口碑

在品牌影响力和口碑方面，杜蕾斯同样表现出色。品牌通过持续的技术创新和服务优化，提升了产品的品质和用户体验，赢得了用户的信赖和好评。

第三方市场调研机构的报告显示，杜蕾斯品牌在消费者中的知名度和美誉度均处于行业领先地位。品牌通过一系列创新营销和优质服务，成功奠定了在行业中的领先地位。同时，杜蕾斯还积极参与社会公益活动，通过传递正能量和关爱，进一步提升了品牌的社会形象和影响力。

四、性健康产业奏响文化与科技融合新乐章

杜蕾斯的成功不仅体现在品牌营销和产品创新上，更体现在其对性健康产业未来发展的深刻洞察和引领上。品牌通过文化与科技的深度融合，为性健康产业注入了新的文化内涵和动力。

（一）推动性健康产业数字化转型

随着科技的飞速发展，性健康产业正处于数字化转型的关键时期。杜蕾斯通过引入大数据、人工智能等先进技术，推动了性健康产业的数字化转型和升级。

例如，杜蕾斯通过与科技公司合作，共同开发智能性健康产品和技术解决方案。这些产品和方案不仅提升了用户体验和满意度，也为品牌带来了更多的商业机会和收入来源。同时，杜蕾斯还注重与医疗机构、科研机构等合作，共同推动性健康产业的科技创新和发展。

（二）提升内容创意与文化价值

性健康产业不仅仅是产品的生产和销售，更是性文化的传播和教育。杜蕾斯通过提升内容创意和文化价值，为性健康产业注入了新的文化内涵和活力。

例如，杜蕾斯经常举办性健康知识讲座、性文化节等活动，通过寓教于乐的方式向公众普及性健康知识。同时，品牌还注重与性教育专家、文化名人等合作，共同推动性健康文化的传播和教育。这些活动不仅提升了公众对性健康问题的认识和重视程度，也为品牌带来了更多的社会认可和赞誉。

(三)刺激性健康消费升级

随着人们生活水平的提高和消费观念的转变，性健康消费正逐渐成为人们生活中不可或缺的一部分。这一趋势不仅反映了社会对性健康问题的日益关注和重视，也体现了消费者对高品质、多样化性健康产品和服务的需求日益增长。杜蕾斯作为性健康领域的领导品牌，敏锐地捕捉到了这一市场变化，通过一系列策略和实践，成功刺激了性健康消费升级，推动了性健康产业的快速发展。

1. 不断推出新产品与新服务

杜蕾斯深知，在快速变化的市场环境中，只有不断创新才能保持品牌的竞争力和活力。因此，品牌不断投入研发，推出了一系列新产品和新服务，以满足消费者日益多样化的需求。例如，杜蕾斯不仅在传统避孕套产品上进行了升级和改进，如推出超薄、持久、情趣等多种类型的避孕套，还拓展了产品线，涵盖了润滑液、情趣用品等多个领域。此外，杜蕾斯还积极探索智能化、个性化服务，如推出在线性健康咨询服务平台，为用户提供更加便捷、专业的性健康咨询和指导。

2. 提升产品品质与用户体验

品质是品牌的基石，用户体验是品牌的核心竞争力。杜蕾斯深知这一点，因此始终将提升产品品质和用户体验放在首位。品牌通过引入先进技术和材料，提高了产品的安全性和舒适度。例如，杜蕾斯采用了更加环保、可降解的材料生产避孕套，既保证了产品的安全性，又满足现代消费者对环保的追求。同时，杜蕾斯还注重产品的包装设计和使用体验，通过人性化的设计，让用户在使用过程中感受到更多的便利和舒适。

3. 精准定位目标受众与营销策略

杜蕾斯在营销策略上也非常精准，通过市场调研和数据分析，深入了解目标受众的需求和偏好，制定更加符合市场需求的营销策略。例如，针对年轻消费者群体，杜蕾斯在社交媒体平台上进行了大量的营销和推广活动，通过发布有趣、引人深思的内容，吸引了大量年轻消费者关注和喜爱。此外，杜蕾斯还积极与知名品牌、IP、明星等进行跨界合作，推出联名产品或活动，进一步提升了品牌的知名度和影响力。

4. 刺激性健康消费升级的实际成效

根据市场消费数据报告的分析，杜蕾斯在促进性健康消费升级方面取得了显著的成效。首先，在销售额方面，杜蕾斯的销售额持续保持增长态势，市场份额不断扩大。这表明，杜蕾斯通过推出新产品、新服务等方式，成功吸引了更多消费者关注和购买。

其次，在消费者满意度方面，杜蕾斯的产品品质和服务质量得到了消费者的高度认可。消费者对杜蕾斯的产品品质、使用舒适度、安全性等方面都给予了高度评价。这表明，杜蕾斯通过提升产品品质和用户体验，成功赢得了消费者的信任和忠诚。

此外，在品牌影响力方面，杜蕾斯通过刺激性健康消费升级，进一步提升了品牌的市场影响力和知名度。品牌不仅在中国市场占据了领先地位，还在国际市场上赢得了广泛的赞誉和认可。

（四）构建跨行业合作模式

性健康产业的发展需要跨行业合作与支持。杜蕾斯通过构建跨行业合作模式，推动了性健康产业的协同发展和创新。

例如，杜蕾斯经常与知名品牌、电商平台等合作推出联名产品或促销活动。这些合作不仅为品牌带来了更多的曝光和关注，也为消费者带来了更多的选择和便利。同时，杜蕾斯还注重与医疗机构、科研机构等合作，以共同推动性健康产业的科技创新和发展。这种跨行业合作模式不仅为杜蕾斯提供了更多的资源和支持，也为性健康产业的发展注入了新的活力和动力。

杜蕾斯作为性健康领域的领导品牌，通过持续的产品创新、营销创新和服务优化成功引领了行业潮流。在数字化时代，杜蕾斯更是凭借其敏锐的市场洞察力和持续的创新精神，在性健康品牌营销领域独树一帜。未来，随着科技的不断进步和消费观念的转变，性健康产业将迎来更加广阔的发展前景。杜蕾斯将继续秉承"创新、品质、关爱"的品牌理念，为用户提供更加优质、便捷的性健康产品和服务，为性健康产业的发展作出更大的贡献。

（戴晓丹　虞琴　张琅琪　执笔）

21 文化科技公益品牌

支付宝公益：
数字化浪潮下的公益魔法师

在数字化浪潮席卷全球的今天，支付宝公益以其独特的创新模式，成为公益领域的"魔法师"。借助大数据、人工智能、区块链等先进技术，支付宝公益打破了传统公益的局限，将公益从单纯的捐赠行为扩展为全民参与、互动性强的数字化体验。通过"蚂蚁森林"等标志性项目，支付宝公益不仅推动了环保事业的发展，更通过科技赋能，让每个普通用户都能在指尖上实现公益梦想。从绿色环保到精准扶贫，再到公益文化传播，支付宝公益充分展示了数字技术与社会责任的完美结合。未来，支付宝公益将继续依托科技的力量，开辟更多公益新赛道，赋能社会各界，让公益不仅触手可及，更富有深远的社会影响力。

▲ 一、科技赋能文化，打造"心跳公益"

支付宝公益作为支付宝平台的一部分，已经发展成为推动社会公益事业发展的重要力量。从 2015 年正式启动以来，支付宝公益不仅依靠先进的技术推动了公益事业的蓬勃发展，还将文化元素融入公益活动中，形成了一个"文化+科技"的独特模式。这一模式充分发挥了互联网和数字化工具的优势，同时注重传播和构建公益文化，极大地增强了社会责任的参与感并拓展了覆盖范围。支付宝公益通过科技和文化的结合，成功打造了"心跳公益"，让公益不再是单一的捐赠，而是每个人生活中的重要组成部分。

支付宝公益不仅仅是一个捐赠平台，它更像是一个集结了社会力量与创新技术的桥梁，能让更多的公众参与到公益活动中，借助个人与社会的力量来共同推动社会进步。平台所倡导的公益理念已经融入每一位参与者的生活中，成为改变世界的动能。支付宝公益不断将"科技"和"文化"这两个看似不同的领域有机融合，创造出了前所未有的公益模式，在品牌建设和社会影响力方面取得了显著成就。

(一) 文化与科技相爱，公益从此不再单调

支付宝公益的独特之处在于它深刻理解并利用了"文化"与"科技"相结合的重要性。公益，作为一种社会行为，本身是富有文化内涵的，是社会责任、共享价值观和情感关怀的表达。而科技，尤其是互联网技术，则为公益提供了更加高效、透明和具有互动性的实施工具。支付宝公益通过科技赋能，将公益与用户日常生活无缝连接起来，真正实现了公益的普及化和透明化。

支付宝公益平台，注重让文化元素贯穿公益活动的始终，尤其是通过活动、互动、社交等方式，让更多的人感受到公益带来的文化温度。例如，平台通过设置与用户日常生活相关的公益活动，让公益的参与变得简单且富有意义，既提升了公益活动的吸引力，也让人们更加深入地理解了公益的文化内涵。

而科技则为文化的传播提供了更强有力的支持。支付宝公益通过大数据、云计算、人工智能等技术，推动公益事业的精准化、智能化。通过这些技术，平台不仅可以提高捐赠的效率，还能更好地分析和判断社会的公益需求，做到精准匹配并高效执行。

传统的公益捐赠方式往往显得单调乏味，缺乏互动性和情感共鸣。而支付宝公益通过文化和科技的结合，打破了这种局限，推出了"心跳公益"的概念。这个概念旨在通过创新的方式，将公益活动转化为一种充满情感温度和生活乐趣的社会行为。每一位参与者不仅仅是捐款者，还能通过公益行为与社会产生深度的情感共鸣。

支付宝"蚂蚁森林"

"蚂蚁森林"就是这一创新理念的典型代表。通过日常生活中的环保行动，用户能够积累绿色能量并换取实地种树的机会。这种形式让用户不仅在参与的过程中产生归属感和成就感，也在潜移默化中感受到自己在公益事业中的重要性。在这种模式下，公益不再是高高在上的"施舍"，而是变成了人人可以参与的社会行为，每个人的"小心跳"汇聚起来便是巨大的社会力量。

(二) 当公益遇见"黑科技"：支付宝公益带你见证未来的力量

当公益遇到"黑科技"，支付宝为这个行业注入了前所未有的活力。支付宝公益将互

联网技术、大数据、人工智能等先进技术与公益活动深度融合，突破了传统公益活动的局限，使得公益行为更为高效、精准和智能。黑科技赋能公益，意味着更加精准的需求分析、更加高效的资源调配、更透明的资金流向以及更多样化的公益体验。

例如，支付宝公益通过区块链技术保障资金的透明性，确保每一笔捐赠资金的去向都可以追溯和核查。这一做法提高了捐赠者的信任感，也增强了公益项目的公信力。而大数据分析和人工智能技术则帮助平台精准识别社会需求，优化项目资源配置，推动公益项目的效益最大化。

在技术推动下，支付宝公益还在线上推出了众多富有创意的公益活动，例如通过支付宝红包、积分等形式进行捐赠。这些创新方式有别于传统的捐赠渠道，使得公益变得更轻松、富有互动性和趣味性。

支付宝公益充分利用数字化工具，从"线上捐赠"到"智能匹配"，再到"公益体验"，全面提升了公益的参与感和透明度。过去，公益活动主要依赖线下活动和传统的捐赠方式，信息不对称和资金去向不明的问题常常导致社会对公益项目信任度较低。而现在，借助数字化技术，公益活动的透明度、互动性和参与度都得到了极大的提升。

支付宝公益通过数字化手段创建了一个精准匹配的公益生态平台，通过平台，用户可以轻松找到自己感兴趣的公益项目，并通过简单的操作参与其中。同时，平台上的数据和信息高度透明，所有捐赠活动的资金去向和项目执行情况都可以随时查询，大大增强了用户的信任感。

（三）神奇"配方"：文化+科技＝更强公益

支付宝公益的成功，并不仅仅依赖于科技的推动，还得益于其文化驱动的战略。在中国，公益往往与社会责任、文化认同和道德感紧密相连，而支付宝公益恰好通过"文化+科技"这一神奇"配方"，实现了公益形式与内容的创新和突破。

支付宝公益的成功案例，例如"蚂蚁森林"，就展现了科技和文化的融合：环保理念的传播与年轻人日常生活行为的结合，通过技术手段实现公益活动的参与和反馈。这种模式使得公益行动不再局限于传统的捐款形式，而是变得更加丰富和具有互动性。在这个过程中，科技为文化赋能，推动了公益事业的持续创新发展。

"文化+科技"的结合，使支付宝公益能够在全球范围内激发更多人的公益行动。支付宝公益的创新不仅在于公益形式的多样化，更在于其通过科技手段，突破了公益活动的边界，让全球用户能够方便地参与到各类公益行动中。从捐赠到行动，再到反馈与透明，支付宝公益构建了一个全新的公益生态圈。

在这个生态圈内，公益的形式不再单一，公益的参与方式也不再传统。无论是参与环保行动还是为贫困地区的儿童教育捐款，支付宝公益通过技术手段为公益项目提供了精准的资源配置和智能化的服务，使得每一位参与者都能看到自己的贡献带来的社会影响。

二、从"一棵树"到"亿棵树"的传奇

支付宝公益自推出以来，已取得了令人瞩目的成就，尤其是在"蚂蚁森林"这一创新项目的带动下，形成了全新的数字化公益模式，不仅突破了传统公益的局限，更将环保理念与公益文化深度融合，创造了从"一棵树"到"亿棵树"的传奇。支付宝公益凭借其独特的品牌理念、创新的技术手段和强大的平台影响力，成功地将"爱"与"责任"传递到亿万用户心中，推动了整个社会广泛参与公益事业。

(一)公益风暴来了！支付宝如何通过"蚂蚁森林"撬动亿万人的心

从零到一的破局之作"蚂蚁森林"是支付宝公益品牌的核心代表项目，也是支付宝在全球范围内推动数字化公益和环保公益的标志性项目。这个项目于2016年11月正式上线，借助支付宝强大的用户基础和技术支持，将用户的环保行为(如步行、骑行、减少碳排放等)转化为绿色能量，最终转化为植树行动，真正做到了将环保和公益结合，并且以数字化的方式大规模推广。

"蚂蚁森林"的创新性不仅体现在它与用户日常生活紧密关联的模式上，还体现在其通过绿色能量换取植树条件的游戏化元素上。这种创新的公益模式迅速吸引了大量年轻用户的参与，令公益变得轻松有趣，极大增强了用户的参与感和成就感。在短短几年的时间内，支付宝成功撬动了亿万人的心，让每个人都可以通过日常的环保行为参与到公益事业中，极大地促进了环保公益和社会责任的普及。

支付宝通过"蚂蚁森林"这一数字化公益平台，巧妙地将科技与环保公益结合，创造了一种全新的公益参与模式。通过数字化手段，用户不仅可以实时查看自己的"绿色能量"积累，还能够参与到具体的植树行动中，甚至通过"共享步数"的形式与朋友一起进行公益行动。这一形式极大地增强了公益活动的互动性和社交性，使得公益不仅仅是一个单向的捐赠行为，更是一个社交互动、情感共鸣和集体行动的过程。

与此同时，支付宝公益通过技术手段提供精准的社会需求分析和环境治理方案，将公益项目的资源配置与资金使用效率最大化。大数据、人工智能等技术的应用，使得公益项目更加透明和智能化，提升了用户的信任感和参与度，也为其他公益平台提供了新的思路和借鉴。

(二)不只是种树！支付宝公益如何把"爱"种到每个人心里

"蚂蚁森林"取得成功并不仅仅是因为它是一个创新的环保项目，还因为它巧妙地将社会责任与文化传播结合在一起，打造了一种新的公益文化。在支付宝公益的理念中，公益不仅仅是一个资金捐赠过程，更是一种社会责任的担当，是每个人在日常生活中体现自

我价值的途径。支付宝公益通过"蚂蚁森林"这一项目，将环保和社会责任深植于用户心中，使公益成为一种日常习惯。

该项目特别吸引年轻人参与，这些年轻用户不仅可以通过日常的环保行为"种树"，还可以与朋友们分享自己的成就，并在社交平台上展示自己的环保行动。这种与社交互动相结合的形式，极大地增强了公益活动的传播力与参与感，让每个参与者都感受到自己是这场"绿色革命"的一部分。

支付宝公益不仅注重自己的品牌建设，还积极与社会各界合作，扩大公益文化影响。例如，支付宝公益与联合国环境规划署(UNEP)等国际组织合作，推动"绿色支付宝"理念的全球传播。通过与全球公益组织合作，支付宝公益将"蚂蚁森林"的公益文化推广至全球范围，让更多人了解和参与这个环保项目。支付宝通过这种跨界合作，不仅提升了品牌国际化形象，也将"公益文化"通过数字化手段进行全球化传播，打破了传统公益模式的地域和文化限制。

(三) 三年成绩单：数字化公益引发"绿色狂潮"

在短短三年的时间里，"蚂蚁森林"不仅让数亿人通过日常环保行为为环境贡献了力量，还通过创新的公益模式吸引了数百万企业和非政府组织参与其中。支付宝公益通过"蚂蚁森林"项目，已经种植了超过3亿棵树，覆盖中国多个沙漠地区，带动了大规模的环保行动。

这一项目的影响力不仅体现在环保领域中，还为社会公益事业带来了新的发展机遇。在全球范围内，支付宝公益通过"蚂蚁森林"等项目，成功吸引了全球用户关注和参与，为世界各地的环保项目和社会责任事业提供了强大的动力支持。

支付宝公益凭借"蚂蚁森林"这一数字化公益平台，成功开创了公益事业的新局面。支付宝公益不仅突破了传统的捐赠方式的各种局限，还通过创新的方式实现了数字化公益的普及。通过这种模式，公益不再是一个冷冰冰的捐款行为，而是融入用户的日常生活和社交互动中，成为一种全民参与、人人可及的社会行为。

"蚂蚁森林"不仅让公益成了一种时尚，更让公益精神深入人心。在这个平台上，公益不仅仅是捐款，而是一个多维度的社会活动，涉及每个人的行为和选择。支付宝公益通过这种模式成功地将"爱"与"责任"种进了每个人心里，让每个人都能感受到自己参与公益事业的价值。

支付宝公益通过大数据、人工智能等技术手段，推动了公益项目的精准化和智能化。在"蚂蚁森林"项目中，平台通过技术手段实时监控用户的行为和绿色能量的积累情况，从而为每一位用户提供个性化的公益服务。这种精准化和智能化的服务，不仅提升了公益活动的参与度和透明度，也使得公益项目的资源得到了最大化利用。

此外，支付宝公益通过数字化技术确保公益项目的资金去向和执行情况都能够实时追踪和公开，增强了平台的透明度和公信力，使得每一位参与者都能看到自己的公益行为所带来的社会价值。

三、让科技为公益充电，让文化为品牌加速

支付宝公益是一个创新的平台，它不仅通过技术赋能公益事业，还通过文化和社交元素的加入，重新定义了公益的形式和内涵。一开始，它就凭借着强大的品牌影响力、独特的创新理念、深厚的文化底蕴以及对科技的精准应用，形成了与传统公益完全不同的核心竞争力。支付宝公益已经不仅仅是一个捐款的平台，还是一个充满互动、趣味和社会责任感的生态系统。通过数字技术和文化的双重赋能，支付宝公益成功突破了公益的传统边界，吸引了亿万用户参与，成为全球数字公益领域的领军平台。

（一）超级力量：让公益不仅"有意义"还"超有趣"

支付宝公益的核心竞争力之一在于其通过科技和文化的结合，让公益不仅充满"意义"，而且富有"趣味"。这一切的背后，是支付宝公益在公益项目中的创新思维和突破。

支付宝公益特别注重将公益活动与社交互动相结合，创新性地引入了游戏化元素，极大提升了公益活动的参与感和趣味性。最具代表性的创新是"蚂蚁森林"项目。在"蚂蚁森林"中，用户通过日常的环保行为（如步行、骑行、减少碳排放等）积累绿色能量，进而用这些能量来种植"虚拟树木"，最终转化为真实的植树活动。

这一做法巧妙地将公益行动转化为"游戏化"过程，通过排名、挑战和互动激励，让参与者不仅觉得自己的行为对环境产生了正面影响，还能够在社交平台上展示自己的成就。这种结合了环保、社交和游戏化元素的创新模式，使得公益不仅仅是一个需要牺牲和捐赠的行为，还是一个人人可以轻松参与、充满乐趣的活动。

支付宝公益通过"蚂蚁森林"和其他项目，利用社交平台的传播力量，使公益活动更加深入人心。通过社交平台，用户可以将自己的环保成果与朋友分享，互相鼓励、互相竞争，从而促进公益行为的传播和扩散。社交互动赋予了公益更多情感价值和社交意义，公益不再是一个单向的捐赠行为，而是一个由无数个体共同参与的社交活动。

通过社交互动和共享，支付宝公益极大地提升了用户的参与度与黏性，使公益活动充满了正能量。这种从个人到集体的社交传播，不仅让公益变得更有趣，也使它与用户的日常生活和行为紧密相连。

支付宝公益通过"蚂蚁森林"之外的其他项目进一步增强了公益活动的互动性。比如，支付宝推出的"公益答题""捐步数"活动，充分利用了用户的日常行为（如运动、学习等），使得公益活动渗透进每个人的日常生活。这些创新举措不仅使用户在参与过程中体验到了乐趣，还通过激励机制，让用户在获取社会回报的同时获得了情感上的满足。

(二) 从"蚂蚁森林"到"公益星球"：支付宝如何用科技突破公益边界

支付宝公益凭借着强大的科技驱动，突破了传统公益的边界，将数字化技术与公益行动紧密结合，从而使得公益事业实现了全新升级。

"蚂蚁森林"项目自 2016 年推出以来，迅速成为全球知名的数字化公益项目之一。它不仅通过智能技术将公益与用户行为深度结合，还通过创新的虚拟生态模式，使得用户能够在不付出现金的情况下，通过"虚拟"行为帮助大规模植树。这个项目的创新之处不仅在于它的公益效果，更在于它有别于传统的捐赠模式，将公益行为和日常生活紧密结合。

用户通过支付宝完成一系列环保行为后，获得虚拟绿色能量，能量积累到一定程度后，就能转化为在沙漠地区种植的真实树木。这种模式将环保行为和游戏化元素结合，不仅激发了用户的公益热情，也让更多人从中感受到自己的环保行动在现实中产生的巨大社会效益。

"蚂蚁森林"项目让数字公益取得了巨大成功，突破了传统公益的局限，也重新定义了公益的形式和玩法。支付宝公益通过技术将个人行为与大规模公益行为相结合，创造了全新的公益价值体系。

"公益星球"是支付宝公益的又一大创新项目，旨在进一步拓展公益的边界。它通过将"蚂蚁森林"项目的成功经验与更多公益领域的资源整合，使得更多用户和企业能够共同参与到公益行动中来。

与"蚂蚁森林"类似，"公益星球"的核心理念是通过数字化技术和创新的平台设计，让公益成为一种人人参与、易于实现的社会行动。支付宝通过这一平台整合了大量公益资源，包括慈善组织、环保组织以及不同领域的社会企业，形成了一个全新的公益生态系统。

这种模式不仅增强了公益的互动性和多元性，也使得不同领域的公益项目能够借助数字化平台进行更有效的资源整合与传播，进一步突破了公益活动的传统边界。

(三) "秘密武器"：文化和科技携手，让公益不再乏味

支付宝公益的核心竞争力还体现在其将文化和科技深度结合的独特方式上。文化和科技的结合让公益不仅充满意义，还充满了生命力，令其在公众心中更加深刻和有吸引力。

支付宝公益通过持续挖掘和传递公益文化的内涵，不断激发用户对公益事业的认同感与参与感。支付宝将公益融入社会生活的方方面面，推动社会责任感的提升。在支付宝的公益项目中，文化不仅仅是一个抽象的概念，还能通过具体的公益行动得以体现和传播。无论是"蚂蚁森林"的植树行动，还是通过其他项目传递的爱心、正义与责任，支付宝公益都通过文化的力量，深刻影响了社会公众的价值观念。

尤其是在环保、扶贫、教育等领域，支付宝公益的文化理念与用户行为高度契合，使

得用户不仅参与了实际的公益行动，还深刻感受到公益所传递的文化价值。这种文化的力量和影响力，推动支付宝公益品牌加速发展，增强了品牌的社会认同感并引发了情感共鸣。

支付宝公益的另一项重要竞争力在于其通过科技的力量提升公益体验，使得公益不再乏味，变得更加有趣、互动性更强。支付宝通过数字技术将公益与文化深度融合，打造了一种全新的公益互动模式。比如，在"蚂蚁森林"中，用户不仅能通过数字化方式种植虚拟树木，还能通过社交互动、虚拟礼物和任务系统等创新功能，有丰富的参与体验。

通过技术的加持，支付宝公益将公益活动变得更加个性化和娱乐化，从而有效降低了公益参与的门槛，提高了其社会传播的广度和深度。这种科技与文化相结合的创新模式，不仅提升了公益的趣味性和吸引力，还为品牌注入了更多的活力与创新元素。

支付宝公益的品牌建设不是依靠单一的文化或科技因素，而是将两者深度融合，通过精准的品牌定位和多元化的文化传播，增强平台的公众影响力。从"蚂蚁森林"到"公益星球"，每一个公益项目的推出都能够迅速引起社会的广泛关注，这进一步提升了支付宝公益的品牌美誉度。

支付宝公益的成功，不仅体现在数字技术和创新模式的应用上，还体现在其所传递的公益文化理念上。这种文化的力量，使得支付宝公益不断吸引越来越多的企业和个人参与到社会公益事业中，从而推动了整个社会公益事业的持续发展。

四、如何推翻"传统公益"的游戏规则

支付宝公益作为中国乃至全球数字公益领域的领导者，凭借其独特的科技创新与文化赋能，彻底颠覆了传统公益的运作方式，推动公益行业向更加智能、互动性强和可持续的方向发展。通过技术手段，支付宝公益不仅提升了公益的效率和透明度，更在文化层面打破了以往的局限性，使得公益不再仅仅是一个"捐赠和帮助"的过程，还是一个充满乐趣、参与感和社交互动的多元化活动。

支付宝公益的成功与创新之处，在于它通过科技与文化的深度融合，将传统的公益理念与现代科技和社交平台有机结合，极大增强了公益的影响力并拓宽了参与面。支付宝公益的"蚂蚁森林""公益星球"等项目，不仅颠覆了传统公益的形式，还开辟了全新的数字化公益生态，向行业展示了未来公益的新面貌。以下将从几个方面分析支付宝公益如何颠覆传统公益的游戏规则，带来对行业的颠覆性启示。

（一）一颗公益种子，成就绿色星球：用数字化重塑公益生态

支付宝公益的核心创新之一是"蚂蚁森林"项目，它通过数字化技术重新定义了公益和环保的关系，为行业带来了全新的生态模式。这个项目自 2016 年推出以来，以其创新

的理念和操作方式迅速引起了全球关注，它不仅让数字公益成为现实，也让公益活动变得更加富有意义、趣味和参与感。

"蚂蚁森林"的最大创新之一是将传统的环保公益行为(如植树)通过数字化手段进行虚拟化，使得任何一个拥有支付宝账户的用户都可以参与到公益中。通过完成低碳环保行为(如步行、骑行、减少碳排放等)，用户可以积累绿色能量，进而用这些能量在荒漠化地区种植真实的树木。这一创新模式打破了地域的限制，让全球用户都能够为环保贡献力量。

这一模式的成功，不仅仅在于公益行为的转化和虚拟化，更重要的是它通过数字平台将个人的环保行动与全球公益需求相连接，形成了一个跨地域、跨文化、跨平台的公益生态系统。支付宝公益的这种"生态模式"改变了传统公益活动中单一的捐赠和援助模式，使公益变得更加有趣、互动性强且可持续。

支付宝公益通过数字化手段极大地提升了公益活动的透明度、便捷性和效率。借助大数据分析和云计算技术，支付宝能够精确追踪每一笔公益捐款和活动的执行情况，使得公益行为更加透明和可信。此外，支付宝的"蚂蚁森林"将环保公益行为从线下延伸到线上，为用户提供了便捷的参与方式，使得用户能够随时随地参与公益活动，突破了传统公益模式中地域、时间和资源的限制。

这种数字化赋能的方式，无疑为整个公益行业提供了全新的思路。它表明，科技能够让公益活动变得更加触手可及，也能够让每个人都能轻松成为公益事业的一部分，从而加速公益行动的普及和传播。

(二)公益就该这么玩！给行业带来的三大颠覆性启示

支付宝公益的创新为行业带来了三大颠覆性启示：通过游戏化设计、社交互动和个性化定制，让公益活动从传统的"捐赠行为"变为一个人人参与、充满乐趣和互动的社会活动。这些创新不仅改变了用户对公益的认知，也为整个行业打开了全新的发展局面。

"蚂蚁森林"通过游戏化设计，让用户在进行环保行为时，不仅能够看到自己环保行动的成果，还能够通过积分、排行榜等形式与其他用户进行互动和比较。这种游戏化的机制将公益活动与娱乐元素深度结合，不仅极大地提高了用户的参与度，也让公益活动变得更加生动、有趣和富有互动性。

在传统公益模式下，很多人可能会觉得"公益"是一种抽象的社会责任，需要通过捐赠金钱或物品来表达。而支付宝公益通过游戏化设计，打破了公益的单一性和乏味性，让人们通过自己的行为参与到公益中，获得即时的反馈和成就感。这一创新为行业提供了重要的启示：公益活动不仅要关注捐赠本身，更要关注如何通过创新设计吸引用户积极参与。

社交平台的力量为公益带来了前所未有的传播效应。支付宝通过将"蚂蚁森林"的互动性与社交平台相结合，促使用户分享自己的绿色成果，并通过社交圈来进行公益宣传和互动。这种方式不仅使公益活动得到了广泛的传播，也让公益从"单向"行为变为"互动"行为。

　　例如，用户不仅仅是自己"种树"，还可以通过社交平台看到朋友和他人积累的能量，并进行互动、点赞和评论，这种社交化的公益形式大大提升了用户的参与感和归属感，同时让公益活动不再局限于"捐款"这一单一行为，而是变成了一种可以分享、互动和参与的社交行为。这为行业带来的启示是：公益活动要注重社交和互动元素，让公益成为人们日常生活的一部分，从而提升公益的社会影响力。

支付宝公益官方账号

支付宝公益通过分析用户的兴趣和行为数据，提供个性化的公益项目推荐。例如，在"蚂蚁森林"中，用户可以根据自己喜好的植树方式，选择不同种类的树木，并在全球范围内选择自己想要支持的植树区域。这种个性化定制的方式不仅提高了用户的参与度，还使公益活动变得更加个性化和情感化。

这种"个性化"的设计理念对整个公益行业具有重要的启示意义：公益不仅是一个单向的行为，还应该关注每个个体的独特需求和兴趣点，从而提供更有针对性和参与感的公益活动。这种定制化的方式能够更好地激发人们的参与热情，让每个人都能在公益活动中找到自己的位置。

(三) 科技+文化＝公益革命：为行业打开全新局面

支付宝公益的成功，充分展示了科技与文化结合的巨大潜力。它不仅通过数字化手段让公益变得更加高效、透明和便捷，还通过文化的赋能让公益活动具有更强的情感联结和社会责任感。支付宝公益成功地将科技与文化深度融合，推动了公益行业的革命性转变。

支付宝公益的成功秘诀之一，在于它将公益行为和社交元素融合起来。通过"蚂蚁森林"这样的项目，支付宝将环保、公益与社交、娱乐等文化元素结合，创造了一个富有互动性和情感联结的公益生态。这一生态不仅让用户的公益行为变得更加有趣和充满成就感，也让他们在参与公益的同时，感受到了"共享"和"互助"的社会价值。

这种文化赋能的方式极大地增强了公益活动的社会影响力，让公益不再是一个单向的捐赠行为，而是一个有趣、互动性强且具有深厚文化内涵的社会实践。支付宝公益的成功表明，公益活动如果能够在文化上与用户产生情感共鸣，就能够激发用户更大的社会责任感和参与热情。

支付宝公益通过数字化平台的设计，成功打破了传统公益模式的局限，创造了一个新型的公益体验模式。这种模式将公益与用户的日常行为、社交互动、娱乐需求等相结合，使得公益活动不再是单一的捐赠行为，而是一个多元化、持续性的社会活动。这种创新的公益模式，推动了公益行业的整体升级，使得公益不仅仅是少数人的责任，也是每个人都能轻松参与、享受乐趣并获得成就感的活动。

支付宝公益的成功模式证明，行业的创新不仅仅体现在形式和技术上，更重要的是在理念和文化上要有深度的突破。公益如果能像支付宝公益一样，结合科技与文化的优势，势必能够迎来更广阔的发展空间。

支付宝公益的创新为整个公益行业带来了颠覆性的启示。从数字化重塑公益生态、游戏化设计让公益更具趣味性，到社交互动提升公益参与度，再到科技与文化的深度融合，支付宝公益通过这些创新手段，打破了传统公益的局限，开辟了全新的公益发展路径。未来，其他公益平台和机构可以借鉴支付宝公益的成功经验，在公益项目中融入更多的科技和文化元素，让公益事业更加普及，更具互动性和持续性，为社会带来更深远的影响。

五、引领未来公益发展方向，让世界变得更好

支付宝公益，作为中国乃至全球数字公益领域的领导者，已经不仅仅是一个简单的公益平台，它更代表着公益行业的未来和创新方向。从 2016 年"蚂蚁森林"的推出，到如今多个跨界合作和创新项目的实施，支付宝公益通过科技与文化的融合，已经成功打破了传统公益的界限，推动了全球公益行业的革新。随着技术的进步与社会责任意识的增强，支付宝公益的未来不仅仅局限于"捐赠"这一行为，而是将继续深耕科技、文化与公益的融合，创造一个可持续、互动性强、趣味化且全球化的公益生态。

在这部分，我们将从多个角度分析支付宝公益如何通过跨越时代界限，创新未来公益模式，并为世界带来无限的可能性。让我们从"树到森林""森林到星球"的转变开始，逐步展开支付宝公益的未来展望。

（一）从树到森林，从森林到星球：跨越时代界限

支付宝公益的转型之路，从"蚂蚁森林"的一棵树，到如今的数亿棵树，跨越了时代的界限，推动了公益项目的规模化、全球化和可持续发展。支付宝公益用数字化和社交化手段突破了传统公益模式的局限，成功将绿色环保与科技创新、社交互动、游戏化设计等融合，让公益行动变得更加生动、有趣和有效。

"蚂蚁森林"作为支付宝公益最成功的项目之一，起初只是一个小范围的公益尝试：用户通过自己的环保行为积累能量，种植虚拟的树木，最终将这些能量转化为在沙漠化地区实际种植的树木。最初，这个项目的规模还较为有限，主要依赖于支付宝用户的参与。然而，借助支付宝强大的平台效应、庞大的用户基础以及精心设计的互动机制，"蚂蚁森林"项目很快从局部的公益项目成长为全国范围内的生态建设项目，成为全球数字公益的标杆。

截至 2024 年，支付宝的"蚂蚁森林"已累计种植超过 5.4 亿棵树，参与用户超过 7 亿，覆盖了中国的多个省份和荒漠化区域。这个项目不仅为中国生态环境的恢复贡献了力量，还通过数字化平台将公益行为扩展到全球。未来，随着全球更多地区的数字化基础设施建设完成，支付宝公益有可能将这一模式推广到世界其他地区，推动全球绿色公益合作，实现生态环境保护的跨国联动。

支付宝公益的下一个目标，不仅是植物的种植、环保的行动，更是要创造一个多维度的、全球化的公益生态系统。从"蚂蚁森林"到"公益星球"，支付宝公益不断拓展公益的内涵与外延，通过多个数字化平台和创新项目将公益行为与社交互动、游戏化体验、个人成长等层面融合，构建一个能够促进个人与集体共同参与的公益社会。

支付宝公益通过数字技术为全球公益行业带来了深刻的变化，传统的"捐款"方式正

在逐步被更加多元的公益行为所替代。通过"公益星球"项目，支付宝不仅实现了虚拟世界和现实世界的互动连接，还通过全球用户行为数据的汇聚与共享，逐步将公益从"个体捐赠"转变为"全社会协同"。这种从"森林"到"星球"的转变，意味着支付宝公益不仅改变了公益的形式，还从根本上重塑了公益生态。

（二）支付宝公益的未来，不只是"公益"！这是一次科技与文化的盛宴

支付宝公益的发展，不仅仅是公益本身的发展，更是一次跨越科技与文化边界的盛宴。支付宝将科技的力量与文化的内涵结合，以创新的方式使公益活动更加富有趣味性、参与感和社会价值。通过科技赋能，公益已经不再是冷冰冰的捐款和物资援助，而是一个充满活力的、富有趣味的社会互动活动。

支付宝公益的科技力量可以说是其最大的竞争优势之一。从"蚂蚁森林"的环保行动到"公益星球"的全球公益网络，支付宝通过大数据、人工智能、区块链等科技手段，不仅提升了公益活动的透明度和效率，还改变了传统公益的运作模式。

以"蚂蚁森林"为例，支付宝利用大数据和 AI 技术跟踪和分析用户的环保行为，优化种植树木的效率和效果；通过区块链技术，确保公益资金的透明流向和公开管理。在未来，随着人工智能和机器学习技术的进一步发展，支付宝公益将能够根据用户行为和偏好，为其量身定制更加个性化的公益活动，推动公益行为向更加智能化、精准化的方向发展。

支付宝公益还通过文化赋能，将公益活动嵌入人们的日常生活中，打破了传统公益模式的局限。支付宝通过将公益活动与社交互动、娱乐化设计结合，打造出具有高度社交性和趣味性的公益平台。例如，用户不仅可以通过公益行为赚取绿色能量，还可以通过排行榜、成就解锁等机制，与朋友、同事甚至全球的用户进行比拼和互动，这使得公益变成了一种社交行为和娱乐方式。

这种文化化的设计让公益活动不再枯燥乏味，也让它成为年轻一代追求的生活方式。未来，随着数字化与社交平台的进一步发展，公益活动将更加注重文化的共鸣和情感的联结，使得公益不仅是一个体现社会责任的行为，更内化为每个人日常生活的持续性行为。

支付宝公益还通过跨界合作，将公益与其他社会领域、商业模式紧密结合，形成了丰富的公益生态。通过与各大企业、公益组织、政府机构的合作，支付宝公益不仅拓宽了公益活动的参与面，还将更多的资源和力量引入公益事业。

未来，支付宝公益可能会与更多的行业进行合作，比如与环保、教育、医疗、扶贫等领域跨行业合作，形成一个更加多元、完善的公益生态。跨界合作能够为公益项目注入更多的创新思维和资源，从而让公益行动更具广度和深度。

（三）未来已至：通过科技和文化为世界带来无限可能

支付宝公益的成功不仅仅体现在其项目的巨大影响力上，更在于它创造了一个可持

续、互动性强、参与感强的全球公益生态系统，突破了传统公益模式的局限，推动公益事业进入一个全新的时代。

随着全球化进程的加速，公益事业已经不再局限于某一个地区或国家，而是进入了一个全球共同体的建设阶段。支付宝公益通过其全球化的数字平台，打造了一个跨地域、跨文化的全球公益网络。未来，支付宝公益有望进一步扩展其全球合作伙伴，推动全球范围内的公益项目合作，实现全球公益资源的共享和协同。

在未来，公益不仅仅是短期的援助和捐赠，更是关乎社会长期发展的关键因素。支付宝公益的绿色项目以及数字化平台正是这一理念的具体实践。从"蚂蚁森林"到"公益星球"，支付宝公益通过可持续发展理念，推动了全球环境保护和社会责任事业的长远发展。随着全球绿色发展趋势深化和社会创新意识的不断增强，支付宝公益将继续发挥其在科技与文化上的双重优势，推动社会责任在全球范围内的履行。

支付宝公益不仅会继续深耕绿色环保领域，还将拓展到更加广泛的社会责任领域，包括扶贫、教育、医疗等。支付宝公益将通过创新的科技和文化赋能，成为全球公益行业的标杆，引领公益事业的发展方向。

支付宝公益的成功也为其他公益组织和平台提供了宝贵的经验，它证明了科技与文化的深度融合是推动未来公益发展的关键。通过智能化、社交化和个性化的设计，支付宝公益不仅让更多的人参与到公益活动中，也推动了公益理念的全球传播与广泛应用。

支付宝公益的发展历程，从"蚂蚁森林"到"公益星球"，已经突破了传统公益模式的局限，走向了全球化、数字化、文化化的新时代。通过科技与文化的结合，支付宝公益不仅为中国的公益事业注入了新活力，还为全球公益事业的发展提供了创新路径。未来，支付宝公益将继续通过科技与文化的深度融合，推动全球社会责任和可持续发展，带来更多的社会价值和人类福祉。无论是环境保护、社会创新，还是公益文化普及，支付宝公益都将在未来发挥更加重要的作用，为全球创造一个更加美好的世界。

（王清爽　执笔）

22　艺术疗愈品牌

艺术疗愈工作室：
文化与科技交融的心灵疗愈新典范

在现代社会，心理健康问题日益突出已经成为全球性挑战。世界卫生组织(WHO)统计数据显示，2021年至2024年间，全球范围内患有抑郁症和焦虑症的人数增长了约25%。在中国，《中国城镇居民心理健康白皮书》发布的数据显示，73.6%的城镇居民处于心理亚健康状态，16.1%的人存在不同程度的心理问题，超8.3亿人急需疗愈，心理健康服务需求呈持续攀升态势。传统心理疗法在应对此困境时，渐显疲态，资源的捉襟见肘与疗效的缓慢，促使社会将目光急切地投向创新且更具可及性的疗愈途径。艺术疗愈工作室便在这一迫切需求下应运而生，成为打破传统局限、融合多元优势的新兴力量。

一、跨越边界的初衷：用艺术和科技疗愈心灵

(一)理念萌芽：疗愈与科技的初次邂逅

艺术疗愈工作室的创立理念，核心在于打破艺术与科技的壁垒，为心理健康疗愈开拓全新维度。在应对心理健康问题的语境下，传统心理治疗方式主要依托言语沟通以及认知重构策略。尽管这些方法在临床实践中已取得一定成效，但不可避免地存在局限性，例如，难以触及来访者潜意识层面的情感冲突。与之形成鲜明对比的是，艺术疗愈另辟蹊径，将艺术创作活动巧妙转化为来访者情感与压力的释放阀门。艺术创作过程本身是一种非语言的表达形式，能够绕过意识层面的防御机制，使个体更直接地表达内心深处难以用言语表述的情感、思想和经历。

在艺术疗愈工作室发展的初始阶段，众多工作室将目光聚焦于绘画、手工艺等传统艺术形式。以中央美术学院的艺术治疗工作室为例，其基于艺术心理学理论，通过引导来访

者进行绘画创作，帮助他们探索潜意识中的情感与冲突，进而实现心理状态的改善。另有"指尖艺韵"手工艺艺术疗愈工作室凭借手工艺制作这一独特媒介，使来访者在沉浸式的手工创作过程中，专注于当下，获得内心的宁静与满足，进而缓解心理焦虑与抑郁情绪。

这一时期，艺术疗愈工作室主要服务于教育机构及心理健康中心。在教育场景中，其助力学生应对由学业压力引发的心理问题；在心理健康中心，艺术疗愈作为一种辅助治疗手段，与传统心理治疗方法相互补充，共同推动来访者的心理康复进程，为传统心理治疗体系带来新的活力与视角。

(二) 技术赋能：科技融入后的蜕变升级

在科技高速迭代的时代浪潮下，人工智能(AI)、虚拟现实(VR)、大数据等前沿技术呈蓬勃发展之势。艺术疗愈工作室敏锐地捕捉到技术变革带来的机遇，积极将这些先进科技融入服务体系，为传统艺术疗愈模式注入全新活力。自 2021 年被视为国内数字疗法元年起，诸多心理医疗和健康数字服务机构，如"好心情""昭阳医生""壹点灵""释然而愈""心景科技"等，迅速布局，将中国传统书法、绘画等艺术形式与虚拟现实(VR)创作工具深度融合，构建沉浸式疗愈空间。在这一创新空间内，用户能够依据自身需求参与定制化的疗愈流程，借助 VR 技术全方位、沉浸式地感受艺术作品蕴含的治愈力量，通过互动环节进一步强化情感共鸣与参与感。

科技与艺术的融合，已不再局限于辅助地位，而是从根本上重塑了艺术疗愈的体验范式。以人工智能情感分析系统为例，该系统借助多模态数据采集与分析技术，实时捕捉用户的表情、语言及行为数据，深度挖掘其中蕴含的情感信息，为制定个性化疗愈方案提供精准数据支持。这种技术的应用实现了从传统经验式艺术疗愈到基于数据驱动的智能精准疗愈的重大跨越，极大提升了艺术疗愈的科学性与有效性，为心理健康疗愈领域开拓了更为广阔的发展前景。

(三) 品牌拓展：影响力的辐射与深化

《2024 年度疗愈经济用户报告》显示，我国疗愈经济已迈入 10 万亿元级市场规模。从细分产业来看，这一规模增长有着坚实的基础。在文化产业领域，2024 年上半年，7.7 万家规模以上文化及相关产业企业营业收入达到 6.5 万亿元，全年保守估计规模在 13 万亿元，诸如心灵成长类书籍出版、疗愈主题艺术展览等细分领域蓬勃发展，与疗愈经济紧密相连。旅游产业同样表现亮眼，2024 年上半年国内游客出游总花费 2.73 万亿元，全年预计 5.5 万亿元左右，主打身心放松的康养旅游线路日益受到消费者青睐。至于酒店产业，截至 2024 年上半年，全国有 34 万家酒店和约 5 万家民宿，资产规模粗略估计达 17 万亿元，不少酒店推出了冥想客房、香薰 SPA 等疗愈服务。此外，商业地产、古镇、餐饮等多个产业也纷纷融入疗愈元素，各产业市场规模累计近百万亿元，按 10% 折算，疗愈经济市

"好心情"VR 疗愈虚拟场景

场规模达 10 万亿元。

如此庞大的市场规模，也促使行业在技术研发上不断投入。自 2021 年起，数字化诊疗平台和基于人工智能支持的数字疗法成为国内心理健康领域投资热点。众多企业如"好心情""昭阳医生""壹点灵""简单心理"等在技术开发与数字化建设方面投入超亿元，并推出创新产品。以"情绪花园"App 与"好心情"VR 疗愈系统为例，"情绪花园"App 上线半年下载量突破 50 万次，迅速在心理健康应用市场占据重要地位，助力艺术疗愈工作室拓展服务边界、提升品牌知名度。某互联网企业引入"好心情"VR 疗愈系统后，员工在工作间隙使用 VR 设备放松。有员工表示，使用后，一天的疲惫感消失了。该企业员工请假天数减少了 20%，工作效率提升了 15%。

随着品牌影响力的扩大，艺术疗愈工作室积极拓展合作，与多家心理健康机构、教育平台以及艺术机构建立战略合作关系，共同推动艺术疗愈行业的标准化进程。截至 2024 年底，不少艺术疗愈工作室与医疗单位合作推出的 AI 疗愈课程，已覆盖超 5 万名线上用户。同时，工作室还与国内外文化机构及专家合作，探索艺术疗愈的全球发展潜力。2023 年 3 月，中央美术学院艺术治疗研究中心与澳大利亚多方专家合作，深入探讨艺术疗愈在多领域的跨界融合，促进艺术疗愈国际化，为艺术疗愈工作室在全球心理健康领域的布局奠定了基础。

二、数字时代的答卷：让业绩成为最好的注脚

（一）打造沉浸式疗愈新体验

在数字时代的浪潮中，艺术疗愈工作室积极借助前沿技术革新传统疗愈模式，沉浸式体验打造成为行业发展的关键方向。

以上海 QROOM 艺术疗愈工作室为例，其构建的线上线下融合体系独具特色。线下，专业教师指导学员创作疗愈装置作品，如热缩片绘画，促使学员借艺术创作宣泄情感、表达自我。线上，使用先进的 TouchDesigner 虚拟交互技术助力学员进行跨媒介创作。其中，A 组学员以呼吸数据驱动创作数字山水画，推动艺术疗愈本土化发展；B 组学员围绕都市精神压力，利用热缩片等材料打造"一花一世界"装置；E 组学员则依据人体脉轮与冥想构建自然环境。据反馈，超过 80% 的学员在创作过程中感觉情绪舒缓、心境平和，后续仍持续创作，将艺术疗愈深度融于生活，稳固心理健康。

释然而愈（北京）科技文化有限公司同样在创新疗愈模式方面进行了探索。凭借沉浸式 VR 互动艺术画展、艺术冥想及疗愈沙龙、心理咨询等多元项目，为 C 端的学生、职场高压人士等及 B 端的企业、学校、心理咨询等多类机构提供专业服务，并与诸多知名企业合作，亮相重要科技文化节会。该公司通过整合沉浸式手段与心理健康专业知识，打造全方位解决方案，拓展艺术疗愈的应用场景，提升行业影响力。

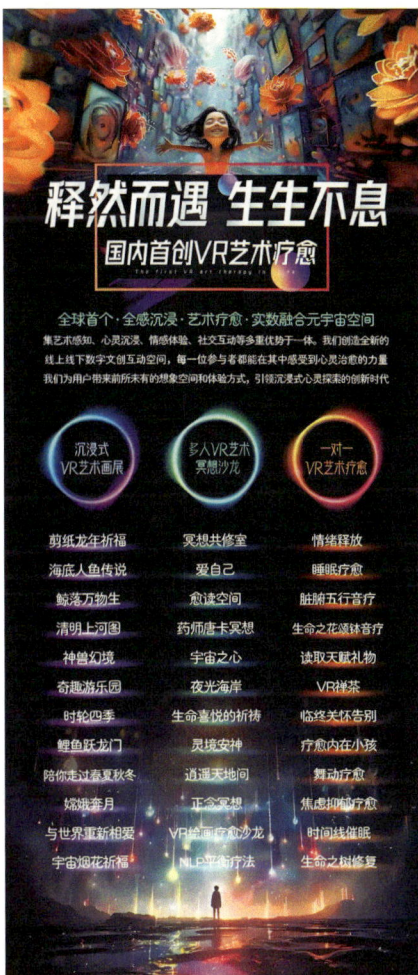

"释然而愈"项目介绍

综合来看，数字技术赋能的沉浸式疗愈体验成效显著：一方面丰富疗愈手段，突破传统局限，为用户营造多元感官刺激与深度情感参与的环境；另一方面有效增强疗愈效果，提升用户满意度与参与持久性，为艺术疗愈行业数字化转型、拓展服务边界提供重要范

例,指引行业在数字时代持续创新发展,更好地满足社会对心理健康的需求。

(二) 多领域创新成果落地

艺术疗愈工作室的创新不仅体现在技术和产品上,还体现在其在多个领域的跨界应用上。除了在心理健康领域深耕,工作室还积极扩展其服务至教育培训和文化传播等多个领域,推动心理疗愈技术的广泛普及。

在教育领域,北京舞蹈学院舞蹈考级院与辽宁省残疾人服务中心孤独症科合作开展的"轻度孤独症儿童艺术综合课程"成效显著。自 2023 年 8 月中旬至 2024 年 4 月,已进行 50 次课程,每次 45 分钟,由两位教师授课,15~18 名学生参与,学生家长作为志愿者进行辅助。课程以故事讲述和游戏形式,助力特殊儿童改善身体协调性。课程结束后,部分孩子主动与老师交流,分享心得,专注力与交流意愿显著提升。这一实践体现了艺术疗愈在特殊教育中,对提升特殊儿童身心发展能力的积极作用,为特殊教育提供了新的教学方法与干预手段。

在文化传播领域,南岸女子强制隔离戒毒所与景德镇陶瓷学院、四川美术学院等合作,于 2024 年 3 月启动艺术疗愈陶瓷画项目,每周开展 2 次培训,让戒毒人员参与陶瓷美术勾描、上色、烧制等活动。项目实施后,戒毒人员的心理状态与戒毒动机均有不同程度的改善。以戒毒人员小苗为例,其从最初拒绝参与到积极投入,在创作中获得成就感。这一案例表明,艺术疗愈结合传统文化艺术形式,在促进个体心理转变、文化传承与教育改造方面具有重要价值,为文化传播与特殊群体心理矫治提供了创新路径。

(三) 行业与用户的双重认可

2025 年 1 月 18 日在北京举办的"疗愈,联结,繁荣——国际艺术疗愈与教育高峰论坛"上,众多业内权威专家齐聚一堂,指出推动中国当代艺术疗愈事业的进步,对于提升个体身心健康水平以及促进社会和谐稳定,具有至关重要的意义与极大的价值。

在艺术疗愈领域积极探索的众多企业中,释然而愈(北京)科技文化有限公司成绩斐然。其凭借"释然而愈"VR 艺术画展成功跻身《中国文化元宇宙白皮书》的文化元宇宙特色案例行列,这一成就有力地证明该公司在文化与科技融合创新方面已达到国际先进水平。借助先进的 VR 技术与极具创新性的交互设计,该画展成功突破传统画展的时空限制,使观众仿佛置身于艺术的奇妙世界之中,深度感受艺术疗愈的独特魅力。在虚拟画展环境里,观众能够真切地触摸画作纹理,细腻地感知艺术的精妙之处,同时还能自主调整色彩氛围,这种丰富多元的互动方式有效地引发了强烈的情感共鸣,切实起到了缓解心理压力与激发创造力的作用。

在教育合作领域,其与新疆大学紧密携手开展的项目入选 2022 年度职业院校数字化转型行动研究优秀课题名单,充分彰显了产学研深度协作所带来的协同创新优势,通过将系统全面的艺术疗愈课程融入职业教育体系，培养大批专业人才，为艺术疗愈行业的持续发展注入新鲜血液。此外，最新项目《真我之境》在 2024 元宇宙"数据要素"全国大赛中斩获优秀奖，进一步证明了公司在元宇宙艺术疗愈领域的技术实力与创新思维。

从用户角度进行分析，用户对艺术疗愈工作室的服务满意度呈现出持续上升的良好态势。以"好心情"VR 疗愈系统为例，某学校引入该 VR 疗愈系统对近百名学生、志愿者进行严谨回访调查发现，高达 90% 的用户明确反馈接受疗愈服务后心理状态得到显著改善。大量用户纷纷表示，艺术疗愈服务已经成为应对现代生活心理困境的有效手段，有力地推动艺术疗愈行业在社会各界的认可度与普及度不断提升，进而促使其朝着专业化、国际化方向稳步迈进，为全球心理健康事业贡献了极具价值的中国智慧与切实可行的实践经验。

三、破局之道：用创新重塑核心价值

（一）技术革新：精准疗愈的智慧引擎

技术革新是艺术疗愈工作室提升核心竞争力的重要引擎。在这一领域，人工智能（AI）、虚拟现实（VR）、增强现实（AR）和大数据等技术，为艺术疗愈的科学性和个性化服务提供了强有力的支持。

1. 个性化情绪分析与定制疗愈方案

释然而愈（北京）科技文化有限公司开发了人工智能情感分析系统，通过多模态数据采集技术，实时分析用户的面部表情、语音语调及生物反馈信息，精准捕捉用户的情绪状态。在此基础上，系统能够为用户生成定制化的疗愈方案，包括色彩治疗、艺术创作指导和沉浸式 VR 体验。例如，在"释然而愈"VR 艺术画展中，观众可以通过选择特定的画作主题和情感元素，获得量身定制的沉浸式疗愈体验。这种技术实现了从传统经验式疗愈向数据驱动、精准化服务的跨越。

2. 沉浸式疗愈空间的打造

艺术疗愈工作室广泛应用虚拟现实（VR）和增强现实（AR）技术，为用户构建全方位的沉浸式疗愈环境。例如，中央美术学院的"艺术心景"项目利用 VR 技术搭建了一个可互动的数字艺术空间，用户可以在其中完成自定义的艺术创作，如虚拟山水画。项目数据显示，参与者在 5 次体验后，焦虑水平平均下降了 35%（来源：中央美术学院《艺术疗愈报告》）。这种技术革新不仅提升了疗愈效果，还吸引了更多年轻用户群体。

3. 虚拟艺术社群与在线平台建设

线上化的服务也是技术赋能的重要方向之一。以"情绪花园"App 为例，该应用通过

AI 技术实现 24 小时情绪监测，并将用户情绪数据转化为动态的数字艺术作品。此外，平台推出了虚拟疗愈社群，用户可以在线与艺术导师互动，分享作品或进行冥想。这种线上线下融合的服务模式使品牌能够在更广泛的地域范围内触达用户，同时提高服务的灵活性与便捷性。

(二) 跨界协作：构建"疗愈生态圈"

品牌核心竞争力的提升不仅依赖于技术创新，更需要通过跨界协作拓宽服务边界，打造完整的"疗愈生态圈"。这种协作模式整合了多领域资源，为品牌发展注入了更多可能性。

1. 与医疗机构的合作

艺术疗愈工作室与多家医疗机构深度合作，将艺术疗愈嵌入临床心理治疗方案中。例如，南京脑科医院与当地艺术疗愈品牌合作，推出了"艺术化心理干预"项目，将书法创作、陶艺制作和冥想疗法引入抑郁症和焦虑症患者的康复过程。项目统计显示，超过 70%的患者在连续参与 6 周的艺术疗愈课程后，情绪状态显著改善。这一合作不仅为医疗干预提供了多样化工具，也提升了艺术疗愈工作室的社会公信力。

2. 与教育机构的融合

教育场景下的心理健康服务需求日益增加，而艺术疗愈为学校提供了全新的解决方案。例如，同济大学通过整合表演艺术、动画艺术与沉浸式媒介等学科资源，开发了一系列艺术疗愈课程和实践项目，推动了艺术疗愈在教育和康复领域的应用。南京艺术学院美术馆通过汇聚国内外艺术疗愈专家、心理学学者以及脑科学专家，构建了跨学科合作模式，将艺术创作与心理干预相结合，形成了从感知、情感到认知的多层次疗愈体验。这种跨学科合作不仅丰富了艺术疗愈的形式，还通过科学化、系统化的项目设计与评估体系，提升了疗愈效果的可量化性。

3. 与文旅产业的协作

艺术疗愈逐渐渗透至文旅产业，为传统旅游线路注入新的亮点。例如，云南大理的"心灵山水"项目结合自然风光与艺术疗愈课程，为游客提供陶艺制作、茶艺冥想和山水写生等体验活动。该项目不仅提升了当地旅游产业的吸引力，也成功将艺术疗愈的影响力范围拓展至更广泛的人群。

4. 与社区等社会机构的合作

例如，南京艺术学院美术馆与社区合作推出的"愈见：城市漫行记"项目，通过摄影和城市探索的方式，增强社区老年群体对城市历史与文化的情感连接。北京当代艺术基金会（BCAF）在东四街区举办的"心灵聚场 2023 社区艺术疗愈节"，通过沉浸式互动展演、艺术工作坊等形式为社区居民提供了心理健康支持，这种跨界合作不仅提升了社区居民的心理健康水平，还通过艺术活动增强了社区凝聚力，推动了艺术疗愈在公共生活中的普及。

（三）用户导向：体验优化的暖心服务

在艺术疗愈工作室的发展中，用户导向的体验优化与暖心服务是提升疗愈效果、增强用户黏性的重要策略。通过个性化设计、多感官沉浸式体验以及跨学科服务的整合，艺术疗愈工作室能够为不同需求的用户提供深度且温暖的心理支持。

1.服务设计中的个性化体验

个性化服务是艺术疗愈的核心竞争力之一。以南京艺术学院美术馆的"愈人计划"为例，该项目通过跨学科合作，结合心理学、艺术学和神经科学的理论与方法，针对不同群体（如社区老年人、医院患者、残障人士等）的心理需求，设计了多样化的疗愈活动。这种个性化服务不仅提升了疗愈效果，还通过精准匹配用户需求，增强了艺术疗愈的科学性和有效性。

2.长期用户关系的维护

艺术疗愈工作室注重通过品牌文化和服务内容与用户建立长期关系。例如，"释然而愈"品牌通过线上线下联动的会员制服务，将用户的疗愈体验延展至日常生活，包括每月发布的疗愈主题内容、专属艺术创作工具包等。这种持续性的用户关怀不仅增强了用户对艺术疗愈的认同感，提高了用户复购率，也提升了品牌忠诚度。

四、疗愈的力量：为行业与社会注入新活力

艺术疗愈工作室的兴起在心理健康领域引起广泛关注，更对文化创意产业发展及我国经济发展有重要价值。艺术疗愈的核心在于将艺术创作作为情感表达与心理干预的工具，推动个体心理健康与社会整体福祉的提升。

（一）对行业发展的启示：融合与创新的标杆

艺术疗愈工作室的实践为心理健康行业的发展提供了重要启示。尤其是在当前全球心理健康问题日益突出的背景下，艺术疗愈以其独特的方式，为传统心理治疗方法提供了有力的补充与拓展。

1.促进疗愈模式的多元化

传统的心理治疗往往依赖于言语交流和认知重构，虽然有效，但在许多情况下难以触及深层次的情感和潜意识冲突。而艺术疗愈通过非语言的艺术创作形式，提供了一种全新的情感表达途径。例如，中央美术学院的艺术治疗工作室利用绘画、雕塑等艺术媒介，帮助来访者探索潜意识中的情感冲突。研究表明，参与艺术创作的个体能够更好地释放内心压力，进而改善心理状态。这一模式的成功实践，促使行业关注多元化的疗愈方法，并推动疗愈理念的深化与传播。

2.培养跨学科的合作氛围

艺术疗愈工作室的成功离不开跨学科合作。近年来，心理学、医学、艺术及教育等多个学科的专家开始共同探讨艺术疗愈的理论与实践。在这一过程中，各学科之间知识交互与资源共享，形成了丰富的理论基础。例如，某些高校的艺术治疗专业结合心理学、社会学和教育学的知识，培养出更加全面的艺术疗愈人才。这种跨学科的合作模式不仅提升了艺术疗愈的专业性，也为未来的研究与实践奠定了坚实的基础。

3.推动行业标准化建设

艺术疗愈行业的快速发展亟须规范与标准化的指引。通过与专业机构、学术团体合作，艺术疗愈工作室开始探索建立行业标准。例如，中国艺术医学协会为从业者提供了操作指南和标准化流程。这种标准化不仅提升了行业整体的服务质量，也为艺术疗愈的推广和普及创造了条件，为其在国际市场的拓展奠定了基础。

(二)对经济发展的重要意义：文化经济的新引擎

艺术疗愈工作室的崛起为文化创意产业注入了新的活力，推动了新经济模式的形成。通过个性化服务、科技赋能和跨领域合作，艺术疗愈正在成为新时代文化经济的一个重要组成部分。

1.激发文化消费新需求

随着心理健康意识的提升，越来越多的人开始关注艺术疗愈的潜力与价值。这一趋势在市场上体现为对个性化、定制化疗愈服务的强烈需求。例如，"好心情"VR疗愈系统产品已进入多家企业的员工福利体系，显著提高了企业文化消费的活跃度。某知名艺术疗愈平台推出的"情绪花园"App，通过AI技术分析用户的情感状态，提供个性化的艺术创作体验，吸引了大量用户参与，显示出文化消费市场对艺术疗愈产品的热衷程度。

2. 推动科技与文化的深度融合

艺术疗愈工作室的数字化转型不仅提升了服务的便捷性与体验感，也为文化经济的科技创新提供了新动力。借助虚拟现实（VR）、增强现实（AR）等前沿技术，艺术疗愈能够创造出沉浸式的艺术体验环境，让参与者在虚拟空间中与艺术作品互动，触发更深层次的情感反应。例如，"释然而愈"VR艺术画展，成功突破了传统展览的时空限制，使观众能够身临其境地感受到艺术的魅力。这种科技与文化的深度融合，既丰富了艺术的表现形式，也为文化产业的数字化转型提供了新的思路。

3. 促进文化创意产业的多元化发展

艺术疗愈的兴起推动了文化创意产业的多元化发展。通过与医疗、教育、旅游等多个领域的结合，艺术疗愈为各行各业带来了新的发展机遇。例如，在旅游行业中，随着康养旅游的兴起，许多旅游景点开始引入艺术疗愈活动，为游客提供身心放松的体验。这种跨界合作不仅提升了旅游产品的附加值，也为文化创意产业的可持续发展注入了新的动力。

4. 创造就业机会，促进经济发展

艺术疗愈工作室的快速发展，不仅在于其服务的创新，还在于其对就业的推动作用。随着艺术疗愈行业的发展，相关的职业需求日益增加，包括艺术治疗师、心理咨询师、项目策划人等。相关数据显示，2023年艺术疗愈从业人员的需求增长了约30%，为社会创造了大量就业机会。通过培训和教育，越来越多的人进入这一新兴领域，这促进了经济的多元化发展。

（三）社会影响：构建心理健康的社会支持体系

艺术疗愈在关注个体心理健康的同时，也对构建社会支持体系产生了深远影响，推动了社会整体心理健康水平的提升。

1. 提升社会心理健康意识

艺术疗愈的普及使得大众对心理健康问题的关注度不断提高。例如，许多社区已经通过组织艺术疗愈活动，提升居民的心理健康意识。这种活动不仅为参与者提供了情感释放的渠道，也促进了其对心理健康的理解。例如，武汉长堤社区开展的"'蛇'来运转与你相'愈'"心理健康主题活动，通过手工、花艺等艺术创作和团体活动，吸引了大量居民参与，活动结束后，参与者中有85%的人表示对心理健康有了更深入的理解。这种普及活动在提升个体心理健康意识的同时，也在营造更为健康的社会氛围。

2. 促进社会支持网络的建设

艺术疗愈活动为人们提供了共享与交流的平台，促进了社会支持网络的建设。例如，在一些养老机构中，艺术疗愈活动为老人们提供了互动的机会，帮助他们在艺术创作过程中建立社交关系，缓解孤独感。研究表明，参与艺术疗愈活动的老人中，有70%的人表示社交圈扩大，情绪状态显著改善。这种支持网络的构建，不仅提升了个体的幸福感，还有助于改善社会整体的心理健康水平。

3. 促进心理健康服务的普惠化

艺术疗愈在社区的应用推动了心理健康服务的普惠化。通过将艺术疗愈引入社区、学校和公共机构，更多的人能够以较低的成本获得心理支持。例如，深圳市推出"艺术疗愈进社区计划"，在多个社区建立了免费的艺术疗愈工作坊，提供专业的艺术治疗师进行指导。这种模式显著提高了心理健康服务的可及性，使得更多经济条件有限的群体能够受益。

4. 促进社会和谐与稳定

艺术疗愈对社会和谐的促进作用也逐渐显现。通过参与艺术疗愈活动，人们在创造的过程中不仅能够释放压力，还能培养同理心和包容心。现在，许多居民社区通过组织不同年龄、不同背景的人共同参与艺术创作，增强社区居民之间的联系与理解。这种积极的社会互动有助于构建和谐社区，提高社会的稳定性。

艺术疗愈工作室通过文化与科技的深度对话，开辟了心理健康干预的新路径，同时赋予了文化创意产业更多的可能性。未来，随着跨学科研究的深化和科技赋能的持续推进，艺术疗愈有望在心理健康干预、和谐社会构建以及文化创意产业发展中发挥更为关键的作用，为社会的可持续发展提供重要支撑。

（刘念　姜朝莹　执笔）

23 舞蹈艺术品牌

云门舞集：
文化与科技齐飞，舞动现代人的脉搏

云门舞集（简称"云门"）是来自中国台湾的一个现代舞蹈表演团体，也是华语社会中第一个职业舞团。它于1973年由林怀民创办并任，2020年由郑宗龙接任。云门舞集扎根台湾，吸收传统、在地文化并进行美学化表达，以"为所有人起舞"为宗旨，将文学、历史等元素融入舞蹈艺术，反映社会现象，众多舞作大受欢迎，一再搬演，成为台湾社会两三代人的共同记忆。云门以其丰富精良的舞码和舞者精湛的舞技蜚声海内外，被大众媒体誉为"世界一流现代舞团"，于2018年获颁英国国家舞蹈奖的"杰出舞团奖"，成为现代舞团中的一个传奇。

一、"云里找门"：从草创到成熟

云门舞集秉承始终年轻的进取心态为观众奉献演出，使舞蹈艺术和时代紧密结合，融合文化与科技，求新求变，不断推出民众喜闻乐见的文化精品，于五十年的发展历程中不断进步，并在现代舞蹈团体中脱颖而出。

（一）云门Ⅰ——文化寻根，安身立命

"云门"的名称，典出《吕氏春秋》中的"黄帝时，大容作云门"。相传，"云门"是黄帝时代舞蹈的名称，是中国最古老的舞蹈之一。由此可见云门舞作的审美取向：从中国传统文化中取材，回到中华"诗乐舞"传统文化的根。舞团的创始人林怀民曾留美于玛莎·格莱姆现代舞蹈学校学习西方现代舞技法，这段经历让他深刻认识到：华语地区尚未有人能以艺术性的舞蹈表演安身立命。感于承继本土文化的责任，林怀民回到家乡创立了云门舞集。

以中华传统文化为根，林怀民从亚洲传统文化与美学中吸收灵感，并将自己对文学的理解——分解、重合、再造，将文字当中的画面和感触，转化为舞蹈作品当中的动作、节奏、画面、服装、灯光，场景设计等，把东方的语汇结合到西方的现代舞中，由此创作出大量风格独特的舞蹈作品。《红楼梦》(1983) 契合原著美学精神又不落窠臼，《薪传》(1978) 刻画了台湾先民在动荡不安的社会中强渡黑水的历史场景，《家族合唱》(1997) 以百余张台湾老照片、南腔北调的庶民口述历史勾勒出半个世纪台湾的风雨，《水月》(1998) 从"镜花水月毕竟总成空"的佛偈中汲取灵感，编创人体、明镜与流水交相辉映的舞作，舞作当中的舞蹈动作由熊卫先生所创的"太极导引"的原理发展而成。借助现代舞这一形式，云门舞集对中国传统文化进行了独特诠释，在传承中国传统文化的同时，为中国现代舞开辟了一条新的道路，丰富了世界舞蹈的多样性。

(二) 云门Ⅱ——暂停为茧，华丽蜕变

云门舞集在 1988 年因为政治环境、社会变动以及自身经营等问题暂停，于 1991 年宣布复出，世纪之交的几十年是云门重要的转型期。在此期间，林怀民及舞者们向海外取经，带回更多舞蹈新技术。为兼顾台湾本地表演市场和海外表演市场，云门舞集的附团"云门舞集2" (云门2) 于 1999 年创立，创团艺术总监为罗曼菲。云门2 自创团第三年的 2001 年始，以"春斗"平台邀请不同创作者与云门2 舞者合作演出，给台湾年轻编舞家搭建发表新作品的平台，包括罗曼菲、郑宗龙、布拉瑞扬、黄翊等创作者都曾于"春斗"发表舞作，由此成长，走向更大的舞台。

面对本地表演艺术团体的繁荣，以及世界各地舞团来台巡演对市场的冲击，云门舞集很早就进行了全球性的市场布局：云门1 主要负责海外市场，云门2 主要负责本地市场，先赢西方市场，然后依靠舞作出海建立起的影响力构建本地认同。以《薪传》《白蛇传》等作品打开西方舞蹈市场后，云门的巡演足迹遍及五大洲的近百个城市，应邀在路易兹堡国际艺术节、美国下一波艺术节、巴黎夏日艺术节、里昂舞蹈节、悉尼国际奥林匹克艺术节等演出，成为国际重要艺术节的常客。云门在大陆地区的演出场次也持续走高，在深圳、苏州、杭州、上海、北京、西安等地展开巡演。日渐扩张的海内外影响，使得云门的票房收入超越政府补助，在生存和经营上取得了长足进步。同时，西方先进剧场权威人士和观众的认同，也巩固了云门在台湾演艺市场上的地位。

(三) 未来云门——"如此轻快，如此多彩"

2019 年，云门舞集与云门2 合并。重组后的云门舞集结合云门两团所长，除了发表新作，搬演历年经典舞作，还培养新生代编舞家及年轻观众族群，借由不同形式的演出亲切、活泼地深入社区，让舞蹈走进大众生活。

2020 年，郑宗龙新任云门舞集艺术总监，并于 2024 年再次启动于 2019 年因两团合并

而暂停的"春斗"。上任以来，他潜心钻研创作，"几乎一个作品还没完成就开始想下一个作品"，接连编出三支新舞：《定光》(2020)、《霞》(2022)、《波》(2023)，它们分属三个不同世界，"一个是自然世界，一个是内心世界，一个是电脑世界"。他大胆地把投屏技术和AI技术等先进科技创新应用于舞蹈艺术，丰富了舞作的表达形式，给云门舞集输入了新鲜血液，正如林怀民评价《霞》时所言，"云门舞集从未如此轻快，如此多彩"。

云门舞者大多是舞蹈科系的毕业生，多年来坚持传统的身体训练，具备良好的身体素质和扎实的舞蹈根基。舞技以西方现代舞技术为基础，融入太极导引、气功、京剧、内家拳与静坐等中国传统元素，兼具一些芭蕾舞元素。舞者们亦尝试不断学习新的东西，尤其在郑宗龙接替艺术总监后，对日常训练课表进行调整，舞者们开始学习与以往训练体系大相径庭的街舞。云门舞集将中国传统文化、现代人文理念与多元舞蹈语汇熔于一炉，造就了独树一帜的云门风格。

2023年下半年，云门舞团兵分两路，携《霞》在北京、上海、南京等地巡演，并在疫情后再度踏上欧洲，无论是在法国戛纳双年舞蹈节闭幕演出《十三声》，还是在伦敦沙德勒之井《毛月亮》的海外首演，均反响热烈。2021年至2023年，云门舞集三度获邀参与全球舞蹈界盛事"世界芭蕾日"(World Ballet Day)，于线上与全球五十余个顶尖芭蕾舞团并列，24小时不间断进行线上串演。云门舞集展示了太极导引和武术的身体训练过程，以及不同舞作面貌与幕后的打磨过程。线上观众横跨全球，在线观看人数累计1.9万人次，包含中、美、加、德、英、日等地，不仅吸引了全球目光，还在疫情防控期间得以与海外观众及重要团队保持联结，展现云门作为现代杰出舞团的实力。

直到今天，云门舞集隔年便携一台精彩演出登台台北大剧院，已经成为惯例。每年长达五个月的世界各地巡演，也获得各国观众与舞评家的热烈赞赏，迄今已在世界各地成功举办2000多场演出。五十载筚路蓝缕，如今云门这艘满载宝贵文化遗产的巨轮迎接着数字化时代的浪潮，以科技为动力，持续稳稳向前航行。

二、为新世代的舞蹈艺术插上电子之翼

近年来，云门舞集通过将现代舞的文化性内容和科技性形式融合的创新，推出更符合新世代思维的杰出舞作，完成自身风格由旧入新的华丽转型；另外，依托其完善的企业化体系架构，以及凭强大品牌影响力取得的政府、企业的大力支持，在葆有文化、艺术纯度的同时，取得了大量的经济回报，创造了显著的社会效益。

(一)"新舞作"：与技术影像对话的身体

近年来云门最瞩目的事件，莫过于2019年新旧掌门人的接替——由林怀民到郑宗龙。云门舞集创团52年，林怀民引领了47年，是整个云门的灵魂，他的名字的知名度远远大

于云门舞集。他强调，云门应一直往前走，不要变成一个只保存他作品的"博物馆"。郑宗龙亦毫不松懈，决定"找出自己的语汇"——即说"我们想要说的话"，找出"我们这个世代的表达方法"，他正是要引科技入舞，以人机相互沟通的舞蹈形成新时代的舞码。

郑宗龙在《毛月亮》(2019)里已显示出其敏锐的观察力和思维，云门的"新时代"也由这部作品正式开启，借林怀民的话说，这是他"电脑还没有用好"的世代难以创作出来的舞作。郑宗龙与冰岛后摇滚天团Sigur rós合作，打造了飘忽空灵的音乐，为舞台营造了清冷的氛围；在视觉效果上，还与获路易威登艺术首奖的剪纸艺术家吴耿祯、获世界剧场设计大奖的王奕盛强强联手，借助投影技术和虚拟现实(VR)技术，拼接数块超高分辨率发光LED屏幕，通过复杂的图像和光影效果营造出奇幻的空间感，映现现代科技主宰下的虚拟世界。

云门50周年之际，郑宗龙更是推出了全新大作《波》(2023)。这是他与里约奥运闭幕式"东京八分钟"首席科技总监、日本新媒体艺术家真锅大度合作的作品，舞作以近年经历了疫情、战争等变动的生活为创作主轴，让世界上人们所经历的生活如同蝴蝶效应般互相牵连的意涵，通过舞蹈动作呈现，传递出"在一起"的力量，即"波"。郑宗龙表示："AI可以协助我们更清楚地看到、更鲜明地表现人们内在心智的活动，甚至帮助完成主题的呈现。"《波》颠覆性地加入AI技术，使用肌电感应装置和摄影机等工具，拆解舞者流动的身体，将舞者运动着的肌肉、呼吸与神经传达的电波化为数据，继而生成音乐和视觉影像。舞作得以与当代科技在舞台上形成新的共存关系。郑宗龙和真锅大度在《波》首演后继续讨论与调整，并在威尼斯双年展舞蹈节上演出进化版的《波》，呈现出更加丰富紧密的效果，获得观众与媒体的热烈好评，被英国媒体《卫报》盛赞为"舞蹈节最精彩的演出之一，舞者与数字共舞，视觉效果令人惊艳"。

在2024年重启的"春斗"上，郑宗龙邀请影像创作者全明远共同创作了影像作品《身土》，该作品也是"春斗"首度播映的影像作品。通过微距高速摄影技术捕捉舞者的细微动作，形成灵动的视觉奇观。《身土》改变了以往看"舞台上的身体"的惯例，将实体空间中的舞蹈变为影像，观众可以通过观察舞者身体在舞蹈中的细微变化，连汗毛孔都可以看清楚。云门也为"春斗"的新生代编舞家提供创作设备上的专业团队支持，支持他们创作更大胆多元的作品。

(二)"新模式"：舒适的品牌"门面"，不紊的业态运营

随着科技的发展，网络媒介成为人们获取信息最重要的渠道。云门的官网制作得相当精致和完善，中英文界面及清晰的导览界面，方便观众查询各项基本信息以及吸引企业家们的赞助。可以由官网看到云门已建立起的完备组织结构——包括云门舞集、云门基金会、云门剧场、云门舞集舞蹈教室、云门舞集文献室等。它们在业务上彼此独立，形成了既独立运营又团结协作的管理模式。云门与台湾师范大学图书资讯学研究所合作制作的

《波》剧照　摄影：刘振祥

"云门数位典藏网站"，通过数位技术与资讯系统保存云门舞集创团以来以舞蹈形式留下的宝贵的艺术作品。网站内容以舞作影像为主，照片、宣传单、海报、节目单等文宣品为辅，并遴选介绍文章，为大众了解每部舞作的内涵提供便捷途径。

位于淡水的云门剧场，在 2024 年已经迈入第十年，持续开拓各种新业态艺术和举办艺文推广活动，提供给艺术家和民众更多元的活动场域。云门剧场配备的国际级灯光、音响设备与控制系统，以及控制布景起落的全自动变速电脑等高级设备，能够发挥不同剧作运用的实验性形式的作用，如虚拟现实（VR）和增强现实（AR）等技术，得到淋漓尽致的展现。除云门剧场外，云门舞集也充分利用其他空间，如用作演讲厅或视觉艺术展厅的小剧场，以及可容纳千人的斜坡草坪户外剧场，以"来云门＿＿"系列的策展概念，规划"来云门草地派对""来云门嘻哈""来云门摇滚"等一系列活动，让"来云门＿＿"作为能延伸成不同企划的一颗发想之种，增强观众借参与活动而进入剧场的意愿，一年有近 80 个专访团、3000 余人参与了云门的"剧场导览""说舞讲座"及"身体体验课程"等活动。云门剧场也开放园区空间，延伸微型生活节的概念，规划包括音乐、舞蹈、戏剧、偶戏、马戏、魔术、手作体验等跨领域的多元节目，推出不同类型的工作坊及跨域工作坊，支持艺术家发展创作，吸引不同兴趣方向的观众亲近剧场。

（三）"新市场"——产品升级推动产业链转型升级

随着信息时代的到来，除却走进实体观演空间，大众观赏舞台艺术更倾向于线上使用电子设备，包括但不限于各类电视、电脑、手机等载体。甚至，大众对于舞台艺术的需求永远不如历史上那般旺盛，现今的人们更热衷于通过网络满足精神需求。云门捕捉到这一倾向，在疫情防控期间持续在全球线上舞台演出，通过国泰人寿、公共电视及云门

YouTube/Vimeo 频道等多渠道播出云门舞集的精选舞蹈作品，并于 2021 年专门打造了云门舞蹈教室的线上"直播课""影音课"，精心规划适龄适性的身体律动课程，又于 2022 年推出"大人的律动课"，引导生活忙碌的人群自在地运动身体，释放压力。这些课程全部设置了体验课程，涵盖全年龄段用户，采取多种方法对每个年龄段的人们进行精准画像，如通过与远见民调单位合作进行的千人大调查，掌握熟龄民众的身体意识和现实需要的情况，以收集到的数据开发更丰富多元的体验课程。为用户设计的高度个性化，增加了不同需求的人参与的意愿。

云门舞集注意以品牌衍生的方式提升品牌价值——不仅在编创舞作层面打造舞蹈艺术文化精品，还联合其他行业去改造、创新、推广自己的文化品牌，在品牌授权方面做出了长足努力。云门大力推动与其他企业、品牌的合作，授权其他公司开发附属产品，节省产品研发、广告、销售等费用，并从中抽取权利金分红以扩大经营的范畴和规模，成功推出一系列原创性内容产品。如授权宜陆开发股份有限公司，借自身品牌号召力用"云门"字样开设云门 café，联动星巴克打造融合自然风光和云门剧场人文艺术气息的云门星巴克主题特色门店，吸引大批游客前来打卡；携手金革唱片，自 2020 年起 4 年内限量发售"云门跨世纪典藏"系列 DVD，以桃木色 USB 高画质收录经典作品，扫描内置二维码即可浏览各舞作的精粹评价，云门跨越五十年的舞作由此突破了时空局限，可在任一空间随时欣赏；此外，还出版推介云门舞作的相关书籍和绘本，开发 T 恤、玩偶、抱枕、笔记本等多种兼具收藏价值和实用性的纪念品。云门通过丰富品牌衍生产品的内容生态，积极开展产品营销活动，满足了不同用户多样化的审美、娱乐需求，扩大消费群体规模并拉动内需增长，进一步提升了商业化收入。

三、"致广大，而尽精微"生成品牌核心竞争力

在经历了 1988 年的暂停，又于 1991 年宣布复出之时，云门舞集制定了"寻求企业赞助，提高舞者现代舞水平，开拓台湾现代舞表演市场"的经营策略，沿用企业化的管理模式与经营理念进行产业深耕。如今云门"换血"再出发，不但接续林怀民探索艺术的传统追求，还通过数字技术创造出新的可能，成功克服了新冠疫情下产生的经济效益、国内外演出、技术运用、舞者培养等一系列困难，彰显云门舞集作为现代舞蹈团体之远洋轮渡的不朽生命力。

(一)"尽精微"：舞蹈艺术深度整合文化+科技

"文化|科技"已成为世界范围内的鲜明趋势，也成为文化产业发展的核心动力，也为文化产业品牌的发展带来了新的机遇和挑战。成为"品牌"，延续下去，人马更替无可避免，这类现象在商业社会中更为多见。云门舞集作为具有高度审美倾向的文化团体，是舞

蹈乃至艺术界再成功不过的一个品牌，它承载过去，也注定不断被赋予新的意涵。这是舞团的时代课题，也是每一代艺术家自己的时代命题。

云门舞集关注当下，回应后疫情时代的民众心态，找到沟通时代和当下舞者，乃至全人类心灵的交汇点。郑宗龙从与 20 余名舞者线上排演的经历中汲取灵感，编创了《霞》（2022）。"霞"是太阳下山或日出之前，光线反射在云上所展现出的斑斓色彩。每个人的日常就像白云一样流动，当光线照到身上的时候，正如同"霞"之时刻，浮现出各人心里不同的样态和姿彩。舞作便将每个人的经历和故事都放在其中并作独一无二的展示，舞者"物质的身体"跃动，日常化的喘息和步伐，是对当下生活的刺激做出的回应。表现形式上，透过世界剧场设计大奖得主周东彦与动画团队的巧妙设计，将舞者的"绘画"编创为舞台影像，"电子的身体"流丽如"霞"般呈现。技术手段拓展了当下文化心态的表现范围，观者和舞者共同感受当下的时空，舞作整体传递出一种积极的松弛感。

自古以来，诗乐舞不分家，舞蹈艺术与文学、电影、音乐等其他艺术具有"接受"的共同性。一味"为舞蹈而舞蹈""为艺术而艺术"，没有向其他领域学习的观念，会受困于自身的桎梏。云门敏锐地感知到其他领域的视野和支持对自身的作用，积极整合各领域资源并进行跨界合作。云门舞集积极与科技、设计、电影、音乐等领域的艺术家展开跨界合作，借由这些合作拓宽艺术创作的边界。例如，郑宗龙编创的《十三声》（2016）中舞者的服装由素黑至高饱和度的荧光色变化，生动展示了台湾文化生猛的一面；邀请音乐人林强为舞作配乐，以前卫实验性的电子音乐取代传统舞台配乐；利用现代舞台灯光技术，蓝紫色舞台 UV 灯光控制着背景画面的色彩流动切换，结尾似要吞噬舞台并蔓延至台外墙壁的充斥浓稠色彩的抽象投影，制造了"打破舞台镜框"的效果，打破了传统观舞局限，为观众带来似置身电影院观看 4D 电影的全新体验。云门舞集向电影、音乐界等艺术家寻求合作，运用先进的数字技术，以动作捕捉、虚拟现实等技术手段进行舞蹈动作的解构与创新性呈现，增强舞台布景、道具、服装、灯光、音效等新异的表现力，创作出了融合科技前卫表现形式的舞蹈作品。

（二）"致广大"：连接公共空间与民众，"设槛"及"撤槛"

除了舞蹈艺术上"尽精微"，云门在为舞团寻找永续发展的支持动力上"致广大"，其中重要的一点是找到连接新老观众的纽带。云门舞集创团时间很长，古早的舞作有些不为大众所了解，为使观众理解作品编创理念，云门制作了舞作创作溯源系列影片，这些影片在 LINE TV 数位剧场等平台可以免费观看，如《十三声》分为"精华篇""身体篇""色彩篇""声音篇"4 个篇章，从不同角度深入解析编创团队的灵感来源及创作过程；云门亦与 LINE TV 合作数位剧场展演，呈现《行草》《松烟》等过往经典舞作，过去未能现场观演的观众也可以在线上享受舞蹈盛宴。此外，云门积极邀请各领域文化名人如歌手吴青峰、蔡琴等来开展音乐分享会和音乐剧等活动，以及联合相关机构以一系列云门舞蹈影片及 5 部亚洲电

《十三声》剧照 摄影：刘振祥

影开展"动静光影——云门的电影对话"活动，不同艺术领域与以云门为代表的舞蹈艺术在碰撞中闪现灵感的火花，加强了跨领域连接，推动艺术领域间的相辅相成、共同发展，向舞蹈、音乐以及电影观众开启新一波的对话。

云门重视对观众的培养教育，主动为观众"设槛"。林怀民对观众要求非常严格，例如，迟到的观众中场才能就席，演出过程中不许拍照，否则重来。这样的"坚持"一直延续到今天，反向推动了观众素质的提升。现在，云门的演出，即使是万人空巷的规模，每人都会自觉清理自己留下的垃圾，散场之后甚至不留下一片纸屑——这不仅维护了舞蹈艺术的尊严，也借由提升用户群体素质促成了用户观赏表演时体验感的优化。

虽"设槛"，但云门也通过各种手段"撤槛"，不断加强与观众的互动，为民众观看舞蹈表演甚至亲身参与舞蹈而努力。云门积极拉取企业赞助，自1996年起，国泰金控便支持云门舞集每年7月举行大型户外公演，在台湾各地分享舞蹈。这一被外媒誉为"地表最大户外舞蹈活动"的演出活动延续至今，近30载。2019年起，郑宗龙策划全新的"与云门共舞"活动，走出校园、社区的剧场空间，走进在地公共空间，不但打破了舞蹈只能在剧场、镜框内展示的刻板印象，还突破了舞台与观众席的边界——凡参与者皆在舞蹈，将舞蹈文化艺术真正融入民众的日常生活。"国泰云门随行吧"中《波》的演后派对中，伴随音乐，现场观众被"骗"上来随着舞者跳舞，"万人波浪舞"还由新媒体团队"超维度"通过即时演算科技捕捉，创造出美丽的视觉画面。

稳固传统习惯线下观看的观众群是生存之根本，而开辟线上观看的网络空间则是所有依赖舞台演出的艺术团体的必由之路。云门舞集通过对观演礼仪的约束，引导观众群体尊重传统，优化观众的观演体验，同时拥抱更广阔的网络空间，也走进超大型的公共区域进行演出，增强演出的观赏性和实时互动性，并充分发挥各类网络平台和传媒广泛传播、宣传的优势，吸引更多观众到现场观演，成功做到了线上、线下观众的双向转换，提高了观众黏度和参与活跃度。

（三）帮扶幼苗，关照社会，打造闪亮的"文化名片"

早在 20 世纪 80 年代，林怀民便创立艺术学院舞蹈系。这所培育艺术创作、展演及学术研究人才的高等学府的建立，使得跳舞人才源源产出，大众对舞蹈艺术的审美水平提升，使舞蹈艺术的受众扩大，进一步反哺了舞蹈市场。为了给年轻的编舞和舞者发表年轻的作品提供便利，云门 2 和"春斗"平台创立。云门基金会也主持"创计划"，奖助年轻编舞、戏剧人才，免费提供云门小剧场进行创作排练，并予以技术上的支持；主持"流浪者计划"，支持有艺术创作才艺的年轻人在日本、印尼、新西兰等地"贫穷旅行"，以其独特经历扩展视野，为创作者在疫情后注入更丰富的创作及社会服务能量。这些由云门衍生出来的"子品牌"，丰富了整个云门文化的内涵，使得舞团年轻化，获得了不断生长的生命力。

本着让所有人"健康、快乐、成长"的初衷，云门创办了云门舞集舞蹈教室。以云门长年创造与累积的舞蹈艺术经验为基底，开创了"生活律动"教学系统，期盼让舞蹈从舞台走下来，回到个人身上，每个人从肢体的律动中舞出自己，享受尽情律动的自由与自在。在内容打造方面，云门舞蹈教室首创身体教育线上课程，为用户提供可与老师即时互动的"直播课"以及可弹性选择时间、地点的预录"影音课"，真正做到"一台电脑，随时随地，想来就来"。

云门舞蹈教室也将目光聚焦于社会变化大事，适时回应社会关切。1999 年台湾发生南投大地震，一个月后林怀民便筹备了"蓝天教室"，派遣老师到重建区教学，帮助那里的孩子们重建心灵，在 4 年间共有 58 名老师实际参与教学，遍及台中、南投的 115 所学校及幼儿园，累计 34 万人次的孩子体验了"生活律动"课程；云门舞蹈教室持续与台湾好基金会合作，推出"新蓝天教室"和"逆风计划"，进一步帮助弱势孩子认识自己的身体，找到身心的平衡与和谐。

除了主动把舞蹈推向人们，云门还看到了未曾起舞的人们的潜力。云门 2 素有开发机动轻巧的小编制推广舞蹈，带着舞艺深入台湾各角落的传统，2019 年云门两团合并后，仍继承这一特色，并于 2020 年开启"舞蹈蒲公英"计划：深入特殊/极度偏远小学，运用学校现有场地及器材进行示范演出，为表演艺术资源相对缺乏的孩子带来艺术养分。2023 年将范围延伸至"非山非市"学校，并加入居住社区推广计划，逐步融入民众的日常生活。2021 年，推出"舞蹈蒲公英2.0"计划，规划连续 3 周的深度身体体验课程，舞者以循序渐进的方式，分次带领孩子们开发肢体，让参与过基础版计划的学校师生进一步提升舞蹈体验。截至 2023 年底，已完成 162 场，共 263 所学校近 19000 名师生参与。云门文化艺术基金会的年度营运展演计划显示，以后该计划预计持续推广，这将会在更多学童心里播下艺术的种子，共享舞蹈艺术的美好。

四、"文化科技舞蹈艺术"的"灯塔"

云门人对于艺术格调和专业性的追求,开创了一个时代,影响了一批艺术工作者,为后来者树立起严苛的标准。云门舞集无疑是台湾的一张重要文化名片,也是照亮行业前路的灯塔,引领着舞蹈艺术乃至所有艺术领域前进的方向。

(一)"让中国文化更酷":融合传统文化与现代科技

云门成立之初,林怀民就有"中国人作曲,中国人编舞,中国人跳给中国人看"的誓言,可见,"云门"之名在产生之时就已具备强烈的品牌意识。它是最早从中华传统文化中吸取养分编创"中国人自己的舞"的先行者,在文化艺术上有着深厚的底蕴。为了使品牌切合时代脉搏,踏稳行远,亦不局限于传统,云门通过现代科技手段重新演绎、呈现这些文化元素,结合即时投影、炫彩灯效等科技媒材,传统与现代技术并行,大胆展开剧场实验,以更能反映现代人心理活动的抽象方式,表达了对社会现象中每一个人的具体关注。从用每一个舞者的故事编创的《霞》,到云门剧场开展的一系列激励群众参与的活动,均可看到云门一以贯之的内核——关心人、关照具体的人。各行各业都丢不了人文关怀,它是具体而微小,而又最易被人忽略的丰富的精神图景。

当代中国艺术,鲜少有有说服力的出彩作品能够在本土产生重要影响且走向海外影响国际。个别艺术家为证明"新"和自身的独创性,盲目追求哗众取宠、标新立异。对于舞蹈艺术行业而言,应该引起关注的是,先进数字技术的运用,最主要的作用是扩大艺术表现力,让传统文化以新颖的方式重新"活"起来,但是文化始终是一个具有独创性的品牌的出发点。云门舞集作为舞蹈艺术品牌的核心竞争力,始终是它独树一帜地吸收传统、当下文化元素,并形成东西交融的独特身体语汇风格,也是舞作言之有物、掷地有声的关键,也是其源源不断推出更多舞作精品的动力。文化对于当今世界的国家来说是至关重要的存在,如果科技代表一个国家的"硬实力",决定这个国家的上限可以做到哪里,那么,文化则是"软实力",决定这个国家能够走多远。

(二)着眼用户群体:做不只为了"果腹"的"菜"

一家餐厅想要做强做大,首先得抓住食客的胃;云门舞集作为一个需要通过经营创造收入以持续运行的舞团,想要一直盈利,首先就得抓住观众的眼睛。林怀民坦言,"国际上承认我是好的编舞家,我却是被这几万的观众训练出来的,因为全天下没有不好的观众,只有不好的演出";"在几万人的场合,如果你拿不出让人目不转睛的作品的话,小朋友就开始闹,大人就走掉"。不深入市场,不倾听、不回应人民大众,高高在上去做,只会落得脱离现实、闭门造车的结果。这就给舞蹈艺术行业在持续发展方面的启示:应该始终瞄准市场"胃口"，为市场烹饪合胃口、愿意尝的"菜"。云门通过融入科技手段，把舞作编创为有创意、有新意的文化精品，了解不同年龄段民众对参与舞蹈艺术的意愿，并依收集到的需求推出线上课程、舞作影像等，实现了产品升级。

行业还应重视，不仅"菜"要"量大管饱"，"厨师"还需破除"酒香不怕巷子深"的自我安慰，主动把"菜"推介出去。云门通过积极进行数字化、国际化传播，利用互联网的即时性提升国际艺术节的参与度，进一步扩大了舞作的传播范围；还通过在公共区域邀群众共演、开设工作坊邀艺术家共创等形式让观众更深入地了解、参与到艺术创作中，这些互动不仅增强了观众黏度和参与感，还为云门舞集这一品牌赢得了口口相传的口碑。也就是说，舞蹈艺术产业在不断满足观众群体需求的同时，还要注意不断强化与观众的联系，与全球趋势接轨，实现品牌的大众化、民族化、国际化。

（三）"在场""在路上"：主动承担社会责任

云门舞集创团迄今 50 余载，尤其是前 30 年，正是中国台湾经历社会激变的时代，整个云门始终和社会共呼吸，从未采取置身事外的姿态。从早期的《薪传》《白蛇传》到《稻禾》《流浪者之歌》《关于岛屿》等，都有一一对应的话题和故事，舞作本身便是对世事或现实事件的升华。从舞作内涵的"入世"到舞蹈之外的举措，云门都深度参与到现实当中。通过"流浪者计划""创计划"的推行，舞蹈课程、舞蹈讲座的开设，培育大量舞蹈艺术人才，又以其强大的辐射力，担起传承文化、推动社会进步的责任，深入公共区域，从广场、商场走到稻田、乡村和边远地区，把舞蹈大力推向民众，让所有人跟随舞者，跟随自己的心，跟随社会的脉搏跳舞。

由此，云门舞集在创收和维护艺术纯度之间找到了绝妙的平衡点，建立起牢固的品牌信誉，成为台湾居民心中颇有分量的文化团体——台北有一条街道就叫云门街，每年的 8 月 21 日被定为云门日。在台湾居民尤其是台湾的艺术工作者眼中，云门舞集的意义远远超越了一个舞团。正如林怀民从业多年来的诚恳体验，他总觉得自己是"滚动的石头"，"永远在东张西望，希望看到一个更明亮的太阳"。人不可能一直年轻，但是心态可以一直保持年轻，像年轻人一样葆有一股不怕失败、不惧试错的倔劲儿。云门舞集以舞作的转型升级、经营的新变等成功实践经验，为舞蹈艺术行业交出了一份近乎教科书级的满分答卷，也为业内以至大陆的文化产业品牌发展树立了优秀典范。

（韩思齐　执笔）

24　文化科技金融品牌

蚂蚁金服：
从"小蚂蚁"到"独角兽"，培育数字化金融新生态

蚂蚁科技集团股份有限公司(原蚂蚁金融服务集团，文中简称"蚂蚁金服")是阿里巴巴集团在金融科技领域的重要布局，致力于通过科技创新为消费者和小微企业提供普惠便捷的数字金融服务，服务全球范围内商家和消费者实现"全球收""全球付"和"全球汇"的愿景。蚂蚁金服在科技金融与文化金融之间扮演了支点角色，在金融科技领域引领金融文化的价值观取向与数字化基础设施建设，传播中国特色金融文化，让数字生活触手可及。

一、互联网金融生态里的"拓荒垦新"

蚂蚁金服以"让信用等于财富"为愿景，以数据要素和数字技术为关键驱动，夯实数字金融发展基础，助力金融行业在从高速增长转为高质量发展的浪潮中顺利实现数字化转型升级，高质量做好普惠金融、科技金融、绿色金融、养老金融与数字金融"五篇大文章"。

（一）撼动大象的"蚂蚁"品牌

蚂蚁金服是从互联网金融生态里诞生的超级独角兽，立足金融科技和互联网平台，为个体消费者和小微企业提供全方位的金融服务。蚂蚁金服拥有多个金融牌照，以支付宝为流量入口推出多种服务，以及余额宝、招财宝、网商银行、蚂蚁花呗、蚂蚁借呗、蚂蚁聚宝、蚂蚁森林、众安保险等多项金融产品服务，布局以支付、理财、征信、保险、小微贷、技术输出为主的业务板块，涉及信贷、保险、基金、消费金融等金融领域以及餐饮、影视、山行、企业服务等非金融领域，坚持"以客户为中心"的服务理念，倡导开放、创新、协作、共赢的价值观，在技术与文化两方面为互联网金融行业的发展提供了动力活水，做好了参照样板。

蚂蚁金服起步于为解决淘宝电商平台支付信用问题的产品——支付宝。2004 年支付宝所有权从淘宝电商平台分割后，变更归属于 2000 年创立的浙江阿里巴巴电子商务有限公司（简称为"浙江阿里"），标志着蚂蚁金服崭露头角。2014 年，"浙江阿里"更名为浙江蚂蚁小微金融服务集团，2020 年正式更名为蚂蚁科技集团股份有限公司，同年末蚂蚁金服

2020 年 6 月，支付宝母公司蚂蚁金服
更名为蚂蚁科技集团有限公司

IPO 被按下"暂停键"。至今，蚂蚁金服已经顺利完成多轮融资，实施自主提出的 BASIC、ESG 可持续发展等公司战略，强化科技公司定位，坚持用技术手段实现对个人和小微企业的全方位信用评估和金融服务，提升传统金融机构的用户触达能力，打破服务瓶颈，用科技创造金融普惠价值，助推金融行业数字化进程。

历经二十多年的发展，蚂蚁金服已然从"小蚂蚁"成长为能够撼动传统金融科技行业这头"大象"的蚂蚁军团，凭借创造普惠价值的金融服务理念以及不断创新突破的金融科技数字技术，稳步走在行业领军前列，引领着金融服务行业与金融科技行业的变革与发展。

（二）深耕不辍的金融技术基础

数字技术是互联网非银金融企业成功的关键。蚂蚁金服持续推动数字科技的突破升级与创新应用，兼具金融机构与互联网科技企业核心竞争力，丰富了金融服务行业的用户触达方式与业务服务模式，优化了传统金融行业的支付服务与小微贷款服务，助推金融行业数字化转型进程，在中国金融科技领域稳居领军地位。

蚂蚁金服坚持"每一个个体都可以享受到普惠、绿色的金融服务，每一家小微企业拥有平等的发展机会"的企业愿景，让普惠文化理念贯穿技术发展与产品创新的全过程。支付宝首创担保交易模式，余额宝首创"支付+理财"碎片化理财服务，花呗、借呗聚焦长尾用户市场，相互宝以低门槛揽客提供保险产品，蚂蚁金服以多层级数字支付体系与多样态数字金融产品深化普惠金融服务，开启全民移动支付时代。这个过程离不开坚实的技术基础。

蚂蚁金服在复杂多样的业务场景中先后触及商用技术与开源技术的天花板，转向发展自研技术以解决难题。在阿里集团率先提出"去 IOE"后，蚂蚁金服逐步突破依赖国外厂商

单机集中式结构的传统 IT 架构，转向应用 OceanBase 金融级分布式数据库、SOFAStack 金融级分布式架构、TRaaS 技术风险防控体系等完全自主研发的核心技术体系。蚂蚁金服的自研技术在数据库、分布式架构、人工智能、安全风控、物联网、绿色计算等诸多领域都取得了突破，解决了海量数据处理、数据容灾、智能服务、风险评估、信贷审批、反套现欺诈、降低计算能耗等应用场景问题。2016 年 10 月，蚂蚁金服启动"蚂云计划"，对外输出金融技术服务，由利用技术降低成本的"FinTech"向利用技术创新金融服务的"TechFin"战略转型。2017 年至今，蚂蚁金服聚焦 BASIC 基础技术，重点解决关键计算、在线交易支付与金融级数据智能等行业难题。2018 年，蚂蚁金服依次攻克了隐私保护设计、区块链节点跨境多地机房部署、低延时智能合约交易等技术问题，基于区块链技术为全球跨境支付提供了解决方案。2020 年以来，蚂蚁金服进一步拓展区块链技术的应用实践并加大投资人工智能等前沿技术领域，推动了金融产业与数字科技的深度融合，在深化普惠金融与数字金融的基础上实施可持续发展战略，谱写绿色金融的金融文化大文章。

(三) 焕发科技金融行业的新生机

蚂蚁金服的技术发展历程是金融科技领域创新发展历程的缩影，其大力发展的区块链、云计算、大数据、人工智能等金融科技搭建了"支付连接＋金融服务＋技术服务"的生态布局，持续深化金融科技应用场景，积极推动金融行业数字化转型向纵深发展，有序推进金融科技高水平开放，为打造闭环的大金融生态圈注入了源头活水。

蚂蚁金服通过整合云计算、大数据、人工智能等前沿技术，为科技金融行业带来了新活力与新机遇，不仅优化风险评估模型以提高金融服务的安全性与效率，也开放技术平台赋能传统金融机构并创新金融产品，深化了金融科技在渠道建设、产品服务、信用评估、风险管理等领域的多场景创新应用，面向年轻群体、小微企业等长尾客户与中老年人、涉农主体等特殊客群提供便捷的金融产品与有温度的普惠服务，充分发挥了网商银行、小程序等数字化渠道的作用，助力提升数字金融服务的满意度。此外，蚂蚁金服在推动金融科技应用与金融数字化转型等方面不断开创新局面，依托业务合作、技术输出等"借船出海"方式与产业联盟、行业协会等"抱团取暖"方式着力提升中小金融机构的数字化转型和金融科技应用能力，搭建了蚂蚁金服开放平台，形成了与生态伙伴互赢共生的开放生态，强化了金融科技与数字化转型的行业交流、经验借鉴、案例共享与创新研究，多举措推进了金融数字化转型向纵深发展。在此基础上，蚂蚁金服立足国际化发展定位，充分运用在移动支付、数字信贷、数字银行等领域的优势，参与印度、泰国等国家和地区的网络、支付和通信等数字化基础设施建设工程，不仅为全球金融科技基础设施建设提供了中国方案，也为国际金融数据治理、第三方风险管理及反洗钱等领域贡献了中国智慧与中国力量，推进了建设更加开放、包容、安全、稳健的金融科技国际环境的进程，也促使我国乃至世界科技金融行业焕发了生机与生命力，在此基础上，为数字金融文化注入了活力。

二、蚂蚁品牌发展的"新枝嫩芽"

蚂蚁金服现已从服务于阿里巴巴电商体系的单一支付业务发展成为为中小微商户和大众提供普惠金融综合服务的金融科技公司，这得益于站在移动互联网的时代风口上，瞄准大众理财投资的需求，凭借庞大的用户基础、先进的技术体系、丰富的金融服务生态与高效的商业运营模式，实现了业务增长与技术突破，加速国际化进程的同时履行了金融企业的社会责任并展现了社会担当，取得了显著的发展成果。

（一）业态场景"解锁"也"加码"

近年来，蚂蚁金服在金融科技领域的发展势头强劲，其业务收入和业绩数据仍保持着稳步增长的态势。蚂蚁金服的主营业务收入主要由支付交易业务收入、技术服务业务收入与金融创新业务收入构成，其中数字支付与商家服务收入始终是其主要收入来源。蚂蚁金服将支付宝作为平台窗口为普通用户提供了便捷、安全的支付服务，支付宝不仅涵盖了电子商务、线下零售领域的生活消费场景，随着移动支付技术的创新与拓展，还逐渐延伸到旅游景区、交通出行、医疗、院校等更广泛的领域，解锁了诸如旅游景区扫码乘车、扫码租车、扫码入园、在线预订、在线挂号、在线缴费等"扫码+"支付场景与配套的新业态场景，给人民群众的生活带来了潜移默化且深远长久的影响。

与此同时，蚂蚁金服移动支付技术等数字科技不断赋能行业，催生出的产品增值服务为既有的业态场景加码。例如，支付宝加码零售行业推出"线上+线下"新零售模式，在支付缴费的流程环节提供线上补贴减免的优惠套餐服务，优化消费者购物体验的同时为商家引流增益；又如，支付宝加码餐饮行业，升级商家的智能化管理模式，通过支付宝平台实现订单处理、会员营销等点餐收银一站式服务的智能餐饮管理功能，大力提升了消费者满意度与商户运营效率。2024 年 9 月，Inclusion·外滩大会"碰一下论坛"披露了支付宝最新移动支付产品"碰一下"上线两个月以来获得良好的市场反响。相较于扫码支付与刷脸支付，支付宝"碰一下"深受年轻用户与行业头部品牌商家的欢迎，餐饮、服饰、美妆日用、珠宝首饰、家电 3C 以及手机厂商、服务商伙伴等不断壮大"碰一下"生态朋友圈，升级了"支付+数字化"模式，也激发了商家经营的新潜能。基础支付业务以外，支付宝也为其他行业合作伙伴提供了"碰一下+X"的行业解决方案，现已为上海全家、绝味鸭脖等便利餐饮连锁企业在技术层面解决了一次性快捷收银、拉新和会员运营以及私域精准营销的行业难题，通过全新的移动支付方式助力合作品牌优化了客户消费体验，同时创造了更多的营销商机。技术手段赋能业态场景，不断"解锁"新场景，也持续"加码"老场景。

（二）品牌业务"拓新"且"创新"

蚂蚁金服旗下拥有支付、理财、贷款、保险、信托五大类品牌业务，多元丰富的品牌业

2024 年 7 月，良品铺子联合支付宝，开启"碰一下"支付新体验

务为海量用户纷繁复杂的多样化需求有针对性地提供金融产品服务。蚂蚁金服从移动支付的业务板块出发，不断拓展金融产品种类，创新、深化了品牌业务。

蚂蚁金服的拳头产品支付宝广为人知，提供在线支付、资金转账、收付款码等基础功能，也提供开创性服务窗口，与金融机构合作，提供理财管理、便民生活、购物娱乐、教育公益等多样化的服务功能，让金融机构能够更精准高效地对接客流需求，突破了传统金融服务模式在场交易的时空局限，业务板块更为全面，金融服务的工作效率与覆盖广度得以提升。继支付宝后，蚂蚁金服深入研发了一系列金融产品并投放市场。余额宝、招财宝以及蚂蚁聚宝系列产品在财富管理领域影响深远，集聚长尾客户群体的闲置资金，为金融理财服务提供了新思路，也提供了更多元化的理财方案选项。蚂蚁花呗、蚂蚁借呗对接消费信贷业务，填补了用户短期小额资金周转的缺口，同时也使信贷审批流程更为精简，风险管控成效更为显著。芝麻信用支撑起了金融信用评估体系，通过逻辑回归、决策树、随机森林等模型算法综合评估、处理海量数据，精准全面地反映了用户的信用状况与履约能力。网商银行扎根银行业务板块，打造互联网数字银行，基于云计算架构提供更便捷、更高效的数字金融服务。蚂蚁金融云与蚂蚁达客分别从技术与融资方面助力金融机构和金融企业的数字化转型。

这些业务随着蚂蚁金服的数字技术的发展不断拓展、协同交织，逐步开拓了场景支付、数字金融与科技服务三大核心业务板块并形成了业务联动的格局。从单一金融业务到"输出技术+场景+客户"赋能金融机构发展协同业务，蚂蚁金服构建了一站式金融服务体系。这个过程中，蚂蚁金服不断拓宽自身业务的覆盖范围，以科技带动了金融行业的持续进步，也升级了传统金融行业的业务模式，引领金融行业的现代化发展与数字化转型进入全新的发展阶段。

（三）金融服务"提质"又"增效"

蚂蚁金服致力于完成"让天下没有难做的生意"的公司使命，布局传统金融与科技创新领域，提供便捷化、数字化和智能化的普惠金融服务，不仅提升了金融服务的品质，也提升了金融服务的效率，创造了更加便捷贴心的服务体验。

针对资金短缺的小微企业信贷需求，蚂蚁金服推出了微粒贷等产品，普及便捷化的金融服务，贷款门槛低且操作灵活，申请方式便捷且利率优惠。立足金融行业整体发展局面，与传统银行授信业务相比，蚂蚁金服推出的这类数字信贷产品安全、简单、便捷、快速，使小微企业可以足不出户享受贷款服务，并且能够迅速评估信贷风险，降低了小微企业的融资门槛，提升了资金周转率。"数字化"是蚂蚁金服提升金融服务效率和精准度的重要手段，AI 金融管家"蚂小财"定位理财保险知识问答，该产品连接了券商、基金公司与财经媒体等 200 多家机构与过万的专业财经创作者，提供专业的数字金融财经资讯服务，为用户提供解读金融行情、保险配置、持仓分析、理财科普等数字化内容，与蚂蚁金服数字理财产品形成联动。在此基础上，蚂蚁金服推进金融服务智能化进程。蚂蚁金服建设了金融智能平台，预定算法和模型使业务部门能够通过拖拽建模和简单调参的方式快速部署 AI 模型，从而提高了金融服务的效率。支付宝智能客服系统能够秒级判断客户诉求，提供个性化的服务推荐。风控管理系统和智能算法能够实时监测金融风险。智能风险评估系统能够准确预测用户的信用风险，实现科技与金融的深度融合，在互联网非银行业中实现了升级，引领数字金融新潮流。

三、蚂蚁科技培育"可持续发展"的金融文化土壤

数字技术代表新质生产力的发展方向，蚂蚁金服致力于"让天下没有难做的生意"，以数字技术和数据要素为有力支撑，实施 ESG 可持续发展战略，着力于数字支付、数字互联、数字金融、数字科技与全球化，从数字普惠、科技创新、绿色低碳与开放生态方面展开行动，让更多的人享受到便捷、高效的金融服务，为普惠金融提供了有力支撑，推动了数字金融的大发展，为经济社会发展提供了高质量服务。

（一）数字普惠：助力小微企业服务全球化市场

蚂蚁金服持续推动数字技术与普惠理念的深度融合，增强小微金融生态的韧性与活力。

蚂蚁金服为小微企业提供普惠金融服务，建设企业信用应用体系，助力小微企业提供数字支付技术和数字金融服务，让企业安全便捷地参与全球贸易。蚂蚁金服建设的数字支付开放平台向小微商家推出低门槛的移动支付工具、基础数字化工具与数字化 AI 工具，

联合合作伙伴创新了多种行业的数字解决方案，助力小微企业降本提效、增加收入。"芝麻企业信用平台"以数字化方式直观呈现小微企业的信用能力和多维度优势，帮助超过953万家中小微企业实现信用稳健成长。网商银行首创无接触贷款"310"模式，金融活水直达小微企业，金融服务以更普惠的形式覆盖更广的区域。万里汇通过技术实现"收、付、管、兑、贷"一站式服务，提供跨境收款功能，既推动数字化出海，也便利境外来华人士支付结算。

蚂蚁金服为涉农主体提供金融科技服务，支持品牌建设与人才发展，助力公益组织服务乡村群体并及时响应救灾备灾，让乡村实现增收致富与产业发展。蚂蚁金服提供技术并加大资源投入，实施"四个一"全方位支持农产品品牌建设。网商银行推出"大山雀"卫星遥感技术模型，为农户信贷需求提供信用评估服务。蚂蚁金服相关的"科技金融助力乡村振兴带头人""头雁""数字新农人计划"等活动项目为涉农经营人才提供培训与贷款支持。蚂蚁金服充分发挥平台优势，设计开发了公益互动产品"蚂蚁庄园"，2023年联合21个公益组织共上线45个乡村公益项目，与社会组织共同推进乡村振兴建设。

蚂蚁金服为数字社会建设提供产品服务，促进政务建设与医疗服务，助力合作伙伴更好地满足社会需求并增进民生福祉，让公众获得更便捷的数字化服务。蚂蚁金服上线全国各地"一网通办"的建设，上线"支付宝办事预约"小程序、医保码、智慧出行、电子公交卡、"支付宝就业"等数字产品服务，为医疗健康等公共服务行业提供系统性数字化解决方案，为城市打造服务数字生活的多元化新场景，通过数字化绿色服务惠及大众出行、健身等日常生活。

(二) 科技创新：助力实体经济推进数字化转型

蚂蚁金服攻坚前沿数字技术，切实探索科技企业伦理规范，深度强化科技与金融的协同合作。

蚂蚁金服深入研发数字技术，充分挖掘底层数据价值，推进数字经济变革发展。面向未来深度智能化时代，蚂蚁金服深耕分布式计算体系、智能交互等数字技术，以蚂蚁技术研究院为载体，建设开放式研究创新体系，推动前沿科技的创新发展，与高校合作，共同促进产学研技术协同发展。此外，蚂蚁金服沉淀了大量的核心基础技术，在计算存储、智能风控、隐私保护等多个领域进行技术创新，持续在人工智能、基础软件开发提效等方面开源，借助开放生态展开更多合作，开发了 TuGraph－Analytics 图分析引擎、AntGraphLearning 图学习框架等技术，建设技术开放生态。

蚂蚁金服支持数字技术升级，激发数据要素创造价值，促进业务协同、产业协作。蚂蚁金服的云原生、分布式数据库、移动科技等关键技术应用于金融数字化升级，提升小微企业运营管理效率。自研技术 OceanBase 数据库推动企业传统 IT 架构向现代化架构演进，蚁盾 ZOLOZ "出海"马来西亚、泰国等国家和地区，在银行证券、公共服务等领域提供便捷支付、跨行业协同的数字化解决方案。区块链、隐私计算等技术整合升级，实现了数据要素流转与数据加密协同，理赔科技平台和智能理赔系统提升了医疗险理赔效能。此外，蚂蚁金服深入政务民生、金融服务、数字文创等 50 多个行业场景，区块链版权保护和交易平台"鹊凿"为 8000 多万件原创作品提供普惠版权服务，实现了信息共享与业务协同。

蚂蚁金服加强科技伦理建设，实施智能技术管控手段，夯实风险评估防御机制。蚂蚁科技成立科技伦理顾问委员会，在大模型深入研发与普及应用的阶段深入研讨伦理治理与风险管理等议题，主动研判潜在伦理风险，实施大模型"两守一攻"保育模式，坚持将"平等、尊重、可信、负责"的原则深度贯穿大模型的研发与应用过程。2024 年 Inclusion·外滩大会发布了业内首个大模型供应链安全国际标准——《大模型供应链安全要求》和国内首个面向金融场景的"AI 换脸"检测标准——《虚假数字人脸检测金融应用技术规范》等多项标准规范，为科技金融行业的长远发展与深度治理提供了护航方案。

2024 年 Inclusion·外滩大会发布多项 AI 标准和技术规范

（三）绿色低碳：助力数字科技赋能碳中和行动

蚂蚁金服不断扩面增量绿色金融服务，采用创新技术和公益形式助力碳中和行动。

蚂蚁金服是国内率先提出碳中和目标的互联网金融公司，依托平台优势和科技力量，助力社会绿色低碳发展和美丽中国建设。蚂蚁金服重视以"小而美"的力量应对气候变化，与合作伙伴共同搭建了丰富的绿色消费低碳场景，通过"平台+城市"的绿色生活倡导模式，在亚运会、马拉松等社会大型活动中提供绿色金融服务，积极与各方企业开展绿色开放合作。此外，2023 年在相关部门的牵头下，蚂蚁森林启动了"古树保护公益支持项目"，有益补充了现有的生态保护举措。

蚂蚁金服推出"蚂蚁森林"公益项目，倡议生态保护与修复，在陆地生态修复、海洋生态修复与公众自然教育等方面为生态环境保护贡献力量。截至 2023 年底，蚂蚁森林累计设立了 31 个公益保护地，种植和养护树木超过 4.75 亿棵，覆盖面积超过 4800 平方公里。此外，蚂蚁金服持续开展"人人一平米，共同守护生物多样性"系列活动，超 5.4 亿人次亲身参与保护生物多样性。蚂蚁金服将生态保护项目推向国际，蚂蚁公益基金会联合合作伙伴发布的首个由民间公益力量发起的"蓝色伙伴关系行动"已实现支持马来西亚、印度尼西亚、菲律宾、泰国等 6 个海上丝绸之路沿线国家的海洋保护项目。

蚂蚁金服促进"数实融合"，积极利用数字化技术助力产业碳中和，运用突破性的技术手段在更广阔的产业范围内实现碳减排，让科技与绿色共生。蚂蚁金服运用区块链、AIoT 技术等结合"碳矩阵"与供应链溯源数字化技术，采取高效算法以优化数据中心的能源管理，助力多方高效协作，推动绿色计算技术的协同创新，助力城市节能减碳。2023 年，蚂蚁科技助力产业碳中和行动实现了减少约 5.2 万吨二氧化碳当量排放。蚂蚁金服倡导小微企业绿色经营，助力产业绿色发展，运用科技金融和数字技术搭建了"普惠金融"与"绿色金融"之间的桥梁，建立了小微企业绿色评价体系，助力小微企业的绿色经营与金融产业的绿色发展。

（四）开放生态：助力生态多方共建开放型体系

蚂蚁金服应用科技与数字化能力，与合作伙伴共建安全互信、多元开放的金融服务生态。

蚂蚁金服倡导开放创新与协作共赢的企业文化。蚂蚁金服为企业员工的成长发展提供良好的舞台环境，在关键岗位同时结合人才规划、战略规划和组织设计，为技术人才提供多条职业发展路径，着重为技术人才的发展提供机会和通道，打造技术人才培育生态。蚂蚁金服还设计了激励体系和福利体系，为企业人才提供有温度的关怀。蚂蚁金服融合组织文化、兴趣文化与公益文化，打造开放包容的"蚂蚁文化"，增强员工工作的幸福感，提升凝聚力与创造力。

蚂蚁金服倡导公平竞争与包容发展的价值理念。蚂蚁金服通过创新金融产品与平台技术推动供应链和商业生态的 DEI（多元、公平与包容）。蚂蚁金服在企业内部优化 DEI 治理结构，理解多元价值理念，营造多元包容的工作氛围，提供人性化办公环境，举办海外"可持续发展文化周"等活动促进海内外员工的跨文化交流与融合，打造多元、平等与包容的职场工作环境与文化氛围来激发人才的创新潜能。蚂蚁金服关注女性平等发展权益，实施数字木兰"AI 豆计划""民宿管家培训计划"等项目；开展"蓝马甲行动"等志愿活动，提升中老年群体生活获得感；推广"追梦行动"公益项目，改善残障群体的生活质量，推动建设数字包容的社会目标，传递平等包容的文化。

蚂蚁金服打造共享、共治、共赢、共益的良好生态。蚂蚁金服将政策法规、商业道德与用户体验作为服务支点，持续深化共治模式，梳理数字开放平台治理的目标，推进构建多方共享共治的生态体系。蚂蚁金服向合作伙伴乃至社会同行开放自有技术与数字化金融服务产品，推出了商家数字化自运营的 C-care 模型，联合风控 Saas 平台等数字开放平台，联合平台与各方伙伴共创价值。此外，蚂蚁金服还设立合作伙伴反馈体系、常态化沟通机制，促进行业共赢发展，为发展有益于民生的金融文化营造了良好的社会氛围。

四、金融科技产业活化文化和科技的一池春水

当前，我国已经迈入数字文化经济时代。新一轮科技革命与产业变革正在加速社会的发展演变，文化与科技的深度融合是大势所趋，也是推动传统产业转型升级、开辟新赛道的必经之路。蚂蚁金服是金融科技领域的巨擘，在做好金融文化与金融科技的"融合题"，实现产业升级发展方面给出了经验。由"蚂蚁经验"可知，金融科技领域促进文化与科技融合大有可为，金融文化为金融科技提供价值引领，金融科技催生金融文化新内涵并形成产业新增长点，推动消费升级与文化发展，能够有效提升人民群众的生活品质。

(一) 加速行业数字化转型，文化科技融合赋能金融行业的发展

当前，我国数字技术和产业体系日臻成熟，数字经济蓬勃发展，数据要素的叠加与倍增作用日渐成为驱动经济高质量发展的关键力量。金融科技在数字经济与实体经济融合发展的过程中扮演了坚实的技术支撑角色。大模型、区块链、云计算等前沿技术融合生成金融新场景，创新驱动业务升级，前沿数字技术的创新突破为金融行业数字化转型注入了新动能。特色金融文化与金融科技同时作为驱动力量形成金融生态闭环，加速行业变革。

数字技术赋能金融科技发展，推动金融科技行业的数字化转型。金融科技行业的发展从 20 世纪 70 年代至今已历经了金融电子化与信息化阶段、"数字化"互联网金融阶段，到如今"数智化"金融阶段。金融大模型、多模态数据处理以及 AI 数智等数字科技为金融服务提质，为数字金融提供了核心驱动力。数字金融与科技金融是中国特色金融文化"五篇大文章"中的重要创新领域，是提升金融服务效率与推动普惠金融发展的重要手段与创新动力。以非银金融机构蚂蚁金服为代表的金融科技企业在移动支付技术、区块链技术、数据库技术、智能算法技术、大数据风控等科技领域的贡献，为做好"数字金融"与"科技金融"大文章夯实了基础，同时也通过技术革新与业务拓展逐步发展了普惠金融、养老金融与绿色金融，为推进金融稳健运行和健康发展以及提供金融创新的动力源泉提供了重要支撑，为做深做细金融"五篇大文章"以深入践行中国特色金融文化提供了推动力。

中国特色金融文化"五篇大文章"的诞生既得益于金融科技的滋养，也反哺金融科技，为攻坚金融技术难关以提高金融服务质效指明了方向。科技金融强调科技驱动力，为金融行业提供引擎动能；绿色金融聚焦"双碳"目标，驱动培育绿色服务生态；普惠金融深耕金融为民，将金融"活水"引入街头巷尾与田间地头；养老金融增进民生福祉，有序完善公共服务供给；数字金融拥抱技术变革，适应新的经济发展模式。蚂蚁金服业务多元，多样化

的金融服务场景覆盖"五篇大文章"部署的大体方向，蚂蚁科技深度参与经济社会高质量发展进程，为金融文化与金融科技的深度融合提供了平台支点，为行业生态良性闭环注入动能。

(二)优化金融消费新结构，金融科技引领金融文化的价值取向

随着数字经济与金融科技的快速发展，科技金融企业肩负的服务国民经济、促进社会公平正义的使命与责任越来越重要。在国家高度重视做好金融文化大文章的政策背景下，不断加大金融科技应用力度、拓展普惠金融服务覆盖面，能够让更多的受众平等共享金融发展的成果。互联网金融、移动金融等金融科技的突破与应用弥补了二八定律中传统金融机构的受众服务机制，触达长尾客户群体，凭借科技手段降低了普惠金融的服务门槛，多元化服务渠道、智能化服务方式与不断扩大的服务范围培育了新型的金融消费意识与金融消费理念，刺激了金融消费需求的增长。针对消费群体差异化的需求持续创新金融产品与服务模式，丰富产品线，科技金融企业以精细化、专业化的金融服务引导消费者培养数字金融消费意识；同时注重技术创新与金融服务质量的提升，在供给与需求双向互动的良性循环中优化金融消费结构，实现金融科技产业升级。例如，蚂蚁金服应用大数据、人工智能与创新遥感等科技手段，为农村小微企业与个体农户提供信用贷款、分期支付等个性化的金融产品服务，这不但将数字金融服务应用到乡村振兴场景，为涉农主体提供优质金融资源，改变了传统的金融消费模式，实现了便捷的数字金融生活和普惠金融服务，还在深化金融与当地产业融合升级的同时，引领了以义取利的金融文化价值取向。

深入建设金融强国，既要强化硬件支撑，完善金融科技基础设施建设，也要着力培育金融价值观念与培育金融文化等软实力。坚持以义取利的价值观是促进金融行业健康稳健发展的重要举措，以义取利的金融文化价值观强调金融机构在追求经济效益的同时也要兼顾社会效益和社会责任，服务实体经济，弘扬积极向上的金融文化，满足人民群众多样化的金融需求。大力弘扬重信守义、厚德载物、兼济天下的金融文化理念，能够促使社会形成良好的价值风尚，培育以诚实守信、以义取利、稳健审慎、守正创新与依法合规为内涵要义的中国特色金融文化，是推动金融高质量发展、建设金融强国的必然要求。金融科技企业也要制定金融科技伦理规范，在服务中实现自身价值、实现健康可持续发展的同时促进经济高质量发展。

(三)深化跨行业开放合作，技术赋能数字文化经济高质量发展

数字经济时代文化与科技深度融合，不仅意味着数字文化产业成为与其他行业融合发展的"连接器"与"融合点"，也为金融科技开放赋能数字文化经济高质量发展提供了契机。金融科技产业将金融服务与实体经济活动紧密结合，通过金融手段与数字科技提供资金、支付、风险管理等支持，大力加强跨行业开放合作，促进了金融供应链的顺畅运作，深化

打造开放合作式的互联网数字金融生态，不仅推动金融行业自身发展升级，也在构建互联网金融大生态圈的过程中提高了产业生态服务能力，进一步深化了跨行业开放合作。

"文化+金融+科技"的正向循环能够促使科技赋能实现文化资产数字化，金融赋能实现文化资产金融化，建立起以数字文化资产为核心的文化、科技与金融一体化服务模式。数据资产是文化、金融与科技三者交互循环的关键，数据要素的流通能够释放数字红利，探索数据资产化路径。金融科技企业开放的区块链、云计算、隐私技术、智能决策等金融科技应用于数据资产交易与文化版权保护等领域，能为诸如数字版权信托服务等数字文化产品场景提供支持，为文化资产数字化发展提供金融力量，为"文化+科技+金融"的融合发展提供新引擎。与此同时，在文旅生活、交通出行等生活领域，金融科技企业大力推进智慧文旅场景生态建设，为餐饮、民宿、票务、会员、停车、零售等业态提供资金与技术支持，打造业态一体化智慧文旅综合解决方案，这为数字文化产业发展持续注入了金融动能，也反向赋能数字化金融生态的纵深发展，为"文化+科技"提供了具有金融特色的路径方案。

（夏瑞婷　执笔）

图书在版编目（CIP）数据

文化+科技品牌研究报告. 第一辑／张吕，禹建湘主编. --长沙：中南大学出版社，2025.7. --ISBN 978-7-5487-6348-2

Ⅰ. G124

中国国家版本馆 CIP 数据核字第 20259F3E06 号

文化+科技品牌研究报告(第一辑)

WENHUA+KEJI PINPAI YANJIU BAOGAO（DI-YI JI)

张吕　禹建湘　主编

□出 版 人	林绵优
□责任编辑	陈应征
□责任印制	李月腾
□出版发行	中南大学出版社

社址：长沙市麓山南路　　　　邮编：410083
发行科电话：0731-88876770　　传真：0731-88710482

□印　　装　湖南至尚美印数码科技有限公司

□开　　本　787 mm×1092 mm 1/16　□印张 17.75　□字数 386 千字
□版　　次　2025 年 7 月第 1 版　　　□印次 2025 年 7 月第 1 次印刷
□书　　号　ISBN 978-7-5487-6348-2
□定　　价　98.00 元

图书出现印装问题，请与经销商调换